社会学の饗宴 I

風景の意味

——理性と感性——

[責任編集] 山岸健

[編集] 草柳千早・澤井敦・鄭暎惠

ミレー　晩鐘
1855－57年　油彩　カンヴァス　55.5 × 66.0cm
オルセー美術館蔵

JEAN-FRAÇOIS MILLET
L’ Angélus
Musée d’Orsay, Paris

ゴッホ　じゃがいもを食べる人びと
1885 年　油彩　カンヴァス　81.5 × 114.5cm
ファン・ゴッホ美術館／フィンセント・ファン・ゴッホ財団

Vincent van Gogh
The Potato Eaters
Van Gogh Museum/Vincent van Gogh Foundation, Amsterdam

ヴェラスケス　玉子を料理している老婦人
1618 年　油彩　カンヴァス　99.0 × 117.0cm
スコットランド　ナショナル　ギャラリー

Diego Velázquez
An Old Woman Cooking Eggs
NATIONAL GALLERY OF SCOTLAND, EDINBURGH

アンリ・ド・ブラーケレール　**トランプ遊び**
1887年頃　油彩　カンヴァス　52.0 × 70.5cm
ベルギー王立美術館蔵

Henri de Braekeleer
La partie de cartes
Les Musées Royaux des Beaux-Arts de Belgique

まえがき

古代ギリシアのデルポイ、いまでは遺跡の大地として広く知られているこのデルポイ、アポロンの神殿には、かつて〈汝自身を知れ〉という言葉が刻まれていたのである。この銘文ほどこれまで多くの人びとが思いを寄せてきた言葉はないだろう。この言葉には、おのずから人間へという方向と方向性が見られたが、時の流れのなかで、もうひとつの方向性が見られたのである。それは、世界へという方向である。

はじめに言葉があったのか、それとも意味があったのか、力があったのか、といろいろ悩んだ末に、ようやく「はじめに行為があった」という解答を得た人物がいる。ファウストだ。ゲーテが姿を見せる。彼は、行為や行為の生産性に注目したのである。社会学の舞台にゲーテが登場するシーンがいくつか見られる。〈汝自身を知れ〉――このデルポイの神殿の銘に思いを寄せながら、世界へという方向と方向性を明確に指示した人物、彼こそゲーテである。人間へ、世界へ、社会や文化へ、日常生活へ、人間の生活と生存と人生へ、多元的現実へ、さまざまな環境へ……社会学においては、また、社会学とかかわりがあるいくつものジャンルと舞台においては、時代の状況や動向などへのアプローチを含めて、さまざまなモチーフやテーマ、領域、問題などへの多様な方向と方向性が見られるのである。

方法――デカルトは、方法を道に従うこととして理解したのである。「われ思う、ゆえにわれあり」デカルトのこの言葉によってさまざまな波紋が生まれてきたが、この言葉に注目しないわけにはいかない。デカルトは、はっきりとひとつの道を示してくれたのだが、この言葉が導火線となり、また、この言葉が道しるべとなって、さまざまな道と方向性が、見られるようになったのである。方法は、デカルトの方法に尽きるわけではない。

道とは、まさに方法そのもの、道は、行動と行為の舞台なのであり、道においては、行動と行為が、方向と方向性が、進路が、クローズアップされてくる。

今日にいたるまで社会学には、さまざまな道が見られたのである。一筋の道である社会学には、多岐にわたって、さまざまな道が見出されるのである。

このコレクション、執筆者、思い思いのモチーフとテーマによるところの自由なエセー――〝社会学の饗宴〟、ふたつのパート、二冊のスタイルで刊行されるこのたびの私たちの作品集は、ささやかな試みではあるものの、私たちの饗宴に見られるさまざまな方法とアプローチ、多様な視点とパースペクティヴを注意深くごらんいただくならば、多様な方法と方向、モチーフ、テーマなどにおいて、人びとの生活、時代の動向と様相、さまざまな現実と出来事、問題などにわたってオリジナルな着眼点や道しるべ、風景、光景が、おのずからクローズアップされてくるのではないかと思う。

〝社会学の饗宴〟のふたつのタイトル、『風景の意味』そして『逍遥する記憶』――このそれぞれのタイトルは、人間と世界、人間と社会、人間と文化、時代と人間、人間の条件、多元的現実……などというくつものモチーフと結ばれているのである。

エセーという言葉は、フランスのモラリスト、モンテーニュにおいてスタートした言葉だが、エセーとは、試み、試みることを意味しているのである。〝社会学の饗宴〟には、文字どおり、自由な独自な試みが見られるのではないかと思う。小さな細道、小道であっても見落とすことはできない。

読者には、カラフルな花束が手わたされるのである。

このコレクションのプランと編集にあたってご協力下さった草柳千早先生、澤井　敦先生、鄭　暎惠先生に厚くお礼を申し上げたいと思う。

この自由なスタイルでのエセー――ご寄稿下さった執筆者、各位に心からお礼の言葉を申し述べさせていただきたいと思う。

〝社会学の饗宴〟のプラン、編集、出版について特別のご配慮をいただいた、三和書籍社長・高橋　考氏、編集長・下村幸一氏、編集部・大谷渥子さんにここで感謝の意を表して、厚くお礼を申し上げたいと思う。

この〝社会学の饗宴〟、さまざまな試み、カラフルな花束が、ささやかな道しるべとなって、社会学をはじめとして、いくつかのジャンルにおいて新たなアプローチと研究とリサーチの展開方向が展望されるならば、まことに幸いと思う。

二〇〇六年一二月一〇日

過ぎゆく時とともに

山岸　健

目次

III

I

死別の社会学序説

有末　賢

一　死別と死因

どのような場合でも、死別は突然やってくる。癌などの病気で医師からいわゆる「告知」を受けていた場合でも、治療中に死亡が一〇〇%確定されることはないし、それがいつ訪れるのかも、ある時間的幅を持った形でしか予告されない。

誰の死でも、惜しいものだし、悲しい。しかし、一般的に人の死は、その年齢と関連しながら近親者の「順番」において、整序されている。つまり、平均寿命前後からそれ以上生きた後の死ならば、往生、大往生などの言葉とともに、死別は一種の「通過儀礼」でもある。もちろん、年齢だけでは決められない場合もある。八〇歳近い年齢の人が死んだとき、一〇〇歳以上の母親や父親がまだ元気で生きていた場合、その両親にとっては、何歳になっても「逆縁」である。

この世にとって、「死の順番」は、死別の悲しみの重要な関数である。まだ、「そのとき」が来るとは思っていなかったのに、突然訪れる「死別」……、自らの心身を破壊するような危機的なショックである。

本稿では、死別が決して個人的な体験や感傷として扱われるだけではなくて、社会的な次元、社会共通の共同体験であるという視点から「社会学序説」を展開していきたいと考えている。

まず、死別の直後は、一種のパニック状態から始まる。近親者は、葬儀、告別式の段取り、通知の範囲などを決定していかなければならない。あまりにショックや悲しみが大きい場合には、この段階の「現実感覚」はすでになくなってしまっており、自分ではないような「乖離」感覚があったり、周囲が気遣って、多くは「男性たち」で決定していく傾向が強い。

野田正彰は『喪の途上にて――大事故遺族の悲哀の研究――』（一九九二年）において、

「私たちは、事故の悲惨、死者の無念、遺体の破壊を思うあまり、「死の棘」が後日、永い時間をかけて遺族の心に何を残すか、よく理解していないようだ。とりわけ、遺体と遺族の関係について、分かっていない。検視にあたった多くの医師は、「もし自分の家族であれば、見るに耐えないものであった」と述べ、「あのような無惨な死体は遺族に見せるべきでない」とも言っている。遺体確認に当たった警察側も、数少ない五体の整った遺体を除いて、積極的に遺体を見せようとはしてこなかった。妻や母親に対しては、むしろ見せないようにし、また彼女たちの親族をして、彼女が対面をあきらめるように指導してきた。しかし実際は逆に、前章のKさんのように、家族であればこそ、他人には見るに耐えない身体の破片に思えても、限りなく大切なものである。それは、家族の死を確認し、後日、彼らが徐々に死別を受け入れ、現実感を取り戻すためにも必要である。……（中略）……繰り返し繰り返し、自分を此の世に置いて行ってしまった死者に、自己非難という形で語りかけているのである。その最も強い自己非難のひとつに、「私は遺体に会い、遺体を抱き、できるだけのことをして柩を送り出したか」、という問いがある。」（1）

と述べている。

死別の直接性、間接性は、死のタブー化と関連を持っている。遺体や死体のタブー化は、確かに近代社会の日常性からの「死の不可視」化と関連しているし、ジェンダーの要素もおおいに関連している。しかし、それだけではなくて、「何故、死ななければならなかったのか?」という問いとも結びついている。

一般的に、老衰を典型とした病死の場合、病院に入院し、医師からの「死の宣告」という形を持って死別がもたらされる。もちろん病気の場合でも、「蜘蛛膜下出血」などのように、自宅での突然死もあるし、すべてが全て準備の整った「死の宣告」であるとは限らない。現在では手術ミス、医療ミスなど事件や事故に当たるケースも存在している。次に、交通事故、災害などの事故死の死別がある。病院での死別を社会的な意味での「日常的な死別」と呼ぶならば、事故死は「非日常的な死別」である。さらに、非日常的な死別の範疇に入るが、自殺と殺人のケースは、死別のなかでも特異なケースに入るだろう。

近代社会において、医師が病院において「死の宣告」を下す場合、病気という「死因」が患者、遺族などにもある程度納得されている。しかし、事故死は、納得できないし、自ら命を絶つ自殺は遺族にとって「いたたまれない気持ち」を与える。さらに、殺人は、犯人が存在しているだけに一番恨みが残るし、容疑者逮捕の後も、裁判における判決をめぐって、遺族は被害者遺族として闘っていくことになるのである。死因は、確かに遺族にとって、さまざまな自責の念、医師や病院や警察への思い、加害者への恨み・憎しみなどさまざまな想念の起源とも言える。

しかし、「死は死に到る事情の一切を無に還元するゆえに、〈死亡〉の内容をいちいち説明しないのが賢明なのだろう。」(2)(高橋和巳『わが心は石にあらず』一九六七年)ということも言える。

死因については、死を迎えるそのとき、その人(本人)にとっては、重要な問題である。しかし、遺された遺族にとって、死因自体が問題であるというよりは、死別の原因がどのように形成されていったのか、そのプロセスが問題となってくるのである。

もちろん、「自死遺族の会」や「犯罪被害者の会」など死因が共通である場合の、自助グループや共通体験の当事者たちの集いも必要である場合もある。そこから、社会的な発言や啓蒙活動も必要である。しかし、確かに死別は、死者の年齢、あるいは死因の異常性（非日常性）などの関数ではあるけれど、しかし、死者は死別において、此の世から去っていったという厳然とした事実も存在している。喪われた者は戻っては来ない。この厳粛な事実から出発する以外には、死別の社会学はありえない。

二　時間

死別後の時間の流れは、一瞬、カレンダー時間が凍結する。誰でも、命日、絶命の瞬間については、誕生と同様に、記憶されるべき日付である。しかし、大切な人との突然の死別を経験した場合には、この「凍りついた時間」はなかなか融けていかない。

「日薬」という言葉がある。直後のショックや心の傷に対して、確かに時間はある種の薬にはなる。しかし、死別後の時間の流れは、大波、小波のように、「行きつ戻りつ」の時間感覚である。

特に死別後の一周忌までは、一日一日をどう過ごしたらよいのか、ぽっかり空いてしまった心の隙間に対して、どのように隙間を埋めたらよいのかわからないという問題である。「分かち合いの会」(3)などで、よく聞く話であるが、仕事のある人は、仕事中はかえって「救われる」のだけれども、土、日になると心に隙間ができてしまうので、かえって、辛くなってくる、というわけである。そこで、土、日も必ず予定を入れて、出歩いているという経験もよく聞くのである。そのくらい、時間感覚は麻痺してくる。日常的な時間感覚に戻れるようになるのは、もちろん人によっても異なるが、一周忌を過ぎ、二～三年過ぎた後からだという人もいる。

亡き人を弔う、通過儀礼というか、仏教的な儀式がわが国では存在している。納骨を慣例としている四十九日、百ヶ日、初盆（新盆）、一周忌、三回忌などなどの法事と続くが、最近は、亡くなった人の「誕生日」というのもお墓参りに参入してくる。周囲の人間は、四十九日を過ぎれば、一段落したというふうに思うかもしれないが、遺族、当事者にとっては、四十九日を過ぎてからが本当の意味での、「喪失の悲哀」が始まってくるのである。二ヶ月、三ヶ月してから、実感としての喪失感や不在感がじわじわと押し寄せてくる。

死別後の遺族にとって、「命日反応」というのは必ずといってよいほど訪れるものである。「命日反応」とは、命日が近くなると亡くなった人のことが想われて、悲嘆や自責の念や辛い思いがつのってくることで、重い場合には「うつ」的な症状が現れる場合もある。一周忌に近くなると、一年前のことが思い出される、ということが誰にでも起こってくる。「時間は周期的に回ってくる」という感覚は、別に「輪廻転生」思想を自覚的に持っていなくても、遺族の気持ちに入っていくのである。「月命日」という習慣もあって、命日の「日付」が毎月回ってくるだけでも、遺族は「墓参り」や手を合わせる気持ちになる。

このことは、時間感覚と身近な人の生―死の関係は、直接的に関連を持っているということであろう。つまり、身近な人との死別を経験すると、どこかに、循環的な時間感覚が生まれてくるということである。「生きる側」「生きている側」は、近代的な時間感覚としての直線的な時間意識が通常である。人の一生は、「生まれてから死ぬまで」であり、直線的で不可逆な一方向的な時間意識である。ところが、身近な人が突然、あるいは比較的年齢が若くして亡くなると、このような直線的な時間感覚では、あまりに「不条理」すぎるということが理解できる。

別段、亡くなった人が「輪廻転生」によって、生まれかわるという信念ではない。そうではなくて、死別をした人が死者と心のなかで何度も「お別れ」をするためには、循環的な時間感覚が必要である。遺族は何度でも、「死別のおさらい」をしなければならない。時間がめぐってくることは、苦痛を伴うことではあるが、しかし、此の世で納得していくことでもあったのである。

三　空間

死別と空間意識については、今まであまり言及されたことはない。例えば、亡き人と暮らした家や庭、一緒に行ったスーパーマーケット、駅や電車、バス、ともに行った場所などすべてが、死別後には何か違った風景として意識される。時間意識と同様に、これも客観的な空間の変容ではなくて、主観的な空間意識の変容の問題である。つまり、死別後に、そのショックから今まで馴染んできた空間やその人との思い出の場所など空間の意味がすっかり変わってしまう、という経験である。

特に、自死による死別の場合、遺された者たちにとって、最後の場所やその周辺は、ある意味でタブー視され、あえて近づきたくない場所として意識される。このように、空間がマイナスの負荷を受けて、見る人、行く人に辛い思い出として意識される場合、「トラウマ的風景」と呼びえる。その逆に、空間が何か懐かしく、良い思い出を誘い、良い気分にさせる場合を、「ノスタルジックな風景」と呼ぶことができよう。これら両者は、どちらも主観的な空間意識であるが、死別体験という経験を機会にして、ノスタルジックな風景からトラウマ的な風景へと同じ風景が一変することさえある。

このように、風景と記憶の関係は微妙であり、生と死の意味付与によって空間意識は微妙に変化していく。さらに、音と風景と記憶の関係も微妙である。

山岸美穂は、

「サウンドスケープ/音風景の地平は、人間がそこで生きている世界なのである。フランス語の sens ということばには、感覚や意味、という意味の他に、方向、という意味がある。環境世界/生活世界は、まことにさまざまな音によって方向/意味づけられているのである。なお、サウンド sound ということばには、「意味」という意味があることにも注目したいと思う。

生きていること、それは音を発したり、音を立てたりすることなのである。音とは人間の生そのものである。人間はさまざまな音によって互いに結ばれてきたのであり、まことに多様な音を共同的に体験しながら、一

緒になって、人生を旅しているのである。」(4)

おそらく、サウンドスケープ／音風景もまた、死別後には、「ノスタルジックな風景」から「トラウマ的風景」へと変容していく。特に音の記憶は、再現されるとイメージが想像以上に喚起される。視覚的な記憶だけではなくて、聴覚的、あるいは「匂い」という嗅覚的記憶、味という味覚的記憶や触覚的記憶さえも動員されて風景が記憶されるのである。

その意味で、生と死の織り成す人生行路は、無限に訪れる「風景の記憶」との格闘である。死別の社会学は、空間意識をどのように再構成していくのか、音の風景も含めて、遺族の空間再構築に光を当てなければならない。もちろん、経済的な条件もあるし、死別だけが生きていく「基準」ではないが、大切な人を亡くした後、多くの人が家を引越し、新たな土地で再生を誓っている。

生きていくことは、客観的時間と客観的空間を旅しながら、主観的時間と主観的空間を自ら形成していくことでもある。風景の記憶は、ともに生きて愛した人々との関係性を伴って心のなかに定着していく。言い換えると、楽しい記憶、うれしい記憶、悲しい記憶、つらい記憶など主観的な空間意識こそが、物に、あるいは風景に意味を与えていくわけである。生きられる時間、空間の持つ意味は、死別後に新たな意味を付与されながら、物質から「意味ある風景」へと変容していくとも言える。

四　関係性

死別をした人と、遺された人との関係性は、家族であるかどうかなど一般的にも重要な要素であると考えられている。確かに「遺族」と総称されるように、死別をした人が家族員であるかどうかは、法的な意味でも重要である。しかし、「分かち合いの会」などで、「大切な人を亡くした人たち」という表現が用いられるように、死別した人との関係性は、何も「家族」でなくても重要である場合もある。「婚約者」が亡くなったケース、親友の自殺、あるいはペット・ロスなど、さまざまな死別の関係性がありえる。

また、家族員の場合でも、両親（父親、母親）の場合、配偶者（夫、妻）の場合、子供の場合、兄弟姉妹の場合など、それぞれの死別者との関係性によって、死別後の想いの違いも存在している。細かく言えば、子供のいる家族においての配偶者との死別と、子供のいない家族での配偶者との死別では、死別後においては、かなり異なってくる。このように「関係性」が死別後の感情と関連があることは明白であるのだが、どの場合でも、かけがえのない人を亡くしたという意味では、「大切な人を亡くした」死別体験としてむしろ、関係性をあえて問わない知恵も必要である。

それでは、死別者との関係性は、家族の成員としての役割以外に何が生じてくるのだろうか？

ここでは、一つの試論にすぎないが、「死者とともにある関係性」(5)と「死者を断ち切る関係性」の両面から見直してみたい。

大切な人、身近な人、いつも一緒にいた人との死別とは、言うまでもなく、関係性が突然に断ち切られる経験である。現実体験としての突然の別れを経験した場合、誰でも「喪失の悲哀」に圧倒される。そして、その後、むしろいつでも、どこでも死者を感じてしまう「痛み」のなかにいるわけである。その経験とは、現実体験としては、関係性が断ち切られており、もう二度とコミュニケーションが行われることはないのに、それにもかかわらず、常にその人を想い、その人がいたら……と感じてしまう、その「痛み」である。これを、抜け出すためには、ある意味で、自ら「死者を断ち切る」、つまり断絶を図ることになる。前述したように休みの日でも、家にいないようにして、時間、空間ともに関係性を無理にでも断絶していく。

もちろん、「死者とともにある」という関係性を静かな、落ち着いた心持ちで迎えることができるならば、それはそれに越したことはない。しかし、現実経験として、ともにあった「その人」が急にいなくなってしまったわけだから、死別直後に、落ち着いて「死者とともにある」という関係性を作れるはずがない。しかし、死別後何年かして、自らの感情をコントロールすることによって、「死者を断ち切る」関係性が自由に可能となってきたならば、生きていた頃の「あの人」ではなくて、死後の「あの人」とともにある、という関係性を新たに結びたいと考えても不思議ではない。例えば、子供を亡くした場合に、新たに生まれた子供たちとともに、三人家族は四人家族、四人家族は五人家族として、常に「死者とともにある」生活を作っていくというケースもありえる。ただし、配偶者の場合には、関係性は微妙である。現実の生活において、例えば「再婚」した場合には、「死者とともにある」関係性は、表面に出せないという場合もある。「死者を断ち切る関係性」と「死者とともにある関係性」、これらは重層的に絡み合い、どちらかだけではなく、どちらも死別後の社会関係を支えているのではないだろうか。

五　記憶と想い出

「死者を断ち切る関係性」と「死者とともにある関係性」は、死別後の感情を左右するキーワードであるかもしれない。死別後に「その人」の記憶が蘇ってくる場合でも、「良い思い出」と「悪い思い出」の両方がある。しかも、死別後の状態によって、「良い思い出」が辛い場合もあるし、「悪い思い出」が辛い場合もある。「死者とともにある」記憶ならば、「悪い思い出」さえ、ある種の懐かしい思い出になることもある。記憶は、体験、経験の関数でもある。もともと、生きている人々同士の関係性や体験が基礎になっている。たとえ、親や兄弟姉妹であっても、夫婦であっても、断絶していたり、気持ちの通わない関係性の場合には、死別をしたからといって、遺族にとって人生観が変わるほどの経験ではない場合もある。親との死別は、誰でもある程度覚悟しているし、長い看病の末のことだったりすると、ほっとする気持ちさえ存在している。

死者との関係性のなかで作られていく記憶ではあるが、遺族にとっては、いつまでも一緒に生きていくと思うからこそ、記憶は保存されているとも言える。それが、突然のように「死別」によって途絶えてしまうと、記憶は思い出すことさえ苦痛になってしまう。

ここで、「記憶」と「思い出」の相違について考えてみたい。

人は、過去の出来事について、今、現在の時点で記憶されていることを想起している。記憶されていないことは、「思い出せない」わけである。また、人は現在を生きながら、未来、将来を予想して生きている。今行っていることでも、将来の「思い出」にしたい、「思い出」になるだろうな、という予想の下で行動している。だから、例えば旅行に行ったときに、カメラで写真を撮るという行動は、「思い出」を残したいという今の感情である。記憶のままに任せておくと、後になって忘れてしまうこともある。だから、写真を撮ったり、文章を残したり、メモしたり、記念品を買ったりするのである。

それらは、断片的なものであっても、一応「記録」の類である。記録が残されると、たとえ記憶から消えても、何らかの「思い出」が残るというわけである。つまり、記憶が日常的な出来事の生起のなかで、不確かで曖昧なものになりやすい性格なのに対して、「思い出」はある程度、記録や物として残り、ストーリー性（物語性）を帯びたものとして解釈される。

それでは、死別体験を通して、記憶と思い出はどのように交錯し、変換していくのだろうか。

イタリアの詩人ジャコモ・レオパルディ（一七九八―一八三七年）の詩、『追憶』から、引用しよう(6)。

ここで、わたしが目にし耳にするもので、
心のなかに面影を蘇えらせないもの、
愛しい追憶を抱かせないものはない。
思い出は、ただそれだけで愛おしい。なのに、
現在の思い、過去へのはかない憧れに、

姿をかえて心をしめつける。

死別体験は、現在の思い、過去への思いが心を圧倒してしまうような激烈な体験である。だからこそ、記憶が蘇ることから、「思い出は、ただそれだけで愛おしい」という「思い出」の段階に変わっていくその過程こそが、ある種の「喪の作業」になっていくのではないだろうか。

次に、記憶や思い出を言葉にするかどうかの問題を考察してみたい。

六　沈黙と語り

死別は、実際には日常的に起こっている頻度の高い現象である。しかし、親や祖父母が高齢になって死別していくのは、それなりに「当たり前」として受け入れられるが、若くして「逆縁」を経験したり、思いがけない死別を経験するということは、周囲を見回しても、まず見られない。周囲には、一見幸せそうに見える夫婦や家族が目につき、自分ほど不幸を味わっている人はいないと思えてくるのである。

しかし、このことは実は実際に起こった数の問題ではなくて、死別に伴う感情を語ることができるか、沈黙を強いられるか、ということにかかわっている。特に自死遺族の場合、さまざまな事情から本人の「自殺」という死因そのものが伏せられるケースも多いし、そうでなくても積極的に話題にすることはまず少ないだろう。人は「死別」について何を語り、何を沈黙するのだろうか。いわゆる「死のタブー化」という社会的規制が働いている。まして、「自殺のタブー化」はかなり強固なものである。

現在日本では、毎年三万人以上の人が自殺している。自殺の原因は一つとは限らないし、多くのケースはうつ病もしくはうつ状態にあるとも言われている。自殺によって、大切な人を亡くした人には、自責の念が強いと言われている。確かに、どうすれば死なずにすんだのか、あるいは、あの一言が引き金を引いてしまった、などなど自死遺族の「自責の思い」は死別後長い間にわたって心の錘《おもり》になることがある。このような「自責の念」は、他者に対して一切語らない「沈黙」が支配的になることにつながっている。

沈黙に対して、「語り」はどのような契機で始まるのだろうか。「語り」の要素として、いつ、誰に、どこで、何から話し始めるのか、が問われてくる。いわば、カミングアウトの条件である。「分かち合いの会」などの場を共有することで匿名性が確保され、同じ体験者であることから感情の共有が可能であり、どこまで話してどこからは秘密にするかも当事者に任されている。その意味では、「自死遺族の分かち合いの会」なども存在意義がある。しかし、自殺に対する偏見や差別、自殺を悪とする「世間の眼」など、さまざまな環境のなかで、語れないで沈黙を強いられる遺族たちは、十分な「喪の作業」に入れないのである。

遺族たちの「分かち合いの会」でさえ、十分な「語り」の重要性に対しての認識不足がある。私が経験した「分かち合い」の会では、心理テストや「喪の作業」の心理学プロセスばかりをあらかじめ決められた「マニュアルどおり」に実行することに主眼が置かれていて、参加者たちの「語りたい」という欲求が満たされていない会もあった。一四時〇〇分から一六時〇〇分に開かれている会そのものよりも、終わった後の喫茶店での会話こそが目的で参加するようになっていた。型どおりの心理テストなど、何の意味もないのである。「喪の作業」「喪の仕事」というと、定式化したG・フロイトの名によって、心理学や精神分析の専売特許のように見られているが、実際には「語り」を通しての社会化や小グループ（小集団）の象徴的相互作用、カミングアウトの持っている意味など実は社会学的考察がもっと必要なのである。

人は社会的相互作用のなかで生きている。沈黙と饒舌、語ることと聴くこと、自責の念と後悔・諦め、世間からの偏見と差別、それにもかかわらず死者を愛しいと思う気持ち、などなどさまざまな感情のなかで揺れ動く人間の存在は、まさに社会学的な考察の対象でもある。

七　孤独と体験の共有

死別は、此の世と彼の世とを分かつ、取り返しのつかない別れである。死別を経験して後に「孤独」感を感じない人はいないだろう。この「孤独感」は絶対的なものである。死者は戻ってはこない。この事実の前で、体験の共有者らと「孤独」であることの再確認と承諾を求めて、「分かち合いの会」などに出かける行為も理解できる。また、孤独を絶対的な「孤独」として、むしろ引き受ける意味で、「死者を断ち切る関係性」へと向かう精神のあり様も存在している。そして、もうひとつの選択肢は、この世とあの世の垣根を低くして、飛び越えてしまうという選択である。前述した「死者とともにある関係性」に基づいている。

「死者とともにある関係性」というのが、死別の絶対性を認識できていないわけではない。微妙な問題ではあるが、「死者は死者として、もう生きているわけではない」。しかし、この世とのコミュニケーションが全く切れたわけでもない。遺された者たちを見守っているというか、遺された人たちに「見守られている」というか、ともかく、ある種の「静かな立ち居」をもって「ともにある関係性」を有しているのである。

あの世の存在も死後の世界も、すべて、「想像の世界」である。「死者とともにある」とは、もちろん現実世界ではない。しかし、絶対的な孤独よりも、想像の世界において、死者とのコミュニケーションを構築するほうが孤独感はいくらかでもやわらぐ。もちろん、「死者とともにある」という感覚は、この世とあの世との微妙なバランス感覚によって支えられていなければならない。死者の世界にあまりに強く入り込んでしまうと、この世に戻ってくることが難しくなるし、生きている世界になじんでくると、「死者とともにある」という状態に疑問を持ったり、死者は生き返らないし、コミュニケーションをとることもないという自明の理に到ってしまう。その両極端の間を微妙に揺れ動くのが、「死者とともにある関係性」であるのだろう。

「死者を断ち切る関係性」と「死者とともにある関係性」は、表裏一体の関係にあるのかもしれない。死別後の人生において、ある種のバランスはどうしても必要になってくる。死者の側に比重を置くと、今生きていくことが虚しくなり、逆に生者の側にのみ軸足を置くと、かつての死者との関係性が失われてしまうのではないかと逆に不安になる。日々生きていくことは、死者を「断ち切る」必要性もあり、「去る者日々に疎し」の諺どおり、死者を忘れていくことも事実ある。しかし、その半面で、死者のことを忘れないでいようという意志も生者のなかには存在している。このような、体験の共有を通して、死別体験は社会化されていくのではないだろうか。

孤独な状態は、人間においてある種の普遍的な状態を連想させる。つまり、一人で暮らす、会話がない、感情の表出があまりない（喜怒哀楽が表面に出ない）、頼る人がいないなどである。

しかし、孤独な人々がどのように暮らしているのかは、実際には多様である。そのように見ていくと、体験の共有化は、はじめ死別経験者が社会的に何か共通の行動様式とか感情を持っているかのような錯覚を覚えるが、実はそういうわけではない。死別体験者といえども、認識も感情もまして行動様式も、まちまちである。多種多様な価値観のなかで、単に「死別体験」という体験を共通に持っているにすぎない。つまり、「分かち合い」などで話し合ってみると、各自の体験の相違のほうに気づくし、それに対する価値観や対処の仕方もまちまちである。「同じ人がいるのだ」と最初にほっとした気持ちもつかの間の出来事だったわけである。

八　当事者性と専門性

遺族たちの「分かち合いの会」は、現在では多くの会や組織を持っている。二〇〇六年八月現在で「生と死を考える会全国協議会」会員として、北海道地方＝6、東北地方＝4、関東地方＝10、中部地方＝12、近畿地方＝3、中国地方＝5、四国地方＝2、九州地方＝7、仮＝3、合計53の「生と死を考える会」がある(7)。さらに、自殺対策支援センター・ライフリンクによると「自死遺族のつどい」全国マップにおいて、岩手県、宮城県から、東京には四つのグループを含む全国17の会が存在している(8)。

このように、最近は比較的多くの「分かち合いの会」「語りの会」が活動しているが、それらの会について検討しておこう。

「NPO法人生と死を考える会」では、

「死別の悲嘆　病気、事故、犯罪、自殺……死は、唐突に私たちから愛する者を奪います。この苦しみはあまりに大きいので、とてもひとりで背負いきれるものではありません。また、親切や激励のつもりで周囲からかけられる言葉に傷つくことも少なくありません。悲しみのさなかにあって、自分自身がどのような状態にいるのかわからないと言われる人もたくさんおられます。

生と死を考える会では、愛する者を亡くした人がその体験を分かち合う場を用意しています。立ち上がることさえ困難と思われる体験を語り合うことで、即の解決は得られないまでも、たくさんのヒントを見つけ、人々の優しさに触れ、少しずつ自分自身の生き方を考えることができればと思います。あなたは孤独ではありません」(9)。

このような趣旨のもとで死別体験者の分かち合いの会（自死遺族の方、お子さんを亡くした方など曜日を分けて開催）、ひまわりの会（死別後の再出発に向けて）、講演会、生きがい学習会など多様な活動を繰り広げている。これらの会において、参加者に「守っていただきたいこと」という約束事を以下のように決めている。

「分かち合いの会では身近な人を亡くされた方々が、ありのままの姿で集い、共にすごすことができればと願っております。参加者の皆さんが安心して、率直に胸のうちを語り合うことができる場であるために、大切にしていることは以下の通りです。

（1）分かち合いの会、ひまわりの会、それぞれの集まりで出た話はその場限りとしてください。メモ、録音、写真をとることはできません。知り得た個人の秘密はかたく守りましょう。
（2）喪失の苦しみは各人固有です。自分と誰かを比べて、どちらの苦しみが大きい、小さいなどと比較することは意味がなく、傷つけあうおそれがあります。こうした悲しみ比べはひかえましょう。
（3）秘めておきたいことも、質問されると反射的に答えてしまいがちです。遠慮なく「答えたくない」という意思を示してください。逆に、特定の人を指名して質問することは、できるだけ避けてください。
（4）予約は不要ですが、開始時間には遅れないようにご参加ください。途中の退場は自由です。
（5）布教、営業、政治活動はお断りいたします。
（6）参加者の名簿はどなたにも開示いたしません。個人的に交流を希望される場合は、各人の責任において連絡先を教え合っていただいています。なお、初対面の相手に連絡先を教えることは、あまりおすすめできません」(10)。

以上のような注意事項をもとにして、「分かち合いの会」は運営されている。また、実際に会って語り合う関係ではなくて、パソコンの掲示板上でハンドル・ネーム（H・N）を使って、メールで自らの声を上げている。ここで、考えておかなければならないのは、当事者が自らの声を上げるという当事者性と何らかの専門家や専門性が必要になるかどうかという点である。例えば、上記の「分かち合いの会」などの注意事項を見ると、当事者たちの「自助グループ（self-help group）」の性格が色濃い。その意味で、このような約束事は、試行錯誤しながら今までの失敗や問題点を修正しながら、自らで運営してきた実績とも言える。その意味では、当事者たちの自主運営には、それなりの知恵が含まれている。

自死遺族たちのパソコン上での掲示板を運営している「青い空の彼方」や「自死遺族の部屋」などの管理人たち

も、日々増してくる投稿のなかで、不適切な発言や他者への誹謗、中傷があれば、削除していくという管理の責任が存在する。現在、これらの負担は、個人のヴォランティアが担っている。もちろん、当事者しかわからない心の声もあるだろうし、基本的には、専門家が入ってきて、かえって悪くなる傾向もあり、専門家主義の限界が露呈し始めている。具体的に指摘をするのは難しいが、全般的に、「喪の作業」や「遺族の心理」「自殺者の心理」などは、精神科医、臨床心理学、カウンセリングなどの専門領域とされてきた。遺族たちの自助グループにおいても、日本では意外に、精神科医、心理学者、哲学・倫理学者、カウンセラーなどの「専門家」が会の理事長や理事に入っているケースが多い。もちろん、死別直後の遺族たちのなかには、精神的ショックから診療や医療が必要な人たちも多いから、精神科医などの関与はある程度は必然的である。しかし、「分かち合いの会」などのナラティヴ・セラピーや物語論になってくると、社会学や文化人類学などの領域もかかわってくるものと思われる。

私は、「死別の社会学」の専門性は、例えば、話すこと、読むこと、書くこと、聞くこと、沈黙することなどの諸行為と死別の関連性を追究することなども重要であると考えている。当事者たちの「分かち合いの会」の注意事項は、参加者たちが不愉快にならずに会に来てくれることを主眼に決められている。そのことは、もちろん重要視されて良い。しかし、「なぜ、この会ならば話せて、日常的には話せないのか」「なぜ、秘密にするのか」「なぜ、その人ならば話せて、あの人ならば話せないのか」あるいは、「話すのは苦手でも、パソコン上でのH・Nならば自由に書けるのか」「H・Nどうしならば個人的にも連絡を取れるのか」「オフ会にも行く気になるのか」「他人の話を聞いても大丈夫か」「むしろ他人の話を積極的に聞きたいか」「傾聴の姿勢を持っているか」などなど、もっと自らに問いかけ、対話の深いレベルへと降りていきたい衝動に駆られるのである。

自助グループの運営については、当事者たちに任せていくべきであろう。しかし、死別後の生活は、さまざまな未知の課題が多い。当事者と専門家が協力をしてさまざまな課題を乗り越えていかなければならない。もちろん、犯罪被害者の遺族たち、事件・事故後のPTSD（心的外傷後ストレス障害）など警察や被害者学、精神科医などもこの問題に多く取り組んでいる。しかし、自助グループの語りや沈黙、カミングアウトなどについても今後取り組んでいくべき課題となるであろう。

九　回生と再生

二〇〇六年七月三一日に、社会学者・鶴見和子が亡くなった。八八歳だった。

私事になるが、鶴見先生は、私にとって社会学に目を開かせてくれた先生だった。鶴見和子・市井三郎編『思想の冒険』(筑摩書房、一九七五年)という本から、パラダイム論、近代化論、社会変動論、柳田國男研究へと導かれていった。

その鶴見先生は、一九九五年一二月二四日の脳出血、そしてその後、夜、半世紀前に途絶えてしまっていた短歌製作への意欲が勃然と湧き上がり、歌集『回生』の出版へと至った。

半世紀死火山となりしを轟きて煙くゆらす歌の火の山　　鶴見和子

鶴見和子氏の社会学の中心は、内発的発展論である。

鶴見氏は、自身の著作集『鶴見和子曼荼羅』によせて、次のように「若き生命に」呼びかけている。

「ひとりの人間の生命はちりひじのように、かすかでみじかい。ひとりの人間の生涯に、その志は実現し難い。自分より若い生命に、そしてこれから生まれくる生命に、志を託すよりほかはない。

コレクション〈鶴見和子曼荼羅〉に、私の生きこし相と志とを描いたつもりである。その翠点《すいてん》は、内発的発展である。それは、人間がその生まれた地域に根ざして、国の中でそして国を越えて、他の人々と、そして人間がその一部である自然と、共にささえあって生きられるような社会を創っていくことを志す。その志を、これまで思い及ばなかったような独創的な形相と方法で展開してほしいと希求する。

身のうちに死者と生者が共に棲みささやき交す魂ひそめきく

生命細くほそくなりゆく境涯にいよいよ燃え立つ炎ひとすじ　」(11)

鶴見和子の回生は、おそらく、生は死とめぐってきて、また生を呼び戻すという独特の死生観の上に立っているものと思われる。

今まで、死別の社会学を考察してきて、死別のショックからの回復や再生という課題ばかりを追究してきた気がする。確かに、死別の悲哀、喪失の苦しみは体験者でないとわからないような独特のものである。しかし、生と死は隣り合わせでもある。死別を繰り返しながら、自らもやはり最後には死んでいく。再びの「生」を発見し、生きなおしを試みても、最後は生で終わるわけではなく、死で終わる。逆に言うと、人間は、最後は死で終わるからこそ、他の「生命」に、命をつないでいく使命があるわけである。死者とつながっている気持ちは、生きている側にも生命でつながっている意識を育てる。だからこそ、回生は再生でもあり、死者と生者が共生することでもある。

死別の社会学は、死を意識し、生命を意識するからこそ、自然や人間以外の生命ともつながっている人間生活の根源を意識しなければならない。また、死別の多様性、個人の尊厳を尊重することから、直線的な時間意識や近代特有の観念を相対化し、死を人間にとって大切なものと考える、ある種の宗教観や超越意識を持っている。別に特定の宗教や魂の永遠性に立脚する必要はないが、死別をした人の意識の内面は尊重していくべきである。また、そうすることによって、内発的な発展や展開が社会生活を豊かにするものと考えられる。死別は、この世において「永遠の別れ」である。だからこそ、愛しい関係性が結ばれるとも言える。ゆえに死別の普遍性と個別性、永遠性と瞬間性、生命性と人間固有性などはすでに共存しているのである。

一〇　死者を想い、死を想う

「死別の社会学序説」という本稿において、人生において愛する者を失うという辛く悲しい経験をして、何がどのように変わるのか、その社会学的意味は何なのか、などについて見てきた。死別の固有性、個別性は、かけがえのない大切な人を失うという経験から始まる。

フランス文学のアウグスティヌスから詩人ルボー、A・ジッド、シャトーブリアン、プルースト、ミシュレ、ロラン・バルトまで、「ひとはなぜ自伝を書くのか」という疑問から出発した石川美子は、「喪に苦しむ者が、なぜ、いかにして、自伝作品を書こうとするのかという問題について考えてきた。」(12)と述べている。

「喪の苦悩とは、他者から隔てられて自分ひとりがこのように苦しんでいる、という孤独感をともなったものである。だから、バルトは自分の苦悩を「唯一で還元不可能なものとしての喪」とよんだのだった。だが、シャトーブリアンは他者のために涙したとき、「わたし」の苦悩は孤立しているわけではなく、「他者」の苦悩と結びついているのだと知ったのである。……(中略)……不思議な逆説かもしれない。シャトーブリアンは、孤独感とともに「わたし」の苦悩のなかに深くおりてゆき、「時間」について考え、「時のふるえ」をあらわす作品を書こうとしたのだった。ひたすら時間の啓示を表現しようとしているうちに、いつしか、「わたし」という個の問題が解消する地点に来てしまっていたのである。それは、一九世紀の詩人ランボーの表現をかりるならば、「わたしとは他者である」と言いうるような地点であった。ランボーの場合は、自己の存在をつきつめていったすえに到達した普遍性の領域であったが、シャトーブリアンは、孤独のなかで「時間」をつきつめてゆくうちに、おなじ普遍性にたどりついたのである。」(13)

つまり、「喪の作業」と自伝執筆とは、目に見えない糸で結ばれているのである。

「喪に苦しむ自伝作者たちは、この「ロマンティック」から「ロマネスク」への移行の道をすすんでゆくことになる。彼らははじめは、他者から理解されないという「ロマンティック」な苦悩のただなかにあった。この状態のときに自伝が書かれると、その作品はクリプト的なものとなるおそれがある。苦悩へのいかなる答えももたらさない自伝は、中断されるしかないであろう。だが、自伝作者が時間についての考察をかさねてゆくならば、やがて時間の啓示をえることができるだろう。そして喪の作業を終え、いかにして自伝を終わらせるかも知るだろう。……（中略）……自伝作者たちは、ロマネスク的回心をなしとげたとき、真に「喪の作業」を終えて、ついに「新たな生」を始めることになる。とはいえ、苦悩そのものから解放されるわけではない。愛するひとを失った悲しみはいつまでもつづくだろう。ただ、凍りついた不毛な苦悩であったものが、「新たな生」のなかでは創造的な力となるであろう。苦悩は象徴的な普遍性をえて、作品としてのかたちを見出すであろう。そして、自伝作者たちは、そのようにして書かれる自分の作品が、喪に苦しむ人びとをいやす沐浴の森となることができれば、と願わずにはいられないのである」(14)。

死別はここでは、新たな段階を迎えている。自伝を書くかどうか、作品を仕上げるかどうかが問題なのではない。「喪の作業」を新たな生へと結びつけて、死から生へと「再生」していくことが大事なことである。死者を想い、死者を愛しみ、死者に執着することから、死を想い、死を考え、そして生を思い、新たな生を見つけ、生きていくこと、これは、死別からの「贈り物」である。われわれは、死と隣り合わせの生を見出し、新たな目で、この世を見回してみる。すると、今までの生とは違った、新たな位相をそこに見出すのである。

「死者を想い、死を想う」、それは、死別の社会学の先に新たな生を発見していく旅である。新たな生には、さらなる死別も含まれるだろうし、最後にはわたしの死が待ち受けている。そのことを承知で、新たな生と死を見つめなおせる日が来れば、ひとつの生を終えることができるのである。

〈注〉

(1) 野田正彰『喪の途上にて――大事故遺族の悲哀の研究――』岩波書店、一九九二年、四六―四八頁。

(2) 高橋和巳『わが心は石にあらず』新潮社、一九六七年、一四六頁。また、高橋和巳は未完に終わった『黄昏の橋』(筑摩書房、一九七一年)において、「生にとって死は常に偶然であり、それがどんなに一見必然的に見え、あるいは内部から生を蝕むものとしてあろうと、やはり偶然に過ぎない。外から棍棒で撲打されて溝川に転落するのも、内部から癌組織におかされて死ぬのも……。生は生でありつづけようとする本能でありつづける限り、それ自体の内に死を妊むことはなく、死は常に偶然として生の前に立ちはだかる。そして、その個体自身にとってその偶然のおとずれようを価値的に比較したり意義付けしたりすることはできない。彼にとって意義のあるのは、彼が生きようとし続けてきたその姿勢のあり方であり、その持続であり、終ることなく織り続けた未完の布の模様でしかない。」(一一九頁)と述べている。

(3) 後述するが、首都圏においては、生と死を考える会やグリーフケア・サポートプラザ(自死遺族の会)、ほほえみネットワーク(伴侶を亡くした人の会)、小さな風の会(子どもを亡くした人の会)、自殺対策支援センター・ライフリンクなどが「分かち合いの会」などを開いている。

(4) 山岸美穂『音 音楽 音風景と日常生活』慶應義塾大学出版会、二〇〇六年、二二八―九頁。

(5) 澤井敦『死と死別の社会学』青弓社、二〇〇五年、によると、死別後にも死者との「継続する絆」を重視するジェイムズ・W・ウォーデンの『グリーフカウンセリング』(一九九一年第二版)などについて、解説している。「継続する絆」と「死者とともにある関係性」は非常に近い関連があるが、微妙な違いも存在している(同書、一四五―一四七頁、参照)。

(6) ダーチャ・マライーニ(中山悦子訳)『思い出はそれだけで愛おしい』中央公論新社、二〇〇一年、「訳者あとがき」(二〇〇頁）より、引用。

（7）「生と死を考える会全国協議会」（事務局長＝松本信愛）ＨＰの会員一覧より集計。

（8）ＮＰＯ法人　自殺対策支援センター・ライフリンクのＨＰより、「自死遺族のつどい」全国マップより集計。

（9）ＮＰＯ法人　生と死を考える会（理事長＝田畑邦治）のＨＰより、会の趣旨として掲載されている。

（10）ＮＰＯ法人　生と死を考える会（理事長＝田畑邦治）のＨＰより、会の参加者への注意事項として掲載されている。

（11）鶴見和子『コレクション鶴見和子曼荼羅　Ⅷ　歌の巻』藤原書店、一九九七年、表紙帯の「若き生命に」より引用。「半世紀死火山となりしを……」の歌は、二七一頁、引用。

（12）石川美子『自伝の時間――ひとはなぜ自伝を書くのか――』中央公論社、一九九七年、二〇三頁。

（13）同書、一九五―一九七頁。

（14）同書、二〇一―二〇二頁。

資本主義初期ドイツ企業家の自伝に見る価値観と理想的人格像

――ヴェルナー・フォン・ジーメンスを事例として――

伊藤　美登里

一　はじめに

本研究は、近代ドイツ産業黎明期における企業家の自伝の分析をつうじて、彼らが有していた価値観や理想とした人格像を探ることを目的とする。

資本主義初期における企業家の自伝研究は、彼らのありかた（とされたもの）が、自己統治的で規律的な人格の手本として長いあいだ見なされてきた経緯があるがゆえに、より一層、重要性を帯びてこよう。それは、たとえば、マックス・ホルクハイマーやテオドア・W・アドルノが「個人の終焉」を唱えたとき、念頭においていたのが資本主義初期の企業家を範とする人格像であり、強靭でかつ思慮深い自我をもつこの特殊なタイプを近代の「個性(Individualität)」一般、あるいは「人間」一般と同一視したこと、そして、そのような人格のもち主の消滅が、彼らには個人の終焉として、個性の普遍的解消として映った（1）ことからもわかる。そして、このような「近代初期企業家の人物像＝近代的個人」という同一視は、ホルクハイマーらにおいてのみならず、ある時期までに生きた近代の人々においてもなされていた。「個人の終焉」論がある時期までにもっていた甚大な影響力が、その証左であろう。現在では、批判理論が範としたような「人間」像や「主体」像の相対化がなされ、それらはポストモダンの個人をとりまく状況の記述にはもはや適切ではないと見なされていることは周知のとおりである(2)。

自伝の分析にあたっては、次の二つの視点を重視する。すなわち、一つには、自伝テキストにおける語りの内容やスタイルには、時代に特有の志向性や価値観が反映されているという視点である。というのは、自伝における自己についての「語り」は、まったく独創的に個々人によって創造されるわけではないからである。

自伝において語られた内容には、井上俊のいう「文化の一部として存在する物語」としての側面と、その物語にのっとりながらも個々人が発揮する独創性の側面とがある。前者の側面にかんする井上の論旨はこうだ。われわれが自分の物語を構成するさいには、われわれをとりまくシンボル空間のなかに文化の一部として存在する物語が重要な役割をはたす。この物語は、神話や伝説、童話や小説、映画やテレビなどをつうじて流布される。われわれは、幼少時からそれらにとり囲まれ、それらを認知や解釈の枠組として内面化し、その枠組をとおして人生の出来事や事件に秩序と意味を与える。自分自身の物語を構成するさいにも、それらの物語をモデルや素材として利用する。他方、それらの物語は、物語形成にさいし、妥当なあるいは規範的な物語として拘束要因ともなる(3)。

井上の研究をうけ、小林多寿子は、二〇〇〇年に発行された自伝を分析し、それらにおいても「文化の一部として存在する物語」がとりいれられていると指摘する。というのも、このような物語は、多くの他者も共有しているはずの価値観や規範をおりこみずみであり、それらをとりこむことによって、読者として想定している「他者」からの批准の可能性が一層高まるからである(4)。

同様のことを、チャールズ・ライト・ミルズは、すでに、「動機」にかんして指摘していた。彼によれば、人はさまざまな状況にたいする行為の準則や規範におうじて、その状況に適した「動機の語彙」を学ぶ。ある行為にたいする動機の語彙は、時代や社会、階層や職業や所属集団、あるいは地域性により異なる(5)。この視点は、動機のみならず、片桐雅隆が指摘するように、自己にかんする言説一般へと拡大することができよう(6)。つまり、自己の人生は——より正確に表現するなら、自己の人生の「ある部分」は——、読者として想定している他者による批准を求めて、流通している、ないし社会の要請する規範や価値観を典拠としてくみこむ形で語られる。それは、ミルズが示したように集団や地域や時代によって異なりうる。

他方、永谷健は、自伝テキストにおける「意識的・無意識的な粉飾」の可能性を指摘する(7)。これが、本稿が着目する第二の視点である。永谷の指摘は、近代日本の企業勃興期に輩出した企業家のうち、財閥創始者世代の自伝的テキストを分析することをつうじてなされている。彼によれば、財閥創始者世代の企業家の自伝的テキストは、思想的一貫性に欠けており、論理的矛盾も散見される。その原因として永谷が指摘するのが、以下の三点である。まず、企業家の自伝的テキストには、アスピレーション(=野心)のふうじこめや奮闘主義の強調が共通して見られるが、それは、企業家自身の過去の経営態度や商行為の隠蔽をも含む利己的な印象操作として解釈することができる。これは、いわば、イメージアップ戦略で、企業家自身による「主観的な目論見」といえる(8)。

しかし、主観的目論見だけですべてが説明できるわけではない。企業家の自伝的テキストは、ある種の「社会的状況にたいする反応」として書かれた面があると永谷は指摘する。すなわち、一方で、学校系列に乗れない若年層を「地位アスピレーションから金銭アスピレーションへ」と代替するという社会的要請に応え、他方で、若年層を中心に過熱した「金銭的アスピレーション」を冷却するという全く別個の社会的要請」に応えるという二重の役割を、企業家のテキストははたした。これらの社会的要請があったために、正統な模範的成功者と正統な成功の秘訣にたいする需要が高まり、その結果、財閥創始者世代の企業家が動員され、企業家にとっては都合のよい印象操作の機会が与えられた。若年層・社会・企業家それぞれの利害がここに一致し、企業家たちの成功哲学は正説の地位を徐々に獲得していった。自伝的テキストに見られる企業家の倫理や価値観には、したがって、「感化された幾つかの集団や社会的状況とのあいだの相対的な関係によって決定されていった」面もある(9)。

第三に、財閥創始者世代の企業家らは、維新以来背負ってきたダーティ・イメージを払拭するために、「成金」と自己との差異化を図った。すなわち、自己の「分限」を無視して投機に走る「成金」とは異なり、「分限」を守る自己という論理を自伝的テキストで展開し、そうすることによって自らの正統性を創出していった(10)。

そして、永谷は、企業家の自伝テキストには、執筆者の個人的目論見によって粉飾を被った部分や、当時の社会的・経済的状況によってつくりあげられていった部分がとても大きいが、しかし、それを経営の正説としてうけとる受容者も当然存在したはずであること、そこから、近代日本のいわば禁欲的な努力主義の神話が形成されていった可能性があることを指摘する(11)。

本研究では、分析対象として、ヴェルナー・ジーメンス(一八八八年以降、ヴェルナー・フォン・ジーメンス)の自伝を使用する。ドイツを代表する企業の一つであるジーメンス社の創立者、ヴェルナーは、一八一六年一二月一三日、ハノーバー近郊のレンテで生まれ、一八九二年に他界した。彼の誕生当時、ドイツは、まだ農業が支配的で、ヨーロッパ近隣諸国に比べ、経済的に後進国であった。ヴェルナーがジーメンス&ハルスケ社を起こした一八四〇年代にドイツの産業革命が始まり、二〇世紀に入る頃――ヴェルナーが逝去する頃――には、ドイツは世界の指導的な産業国家の一つとなっていた(12)。したがって、ヴェルナーは、ドイツにおける産業勃興期に起業した企業家の一人ということになる。

先の永谷の研究における視点は、本研究にとっても示唆に富む。というのは、ヴェルナーの自伝も、他者の目にふれることを意識して書かれたものであること、そして、彼もまた、永谷が分析した企業家と同様、産業勃興期の企業家であり、後に詳しく見るが、ドイツにおいて、産業勃興期の企業家は、高級官吏や大学教授といった教養市民層に比べて低い社会的地位に甘んじていたことを勘案するならば、なおさら、彼の自伝において、意識的な粉飾の部分や、当時の社会的・経済的状況とヴェルナーとの相対的関係によってつくりあげられていった部分が存在することが想定されるからである。

二　ルソー、モーリッツ、ゲーテの自伝の特徴

これまで、自伝を分析するにあたっての視点を、既存研究の検討という形で見てきた。ここでは、ジャン・ジャック・ルソー、カール・フィリップ・モーリッツ、ヨハン・ヴォルフガング・フォン・ゲーテの自伝の特徴を見ていこう。彼らの自伝は、一九世紀後半のドイツにおいて、自伝執筆のさい、一つの範型とされた(13)。本稿の関心に照らし合わせるなら、彼らの自伝は、井上の指摘する「文化の一部として存在する物語」としての影響力を有していたといえる(14)。

一八世紀に書かれた、もっとも影響力があり大勢の読者を獲得した自伝は、ルソーの『告白（Confessions）』である。この自伝は一七六五年から一七七〇年のあいだに執筆され、彼の死の四年後の一七八二年に出版された。ドイツの自伝のさらなる発展にたいしても、この自伝は多大な影響をおよぼした。近代的な自伝の時代はルソーとともに始まった、といわれるほどである。

では、彼の自伝は後の自伝執筆にいかなる影響をおよぼしたのであろうか。ルソーは、自伝において、自身の自我や人生や感情そして知覚をとりくみの中心におき、そして人生の中心として固有の自我を開示した。個人的本質にたいする問いや、自我の内なる自然への問い、さらには「感情」という内的自然と調和して生きなくてはならないという問題をも自伝において提起した。これらの点において、ルソーは自伝に新たな特徴を与えた。ルソーにおいて、自伝は、もはや物事の告白や個人の本質のたんなる説明にとどまらず、真の自我を探求する場となり、自我との調和に到達する手段となった。また、自己という他と代替不可能な個性があれば、それが自身について書き記すに十分な動因となりうること、人間の内面の歴史を記すのに社会的特権も宗教的弁明も不要であることをルソーは主張し、後のあらゆる自伝作品が彼に習ったとされている。

ルソーの自伝に比べ国際的な影響力は小さいが、初の自伝的心理小説である点や内面の歴史に重点をおく点にお

いて注目に値するのが、モーリッツの『アントン・ライザー（Anton Reiser）』である。この書物は一七八五年から一七九〇年にかけて執筆され、未完に終わっている。彼の自伝は、自伝の歴史にとって三つの点で意義をもつ。第一に、自己の精神の発展状態を法外なまでに開示している点において。第二に、もっぱら子ども時代と青年期を、すなわちその「発展」の時代を初めてテーマとしている点において。第三に、宗教的な動機からではなく、心理学的関心から自己をテーマ化しており、この点において敬虔主義的な自己分析の世俗化が完遂された点において。第三の点について多少の補足をするなら、モーリッツの自伝的小説が後世に与えた影響は、個人の純粋な内面性と自分自身への関連づけとが、（宗教ではなく）心理的・社会的原因において分析され、自己と世界の均衡をとるという、ゲーテ的企てを基礎づけた点にもある。

最後に、自伝の歴史が、とりわけドイツの自伝が、ゲーテ・モデルに準拠しているといわれるほどに、ゲーテの自伝作品である『わが生涯より——詩と真実（*Aus meinem Leben. Dichtung und Wahrheit*）』（一八一一年から一八三一年にかけて執筆され、一八三三年に公表された）は重要な位置を占める。彼の自伝は模範とされ、それどころか、自伝というジャンルの理想形とされている。

それ以降の自伝の歴史を鑑みた場合、ゲーテの自伝の功績は以下の点にあるとされる。一つには、ゲーテが彼の全生涯に関心を抱いた点である。子ども時代や青年期とならんで彼にとって重要だったのは、ワイマールに滞在した全時代の再構成であった。もう一つには、この自己叙述において肝要だったのが、もはや「自由な」自己実現ではなく、世界との「心的葛藤」であった点である。というのは、ゲーテの関心の中心にあるのは、とりわけ自我と世界（＝全体）の調和であったからである。すなわち、いかに自分が一八世紀の世界に適合してゆき、そこから影響をうけ、その世界において自己実現したかが、彼の中心テーマであった。自己の社会化の歴史を、自我と世界との共同作業の範例として、ゲーテは理解していた。『わが生涯より——詩と真実』の序文にはこうある。

「人間をその時代との関連において叙述すること、そして、どれほど全体が彼に逆らい、どれほど全体が彼に幸いしたか、いかにして彼がそこから世界観や人間観を形成したか、そしてもし彼が芸術家や詩人や作家であるなら、いかにその世界観や人間観を再び外界に映出したか、こうした事柄を示すことが伝記の主要な任務であると思われる」(15)。

以上、ルソー、モーリッツ、そしてゲーテの自伝の特徴をかいつまんで見てきた。これまでの議論をまとめるなら、彼らが後世の自伝記述に与えた功績は、予め決められた役割を自覚し神の定めた道をゆく過程が描かれるという具合に、宗教的色彩が支配的であった自伝記述が、そこから完全に解き放たれ、自己責任や、世界との格闘において固有の個人的な道程を見つけること——すなわち、自己形成——が重要とされるようになった点にあるといえる。こうした特徴をもつ自伝は、主として男性市民層において執筆されたため、「市民的」自伝とも呼ばれている(16)。

もちろん、自伝記述は時代によって変化していく。しかし、一九世紀の自伝のスタイルを全体として見ると、一八世紀のそれと大きな変化はないとされること、また、ゲーテの自伝は、一九世紀のみならず二〇世紀においても、手本としての性格を強くもっていたとされること(17)からして、少なくとも一九世紀が終わる頃までは、先に見た三人の自伝は、自伝執筆において規範的影響力をもっていたといえよう。

三　経済市民層の価値観と企業家精神

本稿の分析対象であるヴェルナーは、経済市民層に属した。一般に、近代ドイツにおいて、企業家や大商人は「経済市民層」と呼ばれた。これにたいし、高級官吏、聖職者、医者、大学・中等学校の教員、法律家などは「教養市民層」と呼ばれた。経済の編成が農業を中心とする時代と工業化の最盛時代との中間段階にあるとき、教養市民層が典型的な形で社会内部において有力な地位を獲得することが可能となる。教養市民層のものとされる職業にたずさわるためには、一定の総合大学修学年限を前提とする国家試験を通過しなければならない。教養市民層は、彼らの獲得した学歴と職業上の身分により高い社会的名声を享受し、文化的・社会的・政治的権力に近づいた。ドイツにおける教養市民層は、一八世紀初頭からおおよそ一八二〇年頃にその社会的地位が上昇し、一八九〇年頃まで機能のうえで国民の支配階層となった。他方の経済市民層は、当時、教養市民層に比べ一段低く見られる存在であった。そして、教養市民層の没落が始まるのが、一八九〇年頃からである(18)。

したがって、一八一六年に生まれ、一八四七年にジーメンス&ハルスケ社を起こし、一八八九年から一八九二年にかけて自伝を執筆したヴェルナーは、まさにドイツにおいて教養市民層が高い社会的地位を占め、経済市民層が一段低いものと見なされていた時期に生き、自伝を執筆したことになる。このような事情が、彼の自伝執筆に一定の影響を与えていたであろうことは想像に難くない。

もっとも、一段低く見られていたとはいえ、社会全体の階層構造から見れば、さまざまな面で、経済市民層は教養市民層と共通した点が多かったようだ。トーマス・ニッパーダイによれば、一九世紀後半から二〇世紀初頭にかけてのドイツにおいては、職業上理論的知識が必要とされるため、経済市民層の教育程度は比較的高く(彼らの多くは実科ギムナジウム(実科系中等学校)卒業者やアビトゥア(大学入学資格)取得者であった)、学歴の点で経済市民層は教養市民層と大きな差があるわけではなかった。経済市民層は、また、教養市民層の価値観や感覚を、すなわち、個人主義や合理性、労働倫理、家族観を引き継いでいた。職業上の(世代)再生産や婚姻による再生産の傾向は強力であったが、教養市民層と経済市民層とのあいだにはある程度の移動性も認められた。教養市民層出身の企業家や経済市民層出身の教養人も存在した(19)。

では、経済市民層は、貴族とはいかなる関係にあったか。ヴェルナーが後に貴族の称号を獲得している点からしても、貴族との関係も見逃すことができない。

生活様式を貴族化させた大企業家はまれであった。社会的移動性も低い。大企業家であっても、娘を貴族と結婚させた事例は少なく、息子が大農場経営や将校といった「封建的」職業についた事例も少ない。貴族のような振舞いをすることで他の階層と差別化を図ることも、大企業家にとって関心事ではなく、彼らはそのような目標はもたなかった。重工業企業家においては貴族化の傾向も多少見られたが、このことを過大評価してはならない。貴族に列せられた者もいたが、多くの企業家はそれを拒否した。騎士領をもつことは、彼らにとって何ら目標ではなかった。大企業家の立ち居振舞いや価値観は、「市民的な」ままであった。すなわち、彼らは、業績、能力、勤勉、節約、決断力、リスクをおかす覚悟、合理的計算、実直さ、連帯、自立への意思、競争心、他を凌駕すること、労働と報酬への意欲をもち、他方、貴族的な名誉概念や貴族に見られる冒険心や軍人的態度や怠惰を拒絶した。要するに、経済市民層は、下にたいしては自己を差異化しようとしたが、市民的であり続け、貴族化することはなかった(20)。

以上のニッパーダイの記述をまとめるならこうなる。すなわち、全体として見れば、経済市民層は、教養や価値観や生活様式などの点において教養市民層と相当の共通点をもっており、貴族とは隔たりがあった。経済市民層が有する理想的人格像も、貴族のもつそれとは異なり、教養市民層のそれに近いかあるいは同じであった。

ところで、ヴェルナーは、経済市民層のなかでも、大企業の創立者であった。当時の企業創設者に特有の価値観や必須とされた才能にもふれる必要があろう。ニッパーダイによれば、当時の企業家にとって、起業の動機は利益の追求や生計の確保であった。この利潤追求や生計の確保が、企業家たりうるための資格を形成していた。事業成功の暁には、人類や社会や国民への奉仕といった文明的・国民的な職責の履行が、企業家たりうるための資格となり、利潤追求と全体への奉仕という、企業家たりうるための二つの資格は、彼らのなかでは矛盾することなく、融合していった。また、企業家として必須であるとされた才能は、目的合理的に計算する行為、先見の明、力動性、革新にたいする感覚、リスクをおかす覚悟、勤勉さ、冷静さ、十分な知識、事業のチャンスの認識と掌握といったものであった(21)。

本節で見たような、当時のドイツ社会、あるいは同一階層内における、価値観や理想的人格のイメージも、当然、ヴェルナーの自伝記述に何がしかの影響を与えたと考えられる。

四 ヴェルナー・フォン・ジーメンス

1 その生涯

ヴェルナーは、父クリスチャン・フェルディナント・ジーメンスとその妻エレオノーレの第四子として、一八一六年に生まれた(22)。父は、大学で農場経営を学んだ農場経営受託者であり、母はハノーバー近郊に位置するポッゲンハーゲンの高級官吏の娘で、両親ともリベラルなプロテスタントであった。ヴェルナーの生家は、したがって、「社会的地位の高い教養市民層に分類されうる」(23)。親族には、医師、法律家、冶金学者がおり、男爵夫人のおばもいた。ジーメンス家の成人した子供は一一人で、そのうち女性は二人、男性は九人であり、ヴェルナーは男子のなかでは最年長であった。

母方の祖母や父そして家庭教師による教育を受けた後、ヴェルナーはリューベックの人文系ギムナジウムに入学したが、一八三四年に退学している。ギリシア語・ラテン語に興味がもてず、ギリシア語学習を放棄し、古典語の習得が必要とされる総合大学ではなく、ベルリン建築専門学校への進学を希望したが、建築専門学校の学費がヴェルナーの両親にはあまりにも高額であることが判明したため進学を断念したからであった。専門学校での勉強が不可能になったため、彼はプロイセンの軍隊に入隊し、そこで技術者として必要な学問を学ぶことにした。一八三四年にマグデブルクの砲兵隊に将校として採用され、翌年、願いどおり、ベルリンの砲兵・技師学校に配属され、そこで三年間学んだ。

一八三九年と一八四〇年に両親があいついで死去したため、幼い弟や妹の面倒はヴェルナーが見ることとなった。将校としての給与だけでは彼らの面倒を見ることは困難であったため、発明によって経済状況を改善することを思いつき、一八四七年に彼は機械工親方のヨハン・ゲオルク・ハルスケとともにジーメンス&ハルスケ社を設立した。一八四九年に軍隊を辞め、彼はそれ以降、ジーメンス&ハルスケ社の仕事に専念した。後にヴェルナーの弟も仕事に加わり、会社は発展していった。

私生活では、一八五二年に、大学教授の妻である従姉妹の娘、マチルデと結婚し、彼女とのあいだに四人の子供をもうけたが、彼女は結婚一三年後に他界した。一八六九年にヴェルナーは、遠い親戚で、大学教授の娘であるアントワーヌと再婚し、二人の子供をもうけた。

ヴェルナーの活動は、社の仕事のみにとどまらなかった。彼は、政治活動、特許制度の整備、技術者育成のための施策など公的な活動にも携わり、その功績にたいしてさまざまな表彰を受けている。一八六九年と一八八六年には名誉博士号を授与され、一八七三年にはプロイセン王立アカデミー会員となり、一八八八年には貴族の称号を下賜された。そして、一八九〇年に仕事の大部分を弟のカールと息子のアーノルドおよびヴィルヘルムに任せ、二年後の一八九二年に他界した。

2　自伝『人生の思い出（Lebenserinnerungen）』に見る価値観と理想的人格像

ヴェルナーの自伝は、一八八九年から一八九二年にかけて彼自身の手によって書かれた。そこには、ジーメンス一族の歴史、幼少期の思い出、軍隊での生活、会社を起こすまでの経緯、自分のおこなった発明や技術的改良および執筆した論文や取得した特許、商用旅行中に生じたさまざまな出来事や従事した公的活動などが描かれている。このように彼の自伝の内容は多岐に渡るが、以下では、彼が自伝において何に価値を置き、自分をどのような人物として描こうとしていたのか、またそこから彼はいかなる人格を理想としていたと考えられるかに絞って考察する。

彼は、自伝の冒頭部で、自伝を執筆する理由として、「相続財産も、影響力のある後援者ももたない、それどころか、真の素養（Vorbildung）ももたない若い男性が、一人で、彼自身の労働をつうじて成功し有益なことをなしとげることができること」を若い人々に示すことで彼らが鼓舞され、そこから何かを学ぶことができるであろうことをあげている(24)。

ここで、彼は、何ももたない人物が自身の努力により成功を勝ちとった物語として自分の人生を描いている。しかし、彼は、本当に彼の力のみで成功をなしとげたのか。

たしかに、子沢山に一八一八年から一八二五年の農業危機が重なり、両親が健在の時から家計は――市民層にしては――必ずしも豊かではなく、また両親の早世は彼の人生に困難をもたらしたであろう。しかし、社会全体から見れば彼の出身階層は高く、家計の事情で建築専門学校には進学できなくとも、古典語を習得すれば総合大学には進学できたはずである。また、ギムナジウム退学後、プロイセン軍に入隊するまでに彼はさまざまな人物からの助けをえている。自伝にはこうある。彼は、土地測量の教師からはプロイセンの青年部隊に入隊すれば希望する建築と同様の学問が学べることを、父からはプロイセンという国家は将来有望であり、ゆく価値があることを教えられた。ヴェルナーの希望を聞いた従兄弟からは、ある大将を訪ねるよう助言され、その大将から砲兵隊入隊を勧められた。そして入隊試験をうけ、ついに砲兵隊への入隊を認められるに至るのだが、砲兵隊の大佐がプロイセン人でない自分の入隊を許可したことには、自分の母の生まれた土地の隣に大佐の父の領地があったことが大きいと思うと、彼自身書き記している(25)。

こうした記述から、ヴェルナーが将校の職にたどりつくのに、身近な人間からの貴重な情報提供と人的ネットワークが重要な役割をはたしたことがわかる。したがって、「さまざまな人に助けられて獲得した成功」という物語をここで描くこともできたであろう。しかし、ヴェルナーは彼の人生をそのように解釈しなかった。そうではなくて、「自身の努力により勝ちとった成功の物語」として人生を描いたことから、彼の正統的成功者像は、基本的に、自身の業績を頼りとする市民的なそれであり、自伝においてそのような自己像を呈示しようとしていることがわかる。

軍を辞め事業に専念する決心をしたときのことを記した箇所にも、業績を重視し自分自身のみを頼りとする人生を良しとする価値観が見てとれる。彼はこう書いている。軍を辞めたことにより、

「私の人生は、確固たる方向、自分自身の業績に頼るという方向をとることになった。今や、すでに私の名を冠した会社を、優れた業績によってできる限り向上させ、学問の人として、そして技術者として、世界における個人的名声を手に入れることが、私にとって重要であった」(26)。

ミルズ風に表現するなら、彼は、この箇所では市民層の「動機の語彙」を用いて自身の決定を説明しているといえる。

将校の生活において陥りやすいあらゆる誘惑を自分がいかに退け学問に打ち込んだかを得意げに記述している部分(27)からは、彼が禁欲にたいして高い価値をおいていることがうかがえる。「禁欲」は、(とりわけプロテスタント的)市民層の代表的労働倫理であった。

プロイセンの将校として採用されるまでは、先に見たように、他者からの助言も彼の人生の選択において重要な役割を演じていたが、それでも、プロイセンゆきを「世界における自分の成功を独力で見つけるという私の決心」(28)と、自分が決定したこととして記述している点や、その後の人生にかんする記述、たとえば、軍隊を辞め事業に専念しようとする部分の記述において、事業の「このような成功と、私の弟や妹にたいする懸念の増大とにより、軍隊を去り、電信――その重要性を私はよく認識していた――を新しい生業とする決心が私のなかで固められた」(29)というように、世界との関連において自己の決定により人生が展開するように書き記している点も、先に論じたモーリッツやゲーテの自伝や、ベルント・ノイマンが指摘する市民的自伝一般の特徴と一致している(30)。

彼の自伝においては、軍隊生活や発明、企業活動において自分がいかなる目標をもち、その目標達成の過程でいかなる困難に直面し、それをいかに克服したかという過程がしばしば叙述される。たとえば、ゆくゆくは軍を辞めて事業に専念しようと考えていた時に立ちはだかった困難について、こう記している。将校としてベルリンに滞在していた時、彼は、自由宗教運動の演説を同じ旅団の将校たちとともに聴講し、そこで求められておこなった署名が新聞に掲載され軍に敵対的な人物として紹介されたことから、ベルリン以外の場所に旅団ごと移されそうになった。独立を計画していたヴェルナーにとって、これは「私のあらゆる人生設計を妨げ、私の妹や弟をこの先も養ってゆくことを不可能にする、耐えがたい、ひどい打撃であった」。彼は、「この異動を阻止する」には「軍にとって重要な発明をするしかないと考え」、綿火薬の実用化を思いつく。実用化の「試みはことごとく失敗した」が、ある工夫をしたことで彼は、「驚くべきことに、まったく別の性質をもつ綿火薬をつくりだした」。実験の成功を戦争大臣に伝えると、ベルリン北西部の火薬工場に赴くよう命令が下った。「私の異動はもはや問題にならなかった。私は、あの不幸に見舞われた仲間たちのうちの、ベルリンを去らずにすんだ唯一の人間となった」(31)。

目標達成のため困難に打ち勝つというのも、彼が描く理想的人物像の構成要素なのであろう。ゲーテの自伝や一八九三年出版のゲオルク・ゴットフリート・ゲルビヌス（歴史家・文献学者）の自伝に見られる特徴の一つは、当時の時代と関連づけて、自分の人生の発展を阻止ないし促進する要因を自分がいかに制御したかが叙述されていることであり、これらの要素も市民層的自伝の特徴の一つであるとされている(32)。したがって、ここでもヴェルナーは、「市民的」自伝の範型にしたがって自己を記述していることになる。

彼の自伝においては、立ちはだかる困難の克服という物語のうち、一種、英雄物語を彷彿させる記述も何度かなされている。たとえば、彼は囚われの身となった時の状況をこう記している。ロシアでの商用旅行中、彼はペテルスブルクで伯爵の命により「収容された」。しかし、ペテルスブルクにプロイセン皇太子が滞在中であることを思い出し、「この幸運な状況を、自分が陥っている、半ば捕虜となった境遇から抜け出すために、利用する決心をし」、皇太子との謁見にこぎつけ、皇太子のはからいで最終的には釈放の身となった(33)。このように、生命を脅かすような危機的状況に陥りながらも、冷静に状況を判断し、策を講じ、危機を脱するといった、冒険談的記述も彼の自伝の相当部分を占める。

さらに、ヴェルナー自身は、企業家としてではなく、自然科学研究者としての自己像を有していたか、ないしは、自然科学者として他者に自己呈示したかったようだ。たとえば、軍隊を辞め企業活動に専念し始めたときのことを、「私の性向は自然科学研究に向いていたが、さしあたり今は自分の全ての力を技術の仕事に注がなければならないと悟った」(34)と書いている。また、一九六〇年にベルリン大学で哲学の名誉博士号を授与されたときのことは、「私にとって非常に重要な意義をもつ出来事」(35)と述べ、プロイセンの王立科学アカデミーでは、会員として、自分の専門分野にかんする講演ではなく自然科学一般にかんする講演をおこなったと記し(36)、さらに

「私は、常に技術者であるよりも教養人として自分のことを考えることができた。なぜなら、自分がどのような自然科学的な仕事をするかという選択において、社会から期待されている有用性が影響を与えたことはまれであったからである」(37)

とも記している。ここでヴェルナーの念頭にあるもの、それに彼が近づこうと必死に記述しているものは、(ギムナジウム退学によりいったんは手の届かないものとなった)「教養人」という理想像である。

このように、ヴェルナーの自伝には、基本的には、市民層の価値観が支配的であると思われる記述が多い。しかし、貴族寄りの価値観ではないかと思われる記述も見られる。たとえば、男爵夫人となったおばのこと、母方の祖母が旧姓を述べるとき必ず貴族の出であることを示す「フォン」をつけたこと、そして、長男のアーノルドが貴族の娘と結婚したことを自伝にわざわざ記している(38)。また、軍隊での生活を「後の人生の行路を形づくり、より

高い人生の目標のため努力する自信を与えてくれた」(39)と高く評価し、軍隊は同志精神や飾り気のない公明正大さがあってよかったが、行政官僚にはそれがない点が気に入らなかったので、商務省に入る話は断ったとも述べている(40)。彼は、貴族的とされる軍隊には親近感を、市民的とされる行政官僚(41)には違和感を抱いたようだ。

さらに、将校の道に進み、貴族に叙せられることを拒否する経済市民も多かったなか、貴族の称号を得ていることからして、具体的な行為のレベルにおいても、彼が貴族的な価値を拒否している様子は見られない。

しかし、このような行為は、ニッパーダイによれば、大企業家の「貴族化」を意味するのではない。貴族や軍隊にたいする古い市民的反感は、少なくとも一八八〇年代には明らかに弱まったが、企業家の基本的な振舞いや価値の序列は市民的なままであり、西ヨーロッパで生じた金銭と貴族の共生はドイツにおいては実現しなかった(42)。ヴェルナーの価値観も、全体として見れば、市民的であるといえよう。それは、たとえば、叙爵にかんする部分で、「私は、高貴な人びとと近づきになることには抵抗感があった」、「自分の叙爵を新聞で初めて聞き知り、突然のことで驚かずにはいられなかった」(43)と、(少なくとも自伝のなかでは)爵位は彼が望んで得たものではないと弁明していることからもわかる。

他方、ヴェルナーを初めとする大企業家にたいする叙爵には、(彼がそれを得るために何らかの工作をおこなったかどうかはここでは問わないとして)ヴェルナーの意図とは別の、企業家への叙爵により経済人の社会的地位や経済活動一般のイメージを向上させ、産業立国をより一層促進しようとする国家の側の意図が見てとれる。ヴェルナーは、むしろ、叙爵というこの「突然の」出来事を、「資本主義の新しいエリートとして……下の階層へと一線を画す」(44)ために、一つの好機として(しかし、「市民的」価値観とは相反するため弁明もしつつ)活用したのではないだろうか。社会や国家の側の利害と企業家ヴェルナーの利害がここに一致し、叙爵という結果に至ったのであろう。

さらに、当時の歴史的出来事(四八年革命、クリミア戦争、普墺戦争、普仏戦争、ドイツ統一)にかんする記述やそれらの出来事と書き手であるヴェルナーとのかかわりにも、かなりの紙面がさかれている。このような記述方法は、当時の自伝や伝記に特徴的なものであったようだ。一九世紀中葉から二〇世紀初頭における自伝に特徴的な事柄の一つは、当時生じた主要な歴史的出来事や高名な同時代人が交わる地点として自己を描くことで、自己の壮大化と英雄化を図ることであった(45)。

自伝において、彼は、自己の公的活動の記述にも相当部分をさき、(一八六〇年から三年間の)政治的活動、特許制度の整備にたいする尽力、科学や技術の発展のためのさまざまな施設や制度を整えたことなどを記している。このような、公的活動も重視する彼の価値観および態度は、企業活動にかんする彼の思想にも反映されている。彼は、自分は企業活動において公益にかなうことをおこない、私益の追求には走らなかった、しかし、公共の利益にかなう活動は結果的に成功へと導かれると、次のように述べている。

「私の労働能力や関心を、こんなにも技術的企業活動にふりむけるよう私を動かしたのは、利益追求心ではない。通常、私をある課題にいざなったのは、第一に、学問的技術的関心である。ある企業家の友人がこういって私をからかった。私の企業活動は、常に、企業活動がもたらすであろう公益に影響されるが、最終的には損はしないと。私は、ある種の限定をつけてではあるが、彼の言葉は正しいと認める。というのは、公共の福利を促進する企業は、普遍的利害関心をつうじて支えられ、それをつうじて、成功へのより大きな展望を抱くからである」(46)。

この箇所では、ヴェルナーは、公共の福利に奉仕(し、かつ、その結果として利益を獲得)する人物を理想的人格像とし、それに自己を近づける作業をおこなっている。利潤獲得活動と公への奉仕活動とは、「三」で見たように、企業家においては矛盾しない。どちらも「企業家たること」の正当化の構成要素である。そうすることで、彼は、同時に、私益のみをむさぼるというイメージから自己をひきはなし、経済的成功は公益を促進した結果としてもたらされたとして、自己の正当性を主張している。まさに、永谷が、近代日本の企業勃興期における企業家の自伝的テキスト分析から析出したのと同じような正当化過程が描かれているといえよう。

五　まとめ

以上、ドイツの産業勃興期における企業家の一例として、ヴェルナーの自伝を分析した。自伝からうかがえる、理想的人格像をまとめるならこうなろう。彼においては、一方で、自らの力で数々の困難を克服し、目標に向かって禁欲的に刻苦勉励し、目標を達成するという理想像や、教養人という理想像が存在し、他方で、同志精神や公明正大さといった要素も理想的な人格像の一要素としてとらえられていた。さらに、私利私欲のみに走るのではなく、公益のために活動する「企業家」像を呈示しようとしていることも判明した。

経済市民層に属するヴェルナーは、一つには、内面化された市民的価値観にもとづいて、もう一つには、資本主義の新しいエリートとして、下の階層にたいして一線を画すために意識的・操作的に、全体的には、一段上と見なされていた教養市民層に自己を同一化する戦略をとりつつ、部分的には貴族的な要素もとりいれながら、自己像を呈示していった。理想的な自己像の呈示においては、自らが意識的に描いた部分や、あるいは社会状況との相互作用において形成された部分が混在する。そして、自己像呈示のさいに、自伝の範型という、流通している「文化の一部として存在する物語」が十二分に活用された。

本稿で検討したのは、ヴェルナー・フォン・ジーメンスという一つの例にすぎない。しかし、ここに描かれたのと同じような人格像が、他の企業家の伝記や彼らにかんする「神話」においても形成され、いわゆる「近代的個人」像がしだいに形づくられていった可能性はあろう。この点については、別の機会に委ねたい。

＊本稿は、平成一三〜一五年度文部科学省科学研究費補助金（課題番号一三四一〇〇五一／研究代表＝城達也）の成果の一部であり、当研究費による報告書に掲載された拙稿「帝政期ドイツ企業家に見る理想的人格像――ヴェルナー・フォン・ジーメンスを事例として――」（城達也編『理想的人格像の形成と変容に関する比較社会論的研究〈2〉』熊本大学文学部、二〇〇三年、四五―五〇頁）を大幅に加筆修正したものである。

〈注〉

（1）Schroer, Markus, *Das Individuum der Gesellschaft*, Suhrkamp Verlag 2001, S.58f. および、Kohli, Martin, Normalbiographie und Individualität. Zur institutionellen Dynamik des gegenwärtigen Lebenslaufregimes, in: Hans-Georg Brose und Bruno Hildenbrand(Hg.), *Vom Ende des Individuums zur Individualität ohne Ende*, Leske +Budrich Verlag, 1988, S. 50.

（2）Schroer, Markus, Negative, positive und ambivalente Individualisierung —erwartbare und überraschende Allianzen, in: Thomas Kron(Hg.), *Individualisierung und soziologische Theorie*, Leske + Budrich Verlag, 2000, S.35. および、拙稿「ドイツにおける自己の「語り」の変遷――個人化論と生活史研究を中心として――」『人間関係学研究（大妻女子大学人間関係学部紀要）』第七巻、二〇〇六年、八頁を参照。

（3）井上俊「物語としての人生」井上俊・上野千鶴子・大澤真幸・見田宗介・吉見俊哉編『岩波講座現代社会学9　ライフコースの社会学』岩波書店、一九九六年、二四頁。

（4）小林多寿子「物語のなかの他者性」亀山佳明他編『文化社会学への招待』世界思想社、二〇〇二年、一八四―二〇四頁。

（5）Mills, C. Wright, *Power, Politics and People*, Oxford University Press,1963, pp.439-51.（青井和夫・本間康平監訳『権力・政治・民衆』みすず書房、一九七一年、三四四―五五頁。）

（6）片桐雅隆『自己と「語り」の社会学』世界思想社、二〇〇〇年。

（7）永谷健「近代日本における企業家の言説空間――財閥創始者世代の自伝的テキストの分析――」『ソシオロジ』第四一巻第

二号、一九九六年、一九頁。

(8) 同前書、二八―三〇頁。

(9) 同前書、二〇―三一頁。

(10) 同前書、三一―二頁。

(11) 同前書、三二―三頁。

(12) Feldenkirchen, Wilfried und Almuth Bartels, *Werner von Siemens*, Ullstein Verlag, S.7. および、望田幸男「第一章『統一と自由』を求めて――ドイツ連邦期の政治と社会」木谷勤・望田幸男編著『ドイツ近代史』ミネルヴァ書店、一九九二年、四三頁。

(13) Holdenried, Michaela, *Autobiographie*, Philipp Reclam jun. GmbH, 2000, S.139-85.

(14) 以下の文章は、ルソーの自伝にかんしては、*Ebenda*, S.139-60, Dülmen, Richard van, *Die Entdeckung des Individuums 1500-1800*, Fischer Verlag, 1997, S.92-4. および、Pascal, Roy, *Die Autobiographie*, Kohlhammer Verlag, 1965, S. 54-8. を、モーリッツの自伝にかんしては、Dülmen, *a.a.O.*, S. 94f. および、Holdenried, *a.a.O.*, S.139-48. を、ゲーテの自伝にかんしては、Holdenried, *a.a.O.*, S.160-9. Dülmen, *a.a.O.*, S.95-7. Pascal, *a.a.O.*, S.61-4. および Neumann, Bernd, *Identität und Rollenzwang. Zur Theorie der Autobiographie*, Athenäum Verlag, 1970, S.136-40. を参照しまとめた。

(15) Goethe, Johann Wolfgang, *Aus meinem Leben. Dichtung und Wahrheit*, Bd.1., Philipp Reclam jun. GmbH, 1991, S.9.

(16) Dülmen, *a.a.O.*, S.97. および、Neumann, *a.a.O.*, S. 166f.

(17) Holdenried, *a.a.O.*, S. 168 und S. 185.

(18) 以上の議論は、Ringer, Fritz K., *The Decline of German Mandarins. The German Academic Community, 1890-1933*, Wesleyan University Press, 1990, pp.6-7, and pp.15-42.（西村稔訳『読書人の没落』名古屋大学出版会、一九九一年、四頁、一一―二八頁）Nipperdey, Thomas, *Deutsche Geschichte 1866-1918*, Bd.1., C. H. Beck, 1994, S. 382. および、望田幸男

「第二章　帝国主義の道」『ドイツ近代史』七九頁を参照しまとめたものである。なお、フリッツ・K・リンガーの書物においては「mandarin」となっているものを、本稿では「教養市民層」として記している。

(19) Nipperdey, *a.a.O.*, S. 389f.

(20) *Ebenda*, S. 391f.

(21) *Ebenda*, S. 251.

(22) ヴェルナーの生涯にかんしては、Siemens, Werner von, *Lebenserinnerungen*, Verlag von Julius Springer, 1912. および Feldenkirchen und Bartels, *a.a.O.* を参照しまとめた。

(23) Feldenkirchen und Bartels, *a.a.O.*, S. 8.

(24) Siemens, *a.a.O.*, S. 1f.

(25) *Ebenda*, S. 14-6.

(26) *Ebenda*, S. 79.

(27) *Ebenda*, S. 22.

(28) *Ebenda*, S. 15.

(29) *Ebenda*, S. 39.

(30) Neumann, *a.a.O.*, S. 69-182. および、拙著『共同の時間と自分の時間——生活史に見る時間意識の日独比較』文化書房博文社、二〇〇三年、一八—二〇頁。

(31) Siemens, *a.a.O.*, S. 39-42.

(32) Neumann, *a.a.O.*, S. 160.

(33) Siemens, *a.a.O.* S. 118f.

(34) *Ebenda*, S. 79.

（35）*Ebenda*, S. 186.

（36）*Ebenda*, S. 271.

（37）*Ebenda*, S. 269.

（38）*Ebenda*, S. 6, S.10, und S. 295.

（39）*Ebenda*, S. 79.

（40）*Ebenda*, S. 77.

（41）ニッパーダイによれば、一般に、将校には貴族が、行政官僚には教養市民がつくことが多かった（Nipperdey, *a.a.O.*, S. 381- 92)。もっとも、リンガーは、これと反することを述べている。ヴェルナーが入隊した一八三四年よりも三三年後のデータであるが、リンガーによれば、一八六七年の時点において、ドイツの将校団はこれまで考えられてきたほど貴族の独占物ではなかった（Ringer, *op. cit*., p. 47. 前掲訳書、三一頁)。

（42）Nipperdey, *a.a.O.*, S. 251-3, und S. 391f.

（43）Siemens, *a.a.O.*, S. 277f.

（44）Nipperdey, *a.a.O.*, S. 392.

（45）Hoffmann, Volker, Die deutsche autobiographische Literatur 1890 - 1923, in: Günter Niggl(Hg.), *Die Autobiographie. Zu Form und Geschichte einer literarischen Gattung*, Wissenschaftliche Buchgesellschaft, 1998, S. 488. および、Holdenried, *a.a.O.*, S. 206.

（46）Siemens, *a.a.O.*, S. 297.

在宅の看取りと家族

大出　春江

一　在宅医療と訪問看護の社会的背景

日本が長寿社会になるとともに予想を超えて急速な少子化をした結果、先進諸国のなかでは前例のないスピードで高齢化したことはよく知られている。こうした人口構成の実現は、衛生や栄養を含む国民全体の生活水準の向上を基盤としており、国民皆保険が一九六一（昭和三六）年に実現することで医療を身近に利用する制度的枠組みが与えられた。これに国民年金制度の導入も加わり、老後の生活を医療と所得の二つの柱によって（十分とはいえないまでも）保障する画期的な仕組みができたのである。

こうして長寿化と皆保険がセットになったとき、予想以上に国民医療費は年々伸展することになった。一九五五年度・二三八八億円だった医療費は、一九六五年度・一兆一二二四億円、一九七五年度・六兆四七七九億円、一九八五年度・一六兆一五九億円、一九九五年度・二六兆九五七七億円、そして二〇〇〇年度に三〇兆三五八三億円と、急激に伸びていった。二〇〇〇年度に導入された介護保険制度によって、伸び率に若干の停滞はあったが、二〇〇二年度現在の医療費は三一兆一二四〇億円である（1）。

一九七三年に実施された老人医療費の無料化も、一九八三年二月の老人保健法の施行とともに一部自己負担となった。老人訪問看護制度の導入、診療報酬点数のほぼ二年ごとの見直し、被用者本人負担増を含む健康保険法の度重なる改正など、一九八〇年代から一九九〇年代にかけて国家規模の医療費抑制のために次から次へとめまぐるしいばかりの政策転換がなされた。

在宅医療を推進するもう一つの社会的要因として、疾病構造の変化がある。結核に代表される感染症が死因の第一位を占めていたかつての時代を経て、一九八〇年代からガン、心疾患、そして脳血管障害が主要な死因を占めるに至っている。急性期を過ぎ、比較的症状が安定し、また医師による治療効果が期待できない慢性疾患等の病気を抱えている場合、病院で過ごす意味はそれほど大きくない。疾病構造が変化することによって、病気になったら病院に行くものだという「思い込み」は変化せざるをえない。治癒の見通しが立たなくなった時、人生の最期の時間を過ごす場所として病院が選択されない事態も生まれてきた。

このように、社会の高齢化と国民医療費の急増、そして疾病構造の変化は、ターミナルケアの従来のあり方を大きく変えつつある。家族が看きれなくなった高齢者の「社会的入院」を受け入れていた病院も、医療費抑制のために改訂された診療報酬制度のもとで、これを変更せざるを得なくなった(2)。

ターミナルケアについていえば、ガン死が一九八一年から死因の第一位を占めるようになった後、ホスピスの必要が指摘されながらも制度化は遅れた。一九八一年に施設としては日本で初の聖隷三方原ホスピス(静岡)が誕生した。制度的な意味において、病院の一部を緩和ケア病棟として認定することでホスピスが日本ではじめて登場したのは、一九九〇年四月である。病院経営上、不採算であることが導入の遅れであるとされていたが、緩和ケア病棟入院料を定額制にすることで日本のホスピスは市民権を得ていく(3)。

その後、年ごとに緩和ケア病棟数は増加しているが、現時点でも総ベッド数は患者数に対し圧倒的に少ない。さらに入院対象者の条件をガン患者とＨＩＶ患者に限定しているために、これら以外の病気によってターミナルな状況にある人々が利用できないのが現状である。在宅医療と訪問看護は、こうした制度的枠組み、国民医療費の高騰、そして疾病構造の変化によって注目されるようになった。

では、在宅医療や訪問看護とは、新しく誕生した制度といえるのだろうか。考えてみれば、病院で入院治療することが日常化する以前は、治療を受けたり療養するのは自分の家であった。医師が家々を訪ねて往診するのは当たり前であったし、長期療養の際には派出看護婦が患家に住み込み看護にあたることもあった。その結果として、ターミナルケアも在宅で行われていた。これらはおよそ五〇年ほど前の日本では日常的光景だった。

治療や看護の場、そして死にゆく場がかつては自宅であったという事実は重要である。老いることも、病を得ることも、さらに死にゆくことも、家にいる人々は間近にいて、看護したり、医師に連絡をしたり、あるいは看取っていたのである。

では、病気や死が施設化される以前、在宅で病むことに人々はどのようにかかわり、また死にゆく身体に向き合っていたのだろうか。このことを主題として考察することは、看取る視点から二つの意味で重要である。一つは、経験知としての死のケアを知り得ること。もう一つはターミナルケアにおいて「家という場」がどのような特性を持っていたのかを知ることができる。

医療にかかわる資源の絶対量が不足していた時代と現代との単純な比較は本論の意図するところではない。終末期をどこで迎えるかということが、今日、死にゆく人にとっても、見守る家族や親密な人々にとっても極めて重要な課題になっているという現実認識のもとに、施設化以前の時代に共有されていた死の観念、死への構え方、死にゆく人への向き合い方、身体にかかわる実際的で具体的な情報の理解は欠かせないと考えるゆえである。

二　〈家庭看護〉の時代と臨死期のケア

1　看護と衛生の担い手としての女性への着目

本論が対象とする時期は一九〇〇年代―一九四〇年代である。その理由は前節で述べたように、第一に病気の治療、看護そして看取りが在宅でおこなわれていた時代であったこと。第二に、家庭看護や衛生教育を目的とした書籍が次々に出版された時代であること、の二つである。

この時期について、女性への衛生観念の浸透という観点から成田龍一がいち早く着目している。成田は「近代日本における衛生環境の変化」を三期に分けている。それらは「急性伝染病にかわり慢性伝染病対策が議論されだす一九〇〇年前後、乳児や母性の保護が訴えられる一九二〇年前後、そして戦時体制の構築が衛生面からも図られる一九三五年前後に訪れる」。これらの時期を通じて、衛生観念の担い手＝女性が戦時体制に組み込まれていくプロセスを身体に即して明らかにしようとする(4)。

国家の近代化にとって衛生環境を整える担い手としての役割が期待された女性たちは、衛生観念・知識をどのようにして学習したか。成田によれば「衛生の回路」は、(1)地域・学校（通学する子どもを媒介として）、(2)新聞・雑誌等のメディア、(3)月経・妊娠・出産・育児を経験する自らの身体、の三つだという。女性はこれら三つの回路を通じて、自分自身の身体を衛生・医学の立場から配慮するようになる。そこでは「衛生・医学のもとでの身体の規範の形成」がなされ、「衛生環境の変化は、女性に『主婦』『母親』として家庭の衛生管理、子どもの健康管理という役割分担を強要し、固定化した」と成田はみる。日本の近代化過程を女性の身体からみると、「身体が他律化され、その基準がつくられる」プロセスとなる。「衛生・医学に立脚しつつ、身体と性の規範が形づくられ」「健康」「健全」な身体と道徳的価値との結合、それらと家族―家庭との結合がここでは焦点化される。

成田の視点に立つと、女性向けに家庭衛生や家庭看護が解説されるのは、「性別役割分担の固定化」である。先の時期区分でいえば、一九〇〇年前後は性差を含む身体としては関心が薄弱であったものが、第二期の一九二〇年代には荻野美穂のいう「近代主義的身体感覚」が支配的になり、「女性の身体は『月経』と『産む性』でおおいつくされる」に至る。

成田の議論はフェミニズムの成果を踏まえ、身体と衛生観念を軸に近代日本の変容を論ずるものとして注目される。しかし、国家統制を進める媒体としての「衛生の回路」を強調すると、三つの回路を通して統制を受けるだけの女性像が浮かび上がってくる。結果として、情報の受け手である女性の主体性はみえなくなるのである。

乳幼児死亡率が高く、医師や産婆、看護婦の地域的偏在が大きいその時代に、生命の安全や健康回復の願いは切実であったはずである(5)。衛生観念の普及とその担い手の確立が戦争に向かう国家統制の重要な柱となっていく際に、伝えられた内容はなんであったのか。そこに注目することが本論の主題にとっては重要である。

この時代の医師のほとんどは男性であったが、産婆や看護婦のほかに少数ながら女性医師も登場する。当時の家庭看護書は男性だけでなく、これらの女性たちによっても書かれている。女性たちは病む身体や死にゆく身体にどう向き合いその死を覚悟したのだろうか。

2 一九〇〇年—一九四〇年における〈家庭看護〉の成立と普及

「家庭」という言葉が、日本のジャーナリズムに登場するようになったのは明治二〇年前後である(6)。これを踏まえ小山静子は、明治三〇年代から明治四〇年代は家庭教育論が社会的関心をひいた時期である、と指摘する(7)。歴史社会学的にみると、

一九〇〇年前後にこの「家庭」と教育、衛生、看護、料理、経営、といった言葉が連なることで、家という場とその構成員、とりわけ主婦はそれらを最新の近代的な知識として(多くは男性)講師から学び、家庭で実践することが期待される存在になっていく。家庭看護もまた、このようにして成立したのである。

一九〇〇年—一九四〇年の家庭看護学、家政学および家庭向けの百科事典の比較を通して、家で死にゆくこと、在宅で看取ることを考察していく。これらはいずれも家庭の女性を対象に書かれたものである。家庭における看護の実践とは当然区別されなければならないが、内容の違いに留意しつつ共通する記述内容やスタイルに注目することによって、書き手と読み手が共有する当時の生活観念と呼べるもの、いいかえると病気をすることや家で死にゆくことをどのように受け止めていたかを推測することが可能になると考える。

分析を進める手続きとして、第一に、この時期の家庭看護書にほとんど必ずといっていいほど登場する三つの警句をとりだし、その含意を考察する。第二に、家庭看護書全体の構成内容の共通性をとりだす。こうした共通性への着目から当時の家庭看護に期待されていた内容が明らかになる。次にこれらの共通性を踏まえたうえで、本論の主題である臨死期の看護に関する記述に焦点をあてる。この主題は出版物によってはまったく言及しないものから詳細な記述に及ぶものまで違いは大きいが、言及している場合、ある程度の共通性をとりだすことができる。

最後に、一九四〇年以前の家庭看護書と戦後の家庭看護書を比較する。それによって、本論が対象とした時期の特徴を浮きぼりにし、在宅で看取りがおこなわれていた時代の死への向かい方、死にゆくことへの構え方、これらを含む死の観念を明らかにしていきたい。

3 家庭看護書にみられる三つの警句

表1は一九〇〇年代初頭から一九四〇年までに家庭看護書として出版されたものを年代順に並べたものである。この中で碓居龍太編『新撰　看護学全書』（上・下）のみが職業的看護者向けの教科書であるが、他はすべてこれから結婚するであろう女性たちか、家庭の主婦に向けて書かれている。また『家事講習録』とは紡績工場に勤務する女子従業員向けに書かれた非売品の本であるが、目次としては井上秀子『最新家事提要』など当時の家政学書の構成とよく似たものである。ただし学校用教科書と異なり実用書に徹している点が特徴である。いずれも家庭に常備し、日常的に役立てることを目的に書かれている。家庭看護や家庭衛生の本の書き手はさまざまで、医師、ドクトルはもちろん医学博士（医師とは限らない）、家政学教員、看護教員、海軍看護特務少尉などである。

家庭看護に関する記述には共通してみられる三つの常套句がある。(a)一に看護、二に薬、(b)医者の来るまで、(c)生兵法は（大）疵のもと、である。以下、これらを柱に当時の家庭看護の基本的位置を明らかにする。

日本の近代看護の祖といわれる大関和《ちか》も、東京女子医学専門学校（東京女子医科大学の前身）を創設した吉岡弥生も、その著書の冒頭には必ずこの言葉を掲げる。大関や吉岡に限らず、他の看護者や医師による家庭看護書に

表１　戦前期家庭看護書と臨死期の教育

著者	書名	初版出版年	応急手当法	人工呼吸法	仮死と真死の区別	死にゆく人への看護	死後の処置	備考
千葉勝景・鹿島櫻巷	家庭衛生訓	一九〇五(明治三八)年	○	×	×	×	×	開業医である千葉が長年の経験をまとめたもの。編集・発行にあたり報知新聞社記者鹿島が協力している。
大関　和	実地看護法	一九〇八(明治四一)年	○	×	○	△	○	職業的看護婦を対象としたもの。死後の処置は「派出看護婦心得」として既に出版していたものを収録。
児玉修治	家庭看護法	一九一〇(明治四三)年	○	○(図解)	×	×	×	著者は医師らしい。灌腸法や罨法とともに、皮下注射法も家庭の心得ておくべき応急処置の一つとして「第十二(章)　医師の手助」に紹介。巻末に「救急療法」が添付されている。
吉岡弥生	家庭衛生	一九一五(大正四)年	○	△	○	×	×	婦人文庫刊行会『家庭文庫』シリーズの一つ。
大関　和	家庭看病法	一九一六(大正五)年	○	△	○	×	×	
吉岡弥生	家庭看護の栞	一九一六(大正五)年	○	△	○	×	×	東京女子医学専門学校校長・至誠会病院長。
碓居龍太	新撰　看護学全書	一九一七(大正六)年	○	○	○	○	○	12名の医師分担執筆。本表は一九三五(昭和一〇)年再改訂版を参照。
糸　左近	家庭医学	一九一七(大正六)年	○	○(図解)	○	×	×	著者は医学博士。「看護法大要」の「消毒の事」の中で伝染病者の死体の扱い、吐瀉物や糞便の処理方法等について説明。
越智キヨ	家庭看護法	一九一九(大正八)年	○	○(図解)	○	○	○	一九三〇(昭和五)年増訂三版参照。越智は東京帝国大学付属病院にて看護学の理論と実施を学んだ後、奈良女子高等師範学校で看護教育を行った。
築田多吉	家庭に於ける実際的看護の秘訣	一九二五(大正一四)年	○	○	×	×	○(詳細)	著者は海軍看護特務少尉。参照した一九三三(昭和八)年版によると、四七四版とある。一ヶ月に五版を重ねたこともある。本文は六九六ページ。一九三〇(昭和五)年文部省から図書認定規程により認定証が与えられたとある。
富士瓦斯紡績株式会社小山工場家事講習会	家事講習録	一九二七(昭和二)年	○	×	×	×	×	小山工場女子従業員向け教育書としての家政一般のテキスト。非売品。「家庭看護法」は「第五編衛生育児」の第三章としておさめられ、服薬法や罨法と並び消毒法が紹介されている。その中に「死体、棺におさめる時に其の衣類に石炭酸水を撒布すること」という記述がみられる。
井口乗海	家庭看護法提要　全	一九二八(昭和三)年	○	○(図解)	○(表)	×	○	著者は警視庁防疫課長・東京看護婦学校講師。
中村栄代・中村寿松	新編　家庭看護法	一九三〇(昭和五)年	○	○(図解)	○	○(詳細)	○	日本女子大学校家政学助教授の中村栄代と夫で医師の中村寿松による共著。死去した栄代の原稿と妻の看護経験を基に寿松が著述、井上秀子が校閲。人工呼吸法はホワード式を図解。
杉本　毅《やしろ》	家庭に於ける実験看護と民間療法	一九三〇(昭和五)年	○	○(図解)	○	×	×	著者は海軍看護特務少尉。海軍軍医少尉中島悦郎監修・医学博士塚本恒夫校閲。杉本は自序の中で「(関東大震災を経て)療養を求むる道なき病者をまのあたりに見た時に、病療看護の知識の普及がいかに必要であるかを痛切に感じた」と記している。目次だけで一一九ページ。
杉山　仲	家庭看護学	一九三〇(昭和五)年	○	×	×	×	×	ドクトル。三〇年以上にわたる開業医。
「健康時代」附録	医者の来るまでの救急手当と家庭看護法	一九三一(昭和六)年	○	○	×	×	×	実業之日本社発行『健康時代』三月号別冊附録。主婦、母の義務としての家庭看護という記述は皆無。実践的知識の伝達のみを目的とした冊子。
田所良吉校閲・興文閣編集部	最新療法実用看護の秘訣	一九三八(昭和一三)年	○	○	○	×	×	第一編　看護法、第二編　一般療法、第三編　獣医科と続き、馬、牛、犬、鶏の病気の症状と療法も同書に収録されている。
竹内茂代	一般家庭看護学	一九四〇(昭和一五)年	○	○(図解)	○	○	○	医学博士。昭和一五年だけで一五版、昭和一七年で二二版。本表は昭和一七年版を参照。第一四章「危篤者の取扱及び屍の処置」「第一節　重篤者に対する主婦の覚悟」として家人の死に対しとるべき態度を記している。

も頻繁に登場する。文字通りの意味としては、看護に勝るものはない、看護こそは病気回復にとって一番必要なものということである。

しかし、もうひとつ別の意味がある。それはどんなに専門医が最新の治療を施そうとも、処方された薬をきちんと服用し、安静にし、病気回復に必要な食事や水分を的確に摂取し、清潔で衛生的な生活環境が整っていなければ、治療の効果はないとするものである。ここでは治療を成功させるために、明らかに家庭の看護および看護者は必要不可欠とされる。補助的にではなく、主体的におこなう観察や判断および迅速かつ的確な行動が求められているということだ。

「医者の来るまで」は本のタイトルにしているものさえあるほど、応急処置はいずれの家庭看護書、百科事典にも登場する（表1参照）。医者は常に必要な時に来るとは限らない。そのときは応急処置が迅速に行えるよう、しかるべき衛生知識を「看護の一通り」として身につけていなければならない。「医者の来るまで」とは、刻一刻をあらそう時にその応急手当でしばしば命拾いをすることができる、という意味を含む。しかし、なにもかもわかったつもりで、医者も呼ばずに「素人判断」で対処することもまた、思わぬ命取りになる。これが「生兵法は（大）疵のもと」である。この点で吉岡の家庭看護書（『家庭衛生』『家庭看護の栞』）における人工呼吸法についての記述は、他の著作においても一貫している。すなわち、本来は素人がやるべきものではないが、時には医者が間に合わないこともあるから一応知識としては伝えておく、という姿勢である。

とはいえ治療は家庭でおこなうことが日常的であったために、家内の人々は看護の一部として救急医療に踏み込む事態に遭遇することもまれではなく、そのために止血法、人工呼吸法、骨折の副木などは危機の対処法として主婦が学習する対象とされた。なかにはカテーテル用法、皮下注射法、瀉血法《しゃけつほう》すら登場するものもある(8)。

4　家庭看護の守備範囲

後述するように、同じタイトルでも戦後出版されたものと比較すると、その守備範囲は破格ともいえるほど広い。

基本的理由としては、医療が細分化され高度化した現代と比べ、専門化が進展する以前だということだろう。

全体を通して共通する項目をまとめると、以下の(a)〜(l)のようになる。

(a) 看病人の心得
(b) 病室の選定、臥床の敷き方、病人のための食物の用意
(c) 体温器の用意と計り方の心得
(d) 身体の清潔法と罨法《あんぽう》（冷罨法・温罨法）
(e) 灌腸《かんちょう》、座薬の挿入、薬の塗り方（これに洗浄法、瀉血法、皮下注射法、カテーテル用法が加わる場合もある）
(f) 伝染病（容態・見分け方）と看護
(g) 伝染病消毒法
(h) 一般（内科・外科・眼科・耳鼻咽喉科・婦人科・産科・小児科）の病気・けがの介抱
(i) 救急法
(j) 真死と仮死の区別
(k) 人工呼吸法
(l) 死後の処置

家政や裁縫と同様に、主婦は看病の仕方を習得しておくべきであると(a)の冒頭に述べられる。ここから(e)までは看護一般として、共通して登場する内容である。

違いが大きいのは(f)〜(h)である。たとえば吉岡弥生は『文化生活　新家庭文庫　後編』(9)のうち「看護の巻」を執筆しており、その構成は「第一篇　総説、第二篇　小児に多い一般病、第三篇　小児病の看護、第四篇　妊娠、第五篇　婦人病、第六篇　救急法」としている。同書には「育児の巻」（東京瀬川小児科病院長執筆「第四篇　児

表２　明治以降の日本における法定伝染病（法定伝染病患者数の推移）

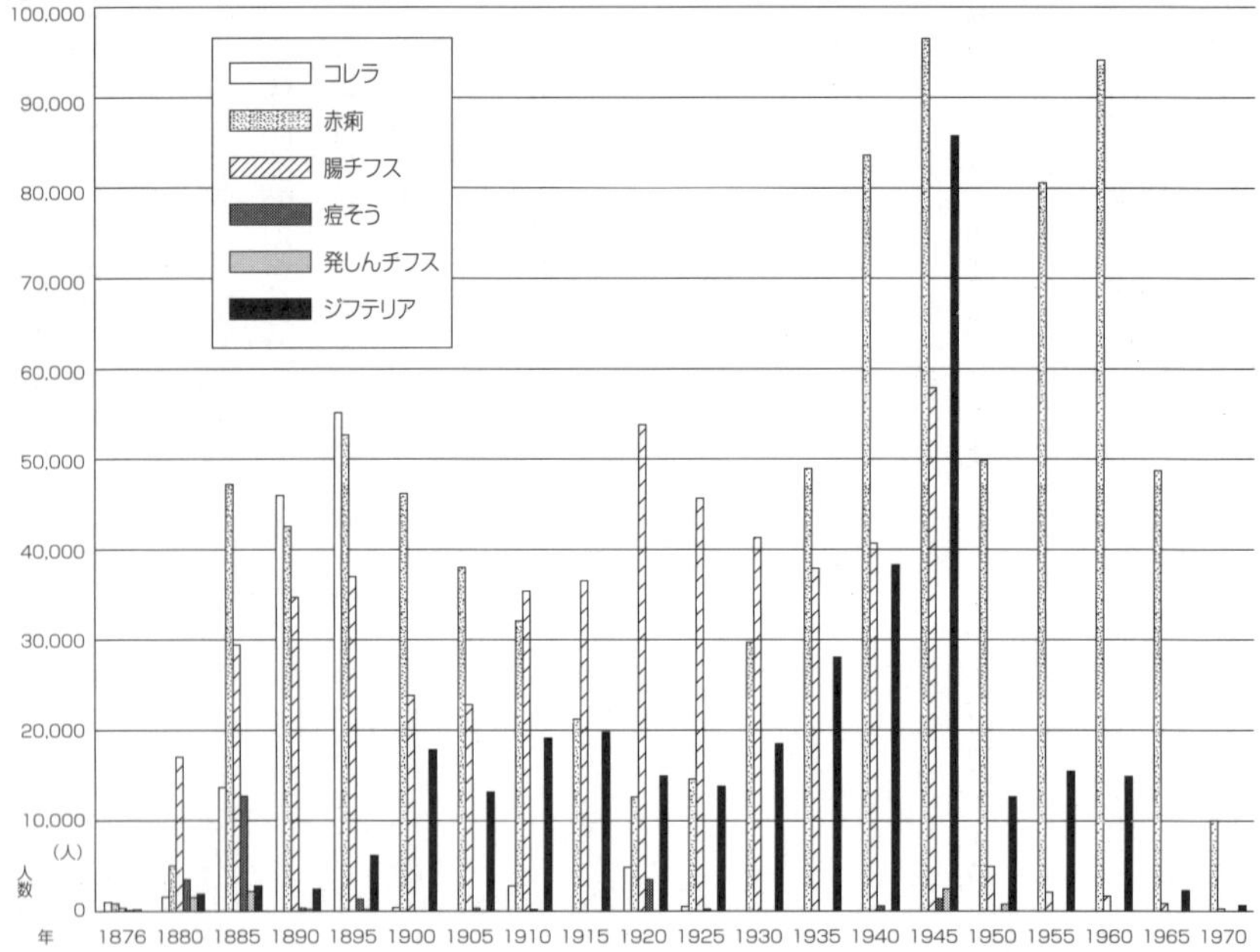

出典：酒井シズ編『疫病の時代』236-237頁

童に多い病気」も登場）が別にあるが、吉岡は「看護の巻」に小児のかかりやすい伝染病をあげる。麻疹《はしか》・ジフテリア・猩紅熱《しょうこうねつ》・流行性脳脊髄膜炎・百日咳がそれらであるが、これに結核を加える。もちろん他の呼吸器、消化器、泌尿器、皮膚、神経系等の病気もあげているが、吉岡の場合、厳選した伝染病だけを解説する。

　これにくらべ他の家庭看護書では上記伝染病はもとより、コレラ、チフス、赤痢、その他数多くの伝染病をあげ、細菌の拡大図を口絵に加えるものも少なくない。伝染病については消毒方法に関し細かな指示があり、屎尿《しにょう》、吐瀉物《としゃぶつ》、処置に用いたもの、病人の身体、死体など、その対象ごとに定めている。消毒薬としても石炭酸、クレゾール、昇汞水《しょうこうすい》、煆製《かせい》石灰、クロール石灰、フォルマリン、酒精《アルコール》といった薬剤を薄める倍率まで指示が記載される。この当時の家庭看護における伝染病の症状、見分け方、看護の占める割合は、どの看護書においても共通して非常に大きい。

伝染病の場合、早期の発見こそが最大の予防策となる。このために多くの家庭看護書では網羅的にその症状を提供しようとしたのであろうし、吉岡はより厳選して確実な発見につながることを期待したのかもしれない。どちらにせよ、プライマリーケアの担い手としての主婦は病気の早期発見をし、応急の対応をしながら、医師に早急に知らせる行為者として期待されていたのである。

児玉修治『家庭看護法』は表1のなかでは初期の出版物であるが、冒頭には家庭看護の意義が次のように述べられる。


近来専門学校以外の女学校等にも、特に「衛生看護」の学課を設けた所もあるが、之は実に結構な事で、希《ねがわ》くば（ママ）一般の家庭にこの知識を普及せしめたいものです。勿論病気の際には医者もあれば病院もある。その上出費さえ惜しまずば立派な博士を抱えて、立派な看護婦を雇う事が出来るから、敢えて素人が心配せずとも済むようにはなって居る。けれども生計向《くらしむき》の都合で、それが叶わぬ場合もあろうし、或いは又財産があっても、大医や大病院を煩わすほどの病気でない事もある。それに草深い田舎になると医師を迎えるにしても急の間に合わぬ例も往々ある。そんな際に一家の主婦なり娘達なり何人か一人、衛生や看護上の事を一通り心得ていて、せめて医師が来るまでの応急手当でも出来たなら、どんなに助かることでしょう。よしや立派な看護婦を雇い得るにせよ、他人の看病ではどうしても充分に行き届かぬ。


つまり、「医者の来るまで」の家庭看護であり、経済的な不足を補う目的、医者にかかるほどではないプライマリーケアとしての家庭看護、さらに身内だからこそ果たせる細かな配慮といった点で有意義な家庭看護が説かれる。

では「主婦なり娘達」だけが看護の担い手かというと、「第十一　婦人病と出産前後」では次のようにいう。

もっとも出産を取り扱うのは産婆の役目で、敢えて素人が知らんでも差し支えないようなものですが、お産ばかりは予め時日が解らぬ上に、思ったよりも早く生まれぬとも限らぬ。其の場合に産婆の来るのが若し間に合わなければ、家内に居合わす者は、主人でも亭主でも何でも取り上げてやらねばならぬ。況《いわん》や婦人として出産時の手当や、看護法の一通り位知らぬようでは、正逆《まさか》の場合に役に立ちません(10)。

出産もいつ始まるかは予測がつかないことである。児玉は「主人でも亭主でも取り上げてやらねばならぬ」として家内にいる人――必ずしも女とは限らない――の心得と準備という扱いである。両手の消毒、臍帯《さいたい》の裁断法についても拍動、裁断場所、紐の縛り方、後産、胎盤、産湯等についても解説し、産婆の間に合わない時に対処することを前提としている。

児玉の出版から一五年を経過し、築田多吉が南江堂から『家庭に於ける実際的看護の秘訣』を出版している(相当売れたのは、文部省認定図書とされ、また軍人家族というコミュニティに普及したことがその理由ではないかと推測される)。本文は六九六頁と大部なものだが、一九二五年に出版後、一九三三年には実に四七四版とある。

築田は自著の紹介によると、海軍に勤め海上勤務の軍人家族の世話係を長年担当してきた。執筆の理由は「家庭に看護上の知識が普及されて居ない」から「医師の来るまでの手当や家庭看護の相談相手」になることを目的に本書を著したとする。

築田の著書に序文を寄せている医師のなかには「医師を煩わす必要のない『チョト』した病気のあった時等に臨機に処置することができる」「今日各家庭に於ける病人の取扱は医者と看護婦に任せきりで、医者にかかるまでの手当をする知識がない、病人介抱の心得が欠けて居るから……一通りの心得が無ければ……」「この家庭の欠陥」を埋めるものとして本書を座右に備えることを推薦している。

医師が常にいることを前提としていないために、近代医学に基づく看護の基礎知識とともに、民間療法として薬草による療法の紹介が全体の半分近くを占めていることも、この家庭看護書の爆発的ともいえる出版の背景にあったのかもしれない。

この時代は家庭が治療の場であるから、医師を呼ぶタイミングや状況把握、病人の観察や介抱も家人の役割なのである。もちろん大関和《ちか》のようなトレーニングを受けた専門家を雇い入れる裕福な家庭もあったが、多くは家人、とりわけ主婦がその役割を期待されていた。したがって知識と技術を習得し、それに基づいた観察力と判断力と実行力が必要とされていたことだろう。家庭での看護においてそれらがもっとも要求されるのが、臨死期といえる。先述の項目でいえば(i)〜(l)がこれに該当する。

次に主題である臨死期の家庭看護についてみていくことにする。

5 臨死期の家庭看護——死にゆく身体との関わり——

救急手当は家庭看護書において広く共通する項目であることはすでに見てきたとおりであるが、真死と仮死の区別、人工呼吸法、死後の処置については、記述するか否か、記述する場合どこまで書くかなど、表に見るとおり違いはかなり大きい。死後の処置に限定するとさらにこの傾向が強く、参照したなかではこれを記述しない家庭看護書のほうが多い。

死後の処置への言及は、年代の変化とも明らかな関係がなく、性別や職業の違いともはっきりした関係がない。吉岡弥生は自著の家庭看護書のいずれにも臨死期の看護について記していないが、吉岡の第一号の弟子である竹内茂代は第十四章に「危篤者の取扱及び屍の処置」として一章を割いている。

奈良女子高等師範学校や日本女子大学校といった女子高等教育機関では、家庭看護はそれ自体独立した教科として教えられていた(中村栄代他：越智キヨ)。しかし家庭看護と記された教科書に限らず、家政学一般の教科書(井上秀子『最新家事提要』)にも臨死期の看護が登場する。

上記のような女学校教科書の他に、主婦あるいはこれから主婦になる女性向けの出版物にも注目しておく必要がある。『婦人宝典』には「看病法・危篤者の取扱」という記載がある。『婦人宝典』とは字句のとおり、当時の主婦にとって日常生活上知っておかなければならない実践的知識や教養が満載された事典である。こうした当時の家庭百科である事典に臨死期の看護が記載されている点は注目すべきである。

以下では①『婦人宝典』、②家政学者による家政学教科書として井上秀子『最新家事提要』、③看護教員による看護学教科書として越智キヨ『家庭看護法』、④衛生学者井口乗海、医師竹内茂代、家政学者中村栄代と夫である医師中村寿松の共著による家庭看護書をとりあげ、それぞれの記述とその特徴をみてみる。

①『婦人宝典』（一九一五年）

家庭百科もしくは生活事典として「家庭年中行事、家庭教育、家政、医療及衛生、養老、文芸、園芸、礼儀作法、法制経済」とその範囲は多岐にわたる。このうち臨死期の看護は「危篤者の取扱」という見出しで、「医療及衛生」の「看病法」の一部に登場する(11)。

> 死は人の此世に於いても最も大切の時で、一旦霊魂其身を離れた以上は永久に再生の期如何ともなし難く、遂に危篤に陥ったならば、懇《ねんごろ》に看護し、静かに命を終らしめねばなりませぬ。
>
> 危篤者の状態は病症により一様ではありませんが、大抵先づ、眼中曇り、呼吸不規則に、呼気が永く、吸気短く、脈拍不規則微弱、鼻翼落ち、手足暗紫色を帯びて次第に冷え、顔色は蒼白となり、何となく異変を呈する様になります。斯かる状態になりましたならば速《すみやか》に医師に通じて適当の手当を施させ、近親に報じ、臥褥《がじょく》を整頓し、周囲を静かにし、乾いた唇を水で潤し、流るる冷汗を拭い、忠実に看護し、安心して瞑目させる様にしなさい。若し遺言があるならばよく聞き取って置かねばなりませぬ。
>
> 既に絶息した時は、医師の検診を受けて、後、消毒薬で全身を拭い、身体を整え、眼及口を閉ぢしめ其の容態の醜くな

い様に整えなさい。

家に医師を招聘《しょうへい》する場合は、どの段階で連絡して迎えるか、何を心がけなければいけないか、専門医に診せる場合は主治医を通してでなければならないといった内容は、後述の家庭看護書と同様である。いよいよ死が近づいた時、看護をする者は身近な人々に連絡をし、乾いた唇を水で潤すこと（末期の水）。医師による死亡診断を受けたら、その後で消毒薬で全身を拭い、眼や口を閉じさせ「醜くない様」に整えること。静かに死と向き合い、死者の身体を整えることが期待されている。とはいえ、同時期の類似の家庭百科であってもこれらの記載のないものもある。大阪毎日新聞社編『婦人宝鑑』（一九二三年）には人工呼吸法は二種類紹介されているが、上記のような臨死期の看護に関する言及はない(12)。

②井上秀子『最新家事提要』（一九二五年）(13)

看護については第四編「養老・看護」として登場し、その構成は「養老、医師と看護人、病人の衣食住、介抱、薬用、繃帯、応急手当、伝染病及び其の予防消毒」という章からなる。臨死期の看護は最後の第九章「回復期・危篤者及び死後の取扱」に登場する。以下、この第九章についてみていく。

（一）回復期については「回復期には、特に其の養生法に注意しなくてはならぬ。」として食物、運動、慰安、転地について説明があり、次に、（二）危篤者の取扱、（三）死後の処置、と続く。

（二）は(1)危篤の徴候、(2)臨終の処置、(3)死後の確徴とに小項目が分かれ、すべて箇条書きになっている。臨死期の看護は回復期にある病人の「取扱」諸注意の付属のようにみえるが、記述の具体性からみればターミナルケア実践のための実質的知識を系統的に伝達する意図をもっていることは明白である。井上の記述の仕方からは、臨死期の看護や死後の処置を主婦が心得ておくべき事項と位置づけていることがわかる。

危篤の徴候として呼吸、脈拍、容貌（とくに鼻、眼球、眼瞼、口元、額の汗）、失禁、体温の変化を挙げる。そしてそれらの徴候が「死の確徴」へと変化することを確認する。その際、「徒《いたずら》に狼狽することなく、家人を集めて臨終に会せしむること」「静粛を保ち、動作を慎むこと」「乾布にて冷汗を拭い、時々清涼剤を与え、静かに命を終わらしむること」の三点を挙げる。最終的に「死斑、死後の硬直、腐敗現象」をもって確認をする。

医師の診断後「顔面を白布で覆い、屏風を立てまわし、全身の衣帯を除去し」アルコール等で清拭《せいしき》後、「精製綿を充填し、後、清浄なる白衣を着せしめ、仰臥せしめ」眼瞼と口を閉じさせる。伝染病者の場合は届出をすること、医師の死亡診断書または死亡検案書を添えて死亡届を居住する行政区長に出し、埋葬認可証を受けた後、埋葬する。「葬儀は身分に応じて鄭重に行い、忌服の礼をつくし、追善供養につとむること」として最後を締めくくる。

死までの軌跡は多様であり、ここに示されるような静かな状況ばかりであるはずもない。しかし、看取る側は死にゆく身体の徴候を一つずつ観察し、危篤時には家人を集め、静粛にさせ、医師を呼びにやる。死後の身体へのかかわりを手順にしたがい具体的に進めていく。これらが終わった後に葬儀へと向かう。家の中で生者が死者に移行していくことが見届けられる。着衣を換え清拭等をするときだけ屏風により人目を遠ざけることとされるが、ここからみえる死者は忌避される存在ではない。

おそらくここでの死者の具体的イメージは、看取る家族の親世代なのかもしれない。予測される死への軌跡ならば、不慮の事故や若年者の死に比べ、悲しみつつもその死が極端に動揺することなく受容されていくのかもしれない。在宅では多くの場合、死にゆくことの確認は家族や身近な家人であって、医師はそれを確定し死亡診断書を書くために招聘される存在として示されていると読みとれる。

③越智キヨ『家庭看護法』（一九一九年）

越智は自身のまえがきで、「東京帝国大学付属病院に於いて看護学の理論及び実施を学習し、大に感ずる所あり、益々其必要の大なるを思い、職を奈良女子高等師範学校に奉じて」教科書作成をする必要を感じ、本書を著したと記している。一九一九（大正八）年に出版され、一九三〇（昭和五）年まで改訂版が続く。

本の扉にナイチンゲールが登場し、緒論には彼女の訓戒がある。続けて医師の選定、見舞い人の心得とある。多くの家庭看護書が最初に述べるのは医師の招聘についてである。その中で繰り返されるのは、医師を信用すること、主治医に相談なく別の医師にかかったりしないこと、ということである。越智自身は次のように記している。

「家人も患者も主治医を十分信用すべし。若《もし》患者の意思により他の医師を招かんとする時は、主治医に相談したる上にて為すべし。然らざれば医師の感情を害するのみならず、治療上大なる損失を招くことあり。」

感情的なトラブルのみならず治療にも影響するから医師はともかく信頼するように、という教えである。越智は主治医だけでなく「良医」についても言及している。

「良医とは⑴徳望あり、⑵学識あり、⑶経験あり、⑷技術に長じ、⑸診察を慎重になす人、⑹なるべく自宅より遠からざるをよしとす(14)。」主治医として良医を選択すべきだが、その最後の条件に自宅から遠くないとしている点をあげ、また第一の条件として徳望をあげている点が注目される。つまり、地域在住の信頼される医師であることを専門性以上に重要視しているのである。

前出の井上秀子も主治医の選定について「付近に住める、学識・経験・人格のすぐれた人」を選ぶこととし、「⑴一旦選定した医師は十分信頼し、万事其の指図に従うこと。⑵全快遅しとて主治医を換え、病人の傍《かたわら》にて医師の技倆《ぎりょう》を疑うが如き言語を慎むこと。」と述べ、地域在住であることと医師に対する信頼がともに必要条件であるとする点が共通する。

臨死期の看護は「危篤者看護法及死後の処置」という章で解説される。構成は(一)危篤者の徴候、(二)看護法、(三)仮死及真死、(四)死後の処置、である。「(一)危篤者の徴候」は、呼吸困難、鼻翼の動き、喘鳴の三つがあらわれ、脈拍、顔面の色、顔貌、眼球、眼瞼、下顎の諸変化を加える。そして、前額の冷汗、失禁、四肢厥冷《けつれい》を認め、「最後の下顎運動によりて絶息し、瞳孔散大」によって死に至るとしている。

以上が危篤の徴候であり、看護する者はこの時点で医師を呼ぶとされる。「看護法」は以下の通りである。

(1)危篤の症候を見ば、速やかに医師に告げ、最後の処置を誤らざるを要す。
(2)速やかに家人を集めて臨終に会せしむ。
(3)屡々《しばしば》乾布にて冷汗を拭い、冷水等を以て唇を湿し、安全に終命を遂げしむべし。徒《いたずら》に騒擾、狼狽して臨終を防ぐべからず。

看護する者は死にゆく人の顔をみ、四肢に触り体温を確かめ、顔貌の変化を確認し、呼吸や顎の運動をみる。そのようにして死にゆく身体の前で死を観念していく。医師を呼び、また家人を集め別れの時であることを知らせる。人々は死を受け容れ覚悟をする。死にゆく人が安らかに生を全うできるように援助することが看護する者のつとめであることを教える。

吉岡弥生の家庭看護においては救急法のなかの「人工呼吸法」の一部として「真死と仮死」の区別が登場する(15)。しかし、越智の場合は死後の処置の直前に記述されている。この違いは真死の特定がより重要だと考えていることによる。吉岡が蘇生の前提となる仮死の特定のために真死との違いを区別しようとするのに対し、越智は死（＝真死）とはどのような徴候が現れたとき、そのように判断するかを教えている。

制度的には医師の判断をもってはじめて公式に死が確認される。しかし、ここでは家で看護する者が医師の診断前に死にゆくことと死を確認する事態を前提としている。このような事態がむしろ日常的だったことは十分に推測される。区別の項目は(1)呼吸、(2)脈拍、(3)眼球、(4)死の確徴であり、この死の確徴として(イ)死斑、(ロ)死後硬直、(ハ)腐敗現象が現れる、とする。

越智が記す「死後の処置」は以下のようになっている。

(1)医師の診断により死亡確定せば顔面を白布にて覆い、屏風を廻し、全身の衣服を除去し、肛門・口・鼻等には消毒綿を充填して汚物の流出を防ぎ、酒精《アルコール》又は昇汞水《しょうこうすい》にて全身を清拭《せいしき》し、後清潔なる衣服を着せ、硬直を発せざる前に、眼瞼を軽く閉じ、口唇を閉ざしめ、必要あれば膝を屈せしめ手を合掌せしむべし。
(2)伝染病死亡者は法規によりて処置すべし。
(3)医師の診断書若しくは検案書を添え、其の筋に死亡届を出し、埋葬許可証を得て後、埋葬すべし。

この記述の後には第十五章として「死亡に関する法規」があり、「戸籍法第四章第十二節　第一二五～第一二七条」および「太政官布達第二十五号　墓地及び埋葬取締規則」が参照できる。こうして死亡届と埋葬許可証そのものと法律的根拠がわかるようになっている。

臨死期のケア、死後のケアに加え、葬儀から埋葬までに必要な情報を正確に伝える努力と読むことができ、これらの理解と運用は看取る家族に期待されていたといえる。

④井口乗海『家庭看護法提要』、竹内茂代『一般家庭看護学』、中村栄代・中村寿松共著『新編 家庭看護法』

井口乗海は警視庁防疫課長の職にあり、東京看護婦学校講師も務めた衛生学者である。『家庭看護法提要』は、井上秀子や大江スミらによる文光堂出版の家政学書シリーズの一つである。構成としては越智や次に登場する竹内茂代とほぼ同じだが、伝染病の看護と消毒法に関しては二章にわたり詳述する。

看護の対象を疾患別にどこまで分けるかは、著者によってかなり違いがみられる。井口の場合は伝染病の他に内科、外科、眼科、耳鼻咽喉科、婦人科、そして妊娠および分娩・産褥《さんじょく》と網羅的である。竹内の場合はこの点で急性期の疾患をまったく含めず、その分を家庭における看護のための症状観察と対象手当に一章を割き、そのうえで、看護一般について詳述する。疾患としては伝染病、寄生虫病、精神病、「婦人特有の生理と病気」をとりあげ、これに「老人に対する養護」を加え、日常生活を送るうえでの看護に焦点を絞っている。

死亡時の処置については、「酒精《アルコール》又は昇汞水《しょうこうすい》で身体諸部を清拭《せいしき》」するのは越智と変わらない。相違するのは消毒綿の充填が清拭の作業と前後することと、死者に白衣を着せる（越智の場合は「清潔なる衣服」とある）点である。

竹内茂代は吉岡弥生が開設した医学校の第一期卒業生である。『一般家庭看護学』の出版が一九四〇（昭和一五）年の出版であるため、序には戦争に国家総力を挙げて進んでいることを大前提に、人的資源の確保として結核症など伝染性慢性疾患の発生の予防と女性の看護と看護教育の必要性が記される。しかしこれは公式的な出版理由のようだ。竹内には母と弟という身近な病人を数年間にわたり看護しなければならなかった経験があり、看護学の知識の当時の不足を思い、それがもとで医師になったとも記しているからだ。「家庭に病人の出来たときに看護に苦しんだことは忘れられず……一番先に看護の手引きになるような書物を書いて、私と同じ境遇に在る人々に送りたいと長年願って居た」「学び得た医学の知識を基礎に、三十三年間の実地医者の経験を加えて、家庭の教養ある婦人の家庭看護の参考にもなるよう」としている。身近な家族を看護するために、医師が駆けつけたときに効率よく診察治療を可能にするために、看護のポイントをよく伝えておくこと、うろたえて何もできないのではなく、食事や介助さらに症状の観察ができるようにすることを目的としている。家族とくに家庭の主婦は、竹内によれば有能な看護者となることが期待されていた。

井口乗海の先述の著作とほぼ同時期に出版された中村栄代・中村寿松共著『新編　家庭看護法』では、「瀕死時の介補」「死後の処置」が、第二編「一般看護法」の第六章「各病状についての看護法」の終わりに記されている。各種疾患とその看護法（第三篇）や伝染病及び消毒法一般（第四篇）の前にあり、まさに看護一般の心得としての扱いである。

「瀕死時の状態」における記述は、これまで参照してきた他の看護書とほぼ同様な記述がなされる。対応として「患者の周囲を静粛にし、死に対する恐怖をいだかしめぬ様、注意し、発汗ある時は乾燥した布片で拭きとり、夏ならば涼気を送り、蚊蝿等を逐い、最後の苦痛を聊《いささ》かでも軽減するように努めなければなりません。厥冷《けつれい》せる四肢は湯婆《ゆたんぽ》で温め、口唇の乾燥せる時は冷水で湿します。瀕死者の近くで耳語し、或いは症状を語る等のことは避けねばなりません。」死にゆく人への配慮が極めて具体的な指示として記述されている。

死後の処置については以下のように記される(16)。

> 患者が死亡した時、顔面は白布を以て覆い、医師に報告して検診を求めた後、初めて別室に移すか、又は其室で全身の衣装を脱がせて、清水又は消毒薬例えば千倍の昇汞水《しょうこうすい》・アルコール・フルマリン水(=フォルマリン水……筆者注)等をもって身体の諸部を清拭《せいしき》し、鼻、口、耳、肛門、膣等には消毒綿を填充し、更に白衣を着せしめて整頓した床上に北向に仰臥位を取らしめます。そして眼瞼を軽く圧迫して眼を閉じさせ、下顎を上に挙げて口を閉じ、四肢の関節を適当の位置に伸展或いは屈曲して、納棺に便ならしめねばなりませぬ。これ等の処置は出来得る限り鄭重《ていちょう》になし、決して屍體に対し敬意を失う様なことがあってはなりません。

この記述からも、死亡を家族が確認し、形式的に医師が呼ばれて死亡診断書を書いていた状況が読みとれる。死の軌跡が予想されている場合には死にゆく時にあわてて医師を呼びにいかないこともあり、時間帯その他の状況によっては臨死期を身近な人々だけで迎えていた可能性も大いにあったと考えられる。

中村らはその際に、臨死期のケアと同様、死後の身体に対する敬意の重要性を指摘する。白布で顔を覆うこと、清拭後白衣を着せること、北向きの仰臥位をとらせる行為は必ずしも近代看護に基づくものではなく、死者に対する日本の伝統的な作法といっていい。つまり臨死期および死後のケアという点で、敬意をもって死者への移行を全うさせ、そして死者としての姿にしていくのである。その関わりは生者との関係の延長にあり、丁重に「送る」というまさに主体的な行為である。

三　家庭看護学における戦後の変化

戦前期の家庭看護は、総じていえば、家庭が治療と看護の場であったことから、看護者として家にいる人々、とりわけ主婦を教育することが要請されていた。その意味で、家庭看護といっても、職業的看護教育に匹敵すると思われるほどの広い範囲の疾患についてその看護が教育されていた点が特徴である。戦後の家庭看護ではこれらはどう変化していくのだろうか。一九五〇年代、一九六〇年代、一九七〇年代に出版されている家庭看護の教科書をとりあげ、前章でみてきた家庭看護の記述との違いをみていくことにする。

1　一九五〇年代家庭看護

生活科学者として知られた沼畑金四郎と家政学者氏家寿子が編集した『新家庭科・生活全書』五巻には被服・食物・住居・家族経営と並び『第四巻　保育・衛生編』が含まれている（一九五六年出版）。この教科書では、「衛生」は保育とともに編集され、項目としては独立していない。「保育」は「妊娠から出産」の項からはじまり、乳幼児の心理・保健・病気と看護・栄養・世話と被服・子どもの部屋と設備・玩具と絵本・集団保育という構成であり、最後に「家族の健康」として「家族の健康と病気」「青年期女子の特徴と衛生」「家庭看護」が登場する。この「家族の健康」の項全体が全体の一割以下にとどまり、しかも家庭看護はこのうちの六頁を占めるだけである。副題に「病気と看護」とあるが、各論として言及されている病気は結核だけである。

構成からみてもわかる通り、家庭は子どもを産み、健康に育てる場としてその機能は集約もしくは縮小されている。家庭のなかで起こる緊急事態への対処には次のように簡単な記載があるだけである。

家庭内に病人が突然出来た時は、医師の来診は出来るだけ早く依頼し、病に対し正しい治療を行うことが第一ですが、それまで病人をそのまま見のがしておく事は、家族の者として到底忍びない場合があります。それに対し、一般常識として、病気の主なものに対し多少の処置を心得ておく事はお互いに必要な事だと思います。

ここでは⑴いち早く医師の来診をあおぐべきであること、⑵心得としては「病気の主なもの」の処置を知っておくべきであること、⑶なにもしないのは家族として「忍びない」からだとしている。実践的看護者であるよりも情緒的に支える家族の側面が登場する。戦前期家庭看護書に共通していた、家内の人々の健康を管理する主婦の姿はみられない。応急の処置が記載されている病気としては「脳溢血、脳貧血、喀血、吐血、ひきつけ、鼻出血、火傷、骨折、外傷による出血、異物進入《ママ》」として、急性疾患や伝染性疾患はなく、脳血管障害だけである。人工呼吸法、死後の処置および真死・仮死の区別についての言及はまったくない。

憲法学者として著名な蝋山政道監修・稲垣長典編『家政学読本』も、同時期（一九五五年）に出版されている。東洋経済新報社から実践的に読まれるためのシリーズとして企画出版され、一九七八（昭和五三）年に第二版が出版されている。構成は「第一編　児童学、第二編　食物学、第三編　被服学、第四編　住居、第五編　経済、第六編　法律」となっている。子どもを中心においた家庭を念頭においており、保健・衛生・健康に関する情報もこの文脈でしか登場しない。成人の病気や看護に関する記述はなく、「母体」としての母親が登場するだけである。

「第四章　子どもの発育、発達をはばむもの」としては「急性伝染病および慢性伝染病」「寄生虫」がとりあげられる。見分け方、対処法ではなく、これらの病気に対する予防接種についての記述が中心である。最後の節で「子どもの救急処置およびその方法」に触れる。死亡要因や事故死の頻度について統計表を出し、救急の処置について言及はしているものの、三つの止血法を表にまとめ提示するにとどまる。人工呼吸法や骨折時の「副木」については言及するが、実践的に使われる具体的情報提示には至らない。

2　一九六〇年代家庭看護

福田邦三・木下安子・中重喜代著『最新家庭看護』（同文書院、一九六六年）は一九九〇年には第三版八刷とあるから、これも比較的広汎に読まれた教科書だったのかもしれない。福田は東大医学部名誉教授、木下、中重はともに保健婦としての勤務経験をもつ。

著者らは異なる必要をもった人々を対象とした家庭看護という性格上、以下の点が重要だという。すなわち、(1)健康生活、病気の予防こそ第一、(2)病人が出たら、愛情と科学的な看護を、(3)専門家を活用しよう(非常の場合、応急の手当てがすんだら、医師、看護婦などの専門家に任せた方がよい)、(4)非常、救急の対策を日常準備しておこう、の四点で、事故や病気の予防が家庭看護の基本であるとする。目次も、「家庭における保健管理」や「基本的な看護――環境編・身体編・行動編」という見出しに示されるように、洗練され抽象度を高めた分、具体的処置についての記述は少ない。

応急処置のなかに人工呼吸法が三種紹介されている。一九五〇年代の家庭看護書と比較すると、公衆衛生としての記述が多い。子どもへの大幅な偏りはなく、特定の属性をもった個々の成員を対象とせず、一つの全体としての家族を対象とする。この点が抽象性を増した理由の一つともいえる。応急処置の具体的な情報はふくまれており、この点は戦前期の家庭看護書と連続するが、真死と仮死の区別、死後の処置への言及はない。

3　一九七〇年代家庭看護

この時期の家庭看護書として、一九七一年出版の『新家庭看護学』(平山宗宏・阿部昭治・近藤潤子・矢野正子共著、同文書院)を参照する。医師と看護婦、助産婦による、およそ二〇〇頁のものである。臨死期の看護については第四章「基本看護」の末尾に掲載されている。救急看護法は最終章に「救急看護」として登場する。人工呼吸法も救急看護の項に図解で示され、さらにその後に病院までの「患者の運搬法」の図解も登場する。

基本看護の一つに加えられている「危篤と死」の項では、危篤時の定義をしたうえで、「患者は自分のもつすべての力をつくし死とむかいあっている。患者のさけられない死を〝安らかに昇天した〟と受けとめられるよう、……ふかい思いやりの心で、その人の人生の最後を静かに、意義あるように見おくらなければならない」と記載している。それは「老人などはたたみのうえで死にたい人もいる、また、家族もそう思う場合もある」ことに配慮するからである。老人の希望としての在宅死が紹介される。したがって、臨死期のケアもその希望を叶えることを第一の目的とすることになる。

危篤時の看護としてその徴候を示し、その要点として、(a)患者の生理的必要を満たすことと、(b)患者の感情的、精神的助けとなる、として「死という暗い影をみせないように……（また）患者の希望をよくきき、満たしてあげるようにする」と、その情緒的支えを強調する。死の徴候として「死体の冷却」、死斑、死硬直の三点を挙げた後に、死後の処置について説明を与えている。ただし、その内容は「遺体の取り扱いはていねいな態度で落ち着いて行わなければならない」ということと、処置の目的が「遺体を清潔にするためと、死によって起こる外観の変化をできるだけ少なくするためなどの目的」で行うのであり、「死硬直のくるまえに終了しなければならない」と説明するだけである。具体的な処置法についての記載はまったく見られなくなる(17)。

戦後の家庭看護書の特徴は、家族の健康を守ることが中心となり、戦前期にしばしば登場していた「家人」という言葉はなくなる。さらに健康を守る対象は子どもに収斂《しゅうれん》していく。五〇年代は医師の来診という状況がまだ前提となっているが、六〇年代以降は治療の場としてでなく予防の場に変わる。

ここで検討した家庭看護書は限られたものだが、いずれにも臨死期のケアについての具体的情報は提供されないこと、死にゆく人への関わりは情緒性が強調され、具体的な関わりの仕方、いいかえると身体に向かう作法については記述されなくなる点が特徴といえる。

四　在宅死への希望と看取りの周辺

今日のように、家族の小規模化と単独世帯化が進行し、女性の家庭外就労が進行することは、在宅での看護や介護の実践からみると不都合な要因となる。家族の誰かが病気などで医療や看護あるいは介護を必要とする場合、仕事を中断せざるを得ない状況も出てくるだろう。もちろん、制度的に在宅医療や在宅看護を専門家が支えることで、家族だけに依存しない形も生まれている。しかし、家族の占める比重が依然として大きいことも事実である。

このように考えると、あたたかいくつろぎの場としての家庭で家族に囲まれた在宅医療というイメージとは裏腹に、その実現はけっして簡単なことではない。それにもかかわらず、人生の最期を自宅で迎えたいという希望は少なくない。

厚生労働省では終末期医療に関する検討会を開催し、「一般国民、医師、看護職員、介護職員」を対象に一九九三年から五年ごとにこれまで三回にわたる全国規模のアンケート調査を実施している。そのなかから二〇〇三年に実施された最新の調査結果をみてみよう(18)。

「痛みを伴い、しかも治る見込みがなく死期が迫っている」という場合に希望する療養の場所に関する質問では、「一般国民」は、(1)「自宅で療養して、必要になれば緩和ケア病棟に」二六・七％、(2)「なるべく早く緩和ケア病棟に」二二・九％、(3)「自宅で療養して、必要になればそれまでの医療機関に」二一・六％、(4)「自宅で最期まで療養」の希望は一〇・五％という結果である(19)。この調査結果によると、「一般国民」が最期まで自宅療養を望む割合は少ない。

また「自宅で最期まで療養できる」と思うかという問いに対し、実現可能であると考える割合の多い順でみると、看護師三四・一％、医師二八・八％、介護福祉士二二・二％、一般国民八・三％である。反対に実現困難であると考える割合の多い順は、一般国民六五・五％、介護福祉士五五・七％、医師五一・六％、看護師四七・五％となる。このように在宅療養の可能性については「一般国民」よりも医療職者の方が楽観的にとらえる傾向にあり、しかも看護師がもっともその傾向が強い。最期を自宅で療養したいと回答した理由として「住み慣れた場所で最期を迎えたい」がもっとも多く、「一般国民」も医師・看護師・介護福祉士いずれも六割以上が挙げている。次に多い理由が「最期まで好きなように過ごしたい」「家族との時間を多くしたい」であった。

最期をどこで迎えたいかということについて別の形で質問したものがある。「自分が高齢となり、脳血管障害や痴呆等によって日常生活が困難となり、さらに、治る見込みのない疾病に侵されたと診断された場合、どこで最期まで療養したいですか」という問いである。これに対し、「自宅」と回答した割合がもっとも高い順は、医師四八・九％、看護師四一・二％、介護福祉士三八・〇％、一般国民二二・七％であった。「一般国民」のもっとも多い希望は「一般の急性期病院」三八・二％であった(20)。

終末期を自宅で迎えたいと回答する割合を比較すると、医師が一番多く、「一般国民」が一番少ないこと、また自宅で最期まで療養できるかについて看護師がもっとも楽観的であることなど、興味深い結果が示されている。報告書では「医師のほうが一般国民よりも終末期の医療に対する不安が少ないことが考えられる」と検討委員の一人、池上直己は述べているが(21)、この点についてもう少し別の方向から考えてみたい。

終末期を自宅で迎えるのは困難だと回答した理由のうち、もっとも多かった理由をみると、(1)介護してくれる家族に負担がかかる（七八・四％）であり、もうひとつが、(2)症状が急変した時の対応に不安である（五七・三％）、ということだった(22)。

終末期を自宅で迎えたいと回答するのはなぜ医師が一番多いのだろうか。その一つの理由として、医師は病院における終末期医療の現実を認識しており、そのために病院よりも自宅を選好するという解釈がありうる。これを消極的理由とするなら、より積極的理由としては、在宅医療や訪問看護について利用可能な資源について「一般国民」よりも豊富に情報をもっているために、在宅療養の可能性を肯定的にみているということも考えられる。

これに対し、一般の人々は、在宅での終末期を過ごすことに躊躇するか、あるいは病院での療養になお期待を抱くかして、在宅よりも病院での終末期を選好する傾向があると考えられる。そうだとすれば、在宅療養をより望む傾向があるかないかの違いとみるのではなく、終末期医療の現状や在宅医療や訪問看護の利用可能な資源についての情報が同じだけ与えられるとすれば、この割合も変わってくる可能性があると予想される(23)。

単独世帯化と家族の小規模化が進む現代において、在宅で最期を迎えることが困難だという見通しをもつのは、先の解釈と家族に迷惑がかけられないとする配慮から、とりわけ「一般国民」の在宅医療への希望を低くしているのかもしれない。

五　終わりに――〈周死期〉のケアの実現に向けて――

二〇〇六年度の診療報酬の改定は、全体としての診療報酬点数を引き下げる一方、訪問医療や訪問看護に手厚い対応をしている。医療経済的には、家で死ぬことが推進され始めたといえる。看取る専門家の状況は変化の局面にある。では看取る家族の側はどうか。

本論では戦前期の家庭看護書について臨死期のケアに焦点をあてて比較してみたが、そこからわかったことは、家という単位において会得し学習すべき知識・情報が家政という枠で与えられており、そのひとつが家庭看護であったこと、そのなかで病む身体にどうかかわるべきかが具体的な形で示されていたことだった。

死にゆく人に対しては、周囲の環境を静かにし、死にゆく人の声や希望に耳を傾け、最後まで安らかに死に移行できるように援助し、死を見届けることが期待されていた。身体的な変化は具体的な徴候として記され、それへの対処法が示される。そして最後に死亡が確認されると、死後の処置が身近な人々によって静かに行われたと考えられる。

身体への関わりは近代医学に基づく消毒や衛生といったものだけでなく、同時に民俗的伝承も含まれていた。消毒水による清拭は「ふき湯灌」(24)と接合していたとも読める。その際に、屏風が廻された。死後の処置のための目隠しとあるが、これは「さかさ屏風」につながるものと推測される。死者の身体は北枕であるし、顔には白布がかけられる。硬直の前に胸元で合掌される。膝も伸張か屈伸とあり、寝棺だけでなく坐棺に納めるためだったと推測される。

当時の最先端であった近代的な家庭看護書から、日本社会に伝承されていた葬送儀礼のいくつかをこのように読みとることができる。こうした伝承とともに、家という場、家と家の成員を統括する家政という枠組みのなかで伝えられた死にゆく人への関わり、覚悟、そして実践的な身体知は、戦後の家庭看護書から忽然と消失する。死にゆく身体に家族として、親密な他者として向かうことは、死の医療化とともに身近な人々の手から明らかに離れていった。

近年、新しい葬送の方法や「寿衣《じゅい》」と呼ばれる死装束の新たな解釈、あるいは死化粧への関心などが登場している。個性豊かな装いや生前の面影の再現は現代の人々にとっては死における「自分らしさ」の実現であり、アイデンティティ・ワークともいえる。これらは自分の死を覚悟し、また身近な他者の死を受容するための一つの方策になりうるのかもしれない。なぜなら生きていたときの「その人らしさ」のイメージを再現することで、一定期間は硬直や腐敗の対象であると認めることを免れるからである。

本論でおこなった家庭看護書における臨死期のケアの比較検討からは、看取ることの本質が死にゆく身体へのかかわりにこそある、ということがわかってくる。いいかえれば、死に向かう時も、死後も、身体のかかわりを通して、看取られるものと看取るものとが相互作用を継続していくことの重要性である。

死を覚悟した時に、死にゆく人の声を聴き、呼吸を感じ、手足や肌に触れて冷たくなっていく四肢を温め続けることによって、安らかに死にゆくことを援助することの重要性である。死にゆく人のアイデンティティは送る人のケアを通して互いに、そして最後まで共有することができ、確認することができる。そのような身体をよりどころとすることで、わたしたちは死に対してより豊かなイメージを獲得することができるのではないだろうか。

＊本論は平成一六年度～平成一八年度科学研究費補助金による研究「看取る文化とその社会的条件――在宅で迎える死はどのようにして可能か」（研究代表者＝大出春江、共同研究者＝中村美優、調査協力者＝松田弘美・古川

早苗、基盤研究(C)・課題番号16530364）の研究成果の一部である。

〈注〉

(1) 厚生統計協会編『国民衛生の動向』厚生統計協会、二〇〇五年、二一二頁。

(2) 遠藤久夫・池上直己編著『医療保険・診療報酬制度』二〇〇五年、第一章および第三章。

(3) 厚生省健康政策局総務課監修『二一世紀の末期医療』中央法規出版、二〇〇〇年、一一二頁。

(4) 成田龍一「衛生環境の変化のなかの女性と女性観」女性史総合研究会編『日本女性生活史　4　近代』一九九〇年。

(5) 大出春江「病院出産の成立と加速」大妻女子大学人間関係学部紀要『人間関係学研究』第七号、二〇〇六年、一八頁。

(6) 牟田和恵「明治期総合雑誌にみる家族像——『家庭』の登場とそのパラドックス」『社会学評論』第四一巻第一号、一九九〇年。

(7) 小山静子『良妻賢母という規範』勁草書房、一九九一年。

(8) 大関和『家庭看病法』日進堂、一九一六年。

(9) 吉岡弥生「看護の巻」東京家事研究会編『文化生活　新家庭文庫　後編』東京家事研究会、一九二六年初版／一九三〇年第一一版を参照。

(10) 児玉修治『家庭看護法』内外出版協会、一九一〇年、一〇四頁。出産の準備についての記述は以下の通り。「産床は通常の敷布団を用い、もし其布団が薄かったら二、三枚も重ね、その上へ汚物が溢れても透らぬように油紙を布き、更に其の上へ上敷を被い、上敷の四隅は布団を縫い合わせてはずれぬようにします。それから産婦のお臀《しり》や背中の当たる所には、脱脂綿又は藁灰を入れて製したる褥《しとね》を設けておかねばなりません。」とし、この褥は取り替え用に「二つも三つも拵《こしら》えておく」。また「大抵は産婆が携帯して」くるはずであるが、「万一の用意に備えておく必要があ」るものは、「剪刀《はさみ》」「臍帯《さいたい》結紮《けっさつ》」用の麻などの糸、「検温器二本」「百倍の石炭酸水二、三升」「沃土《ヨード》ホルム」「ガーゼ」「脱脂綿」「包帯三種、一はT

字帯、一は腹包帯、一は臍包帯」「金盥《かなだらい》四個」便器、「アマニ油紙十枚」「良質の石鹸」、それ以外に後産排泄物の容物、葡萄酒、石炭酸ワセリンまで準備すべきものの指示がある。この記述からも家の成員だけで出産に対処する事態を想定していることがわかる。

(11)小林良一著『現代婦人宝典：趣味と常識』一九一五年（『近代日本女性生活事典　第三巻』大空社、一九九二年復刻版。）

(12)大阪毎日新聞社編『婦人宝鑑』一九二三年（『近代日本女性生活事典　第四巻―第五巻』大空社、一九九二年復刻版。）

(13)本論では井上秀子『最新家事提要』一九二八年十一月改訂第九版発行を参照している。一九二五年に初版発行以来、ほぼ毎年重版され、一九三四年まで発行された。

(14)越智キヨ『家庭看護法』星野書店、一九一九年／一九三〇年、八頁。

(15)吉岡弥生、前掲書、二八〇―二八一頁。

(16)中村栄代・中村寿松共著『新編　家庭看護法』文書堂、一九三〇年、一二三―一二四頁。

(17)平山宗宏・阿部昭治・近藤潤子・矢野正子共著『新家庭看護学』同文書院、一九七一年、一二二―一二三頁。

(18)終末期医療に関する調査等検討会編『今後の終末期医療の在り方』中央法規出版、二〇〇五年。過去の調査結果については、厚生省健康政策局総務課『二一世紀の末期医療』中央法規出版、二〇〇〇年を参照。

(19)終末期医療に関する調査等検討会編、前掲書、五九頁。

(20)同右書、六〇頁、六六―六七頁。

(21)同右書、一四二頁。

(22)同右書、六二―六三頁。

(23)医療職における男女の分布も重要である。看護師のほとんどは女性であるし、医師の回答者の半数以上が病院勤務であることを考慮すると、調査結果には示されていないが、回答した医師の多くは男性と予想される。そうなると医師と看護師の回答差は、職種による違いだけでなく、性差が影響しているとみた方がいいのかもしれない。

(24) 湯灌は一般的には「入棺する前に死者の体を湯で洗うこと」をさす(新谷尚紀・関沢まゆみ編『民俗小事典　死と葬送』吉川弘文館、二〇〇五年)。しかし、洗うだけでなく拭くこともさして湯灌という地域もある(たとえば、岡山の葬送儀礼は次のように記録されている。「夜中に濃い親類で湯灌をする。一人は立ったままで、ゆっくり鉦《かね》を打ち鳴らす。湯手拭いで全身を拭き、ひげを剃り、鼻の穴や肛門に脱脂綿で詰めをする。死者に白衣装を着せ、頭、顔を白布で覆う。」鶴藤鹿忠『岡山の通過儀礼』日本文教出版、二〇〇二年、一五四頁)。

出て、生きる技法とは

――障害者の自立生活が魅惑するもの――

岡原 正幸

一 障害学を生きよう

二〇〇六年四月、障害者自立支援法が施行されました。脱施設を政策的なバックボーンとして、また身体障害・知的障害・精神障害を一元的に把握する福祉政策がスタートします。僕が障害者の自立生活を知った頃から考えれば、行政が自立や脱施設を訴えるなどというのは、飛躍的な前進とも思えます。しかしながら、この法案には「応益負担」という、従来基本的に無料で提供されてきたサービスの有料化が盛り込まれています。重度の障害を抱えて自立しようとすれば、二四時間、日常のすみずみまで介助を必要としますが、そのサービスの有料化は自立しようとする動機づけをそぐものになりかねません。

そう考える人たちが昨年よりこの法案への反対を主張していました。ここ二十年来の障害者自立への道筋が逆行すると考えたのです。僕もそのように思います。一九八〇年代初頭、自立生活先進国のアメリカで「自立」ということがレーガン政権の新保守主義的な小さな政府にうまく利用されているという批判がなされていましたが、案の定、二十数年遅れて、この国の戦後のお得意の追随劇が開幕したのかと、暗い気持ちになります。でもここでは、当たり前のように使われることになった「障害者の自立」とは何であったのかを再び問いたいと思います。

一九九〇年に『生の技法〜家と施設を出て暮らす障害者の社会学』を、安積純子、尾中文哉、立岩真也とともに著したとき、あるいはその数年前から自立生活関係のセミナーに出席し、自立生活する障害者と出会い、介助者として関わり、いろいろな話を聞かせてもらい、いろいろな体験をしながら、障害者の自立生活に魅せられた自分という存在を再び確認したいと思います。

障害学。こんな名前の学問（?）、あるいは研究スタイルが登場しました。そこから話をスタートさせましょう。

近代科学。それは今も有力な「普通の」学問です。その普通の学問を社会的規模で推進しているのが、いわゆる大学です。ことさらに「近代」とは謳っていなくても、おおかた学問として通用しているのは近代科学そのものです。近代科学、その最大の特徴は、研究の主体と客体を分断して把握するということです。哲学者デカルトでおなじみの発想です。いわば研究者は主観を持たないかのような「科学する機械」であることを大なり小なり求められ、それがある種の研究の倫理だともいわれます。もちろん、例えば社会科学ならばヴェーバーという大巨人がこの問題を扱い、新カント主義に則って独特の解法を提示しています。価値自由というトリッキーな論理がそこには潜んでいますが、とはいえ研究者の主観を研究の対象から分断させることには変わりありません。

天体を観測する研究ならば、研究者の主観（例えば視力とか色覚障害とかその日の体調や信仰や主義主張などなど）が観測に入り込むことを排するのもわかります。とはいえ、量子力学の議論からすれば、これとて純粋に主観と客観を分断できるものではないのですが、研究の対象を人間としている、それも社会生活する主体としての人間を対象にする社会科学や人間科学となると、事態はいっそう混迷します。

人間が人間を観察して記述して説明するわけですから、人間関係というなまなましい出来事を排除するのは難しいはずです。「安楽椅子の人類学者」と揶揄された大学者がかつていました。自ら足を現地には運ばずに、貿易商や宣教師の書き記した資料で議論を組み立てた人たちです。その後の人類学がマリノウスキー以降「フィールドへ」を旗印にしたがために、かのフレイザーなどは批判されたわけですが、社会学はそれに比べれば甘いものです。ヴェーバーが東部・中部ヨーロッパの農民について、あるいはプロテスタントの信者について何か書いたとき、マルクスがアジア的生産様式と名指ししたとき、いうまでもなく、彼らは現地に赴くことなく、語弊を恐れずにいえば、近所の図書館や資料館で、せっせと頭のなかで思いをめぐらしていたわけです。この手の作業を貶めるつもりはありません。ただ疑問に思うのは、「どうしてそんなことができたのか」です。

この問いは、研究の対象となった人に対して彼らがどのくらいの社会的（物理的）距離を保てたか、という問いに変えてもいいかもしれません。彼らの思想への情念を疑うことはできませんが、その情念が開花させられた場所には、身近であるべき他者はいなかったのではないでしょうか。彼らが読み漁った資料に登場する人びとは、人間ではあるけれど、すでに特定のカテゴリーで代表されてしまっている「人間」であって、語ることもうなずくこともなく、汗もかかなければあくびもしないような「人間」ではないでしょうか。そう考えれば（というかヴェーバーはそれを「理念型」のあるべき姿としたわけですが）、彼らの偉大な知的営為の厚顔無恥さが了解できるでしょう。もちろん彼らが僕の思うような善人ではなく、人を人とも思わないような身勝手で傲慢なインテリエリートたらんとする人間だとすれば、別にこんなこと、考えなくてもいいのですが。

一次資料に当たらない、あるいは現地に足を運ばないことを責めているわけではありません。社会学はその後すぐに、国家による統計的な実態調査とあいまって、現に生きている人びとを前にして仕事をしはじめます。いわゆる社会調査です。初期の調査では、調べてあげるんだから文句を言うな、協力して当たり前だろう、程度の傲慢さを社会学が示していたことはありますが、そもそも調査する側とされる側の間に信頼関係もなく有意義な情報が得られるはずはないという、これまた身勝手な考えのもとに、調査におけるあるべき態度が云々されるようになります。調査する人と調査される人（最近では「調査協力者」と呼びますが）の間の信頼関係が重要だといわれ、フランス語の「ラポール」という語を用いて、それを調査のイロハにしています。これが曲者です。

ラポールが形成されたと判断するのは誰でしょうか。酒を酌みかわしたり、調査とは無関係の私的な悩みを打ち明けたり、盛大に歓迎されたり、信頼がなければ依頼されないだろう事柄に直面する、ほかにもラポールの瞬間を実感させられるイベントはあるでしょうが、それを契機に、調査という社会的行為が正当化されるような人間関係ができたといってしまっていいのでしょうか。あるいは最近では調査に際して依頼やお願いだけでは事足りず、同意書や合意書を作成することがあります。でもその手の文書の作成を持ち出すのはどちらでしょうか。調査する研究者と調査協力者はそもそもどうして出会うのでしょうか。どちらの利益になるのでしょうか。いきなり生活の場に現れる研究者を迎え入れる義理があるのでしょうか。にもかかわらず調査が実行されるのはどうしてでしょうか。

まだまだ疑問はあります。でも、このような問いが発せられることはそう多くありません。なぜでしょうか。問う必要があります。解答する文脈に、権力関係を持ち出すこともできますが、ここでは近代科学の特性にまた注目しましょう。つまり、研究者は利害関係を持たない中立の存在で、あらゆる党派性から免れるという神話です。研究者の主観が研究するに当たっては解毒され浄化されていると思い込むのです。それは、自分がその場にいないかのようにその場を見ることができると信じてしまう虚偽です。あたかも透明人間のような存在だと研究者は自己規定してしまうのです。そして透明人間のように振舞うのです。そうなったら現地での人間関係などはあってないかのごとくでしょう。取りざたする必要も感じないかもしれません。

私的な個性を拭い去って現れ出るのは、いってみれば「公共」です。

個々の研究者の顔を覆うのは「公マーク」です。「私的利害のためではない」と、公共の福祉なのか崇高な真理なのかは知りませんが、身体全体で表現するのが研究者ではないでしょうか。偏見に満ちた言い方をすれば、「役人」みたいということです。取材の依頼書や調査のお願いの文章に出てくる、定型化された、あたかもワープロソフトの定型文のような「お願い」に、研究者個人の個性や体験や感情が記されることはありません。「個人」を感じさせないような文章になっています。

なぜと問われるなら、こんな例を想像してください。工場誘致反対運動のさなか、その運動体に、誘致を待ち望んでいる企業の社員章を胸に着けて「社会調査にうかがいました」と言ったとすれば、どうなるでしょう。結果は容易に思いつきます。そんな結果にならないのは、この研究者たる自分は「私的」ではなく「利害」もない存在なのだと匂わせているからでしょう。

感情社会学をしていると、なおさらその欺瞞に気づかされます。僕の感情社会学では、感情を私的だと議論するわけでなく、むしろ感情公共性という場を目指しての議論だったりするわけですが、そうだとしても、現に感情を私的に生きている人たちとともにあって、意図しようがしまいが、自分自身が公共の仮面をつけることにはおぞましさを感じるからです。感情社会学者には感情がない、とどこかで叫んだ記憶がありますが、今もその気持ちには変わりありません。

すこし社会学について考えてみましょう。「社会学」と名詞で語ることもできますが、それは世に出た出版物を目の当たりにしたためとはいえないでしょうが、「物象化」された語り口でしょう。実際にあるのは、「社会学する」という制度的な行為です。ある独特な規範と役割に応じて行為することが「社会学する」であって、その手の行為者が「社会学者」と呼ばれます。社会学するとは、ほかのいろいろな行為と同じく、その人の生きる世界のなかで行われる行為であり、世界の外から距離をとって行われる行為ではありません。

つまり、自分がどう生きているのかが強く反映される、あるいは自分の生き方の表現にもなるような行為が「社会学する」ということであり、その生や表現は他者に向けられているのです。そのことは、このわたしのまわりにいる、いた、いるだろう他の人びとは、社会学の対象として観察したり分析したりされるのではなく、「社会学するわたし」とのかかわりにおいて、つねに、ともに在る存在だということを意味します。

例えば先ほどの社会調査についての話につなげれば、リサーチがそれ自体として存立するのではなく、リサーチという人間関係があるというだけです。社会調査とは、調査したいという人と調査される人が織り成す人間関係であり、出来事なのです。ですから、この出来事から「調査する人」だけを無色にして、「調査される人」だけを着色するなどということはできないのです。調査するとは、他の人との出会いであり、コミュニケーションが始められる場を作ることです。《他者にかかわること》《他者とともに在ること》が、ほかのもろもろの行為と同じく、社会学するという行為にも必須です。今までの社会学（という制度）では「社会学＝知識」であり、「社会学＝行為」という発想は排除されてしまい、知識の対象としての「他者」だけしか考慮されない情況でした。リサーチや社会学をするという行為、その行為の相手としての「他者」は、どういうわけだか軽視されてしまいました。そこでは自分と他者とのかかわりあいという「倫理性」は脱落し、人間関係の基本である、「他者に語る」「他者から語られる」という契機が単純化されてしまい、「他者の語る内容」だけが一人歩きさせられ、脚色され、「社会学という知」に練り上げられたのです。

「他者に語る（語り合う）ことをいかに実現するか？」この問いは、「社会秩序はいかにして可能か？」という社会学の根本問題以上に切実で緊急の問いであると僕は思っています。

さて、透明人間になりたがる、というか、そうなれると信じる幼稚さについて再び見てみましょう。もちろん、これ自体がとほうもない夢想なのですが、それ以上にやっかいなのは、研究者が透明人間だと思い込み振舞うことで、隠蔽され、とりたてて問題にされず、当たり前として流されてしまうような、研究者の特性があるということです。

近代科学の歴史を彩った学者を思い浮かべてください。どうでしょうか、その人はおそらく……、女性ではないでしょう、西アフリカ出身ではないでしょう、実家は貧困家庭ではないでしょう、障害を持ってはいないでしょう、同性愛者ではないでしょう、などなどです。例外をあげるのは簡単ですが、キュリー夫人（この呼称自体おかしいですが）は「女性として」実験したわけではありません。ホーキング博士は「障害者として」理論を組み立てたわけではありません。ただもちろん、これらは人間を対象にする科学の話ではありませんので、土俵の外に置きましょう。では、社会科学・人間科学はどうか。人間を相手にする科学です。

まず指摘しておかなくてはならないのは、「女性」「植民地出身」「下層階級」「障害者」「同性愛者」などなどのカテゴリーに分類される人びとを、社会科学はその対象にしてきたということです。場合によっては基本的なテーマとされ、資料にしろ理論にしろ膨大な蓄積を見せているものもあります。しかし、それらの対象を研究する人自身はどうでしょうか。どんな人でしょう、想像してみてください。やはり先ほどと同じく、女性ではなく、アフリカ系ではなく、貧困家庭に育ったのではなく、障害者ではなく、同性愛者ではない、と。

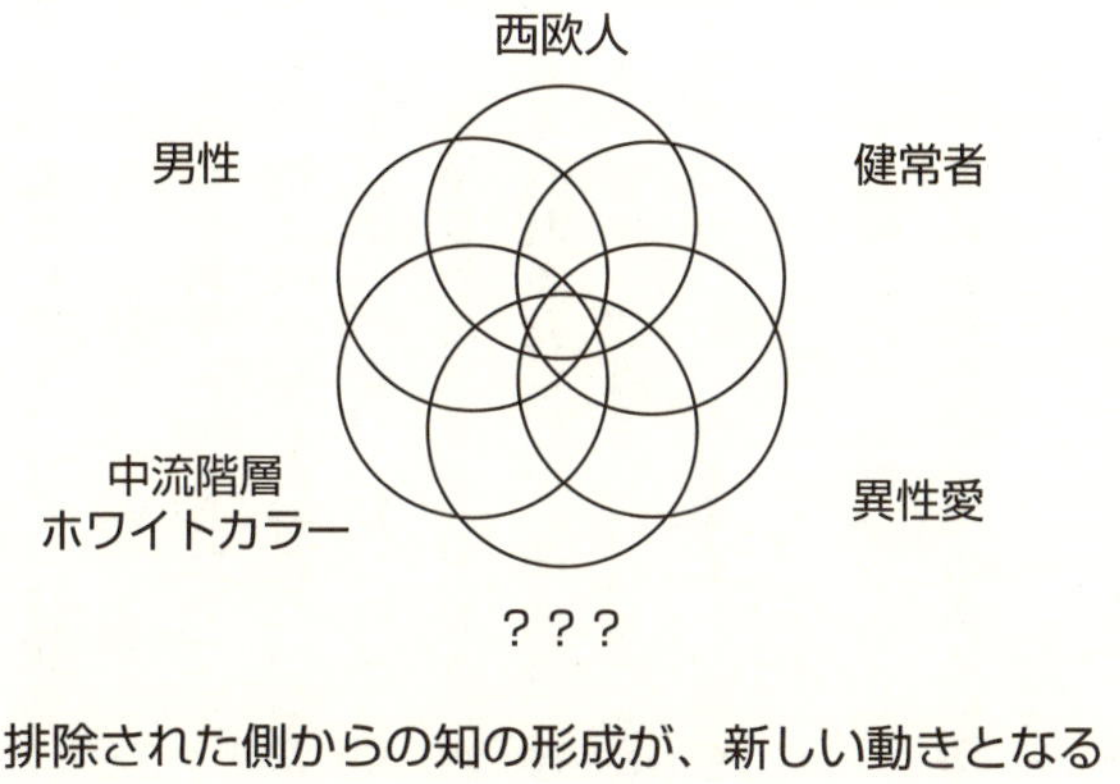

図１　隠蔽された特性と新しい知の動き

男性であること、西欧人であること、上層中流階層出身であること、健常者であること、異性愛者であること、そしてその他。これらが近代科学をする人間の特性でありながら、研究という行為を透明化（非政治化、非歴史化）することで隠蔽されてしまうものなのです（上の図を参照してください。？？？とされた項目を想像してください）。

ようやく「障害学」です。障害学がその一部となる社会科学の新しい知のありようは、これら隠蔽された研究者の特性に焦点をあてるもので、近代科学という制度や職業や行動のなかで当たり前のように排除されてきた側からの異議申し立てに深くかかわります。直感的に納得されているでしょうが、そこで排除されてきた側とは、差別や不平等の被害者でもあったわけです。女性、障害者、同性愛者、貧困や旧植民地の第三世界に生まれた人たちです。ですから社会科学はむしろ「好んで」「使命感すら持ちつつ」、差別や不平等の解消をめざし、人権の確立と擁護を念頭に、これらの人たちを対象にしてきたのです。

しかし、例えば、障害を持たない健常者が障害者の境遇改善を求めて障害者の実態を調べ、政策的な提言などを行うとしましょう。この一見「やさしく」「ヒューマニスティックで」「リベラルな」「義務感を持った」健常者の行動は、救済されるべきと「された」障害者から見たらどのように映るでしょうか。障害を持つ人が、またもや自分が与えられるだけの存在であり、受動性をおしつけられ、自らが声を発するより他人に代弁されてしまう立場であることを再認識させられることもあるでしょう。そもそも自分のことを立場の違う他人にとやかくいわれてしまうということ、たとえそれが善意だとしても、それを感謝して受け取らなくてはならないわけではないでしょう。

研究をする側とされる側は分断されたままです。それ自体が差別的だともいえないでしょうか。こうして、ここ数十年の間に、社会科学では新たな知のスタイルが模索されることになりました。ジェンダー研究（女性学・男性学・セクシュアリティ）、ポストコロニアル・スタディーズ（脱植民地主義的態度による研究）、カルチュラルスタディーズ（階級関係に注目する文化研究、ゲイ／レズビアン・スタディーズ）、障害学（ディサビリティ・スタディーズ）などです。それらは近代科学という営みや制度の自明性を疑うことから出発し（そのなかには縦割りの学問分野体制への疑問もあります。ですから英語タイトルでは「スタディーズ（諸研究）」と呼ばれます）、当事者が研究の対象に貶められることなく、自ら立ち上げていく知のスタイルです。

一九六〇年代の社会文化運動と密接なこれらの研究スタイルですが、障害学はさらに八〇年代に展開された自立生活運動とも密接で、両者の根底に流れるグランドコンセプトは同じです。その内実をわかっていただくのがこの文章の目的ですが、ここで話されるのは、「障害学」の教科書というわけではありません。障害学というスタイルを念頭に置いていただければ嬉しいのですが、「この話は障害学である」とは、できれば語らないでください。

さて、僕には公的に行政施策の対象となるような障害はありません。それなのに障害を持って地域で一人で生きようとする彼ら彼女らに立ち会おうとする理由は何なのか。それは、彼ら彼女らの生き方に惹かれるからです。惹かれるなかで、彼ら彼女らと人間関係をつくり、介助者であったり養護学校義務化反対の運動をするメンバーであったりして、その意味で、僕は当事者になったと思っています。

この言い方は、日々を必死で生き抜いている障害を抱える人には不遜に聞こえるかもしれません。「障害者」の努力と成功物語に感動しようとする文化がわたしたちの社会に根付いている以上、なおさらそのように聞こえるでしょう。成功物語に涙するスタンスと僕のそれは違うと断言しますが、そのように聞こえてしまうリスクは承知のうえで、そうとしか僕には表現しようがありません。僕がそのように感じたという、その表現を、別の語り口に無理に押し込めるつもりはありません。もしそうしたら、自分に対して不誠実となり、それが他者への不誠実につながる気がするからです。

かなり長大な前置きとなりました。それはどうして？

「社会学の論文を読む（書く）」という「出来事」から、いかに出て生きるか、それを一方で問いたいからです。あなたに語りかけるような口調で文章を進めているのもそのためです。さらには、いかに僕が当事者だと思い込もうが、ちょうど『生の技法』が出版されたときに、おそらく僕に障害がなく社会学者だということで、ある書評では「またぞろ障害者を食い物にする」と批判されたように、以下の文章にもうさんくささを感じる人がいるだろうから、精一杯の言い訳をしたいということです。かつて『ホモ・アフェクトス』（世界思想社、一九九八年）という書物では、こんなことを考えながら、相互に矛盾したりジョークになるようないろいろな文章や語句を組み入れさせることで、自分のスタンスを表現したのですが、今回は、頭に大きな言い訳を持ってきて、直球で語りたいと思ったからです。

二　自立して生活する技法を編み出す

「障害者」、「自立」、「自立生活」、コトバとしては一つでも多種多様な内容が盛り込まれています。ここでは僕が仲間と一緒に経験し考えて書き出した、『生の技法～家と施設を出て暮らす障害者の社会学』（藤原書店、一九九五年）をもとに、そのなかで出会った人たちから、その人と僕との関係から、考えてみましょう。

「自立」というコトバを考えてみましょう。いろいろな使われ方をします。幼児が自分ひとりで服を着られるようになる、子どもが自分の意見をハキハキ言えるようになる、就職して親元を離れ自分の稼ぎで生活できるようになる、あるいは夫が妻に頼らず家事ができるようになる、などなどの自立。では、「障害者の」という形容を付せばどうなるでしょうか。どのような障害かは別として、「障害」を克服して就労する、といった経済的自立に意味が限定されやすいのではないでしょうか。

しかし、僕がともに考えてきた彼ら彼女らの自立とは、第一に、出て生きることです。家や施設を出て、自分の気持ちや考えで生活をつくり選んでいくことです。

そのことの意味を、今の社会を生きるみんなのこととして共有できないでしょうか。

まず、なぜ出ようとするのでしょうか。家族や施設での待遇の悪さや自由の剥奪という、いわば自分が置かれた場に、何かが不足し欠如していることが理由だともいえます。ですが、彼ら彼女らが置かれている場＝家族や施設という制度、その最上最善のあり方、そこに不足や欠如のない状態を想定してみても、残る問題があるのです。それこそが出る決心をさせた、といえます。

例えば、「福祉的配慮」が行き届いた施設は、入所者の社会復帰を「真剣に」心配りするでしょう。「健常者なみ」を目標にしつつ、「科学的」であることによって正しいとされた日常生活のプログラムが、入所者の施設内での模範的生き方として提供されます。そのおかげで、彼ら彼女らはトイレや洗顔、歯磨き、着替え、買い物などの活動を訓練として行うことになります。訓練ということは、そこに課題があってその達成度を評価されるということでもあります。それはつまり、日常生活の細部にまで至る監視と管理が確立することでもあるでしょう。それは日々を過ごすこと、生きることにとって過剰な配慮だとはいえないでしょうか。

そこで、考えてみましょう。彼ら彼女らに出る決心をさせた、この過剰、それは、彼ら彼女らだけのことなのでしょうか。

例えば、学校。ある能力を備えた人間を標準化し、その到達目標に向けて年齢と習熟度によって人を区分けし、それに応じた段階的なカリキュラムを人に課します。うまくこなさなければ、補習や親の呼び出し、落第や放校など、いろいろな懲罰が待ち受けています。

子どもの生活のすみずみ――遊びもいじめも勉強も――まで「教育的配慮」が侵入し、子どもの一挙手一投足まで取り囲んでしまう。子どもが何をしても、それはそれ自体として見られることはなく、大人になったらどういう人になるかの徴候として取り扱われてしまう。今が未来に食いつぶされてしまうのです。同じことは今の社会のさまざまな部分――効率的で便利で豊かな制度の裏側――でいえることではないでしょうか。

「いたれりつくせり」は生きるために本当に必要なのか、それとも過剰なのか。過剰なら、出るのは彼ら彼女らだけではないと思います。

日常生活の全般が、つまり目覚め、歯を磨き、着替え、朝食をとり、トイレに行く、などなどが、他の人の手を借りてはじめて成り立つ障害者が、自立を考えるとしましょう。彼ら彼女らにとって、都市での日々の生活は、苦汁をなめ、差別を受け、忍従を強いられる一方的で、受動的なものとは限りません、むしろ、まったくそうではない、ともいえます。

障害者は、生きるための素材として、都市が提供する便宜やそして不便さえも、肯定的に積極的に捉え返そうとしています。都市生活が与えてくれる便利さ……一言でいえば、障害者に対する因襲的な規範意識からいくぶんなりとも自由な空間が確保されること、そして人、物、情報など（それは自立生活にとって死活問題である）へのアクセスがより広範で簡便なこと、こういったことを、自立をもくろむ障害者は、言わずもがな、存分に利用します。

しかしまた、その不便さも同様に利用します。例えば、都市の人間関係の冷たさ。駅の階段を車椅子で上がろうとすれば、まわりの通行人の助力が必要ですが、それが得られにくいわけです。自ら手を貸してくれようとする人は、たしかに都市部では少ないでしょう。この一見すると障害者の移動の自由を阻害するような対人関係のあり方をも積極的に利用するのが、彼ら彼女らです。

というのはこういうわけです。

家庭や施設では、必要な物を受け取る立場にしかいられなかった障害者は、自ら必要な物を、さらには自分がほしい物を、自分の力で手に入れるという経験に乏しかったりします。自立という生活様式は、与えられることではなく勝ち取ることです。だからどうしても「勝ち取るノウハウ」を身につけなくてはなりません。そこで彼らは都市の冷たさを利用します。フィールドトリップなどと呼ばれるトレーニングでは、自分の希望をかなえてくれるなじみの介助者を伴わずに外に出かけます。冷たい都会では、自分の気持ちを察して自ら手を差し伸べてくる他人は多くありません。しかし、それは否定的な事態ではなく、自分の力でほしい物を手に入れることを身につける絶好の機会ともなるのです。

そのうえ自分から働きかけることで、新たな他者との出会いがあるかもしれませんし、ほしかった物以上を手にすることができるかもしれません。それが出会いの醍醐味でしょう。

個々バラバラに出つつも、今ここで生活を始めた、あるいは始めなくてはならない彼ら彼女らは、共通の難問に遭遇し、各々の解決法を具体的に模索しています。いくつかは彼ら彼女らのネットワークを通じて共有され提供されることになります。それらは日々の試行錯誤から編み出された自立するための技法です。

例えば自分自身との関係をいかに変えていくか。「障害」を理由に否定的・消極的にしか自分を見ることができず、積極的に行動するのを控えてきた、そんな自分の歴史をどう変えるか。まず社会が期待する標準的な人間などというものには、肩すかしでもくらわすことです。決してそこからの引き算として今ある自分を考えないようにすることです。不足や欠如はあるかもしれませんが、それを認めてなおかつそれを肯定的に見るのです。今ここで何をしたいのか、何を欲しているのか、どう感じているのかに素直になって、それらを認める。それが自分なのです。遠い理想ではなく、今いるそこから生活を出発させることです。

今までのように遠慮や忍従や断念、諦念ではなく、とにかく不確実でどうなるかわからない現実のなかで行動してみる。それがとりもなおさず新しい自分との関係なのです。

このように、自立とは与えられた枠のなかで行われるものではありません。枠を越えてはじめて生れるものだといえるでしょう。だとしたら、障害を持たないわたしたちは自立しているのでしょうか。自分との関係にしても、社会から与えられた道具と物差しを真に受けて、それでもって自分と自分との関係をつくりあげていないでしょうか。

自立生活する彼ら彼女らが見せてくれる、さまざまな素材をその場で組合わせていく手作りの生き方は、わたしたちの「自立」のための技法でもあるはずです。

三　家族から出て生きる

自立生活する障害者。彼らは「脱家族」を主張します。では、「自立生活」という主張が含意している「脱家族」というものが、どのような内実から発せられるものなのかを、明らかにしていきましょう。

「親を否定せにゃ、あかん。親の愛情に取り囲まれていたら、何にもできへん。」
「親の人生と私の人生は別なんだから、それで自立しようと思ってる。」
「日本の今の状況のなかでさ、ほんとに変えなきゃだめだと思うのはさ、やっぱり親との決裂だね。」
「母は、私を愛してくれました。でも、盆や正月なんか、親戚や知り合いが家を訪問するとなると、父も祖母も私を離れに隠します。母もそれを手伝います。愛しているからこそ、そうするんだそうです。愛しているからこそ、親よりも早く死んでほしいんだそうです。私にはそんな愛情はよくわかりません。」

これらの言葉、障害者がここで語るものは何でしょうか。

一方で、障害児を持つ母親は言います。

「この子ができないことを、私が代わってやるしかないでしょう。甘やかすことになるかもしれないけど、いつも、やさしく見守ってあげるしかありません。そうするのが一番だし、それがこの子にとっても幸せだと思います。」

子どもが障害を持つということ。「障害」という考えが、普通の人なら備えていると考えられているなんらかの能力の欠損として理解されるかぎり、障害者は「病気」の人と同様に、「弱く」「守られるべき」存在とされてしまうでしょう。いついかなる時、どんな場面でも、保護され、善意の監視を受けなくてはならないのです。そして、それ（保護され、監視されること）が、障害を持った人にとって「最善の処遇」であり、「幸せ」であり、「権利」であるとされてしまいます。

親は障害者の生活に関わって生じることのほとんどについて、その責任を世間から問われるかもしれません。もし、障害を持った人をその人の自由に行動させて、「何か」が起きた場合、真っ先に責任を問われるのは、その本人ではなくその親です。それも単なる非難ではなく、親の資格を疑われ、その愛情を疑われることにもなります。

「子どもを一人で『普通学級』に通わせると、先生もそうだけど、ほかの母親たちが『そんなひどいこと、よくできるわね。もし子どもになんかあったらどうするつもりなの。子どもがかわいくないのかしら。子どもが大事だったら、自分が付いていくべきだし、それができないなら養護学校に入れるべきよ。親のエゴで子どもを犠牲にするなんて、子どもを愛してないんだわ』と言って、責めるんですよね。」

「この子の一生をしっかりと見守ることが、私の使命だと思っています。この子が死ぬまでは、絶対に、死ねません。」

子どもと距離を取ることへの嫌悪感や不安感。子どもの生活全体への行き届いた配慮と、そうすることが自分の使命だとする観念。自分がいかに尽くすことができるかが子どもの幸福に直結するという観念。こういったものが、親の子に対する関係づくりの心的な基盤となり、「私と子どもは運命共同体なんです」といった、抜きさしならぬ人間関係がつくられてしまいます。それも普遍的に価値があるように語られる愛情という鎧をまとってです。

そこでは、親と子が非常に緊密に結びあって、外部との関わりを最小限にせざるをえなくなったり、外部を積極的に排除していこうとするかもしれません。

「子どもは外に出て遊びたいようなんですけど、ちょっとでも、こっちが疲れていて、『積極的に外の世界と関わるぞ』とか口に出なくなると、やっぱり、子どもに家の中で遊んでいてほしいと思ってしまいますね。」

「家の外に出てて、この子といつも一緒だと、いつも障害児の親でいなくてはならない。それは当然のことだし、がんばらなくちゃ、と思うけど、いっそのこと子どもと二人だけならどんなにいいかなと思う。」

もちろん、外部は外部で、障害児と親が密接な同一体となることを、障害者やその親へ向けた期待のなかで、はっきりと表現します。このような社会的空間に生きざるをえないことが問題なのです。母と子が密接な空間をつくるのは、母が過剰な愛情を自然に子どもに注ぐよう勧める社会があるからで、母親の精神構造に問題があるからだと言ってしまっては、何も見えないのです。

愛情を母親に強制する構造があり、その愛情が存在することをはっきりと自分や社会に対して表わすためにしなくてはいけない行為、それを規定していく構造があるわけです。つまり、親に愛情の証となる行動を求める社会が存在するのです。

このくらいやれば「子どもへの愛情」を自分で納得できるという行動のあり方が、「障害」ゆえに、自分の子どもとの関係では通用しなくなります。その結果、親は愛し足りるという経験ができない。愛情の不足をいつも自分に投げかけなくてはならないのです。

家族のなかでの愛情規範は厳として存在するばかりか、「弱いものは救われるべき」という理念によって、強化された形で存在しています。このような状況ですから、親はいつでも自分を愛情規範からの逸脱者と考えてしまいます。つまり、自分をいつでも否定的に、何かが足りないものとして考えてしまう。そのうえ、外部からの制裁が加わるかもしれない。そうなれば、親は子どもにもっと愛を注ごうとするでしょう。親は無条件の愛情を無限に注ぐべきと期待されており、実際そういった存在になってしまうのです。

無限の愛情といっても心持ちだけではありません。無限の愛情を表わすには、無限の行動が必要です。無限の行動は子どものすべてを配慮して、微に入り細をうがって介入していくこととして具体化されるでしょう。これが家族という閉鎖的空間をつくってしまうのです。

親は子どもを囲い込んで、すべてを自分の監視下に置き、責任を取ろうとする。それでしか、社会が要請してくるあるべき愛情を表現できないからです。さらに、そこで行われるすべての行動や介入が、「愛ゆえに」という言説で正当化されてしまう。まさに、愛ゆえの「出口なし」です。

話を戻しましょう。社会やそこに住む人びと（障害者やその家族も含まれる）に、母と子どもが一つの閉鎖的な情緒的空間をつくるべきであり、それがいいのだという意識があるかぎり、「自立」して障害者が一人で生きようなどとするのは論外ということになります。障害者が一人で生きていこうとした場合、その意志や願望を率直に認めることをしない社会があるということでしょうし、それを認めないのが当たり前だとする社会があるということです。

では、どうすればいいのでしょうか。社会が変わらなければ、どうしようもない。確かに、そうともいえます。だがそこで、社会の全体的構造とかシステムを一気に変えようと力んでみても、ことを大袈裟にするだけでしょう。むしろ、社会とはわたしたちが当たり前に暮らしている、その行いのなかにあるのだということに気づくべきかもしれません。

だとしたら、日々の生活をちょっと立ち止まって見直し、当たり前の風景をずらしてみたらいいかもしれない。

そのずれから、「ああ、これでも生きられるんだ」と思わせてくれる「生きる技法」を垣間見れらるかもしれない。そしてなにより大事なのは、このような技法は空想の産物ではなく、実際に試されつつ実践されているということです。まずもって家族関係の領域でそれを実践している人びと、その人たちこそ自立生活する障害者やその家族なのです。

制度としての愛情に過度に巻き込まれることなく、空気のようにあって当然とされる愛情に、少しばかり距離をとる。そこには、新たな家族関係を模索し、それを実践するための技法が提案されているのではないでしょうか。それは、むしろプラスのなにか、今を生きる人びとみんなにとって、もう少し肩の力が抜ける楽な生き方を示しているかもしれません。

それでは最後に、そのプラスの意味を私たちに感じさせてくれる言葉を引いておきましょう。ある母親の言葉。

「この子に障害があるとわかってから、いろんなお医者さんのところに行って、精一杯のことやったんですよね。わたしの育てかたがどうのということで、愛情をもっと表せとか、スキンシップが大事だとかで、一日中子どもを抱いてたこともありました。いやがる子どもをつかまえて、本当に一日中ね。……そんなことで一日のエネルギーを使っちゃってたんですけど、ある時、この子はわたしと別なんだなと思ったんです。で、そうしたら急に楽になって、この子とのつきあい方が変わりましたよね。昔なら、人の家に勝手に入っていたずらしたり、この子は薬が好きで、すぐに薬屋さんに行ってはいたずらするんだけど、そうしたら急いで飛んでって、平謝りして、元どおりにかたづけて、そういう迷惑が二度とかからないように注意するとか、そうしてたんだけど、今は子どもがそうしてもいいじゃないかって感じ。昔はさ、迷惑を避けよう避けようとして、いろいろ考えてたんだけど、実際にこの子を放してみると、薬屋さんのおじさんもそれなりに子どもを手なずけていて、この子が来ると薬の空箱を渡してやったりして、うまくやってるんですよね。だから、わたしがなんでもすぐに出ていってたことで、逆にこの子とまわりの人の関係を壊していたかもしれないんですよね。……今はだいぶ楽です、子ども抜きのわたしの生活もあるし。この子も無理に抱かれてるより、ずっと楽じゃないのかしら。」

このお母さんは、子どもを囲い込まずに、内省的で自己抑制的な「迷惑」という観念にとらわれずに、子どもと世間との関係を認め、それで子どもとの新しい、そしてより楽な関係をつくっています。「迷惑をかけてはならない」ということが、他人の生活を邪魔しない、干渉しないといった程度の「お行儀」についてとやかく言っているにすぎないなら、迷惑かけあいながらワイワイやる方がずっと楽しそうです。そう考えると、きっと、このお母さんは自分にとっての自立生活の技法を見つけたのかもしれません。

四　介助者も自立して生活しよう

人と人が、どういうわけだか関係を結びあって生きていくのが、社会と呼ばれるものでしょう。だから社会のなかで生きていくとは、とりもなおさず他の人たちと何らかの関わりあいを持つということです。

やや一般論で恐縮ですが、もし社会が人と人との関係で成り立っているならば、その関係のあり方にはなにかしらの規則性とかパターンがあるはずです。そうでなかったら、人と出会って挨拶することも、屋台で焼き鳥を注文することも、ある人を見るたびに、その人を職場の同僚だとか恋人だとか親だとか思うこともできないでしょう。なぜなら、規則性やパターンがなければ、その場その時でいつも違う行動をお互いにしてしまうからです。たまたま入った屋台のおやじさんに家族の深刻な問題をいきなり相談されたり、職場の同僚から突然おこづかいを渡されたりしたら、嬉しいような気もしますが、どうみてもなにか変！　と感じるはずです。こういった規則性やパターンをつくりあげているのがルールです。

ルールとは、こういう状況では、こういった人に対しては「こうしたらいい」、「そうすべきではない」といった知識の集合です。野球やサッカーがゲームとして成立するのも、日常の社会生活が成立するのも、そこにルールがあるからです。

しかしルールがあれば十分というわけではありません。それは知識ですから、それを具体的な場面で運用する技術や能力が必要です。それをスキルと呼びます。これが非常に大事な役割を果たします。選手やレフリーがそのつどルールブックを見ていたのでは、ゲームにならないでしょう。またルールは同じでも、ゲームの様子や判定が違ったりするのも、そこにいる人たちのスキルが違うからです。

スキルはそれぞれの人たちが自分の生き方に基づいてつくるものだと思います。一方、ルールはある社会や集団で、ときに自然発生的に、ときに政策的につくられるものです。ここではスキルの背後にある生への姿勢について見てみましょう。生き方のメニューとして二つあります。「Minimum-Minimum」と「Maximum-Maximum」です。どちらを選ぶかはその人の自由です。

一つは安全第一、冒険やかけや無謀なことはせず、そのかわり人生での見返りも手堅いところでよしとする立場。最低限の必要なことを手に入れればいいのであって、それにかける費用も最低限に抑えようとする生き方、それが、「(費用) ミニマム―(利潤) ミニマム」です。

もう一つはその逆で、人生で得られるかもしれないすべてを手に入れようとする、そのためには危険や失敗を顧みず、今ある労力や資源を惜しみなく注ぎ込む生き方です。それが、「マキシマム―マキシマム」です。例えれば、四番バッターに送りバントをさせるか、ホームランを狙わせるかです。

さてこの二つのメニューは、人間関係にも当てはまります。障害者と介助者との関係のあり方も同様です。

自立生活それ自体は、「マキシマム―マキシマム」です。けれども、自立生活の日常すべてがそうだとはいえません。またそうすべきだとも思えません。要するにメニューをそのつど変えて、自分のスキルで組み立てなくてはならないのです。

ここでは、僕自身が自立生活という場面にかかわってはじめて知ることのできた、自立生活する障害者と介助者との関係のルールについて述べましょう。といっても、道路交通法というルールが、実際の道路上での自動車、自転車、歩行者の動きとは若干（あるいは相当）違うように、ここにあげられるルールも、現実にある人間関係のありさまとはピッタリ重なるわけではありません。そのうえ、ドライバーどうしが道交法には記載されていないルールを持っているように、まだほかにもルールはあるでしょう。

ですが基本的なものとして、次の三つのパターンを指摘することができます。

一つめは、介助者と障害者が目に見えるギブ・アンド・テークをお互いに契約して進めていくものです。典型的には、障害者が介助者を雇用する、つまり介助というサービスの反対給付として、時給いくら、月給いくらというふうにはっきりと決められた額を支払うというものです。もちろん行政が仲立ちになることもあるでしょう。

これは非常に合理的なルールです。なぜならお互いに相手に対する権利や義務を明確に約束し合っているため、なにか問題や行き違いが起きたとしても、どうすれば解決できるのかが明白だからです。契約にあればそれに従い、なければしない、それだけです。一方、面倒なこともあります。まず契約の内容を事前に明らかにして、それをお互いに承認しなくてはなりません。何をしてほしいか、何はしてほしくないか、それに対する見返りは、などなど。

もうひとつ問題なのは、経済的な理由で介助者が集まるという状況には、今の日本はなっていないということです。自立生活運動が登場して二五年以上、たしかに、自立生活を仲介するセンターは各地にできましたが、賃労働として介助者として登録する人はほぼ皆無です。

二つめは、介助者との関係を親密さによって計ろうとするものです。友人、夫婦、恋人どうしの関係のように親密な感情を相手に持つことで、関係が進んでいきます。明確に限定された合理的つながりというよりは、あいまいで全体的な感情的つながりです。ですから、お互いに何をすべきか、どの程度やればいいのかなどが決められません。情緒的な信頼や好意が対等に向けられればいいのです。そして相手を尊重しつつ、その人がこうだと感じたことを実行することになります。

これは、生活全体にまたがり、いろいろなことが起こりやすく、ある部分非常にプライベートなことにも及んでいく介助活動にとっては都合がいいでしょう。ただし、行き違いや不満が生まれた場合、感情的なもつれが生じやすく、関係の修復には時間がかかるかもしれません。親密さに甘えてしまうと、権利義務が明確でないだけに、お互いの負担が天文学的に膨れる可能性もあります。

それから、言わずもがなですが、どんな人とも親密になれるわけではありません。気に食わない人がいる、それがあたりまえでしょう。

三つめは、精神的、理想主義的な考えで人間関係をつくるというものです。社会貢献やいわゆるボランティア精神でもって、障害を持った人に接するべきだという介助者がいるかもしれません。あるいは慈善、奉仕、犠牲という宗教理念や哲学に動かされている人もいるでしょう。このような人たちはまずは介助することに、それ自体に価値を見出します。もちろん、だからといって相手の人間性を無視するわけでは全然ありません。むしろ相手との関係に対する誠実さが目を引きます。

介助者がはじめて介助にやってくる動機づけとして、やはり一番多いのがこのタイプでしょう。そしてまた日本の現状でボランティアがふえていくためには、この動機を無視できません。ただ問題もあります。なぜかといえば、彼らはどんな形にせよ見返りを、障害者から受け取ろうとはしません、ある場合には交通費などの実費でさえ受け取りを拒否します。そのためときに、介助を頼んだ方が申し訳ないという気持ちを重く感じることがあります。あるいは対等な人間関係ではないなぁ、と思うかもしれません。

いささか単純化しすぎたきらいがありますが、それぞれのパターンはあくまで抽象です。実際の関係にはこれら三つの要素が入り混じってることでしょう。そしてまた人間関係は二人以上でつくるものですから、それぞれの人が自分たちの関係をどういうパターンだと考えているのかがずれる場合もあります。友情、金銭、哲学はお互いになかなか折り合いがつかないものでしょう。そういった時、やはり肝心なのがスキルやその背後にある生への態度です。

なにか介助者に対して不満があったとして、いま得られている便宜を捨てるのが怖くて、それを我慢したとします。ことを荒だてず（コストをかけず）、計算されたサービスを得ることができます。ミニマム─ミニマムです。

しかし逆にいえば、自分とは違う経験をし、違う生き方をしている他の人とせっかく出会っておきながら、それだけしか得られないのです。その人との関係から生まれるかもしれない可能性を捨て去ることです。そもそも相手がいるということは、自分だけでは計り知れないということでしょう。だったらそれを恐れるより、楽しんでしまったほうが絶対に得です。マキシマム─マキシマムで生きる！　その貪欲さと好奇心は、新しいルールを創設するかもしれない、まさに第一歩ではないでしょうか。そのためには相手との対立を避けてばかりでは進みません。自分の生活のサポートとして不可欠な大事な介助者に向けて、遠慮と感謝だけでは、なにも伝えられずなにも関われない。出て、他者と出会って、生きることにならないのではないでしょうか。

最近、話題になった本に『こんな夜更けにバナナかよ』（北海道新聞社、二〇〇三年）があります。ノンフィクションライターの渡辺一史さんが著したもので、「筋ジス・鹿野靖明とボランティアたち」というサブタイルがついてます。そこには、ここでいうマキシマム─マキシマムで生きる鹿野さんの姿と、そこに立ち会う介助者たちの、密でクールな人間模様が詳細に描かれています。自立の技法の何たるかを実感したい人にはお勧めです。

ひるがえって、介助者はどうでしょうか？　やはり同じではないでしょうか。つらさ、やるせなさ、無力感、などを一人抱え、自分のうちに閉じ込め、障害者に遠慮するだけでは、やはり、出て、出会って、生きることにはならないでしょう。障害を持たない人たちも出て生きるには、マキシマム―マキシマムの態度が必要だと思います。

障害のあるなしで、どんな障害かで、個別に具体的に生きるという事柄は変わりますが、障害のあるなしで線引きするのが無意味な事柄も多いということがわかります。どう生きたいか、なにがほしいか。それだけなのです。にもかかわらず、障害を持たない人たちは、事柄を障害のあるなしで理解し説明しようとすることになりがちです(僕自身もですし、この文章もその一例になりかねません)。それはミニマム―ミニマムな態度だとはいえないでしょうか。不用意に相手を傷つけてしまうかもしれない、失礼なことを言ってしまうかもしれない、などなど、それは相手を配慮することから生まれるものでしょうが、一方で、それは相手を相手として見ていないことでもあるでしょう。なぜなら、配慮という行為が自分ひとりで行うことを前提にした、事前に予防線を引く行動ともいえるからです。相手がこう思うだろう、こう感じるだろう、それを相手抜きに察しようとする行動だからです。そこには相手である人間はいるようで、実はいないのです。相手の声を聞こうとしないかぎりでそうなのです。相手の声を勝手に決めつけるかぎりでそうなのです。

相手の声を、たとえ善意からだとしても、先取りして理解してしまう。相手の声を自分が代弁してしまう。相手の声を自分だけで再構成して納得してしまう。それはもしかしたら、この文章の最初に書き連ねたこと、すなわち社会科学・人間科学という営みのなかで研究者が研究の対象となる人びとに向けてやってしまっていること、それに通じるかもしれません。

障害を持たない人は、自分が出会った人に障害がある場合、その人の「障害」を適切に位置づけることができず、大仰、不遜、卑下、行きすぎた気遣いや遠慮、不躾な親しさや激励や感動、そういった対応をしがちです。相手の障害を自分では適切に位置づけられないとすれば、どうしたらいいでしょうか。そこでのマキシマム―マキシマムとはどんな態度でしょうか。簡単です。相手に聞くしかありません。例えば「どんな手伝いが必要ですか?」と。

至極単純なコミュニケーションからスタートするしかないでしょう。よけいな憶測や配慮や思い込みからスタートさせない、それだけでも違うと思います。

五　あとがき

僕が今までに書いた文章を思い起こす作業でもありました。そのときの気持ちを再確認しつつそのまま書き入れた部分も多いです。

当初、書こうと思っていたのは戯曲です。僕が大学院生として過ごした、あるいは三田でドイツ語の洋書講読を担当していた時代を思い起こして、この書に文章を寄せるいろいろな人たちと語り合った事柄（馬鹿話から社会学の存在理由、当時の逸話や噂話、自分の実存や悩み、傲慢な理論的言辞、などなど）をストーリーにしていました。社会学をすることについての青臭い思いから、いまなお疼く未解決のアポリアまで、そこには、今、自分がこのようにあることの原点が見えるからです。そこで出会った人たちの、場合によっては真剣な、場合によっては何気ない、その言葉のいくつかは、知らず知らずに自分の身体に刻まれていると思ったからです。

そして、そのような場所を僕に与えてくれていたのは、まぎれもなく山岸先生だったのです。その場では先生に楯突くこともあったかもしれませんが、その場が今の僕をつくったのは確かです。ですから、そのような場所に集っていたみんなに感謝します。そしてそのような場所を与えていただいた先生に感謝いたします。今回は、隠しようもなく辛いできごとを契機に、みんながそれぞれの思いを抱えてここに集っていることでしょう。

この書の企画にあたって先生がみんなに書かれたやさしい言葉を、いまだ僕は消化しきれていません。ですから先の戯曲はとりやめました。むしろ、その戯曲で描かれた時代の自分の気持ちをストレートに表現することを選びました。

〈参考文献〉


岡原正幸・石川准・好井裕明「障害者・介助者・オーディエンス〜障害者の『自立生活』が抱える諸問題」『解放社会学研究』第一号、日本解放社会学会、一九八六年。

安積純子・岡原正幸・尾中文哉・立岩真也『生の技法〜家と施設を出て暮らす障害者の社会学（増補改訂版）』藤原書店、一九九五年。

岡原正幸「出て、生きる技法とは」『機』四、藤原書店、一九九〇年。

――「介助者との人間関係、そのルールとスキル」『障害者の福祉』一四七号、日本障害者リハビリテーション協会／厚生省社会・援護局更生課、一九九三年。

――「障害者の目からみた都市」藤田弘夫・吉原直樹編著『都市とモダニティ〜都市社会学コメンタール』ミネルヴァ書房、一九九五年。

――『ホモ・アフェクトス〜感情社会学的に自己表現する』世界思想社、一九九八年。

「役割としてのスティグマ」を考える

片桐　雅隆

一　ゴフマンのスティグマ論への視点

1　スティグマへの関心

Ｅ・ゴフマンによれば、スティグマは「望ましくないものとして周囲の人から区別され、汚れた卑小な人間として貶められるような属性（attribute）」を意味し、それは三つの種類に分類されている。第一のものは、身体上の障害、第二は、個人の性格上の欠陥、そして、第三のものは人種やエスニシティ、宗教などの「集団的（tribal）」な属性である（Goffman, 1963, pp. 3-5 [pp. 11-15]）。しかし、スティグマは、誰しもが持つと見なされる可能性を秘めている。スティグマ化されない人は、以下のような属性を持つ人しかいないとゴフマンは言う。それは、「若くて、既婚で、白人で、都会に住み、北部出身者で、大学教育を受けた、異性愛者で、プロテスタントで、子供がいて、正規雇用者で、きれいな肌をし、健康体で、何かスポーツで最近いい記録を出している男」である（Goffman, 1963, p.128 [pp. 210-211]）。

三つに分類された身体的な属性や性格上の属性、あるいは「集団的な」属性の何が周囲の人からスティグマ化されるかは、明確な基準によってあらかじめ決められてはいない。スティグマを貼られる可能性を持たない基準をすべて満たす人は極めてまれだろうし、また自分がその基準を満たしているかという判断に誰もが自信を持っているわけではない。

例えば、「痩せている」や「太っている」という判断は極めて主観的である。誰が見ても痩せていると思われる人でも、太っているとスティグマ化される可能性があると自分で思いこみ、スティグマ化されないためにダイエットに励むことはよく見られることである。たしかにゴフマンが取り上げたスティグマの事例は、周囲の人から明確にスティグマ化されやすい属性を持ったものが多いにしても、スティグマ論の持つ意義は、スティグマ化が特定の人に限られた例外的な出来事ではなく、遍在する出来事だという見方に求めることができる。

周囲の人がそう思わなくても、本人は痩せている、あるいは太っているゆえにスティグマを持つと思いこんでしまう。また、逆に本人はスティグマとされる属性がないと思っていても、周囲の人からスティグマを持っている人と見なされてしまう。このように、スティグマとは「客観的な属性」ではなく、自分や周囲の人の見方の中で浮かび上がる属性である。

社会心理学における近年のスティグマ研究を集大成している『スティグマの社会心理学（Social Psychology of Stigma)』(Heatherton, 2003) の序論において、J・F・ドヴィディオらは、スティグマ研究の趨勢を概観している。彼らが指摘することは、スティグマ観の大きな転換である。それは、スティグマを「身体やパーソナリティ上の問題的な性向」と見るのではなく、スティグマ化を文脈依存的な問題と考える傾向への転換を意味している。つまり、「スティグマについての現在の見方は、それを、スティグマ化される人とスティグマ化する人の見方の点から、スティグマ化の過程を、状況に固有で、動態的で、複雑で、非病理的なものと考える」点に大きな特徴がある。したがって、スティグマは社会的に構築されるものと考えられるのである (Heatherton,2003, p.2)。

スティグマを客観的な属性と見るのではなく、何がスティグマかは文脈依存的であるとする見方は、ゴフマンの視点と同じである。ゴフマンの『スティグマ』は一九六三年の出版であるから、ゴフマンのスティグマへの視点は今日のスティグマ研究では多くの人に共有されているのだと言えるだろう(1)。

われわれのスティグマへの視点も、基本的にはスティグマ化の現象が客観的な属性を基盤とするのではなく、(個人としての他者であれ、「一般化された他者」であれ、)他者を前にした相互行為の文脈に依存的な現象と見ることにある。その視点は、ゴフマンのスティグマ論においても、またスティグマ論一般においても既に自明とされている。そして、そのようなスティグマへの見方が、われわれが従来展開してきた役割論の観点から説明できることを考えるのが本論の基本的な課題である。したがって、本論は、スティグマ化の具体的な問題や事例を扱うのではなく、スティグマとは何かについての理論的な考察を目標としている。

2　「役割としてのスティグマ」という見方

『スティグマ』の翻訳者である石黒毅は、初版の翻訳書の「訳者あとがき」において、二つの役割論を対比させ、その対比の中でゴフマンのスティグマ概念を解説している。その一つの役割論の流れは、R・リントンに発する「社会構造論的な役割」論であり、もう一つは、G・H・ミードに端を発する「社会心理学的な役割」論である。前者の役割論が、役割を「社会構造の要素的な単位」と考えるのに対して、後者の役割論は、役割を「ダイアディックな相互交渉を解析する社会心理学的用具」としてとらえている(石黒『スティグマの社会学』一九七〇年、二八〇―二八一頁)。つまり、「社会構造論的な役割」論では、社会構造においてあらかじめ決められた役割期待が前提とされているのに対して、「社会心理学的な役割」論では、役割期待はそれぞれの人に固定して与えられているのでなく、相補的だと考えられているのである(石黒、一九七〇年、二八二頁)(2)。

先述したように、スティグマは客観的な属性ではなく、誰が「スティグマを持つ人」かの決定は相互行為の文脈に依存している。したがって、誰でもがスティグマ化された人になりうるし、また一方で、誰でもがスティグマ化する人になりうる。そして、スティグマ化された人はスティグマ化する人から「スティグマを持つ人」にふさわしい役割を付与され、スティグマ化する人は「スティグマを持つ人」に対してその役割にふさわしい行動を求めるのである。その意味で、スティグマは相互行為の文脈に埋め込まれ、相補的な役割を意味している。

そして、ゴフマン自身も「役割としてのスティグマ」という見方を提出している。ゴフマンはスティグマ論の結論として次のように言っている。

「スティグマとは、スティグマ化された人とノーマルな人との二つのグループに区別することができるような具体的なひと組の人間を意味するというよりも、どこにでもある二つの役割の社会的過程を含むものであり、それには、少なくとも、人生のいずれかの脈絡や局面において、誰でもが参加しているのである」(Goffmann, 1963, pp. 137-138 [p. 225])。

このようなスティグマの定義は、スティグマが客観的な属性ではなく、相互行為において自己や他者が特定の行為を期待しあう動的な過程を表すという役割観に対応している。そして、ゴフマンは、スティグマを役割の社会過程とする定義に続けてこう言っている。

「スティグマ化された人とかノーマルな人とは、生身の人 (person) ではなく、パースペクティブなのである」と (Goffmann, 1963, pp. 137-138 [p. 225])。

スティグマ化された人やノーマルな人は、パースペクティブなのだと言う。スティグマを相互行為の中で付与したり付与されたりする動的な過程として考えることは妥当だが、むしろ、スティグマをパースペクティブとして見る視点の中に、スティグマとは何かを考える重要な鍵がある。そして、パースペクティブとしてのスティグマという見方は、われわれが従来主張してきた「カテゴリーとしての役割」という考え方とも符合している。第二節と

第三節では、「カテゴリーとしての役割」という観点からゴフマンのスティグマ概念を位置づけ、最後の第四節で、そのようなスティグマ観がミードのプラグマティズムの基本的な現実観・社会観とも符合していることを指摘しよう。そのようなスティグマ概念のとらえ直しの中で、スティグマとは何かをあらためて考えてみよう。

二　カテゴリーとしての役割

1　役割論への視点

石黒はゴフマンにおける役割論が、「社会構造論的な見方」ではなく、「社会心理学的な見方」に基づくことを指摘した。われわれの言うカテゴリーとしての役割という考え方においても、社会構造論的な役割論からの差異化にその議論の出発点がある。

「社会構造論的な役割」観は、役割が社会構造の単位としての地位に特定の役割があらかじめ貼り付いているとする点に、その考えの基本がある。例えば、企業などの組織を考えよう。

「社会構造論的な役割」では、一般社員の地位や係長、課長、部長などの管理職の地位があらかじめ定められ、それぞれの地位には何をすべきなのかの役割が決められていると考えられている。したがって、誰がその地位に就こうがその役割は変わらない。そして、その役割をうまくこなせた人は優秀な社員になるだろうし、うまくこなせない人は無能な社員と評価されることになる。また、社会化や統制という考え方も、このような役割観から派生する。つまり、それぞれの地位に付随する役割を自分のものとして内面化する過程が社会化を意味している。また一方、その役割をうまく演じることができれば報酬が上がるなどの評価が下され、うまく演じられなければ報酬が下げられるなどの制裁が下される。役割はあくまで、社会構造の中の地位にあらかじめ付随しているのであって、規定どおりに役割を演じることがあくまで前提とされている。そのような条件のもとで、はじめて上記のような社会化や統制という発想が生まれることになる。

「スティグマを持つ人」やスティグマ化する人は、組織の地位のように制度的に決められた役割とは異なっている。しかし、このような役割観に立てば、スティグマ化されたりスティグマ化する人は客観的な属性によって固定されており、それぞれの役割もその人に付随して固定していると考えられることになる。

これに対して、われわれが依拠するG・H・ミードやシンボリック相互行為論が提出した役割への観点は、「役割取得(role-taking)」という考え方にある。

役割取得とは、次のような三つの過程を意味している。それは、第一に、自分が何かを行おうと企画すること、第二に、他者がそれに対してどのように振舞うかを予期すること、そして、第三に、はじめの行為の企画を他者の行為への予期に基づいて調整すること、という一連の過程である。例えば、向こうからやってくる人に挨拶をするケースを考えよう。その人に挨拶をしようと行為を企画することが第一の段階である。そのとき、その人が自分の挨拶に応えるだろうと予期できれば挨拶をするだろうし、その人が挨拶を返さないと予期すれば、挨拶をしようとしたはじめの企画は修正され挨拶は取りやめになるだろう。そのような一連の過程が役割取得の過程である(3)。

では、「カテゴリーとしての役割」とはどのようなことを意味するのだろうか。

ここで用いているカテゴリーとは、「対象を一つの類型や典型として見る認知的な枠組」つまり「類型的な認知枠組」を意味している。例えば、「ナイフ」という名前はカテゴリーとしての働きを持っている。ナイフというカテゴリーのもとで、果物を切るナイフも、木を切るナイフも、また紙を切るナイフも、それぞれの個別的な特徴が捨象され、すべてナイフという類型のもとで同じ特徴を持つものとして一括される。役割も同じようなカテゴリー化の作用を持っている。

さきの役割取得における挨拶の例を再び考えよう。向こうからやってくる人が誰なのかカテゴリー化できなければ、挨拶をすべきかどうかはわからない。しかし、その人を特定の個人として識別できなくても、その個別性を排して、課長として、あるいはより一般的に自分の上司としてカテゴリー化できれば、挨拶に対してその人がどのような行為をするかを予期することは容易である。つまり、その人を課長、あるいは上司としてカテゴリー化することによって、その人の行為を予期したり、その行為の動機を推論したりすることができるようになる。役割取得は必ずしもカテゴリー化を不可避とするものではない。言葉によらないペットとの関係においても、役割取得は見られるからである。しかし、人間同士の相互行為においては、相互をカテゴリー化しうることは役割取得をより円滑に行うために不可欠な条件なのである。

2　カテゴリー付与と相互行為

自己や他者をカテゴリー化し、そのことによって行為の予期や動機の推論ができることが相互行為を生むとする役割取得論から見た役割観は、役割を社会構造に埋め込まれたものと見る役割観とは大きく隔たっている。「社会構造論的な役割」観に立てば、何をすべきかの役割の内容は、誰がそれを演じようが、あらかじめ決まっていた。したがって、その内容にふさわしく演じることのできる人が優れた演じ手であり、うまく演じられない人が劣った演じ手となったのである。それに対して、われわれの視点では、役割は類型的な認知枠組としてのカテゴリーと見なされた。そのカテゴリーに基づいて自己や他者が誰であるかを解釈し、お互いの行為を予期し動機を推論する。つまり、カテゴリーとしての役割は、相互の解釈や行為の予期、動機の推論の手掛かりを与えるものである。課長という役割も、カテゴリーとしての役割観に立てば、課長とは何であり、またどのような動機のもとでどのようなことをする人かを予期する手掛かりを与える認知枠組である。

そして、そのような役割観に立てば、実際の相互行為において、解釈、予期、推論は予期どおりにいくとは限らないと考えられる。

そのことを説明するために、病院での診察の場面に見られる医師と患者の相互行為の例を取り上げよう（Strauss, 1997, p.72 [p. 91]）。それは、医師が女で黒人であり、一方、患者が男で白人であるという複雑に込み入ったケースである。病院での診察という場面であれば、医師と患者の役割を相互にふさわしく演じることが妥当とされるだろう。そして、それぞれにふさわしく演じることができる人が優れた医師であり、また患者らしい患者となる。しかし、そのような役割の付与は自明ではない。患者は、他者である医師を、女としてあるいは黒人と見なして、そのようなカテゴリー化を押しつけてくるかもしれない。それは、話の内容や話し方など、さまざまな側面に現れるだろう。

同じことは、課長という役割の例にも当てはまる。課長という認知枠組を考えたときにも、具体的な相互行為の場面でその人を課長と定義するかどうかは自明ではない。先の医師と患者の例にあるように、部下が男であり課長が女であるとしよう。そのとき、課長の行為が課長という属性からではなく女という属性から部下によって評価されたり、あるいはその外見が課長としてではなく女として見られたりすることがあるかもしれない。このように、具体的な相互行為の場面においては、相互をどのような役割の担い手と見るかは自明ではない。自分が予期しないカテゴリーを他者から付与されることもあれば、自分が他者に付与しようとしたカテゴリーが拒否されたりするかもしれない。

自己や他者をどのようにカテゴリー化するかは、相互行為の文脈に依存している。したがって、役割があらかじめ決められており、そのような役割の束としての地位の体系から社会的な秩序のあり方が説明されるのではない。そうではなく、具体的な場面における相互のカテゴリー付与の中に社会的な秩序のあり方を見ようとするのが、相互行為論的な役割論の基本的な視点である。

3　自他を定義するさまざまなカテゴリー

「カテゴリーとしての役割」観を、課長という典型的な役割の例を中心にして考えてきた。その見方に立てば、相互行為はカテゴリーとしての役割を相互に付与し、それに基づいて行為を予期し、動機を推論することによって成り立つものと考えられる。しかし、相互行為を成立させる手掛かりとなるカテゴリーは、課長のように組織に典型的に見られる役割に限らない。

自己や他者を定義するカテゴリーを、大きく三つに分けることができる（4）。

一つは、今まで議論の対象にしてきた「役割」である。企業での課長などの管理職と一般の社員、学校での教師と生徒や学生、家族での親と子ども、あるいは野球やサッカーなどのスポーツチームでのそれぞれのポジションに付随する役割など、組織や集団で典型的に見られる自己や他者を定義するカテゴリーが、ここで言う役割である。

自己や他者を定義するカテゴリーとして第二に考えられるのは、ジェンダーやエスニシティ、あるいは年齢階層の名前である。男や女、日本人や韓国人、若者や高齢者などの名前は、その人がどのような属性を持つ人で、したがってどのような行為をする人かを推測する手掛かりを与える。それらは従来「社会的カテゴリー」と呼ばれてきた。しかし、その意味するものは、実際に存在する人口的な集塊として理解されてきた。一方、ここで言う「カテゴリーとしてのジェンダー、エスニシティ、年齢階層」とは、あくまで認知枠組としてのカテゴリーであり、それらのまとまりはカテゴリーの共有によって事後的に生み出されるものと考えられる。

そして、第三のカテゴリーは、「人間類型」である。人間類型には、さまざまな層がある。最も基底的なものは「人間」や「人類」、あるいは「自己」や「自分」などの名前である。一見普遍的に見られるこれらの「人間」そのものを指す名前も一つの見方を内に含むものである（5）。第二の層には、「(近代的) 個人」や「間人」など、特定の文化に内在する人間類型が考えられる。これは、次に見る特定の時代に固有な人間類型に比べてより長期的なスパンの中で生み出され、「文化的な深層」に内在するものと見られている。そして、第三の人間類型は、短期的な特定の時代に固有な人間類型である。「団塊の世代」や「新人類」などがその事例として典型的には考えられるし、また今日では「ひきこもり」や「アダルトチルドレン」などの心理学的な用語によって表される人間類型がそれに当たる（6）。

これら、「役割」、ジェンダーやエスニシティ、年齢階層の名前、人間類型は、それぞれ自己や他者とは何かを定義し、その結果として行為を予期したり動機を推論したりすることによって相互行為を作り出す手掛かりを与えるものである。これらすべてを役割と呼ぶことは可能である。しかし、それぞれを区別する意味で、ここでは第一の組織や集団に固有なカテゴリーを狭義の役割＝「役割」とし、三つを含めたカテゴリーを広義の役割として区別しよう。そして、それに加えてスティグマは、自己や他者を定義する広義のカテゴリーとしての役割の一つと考えることができる。スティグマが「広義のカテゴリーとしての役割」であることの意味を、節を変えてあらためて検討しよう。

三　カテゴリーとしてのスティグマ

1　スティグマ化の文脈依存性

ゴフマンは、スティグマは「周囲から想定される社会的アイデンティティー(virtual social identity)」と「実際に持っている社会的アイデンティティー(actual social identity)」の関係の中で知覚されると言っている(Goffman, 1963, p. 2 [p. 11])。ゴフマンの用いる「社会的アイデンティティー」とは、特定の相互行為の場面において自己とは何かを意味するものであり、われわれが今まで用いてきた自己や他者を定義するカテゴリーという認知枠組に対応する。特定場面で自己や他者をどのように定義するかについての社会的アイデンティティーの定義権は、ノーマルとされるマジョリティーの人が持っており、一方で、マイノリティーの人の場合には、自分が「実際に持っていると思っている社会的アイデンティティー」が相互行為の場面において通用しないことが多い。この、二つの対立する社会的アイデンティティーのずれが、スティグマを知覚させるのである。具体的な相互行為の場面において何がノーマルな社会的アイデンティティーなのかを知っていること、そして、自分がその社会的アイデンティティーに当てはまらず、周囲の人が持つ社会的アイデンティティーから排除されていることを知っていること、そのことが、スティグマ化されることを自覚する前提である。

スティグマ化が文脈に依存的であるならば、相互行為の場面において何がスティグマ化されるかはあらかじめ決まっていないと考えるのは、自然である。ゴフマンは、スティグマ化される可能性の低い人の属性として幾つかの項目をあげた。そのような属性をすべてそろえている人はまれなわけだから、誰もがスティグマ化される可能性を秘めている。いつどこでスティグマ化された社会的アイデンティティーを自己に付与されるかは、はじめから予測できないのである。そうであるがゆえに、人は、スティグマ化され、周囲から想定される社会的アイデンティティーによって自己を定義することから排除されないように常に配慮しなくてはならない。この点に焦点を当てれば、ゴフマンのスティグマ論は、常に他者の目を気にかけ、その目から逸脱することを恐れる過同調で他者志向的な現代人を描いていると読むこともできる。

では、ゴフマンがスティグマの三つの種類としてあげた身体上の障害や性格上の欠陥、あるいは「集団的な」属性を持っている人は、必ずスティグマ化されるのだろうか。スティグマは客観的な属性ではなく、スティグマ化はあくまで文脈依存的であった (Goffman, 1963, p. 3 [p. 12])。したがって、そのような属性に周囲の人が気づかなければ、スティグマを貼られることはない。スティグマを持っていないものとして他者に受け入れられることが、パッシング (passing) の問題である。

2 スティグマの文脈依存性とスティグマのパッシング

パッシングに関して、ゴフマンはさまざまな例をあげている。

全盲に近い (near blind) 人の経験の例をあげよう。その人は、自分が目が悪いことを自分のガールフレンドに気づかれないようにするために、さまざまな工夫をする。例えば、向こうからやってくる人がひょっとしてガールフレンドかもしれないと思ったとき、挨拶をしないことによって関係がぎくしゃくすることを避けるために誰にでも挨拶をしたこと、ガールフレンドと映画を見に行った帰りに彼女の手を取ったこと。なぜなら、「彼女はそれとは知らずに、わたしの手を取ってくれ……、したがって、舗道の縁石とか、段で足を探らなくてもよかった」からである (Goffman, 1963, p. 88 [pp. 144-145])。

しかし、パッシングは常に成功し、また持続的にうまくいくとは限らない。パッシングの不成功は、大きな問題を引き起こす。その典型は、個人誌上の秘密がばれる事例に求められる。ゴフマンは個人誌について次のように指摘する。

「個人誌についてはじめに示すべき点は、ひとりの個人は一つの個人誌しか持ちえないということ、そして、そのことは社会の法則によって保証されていることを人びとが前提としている」ことである (Goffman, 1963, p. 81[p. 104])。

ゴフマンは、個人誌が事実として一つしかないと言っているのではない。ここで言っていることは、そうではなく、人びとが、それぞれの人間にとって個人誌が一つしかないことを当たり前のものとして疑っていないということである。個人誌が一つだということは、事実というより規範である。とりわけ、近代社会は、自己の一貫性やそれに伴う自己の行為への責任を重く追及する社会である。過去の契約や犯罪は、現在においても一貫した人格(person)の行ったことと見なされる。そして、個人誌の同一性は規範であるから、それに違反することには強い制裁が付与されることになる(7)。

隠していたスティグマがばれることに伴う問題を含めて、ゴフマンはスティグマのパッシングの事例についてさまざまな面から分析を加えている。それらの分析そのものは興味深く示唆に富んでいるが、それらを検討することはここでの関心の対象からは外れている。われわれが検討すべき課題は、「カテゴリーとしてのスティグマとは何か」であった。あらためて言えば、スティグマは客観的な属性ではなく、具体的な相互行為の場面において文脈依存に付与されるものであり、そのことがパッシングという行いの事例で確認されたのである。

次に考えるべき点は、結果として貼られたスティグマが、組織で典型的に見られる狭義の役割、ジェンダーやエスニシティの名前、人間類型と同じように、自己や他者とは何であり、またその定義に基づいて行為を予期したり動機を推論したりする手掛かりであること、つまりはカテゴリーとしての役割の一つだという点である。

3　カテゴリーとしてのスティグマ

ゴフマンのあげる次のような足の不自由な少女の例を考えよう。

「わたしが転ぶと女たちが、雛をなくした一群のめんどりのように、わいわいいいながら群がってきた。……彼女らは、ローラー・スケートが動くときにぶつかるごくふつうの障害物——石や棒きれ——が、わたしが乗っているスケートをひっくり返すのではないと、決めにかかっていた。哀れなかよわい障害者（cripple）だから、わたしが転ぶのだという結論が、前もってできあがっていたのである」（Goffman, 1963, pp. 15-16 [p. 32]）。

この事例が示すことは、転ぶという行為が、足がないというスティグマと結びつけられ、そのことに行為の原因や予期の根拠が求められている事態である（Goffman, 1963, p. 15 [pp. 31-32]）。

このとき足が不自由であるというスティグマ化は、その少女の外見や行為を解釈する枠組として作用している。ものにぶつかったり、転んだりすることの理由は、実際にはどうであれ、足が不自由であることに帰属され、また、将来の行為の予期もそのことを根拠として行われる。カテゴリーが、さまざまな個別的な属性を一つの典型のもとに帰属させることで、その対象を理解するための認知的枠組であるのと同じように、スティグマは一つのカテゴリーとして作用する。そして、人をスティグマ化することは、そのことによって行為の予期や動機の推論をもたらし、相互行為を生み出す手掛かりを与える。その働きは、指摘したように、広義の他の役割の持つ作用と同じである。

したがって、スティグマ化された人がどのような人かが不明であり、したがってその人の行為の予期や動機の推論が難しいとき、自らがスティグマを持つ人間であり、またそれがどのようなスティグマなのかを明確化するように周囲の人から求められることがある。

「ノーマルな人は実際、(スティグマ化された人に) 害を与えようなどとは考えていない。ノーマルな人は、よく知らないだけである。したがって、機転の利いたやり方で助力してもらわないとノーマルな人は適切に行為できないのである」とゴフマンは指摘する (Goffman, 1963, p. 116 [pp. 188-189])。したがって、「自分の手が義手であること」、「美容整形をして顔に傷があること」、「身体的な障害があること」などのスティグマを、ノーマルな人がそれへの対応に戸惑うことのないように何気なく明らかにすることを、それらの人たちは求められるのである (Goffman, 1963, pp.117-118 [pp.190-191])。

本論のはじめで指摘したように、ゴフマンは、スティグマが「どこにでもある二つの役割の社会的過程」であり、「スティグマ化された人とかノーマルな人とは、生身の人 (person) ではなく、パースペクティブなのである」と言っていた (Goffmann, 1963, pp. 237-138 [p. 225])。われわれがいままで見てきたように、スティグマはそれぞれの人が持っている客観的な属性ではなく、「周囲から想定される社会的アイデンティティー」と「実際に持っている社会的アイデンティティー」のずれの中で知覚される関係的な産物である。そして、スティグマとは、その人がどのような人であり、またそれに基づいてその行為を予期したり動機を推論したりする手掛かりを与える認知枠組としてのカテゴリーであった。つまり、スティグマとは、われわれの言う広義のカテゴリーとしての役割の一つなのである。ゴフマンが、スティグマがパースペクティブだと言うのは、そのような意味で理解される。

一方、スティグマが客観的な属性ではなくパースペクティブだという見方は、G・H・ミードの相互行為論にその出所を求めることができる。最終節では、スティグマ論に内在する基本的な現実観や相互行為観を、シンボリック相互行為論の基盤であるミードの現実観・社会観の中に探っていこう。

四　関係の中にある意味——プラグマティズムの視点とスティグマ論

1　関係の中にある意味

ミードは、対象の意味は有機体との関係に依存すると言っている。そのことを典型的に説明するのが、牛と牧草との関係である。つまり、牧草はそれを食物として食べ、したがってそれを消化できる消化器官を持った牛にとってはじめて食物となる。そのような消化器官を持たない人間にとっては、当然食物とはならない（Mead, pp.130-131［p.163］）。このような対象と有機体との関係は、人間と他の動物とのあいだに限らず、もちろん人間同士のあいだでも当てはまる。例えば、日本人は魚の生肉を「さしみ」と称して食物とするが、魚の生肉を生臭いものと見なし食べる習慣を持たない人びとにとっては、それは食物とは見なされない。

対象の意味が有機体との関係にあるという見方は、ミードの社会理論の基盤であるプラグマティズムの基本的な考え方に対応する。より一般的な例で言えば、「美」や「醜」も有機体との関係に依存する。美が具現する絵画や宝石にしても、それを美しいと評価する人がいなければ何も意味をなさないし、それらは見方によっては醜いものと見なされるかもしれない。美や醜そのものが一つの理念的な存在として、それを見る具体的な人びとを超越し独立してあるのではないし、また、資質的に優れた審美眼を持つ人が普遍的な美意識を持つというわけでもない。美や醜は、それを見る具体的な人びととの関係に依存する。このような対象への見方が、ミードにおけるプラグマティズムの基本的な視点である。

ミードは、対象の意味が有機体との関係にあると考えた。このとき、ミードの言う「意味」とは、必ずしも「主観的な意味」を指すものではない。むしろ、意味は有機体の反応の中にあると考えられている（Mead, 1934, p. 80［p.103］）。つまり、牧草という対象の意味は、牛がそれを食べるという結果としての行動の中にある。

これに対して、対象と有機体との関係を、有機体が対象をどのように定義するかという観点からより自覚的にとらえ直そうとしたのが、A・ストラウスらのシンボリック相互行為論の視点である。

ストラウスは、「対象の特性は、対象それ自体の中にあるのではなく、それを名前づける人によっていかに定義されるかに依存する」(Strauss, 1997, p. 22 [P. 27]) と言っている。ミードが言うように、牧草が食物かどうかはたしかに有機体との関係に依存する。しかし、牛はその「草」を「牧草」と名前づけることはない。一方、人間はそれを「牧草」と名前づけることによって、「それが牛にとっての食物であって、人間にとっての食物ではない」ことをあらかじめ知ることができる。さまざまな対象への名前は認知枠組として作用し、いちいちはじめから検証する必要性を省略することで、何が食物で何が食物でないかを指し示してくれる。そのような名前づけの働きによって、人間と対象との関係が作られるケースはさまざまあるだろう。美しい、あるいは醜いとされる対象も、それを名前づける有名性やブランド性、あるいは汚名や醜名によって意味づけられている。それらの、名前づけを離れて対象そのものは存在しない。

われわれは、カテゴリーとしての役割が自己や他者を定義するものとし、相互行為を考えるための不可欠の基盤であるとした。そのカテゴリーという認知枠組はストラウスの言う名前に対応する。カテゴリーとしての役割は、人びとを名前づける認知枠組だが、そのような認知枠組は広義の役割に限られず、さまざまな名前一般がそれに該当する。ゴフマンがスティグマがパースペクティブであるという意味は、そのように理解されるだろう。

ミードに端を発するこのようなプラグマティズムの現実観・社会観に立ち返って、スティグマとは何かを最後にあらためて考えてみよう。

2　プラグマティズムの視点とスティグマ論

対象の意味は有機体との関係に依存する。その視点がミードやシンボリック相互行為論の基本的な現実観・社会観であった。美あるいは醜は、対象そのものの属性ではなく、対象への有機体のかかわりを離れては考えられない。そして、対象へのかかわりを導くのが認知枠組としての名前であり、カテゴリーであった。それらの基本的視点を理解すれば、ゴフマンのスティグマ論への理解は容易である。「望ましくないものとして周囲の人から区別され、汚れた卑小な人間として貶められるような属性」(Goffman, 1963, pp.4-5 [p.14-15]) としてのスティグマも、同様に客観的な属性ではなく、何がスティグマとされるかは、他者という有機体との関係に依存する。繰り返し言えば、スティグマは、他者の目を離れて客観的な属性としてあるのではない。スティグマは、他者の目によって作られるのである。

ゴフマンは、スティグマ化される可能性のない人の属性として、次のようなものをあげていた。それは、「若くて、既婚で、白人で、都会に住み、北部出身者で、大学教育を受けた、異性愛者で、プロテスタントで、子供がいて、正規雇用者で、きれいな肌をし、健康体で、何かスポーツで最近いい記録を出している男」であった。そして、そのような属性のすべてを満たしている人は極めてまれなので、誰もがスティグマ化される可能性を持つことを指摘した。しかし、あらためて考えてみれば、それらの優れているという属性も客観的なものではない。アメリカ社会、あるいはその中でも特定の階層やエスニシティの人たちが共有している価値観から見て、それらの属性は優れていると見られるのであって、そのような価値観を持たない人にとってはそれらは価値的な評価の対象とはならないだろう。美や醜が対象そのものの属性ではなく、対象と有機体との関係の中で生み出されていくように、「スティグマから最も遠い属性」自体も人びとによって作り出されたものである。

スティグマを生み出すのは、対象の客観的な属性ではなく他者の目であるからこそ、スティグマは見えづらい。それゆえに、パッシングが可能となり、また一方で顕在化しない差別が生み出されていく。スティグマをめぐって、それらの動態的な過程へのさまざまな検討や分析がなされてきたように、ゴフマンのスティグマ論は豊かなアイデアや検討の素材を今日においてもますます提供し続けている。しかし、見てきたように、ゴフマンのスティグマへの視点は、ミードに源流を持つプラグマティズム的な思考に対応しており、その意味で極めて基本的で古典的な現実観・社会観を継承しているのである。

〈注〉

（1）スティグマがラベリングの問題であることへの理解は一般化している。今日のスティグマ論への関心はそれをふまえて、スティグマ化の作用の持つ権力性、スティグマ化された側の抵抗、スティグマ化の曖昧さなどの論点に置かれていると言えるだろう。これらの先行研究については言及しないが、著書として出版されたものとしては（坂本『アイデンティティの権力』二〇〇五年）、（草柳『曖昧な生きづらさ』二〇〇四年）などを参照のこと。

（2）そのことを、石黒は次のように言っている。つまり、「行為者Aの役割は、行為者Bの役割とワンセットになっているのであり、AはBの役割を理解せずには、自分自身の役割を充分に遂行することはできないのである」と（石黒『スティグマの社会学』（訳者あとがき）一九七〇年、二八二頁）。

（3）ミードやシンボリック相互行為論の言う役割取得は、必ずしも規範的なものではない。役割を演じることは、相互の役割期待に応じることであり、それには共有された規範や価値が前提とされていると考えられがちである。しかし、猫や犬などのペットと人間のあいだにも役割取得は成り立っているように、役割取得は、自己の行為に対して相手としての他者がどのように反応するかがわかることであり、規範や期待に応じることが前提なのではない。役割取得の問いはコミュニケーションの成立の基底的問題を扱っている。

（4）ここで取り上げた、狭義の役割、ジェンダーやエスニシティの名前、人間類型については（片桐『自己と「語り」の社会学』二〇〇〇年）で詳細に扱っている。そこでは、それらを含めて「自己の語り」と名づけたが、それはここで用いている広義の役割と同じものを指している。

（5）「人間」や「人類」という概念もけっしてはじめからあったわけではない。それらは、人間や人類が同一的なものであることを含意しているが、さまざまなエスニシティが同一的なものであるという考えが一八世紀頃までに成立してきたことが指摘されている（厚東『モダニティの社会学』二〇〇六年、一〇五頁）。

（6）（片桐『自己と「語り」の社会学』二〇〇〇年）において、それらの人間類型が戦後の日本社会においてどのように変遷してきたかを具体的に論じている。スティグマ論と人間類型論は直接的には結びつかないが、指摘したように、それらは自己とは何かを位置づける認知枠組として同様の働きを持っている。

（7）自己の同一性については、（片桐『過去と記憶の社会学』二〇〇三年、『認知社会学の構想』二〇〇六年）で詳しく扱っている。この問題はスティグマ論とも深くかかわっている。過去においてパッシングしていたスティグマが露見することは、自己の同一性を解体させることでもある。自己の同一性は「事実の問題」ではなく、人びとが同一性を当たり前のものと見なしているという「規範的な問題」である。ゴフマンの個人誌論を見るとき、その点に注目することが重要である。

〈参考文献〉

Goffman, E. *Stigma*, Penguin Books,1963. 石黒毅訳『スティグマの社会学』せりか書房、一九七〇年。

Heatherton, T. F. et al.(eds.) *The Social Psychology of Stigma*, Guilford, 2003.

片桐雅隆『自己と「語り」の社会学』世界思想社、二〇〇〇年。

——『過去と記憶の社会学』世界思想社、二〇〇三年。

——『認知社会学の構想』世界思想社、二〇〇六年。

厚東洋輔『モダニティの社会学』ミネルヴァ書房、二〇〇六年。

草柳千早『「曖昧な生きづらさ」と社会』世界思想社、二〇〇四年。

Mead, G.H. *Mind, Self and Society*, Chicago U. P., 1934. 河村望訳『精神・自我・社会』人間の科学新社、二〇〇一年。

坂本佳鶴恵『アイデンティティの権力』新曜社、二〇〇五年。

Strauss, A. *Mirrors and Masks*, Transaction, 1997. 片桐雅隆監訳『鏡と仮面』世界思想社、二〇〇一年。

インターフェイスと真正性

北澤　裕

一　「インターフェイス」のルネサンス

なぜ「ルネサンス」なのか。それは今現在がルネサンスだからだ。マーシャル・マクルーハンは『グーテンベルクの銀河系』のなかで次のように述べる。「ルネッサンスの〈界面《インターフェイス》〉は、中世の多元主義と、近代の均質主義および機械装置との出逢いであり、それは一つの文化が電撃作戦《ブリッツ》によって変容《メタモルフォシス》する場合の定式である[1]」と。つまり、二つのまったく異なった文化、様式、構造、意識が遭遇し共存する接触領域としての「界面《インターフェイス》」では、劇的な葛藤と変化、逆転や組み換え、交叉《キアズマ》などが生じ、この時代を生きるあらゆる人々に精神的苦痛と緊張とをもたらさずにはおかない。だが、そのような衝突、不調和、混成こそ、すべての人間の時代のなかで最も偉大なる時代を創り上げ、それがとりもなおさず「ルネサンス」だったというのである。しかも、そればかりでなく、マクルーハンは「現代」もまたルネサンスと同様に、それまで存在していたもとは異質な文化や思考の衝突と軋轢に曝された接触領域的な「インターフェイス」の時代であり、世界が変容しわれわれの意識が転換されることになると指摘する[2]。

マクルーハンにとって、ルネサンスのインターフェイスは感覚的に多元性のある中世の写本と、視覚に特化した均質で機械的に繰り返されるグーテンベルクの活版印刷（本）により、また、現代社会のインターフェイスはこの活版印刷と新たな電子メディアとによりそれぞれ典型的に構成されている。しかしながら、ルネサンスの文化や技術の様式は、活版印刷に負けず劣らず「絵画」としてまた絵画の中で開花したといえ、地色に白と黒の色を混ぜることで盛り上がった効果を出す明暗法《キアロスクーロ》や遠近画法による三次元的で幾何学的な世界の生成は、絵の画面の存在的な地位と認識的な価値を高めた。一方、現代のテレビ、コンピュータ、携帯などの電子メディアでは、その電子的な画面上に世界の現前化をはかろうとする。すでに、脳とコンピュータとを直結し脳波によりコンピュータを直接作動させたり、逆に、記憶、視覚、動作などをコンピュータにより制御したりする「脳《brain》—コンピュータ《machine》・インターフェイス（BMI）」の開発も進んでいるが、現在主流となっているデジタルな「ヒューマン—コンピュータ・インターフェイス（HCI）」は、「ユーザーとコンピュータとの相互行為を形成し、一種の翻訳者として両者の間を取り持ち、一方に対し他方を感応させ……物理的な力よりも意味と表現により特徴づけられる意味的な《セマンティック》関

フレスコ画、メディチ・リカルディ宮殿、フィレンツェ）。

図１　ベノッツゾ・ゴッツォリ『東方三博士の行列』「東壁」（左）と「西壁」（右）（1459～60年、

係として……ユーザーの理解できる言語により、ユーザーに対してコンピュータが自らを呈示する[3]」方法として定義されるが、具体的には、コンピュータが自己呈示を行い実際にわれわれが見ている画面を指し示している。つまり、視覚的に世界や対象を表示し、表象されたこれらの像と意味的に何らかの関係をうち立てることができる「画面《スクリーン》」が、二つの事柄の単なる対置や併存の概念を越えて、今日的な意味での実質的な「インターフェイス」を構成する。この場合、絵画画面では、HCIとしての電子的画面でのように、人間とコンピュータがループを構成し、リアルタイムに直接的な相互作用が行われるわけではない。しかし、絵画画面もHCIでの電子的画面と同じような意味的作用をわれわれとの間で果たしているといえるのである。

フィレンツェのメディチ・リカルディ宮にあるベノッツォ・ゴッツォリの『東方三博士の行列』（図1）には、当代のメディチ家一族が、マタイ福音書にいわれる「東方三博士の礼拝」に模して、ヘロデ王の城に見立てられたカファッジョーロにある彼らの別荘を出発する長蛇の列の中に表現されている。西壁中央に側面から描かれた馬上の少年は、三博士の一人メルキオールに擬されたジュリアーノ・デ・メディチ、東壁の白馬に跨る青年は彼の兄である豪華王ロレンツォ・デ・メディチとみなされ、同じく三博士のカスパールとして位置づけられている。その背後にはこの絵の注文者にして彼らの父であるピエロ・デ・メディチと、メディチ家の基礎を固めた祖父コジモ・デ・メディチの姿が描写されている。さらに、この絵の制作者ゴッツォリは、後方の一群の人々の中に、白い顎髭を生やしたアラビア風の人物二人に挟まれる形で赤い頭巾を被り、こちらを見つめる自分の顔をちゃっかりと描き入れている。

　神聖な場面や登場人物に重ね合わせて絵の中に描かれた自分たちの姿は、現実の自己に対しての亀鑑となる。彼らメディチ家の人間は、われわれとコンピュータがインターフェイスを介して反応し合うのに似て、自らに与えられた理想の像、嘱望されている前途、栄耀栄華を誇る権勢、絶えることのない家系を絵の中に見て取り、それに照らし合わせて現実の自己や一族のあり方を考えることになるといえる。それは絵画の現実的内化であり、現実の絵画的適合化でもある絵と現実との界面生成である。この絵に限らず、絵画は何らかの形でこれに類した力をもっており、その限りにおいて絵画であると指摘することができるだろう。

図２　イコン『聖セオドシア』（13世紀前半、板にテンペラと金、34×25.7 cm、聖カトリーヌ修道院、シナイ山、エジプト）。

　とりわけ「イコン（聖像）」を始めとした宗教画は、アラスデア・マッキンタイアが指摘する名声や権力など競争的に獲得され所有される外的諸善ではなく、それを行うことによって関係している共同体の全体を豊かにするという「内的諸善」を備えており[4]、共同体に属する人々が景慕し、帰依し、拝跪する力を秘めている。聖セオドシアは、八世紀のビザンチン帝国で吹き荒れた「イコン破壊運動《イコノクラスム》」に抵抗したために、殉教を余儀なくされた最初の人物であるが[5]、その後のダマスカスの聖ジョンを中心とした「イコン肯定運動」の趨向の中で[6]、まさにイコンを擁護した『聖セオドシア』のイコン（図2）として描かれ崇敬されることになる。簡素な絵柄ではありながらも金地で飾られたこのイコンは、イコンを擁護し続けイコンのために命を落とした人物のイコンという意味において、東方正教会という共同体内部での見る者に特別の感慨を引き起こさずにはおかない。それは、自らイコンとしてあり、イコンであることを請い願い、イコンとして掲げられ眺められることで、逆にわれわれを端整な顔立ちと黒い瞳で直視し、イコンの意義を問いかけ、イコンの存在を訴えかける聖セオドシアの姿をそこに見るからである。

図３　「画家ゴッツォリ」『東方三博士の行列』（東壁部分、ゴッツォリは頭巾に自分の名前を書き入れている）。

ところで、絵の中に描かれた画家ゴッツォリの顔はどのような役割を果たしているのか（図3）。画家が肖像画としてではなく、注文を受けた絵の一部に自分の姿を描き込むこのような仕方は、ゴッツォリのこの絵に特有な構図や表現ではなく、当時、ごく普通のこととして流行っていた[7]。これらの絵に特徴的なことは、画家はその絵の中に描かれている出来事にはまるで無関心であるかのように画面の外に顔を向け、見ているわれわれを見つめていることである。この絵を見る者は、『聖セオドシア』のイコンと同様に、自分をあからさまに捉え眺め見ているこの人物を見返さないわけにはゆかなくなり、彼をそして絵をまじまじと見ることを強要され、絵を見てこれを鑑賞させることが、画家の意図するところであるならば、それは絵の中に描かれた画家とわれわれとが視線を交えること、つまり、われわれと画家本人とが相互に見交わす作用により部分的に成し遂げられることになる。もっといえば、絵を眺めるわれわれの視線は、絵やゴッツォリをそこに「ある」ものとして定在させ、逆に、ゴッツォリのわれわれを見返す視線が、われわれをそこから分離されて「ある」ものとして現実に定在させるのである。視覚や視線は、対象をそこにあるようなものとして存在させる。

ゴッツォリの『東方三博士の行列』にせよ『聖セオドシア』のイコンにせよ、これらの絵画画面は、ディドロが「色彩に関する愚考」において強調するような色彩や配色、形態や構図などの美的価値だけで存在し、これにより評価されるだけの対象としてあるわけではない(8)。画像が画家の働きかけにより自らを「自己成形(9)」し、それが今度は見る者に対して強い作用を及ぼすことで、今あるこのわれわれの世界からそこに描かれた絵の世界やその内部の別の事象への窓となり、両者の仲立ちを行うことで多様に意味的なやり取りがなされるのであるならば、これはコンピュータ画面での電子像と人間とに見られるようなインターフェイスを構成していると考えることができる。絵画の画面が今日のＨＣＩにおける電子的画面と同様のインターフェイス機能を担っているならば、次のような成層化された構造が現れる。ルネサンスが〈中世／近代〉、現代が〈近代／脱近代〉として、〈Ａ／Ｂ〉により表すことができる相異なる二つの事柄の狭間に置かれ、このインターフェイス〈／〉を実質的に形成するのは、まさしく、それぞれ（絵／現実）と（デジタル画像／現実）、つまり（Ｙ／Ｚ）により示される絵画画面や電子画面という文字通りのインターフェイス（／）が登場することによってであるということになる。このように、絵画画面というルネサンスのインターフェイス（／）は、インターフェイスのルネサンス〈／〉に組み込まれ、〈Ａ（Ｙ／Ｚ）Ｂ〉として表される形態の中で決定的な役割を果たし、これが人間と文化に対してマクルーハンの唱える電撃的な進攻を開始することになった。

二　ヘルメス・トリスメギストス――「人間は何にでもなれる」――

現実と絵画というインターフェイスばかりでなく、ルネサンスは絵画を越え、またこれと密接な関係をもつようなその他のさまざまな領域でのインターフェイスを構成した。そればかりか、これらはルネサンスから遠く離れた現在のわれわれに、電子的画面というデジタルなインターフェイスを頼りに生きている現代社会での人間のあり様に、関わり合いをもつことになる。以下では、現実と絵画のインターフェイスの構成と関連した出来事を追い、現代社会での「真正性」という問題の一端に迫ってみることにする。

改めて指摘するまでもなく、「ルネサンス」という言葉や概念は、アレクサンドロ・デ・メディチとコジモ一世に仕えメディチ家と深い繋がりをもち、画家であり建築家でもあったジョルジョ・ヴァザーリが、一五五〇年に著した『美術家列伝』の内容に由来している。ヴァザーリはこの書の中で、「自然をよく模倣しようとつとめたから、あの不格好なビザンチンの様式の束縛から完全に脱却することができたのである。実物写生という法は、過去二百年ほどの間はすっかりすたれていたが、ジョットはその画風を再興し、近代的なすぐれた絵画を復活させたのである[10]」と述べ、中世キリスト教でのイコン破壊運動やビザンチン様式のために衰退した古代ローマの美術様式や芸術精神が、チマブーエとジョット、およびミケランジェロなど自らの時代においてイタリアで「復活《リナシタ》」（再生・復興）したと捉えた。彼はこの古代の復活再生は古典研究、自然そのものの美と写実性、現実世界や人間性の重視により成し遂げられたと指摘する。このようなルネサンスの名に値する画家たちに歴代のメディチ家当主は、数多くの絵を発注し彼らを庇護し育ててきたけれども、このルネサンス絵画や美術を哲学的な思想の面から支えることになったのが、コジモ・デ・メディチの設立した「プラトン・アカデミー」に他ならず、ロレンツォに引き継がれたこのアカデミーで指導的な役割を果たしたのが、マルシリオ・フィチーノとジョヴァンニ・ピコ・デッラ・ミランドラの二人であり、レオン・バッティスタ・アルベルティやミケランジェロもこのアカデミーに属していた。

図4　アフリカ朱鷺の姿をした「トート神」（4世紀、イシス神殿、フィラエ島、アスワン、著者撮影）。

ヴァザーリが指摘しているように、また一般的にも、ルネサンスは中世の教会権威や神学的思考を脱した合理主義、科学主義、人文主義《ユマニスム》が台頭した時代であると理解されている。だが、フィチーノとピコの考えや彼らが紹介しルネサンスが拠り所としたプラトニズムやネオ・プラトニズムが、中世をさらに遡った古典古代の思考である以上、およそこれらとはかけ離れた側面をもっていた。

　コジモがギリシャ語に堪能であったフィチーノに最初にラテン語訳を依頼した古典は、ヘルメス・メルクリウス・トリスメギストスの手になるといわれている『アスクレピオス』や、錬金術の秘本『エメラルド板《タブラ・スマラグディナ》』を含んだ「ヘルメス文書《ヘルメティカ》」の中の『ヘルメス選集《コルプス・ヘルメティウム／ピマンデル》』である。アルファベットを発明し神々の使者であるギリシャ神話のヘルメスと、太陽神ラーの書記にして象形文字《ヒエログリフ》を作り出したといわれるエジプトのトート神（図4）とが習合され、モーゼと同時代に生き、プラトンに五世代先立つ彼の師であり、王、哲学者、神学者として「三重に偉大な」を意味するトリスメギストスのこの書は、起源と内容に関して聖書と同じように神聖でかつまた秘法的な書物とみなされた。この文書は、三世紀から五世紀にかけてのキリスト教護教論者ルキウス・ラクタンティウス、ネストリウスを弾劾したアレクサンドリアの聖キュリロス、書簡『アベラールとエロイーズ』で知られている一一世紀のピエール・アベラール、一二世紀に栄えたシャルトル学派のベルドゥス・シルェスタス、一三世紀の全科博士アルベルトゥス・マグヌス、驚異博士ロジャー・ベーコン、啓蒙博士ライムンドゥス・ルルス、百科事典を編纂したヴァンサン・ド・ボーヴェといった著名な人物に読みつがれることになる[11]。しかしながら、「ヘルメス文書」は、不可思議な占星術や降霊術、錬金術や魔術などの密儀的な記述を含んでおり、聖アウグスティヌスやトマス・アクイナスらが激しく批判したために、中世の期間は秘教文献として密かに伝承されてきた。

　例えば、ヘルメス・トリスメギストスは「人間は驚異的な存在であるが、なかんずく理性よりも驚嘆すべきものはなく、理性は、人間が、神性を発見し、さらには神性を産み出すことさえ可能とする驚異の中の驚異に値する[12]」と述べる。言い換えれば、人間は、最高の神が天界の神々を自らに似せて作ったように、神殿の中に祀られて人間に喜んで仕える神を自分の姿に似せて作り出し、人間が表象するこの神の像（偶像）に霊を招き入れることで、未来の占いや予言、病気の平癒などを行うことになったのであり、この意味でいえば人間は神にも等しい存在だという[13]。これに対し、聖アウグスティヌスは『神の国』の中で、像に霊を召喚し神を作るというようなトリスメギストスの主張は、「人間によってつくられると認めている神々に、人間をつねに隷属させようとする」ことであり、「人間がつくった神々に対して、同じ神がつくった人間自身よりも大きな影響力をもつと信じることは、この上なく愚かなことである[14]」と反駁を加え、ヘルメス文書に警戒を示し異教的な取り扱いをしている。フィチーノはこのような批判を考慮に入れ、表象像の代わりに天界の影響をより多く受けその精気や聖なる性質を引き寄せやすい辰星の象徴や星宿を図形的に石などに刻み込んだ「護符《タリスマン》」、あるいはこれら天体の性質と似通った貴石類を身につけたり、天界と星斗の精気を吸収していると考えら

図５　レジナルド・スコット「魔法円陣」（1584年、Reginald Scott, *The Discoverie of Witchcraft,* 1995, p. 253)。

れた薬草や葡萄酒、シナモン、蜂蜜などの食物を摂取したりすることにより、トリスメギストスが述べている天界の聖なる精気との交感や神性の獲得を説くことになる(15)。後には、魔術《マギ》を執り行う賢者《マグス》が中央に座り、水晶の中に霊《ベアルファウス》を招喚するため用いた（成功した時には水晶は黒く変色する）抽象的な「魔法円陣」（図5）などの図形も考え出されるようになった(16)。

確かに、秘儀的で神秘的な教義内容はあるけれども、「ヘルメス文書」の一つの特徴は、上述の引用からも窺えるように、あるいはまた「人間は万物の中で最高のものであるがゆえに、まさしく称賛に値する(17)」との叙述からも、人間の能力と本性を褒め称え、人間を無限の可能性を秘めた奇跡的存在として捉えている点である。ヘルメスはギリシャの医術の神アスクレピオスに次のように語りかける。

アスクレピオスよ、偉大なる奇跡、それは人間であり、崇敬と名誉に値する生き物である。人間はあたかも神であるかのように自らの本性を神のそれに変え……人間の混成的なこの本性は実にすばらしいものであり、人間は、神と同質的な神性によって神々と結ばれ、自らの俗的な要素を密かに嫌う……人間は万物の中心に位置し……すべてが人間には可能なのであり……人間はあらゆるものであるとともに、あらゆる場所である(18)。

しかも、人間が万物の中心に位置しその中で最高の存在であることができるのは、彼が神性と獣性、叡知と感覚、精気と肉体、心的要素と物質的要素、精神と質料、観念と自然、すなわち非体《インコーポレアル》と体《コーポレアル》(19)の二重性をもちあわせ、両者がそこで結びつけられており、これらが相互に照応し合い、どちらにでも移行でき、どちらをも利用できる性質があるからに他ならないと指摘する。

さて、フィチーノと親しい関係にあるピコ・デッラ・ミランドラの、ルネサンス精神を高らかに謳い上げている書物として最も知れ渡っている『人間の尊厳について』では、先のヘルメスの「アスクレピオスよ、偉大なる奇跡、それは人間である」との言葉を冒頭に置き開始されており、人間が驚嘆すべき奇跡的存在であることの理由を、以下のように説明する。

私〔創造主〕はおまえを世界の中心に置いた……われわれは、おまえを天上的なものとしても、地上的なものとしても……造らなかったが、それは、おまえ自身のいわば「自由意志を備えた名誉ある造形者・形成者」として、おまえが選び取る形をおまえ自身が造り出すためである。おまえは、下位のものどもである獣へと退化することもできるだろうし、また上位のものどもである神的なものへと、おまえの決心によっては生まれ変わることもできるだろう(20)。

もはや指摘するまでもなく、この内容はトリスメギストスが述べていることと何ら変わりなく、その言い直しに過ぎない。人間は「カメレオン」のように「変身《メタモルフォーゼ》」する存在として、どのようにでも自由に自らを作り変えることができるのであり、凡庸であることに満足せず至高なものへと邁進することが何にも増して求められているのだという(21)。

また、フィチーノも、この力を絵画などの芸術に見られる人間の創造性と結びつけ、絵画制作を自然と観念、物質と精神の結合、神性と人性との「類似」、すなわち魔術性と合理性の交叉や相補により生み出されるものとして捉えており(22)、ルネサンスでの絵画芸術の開花、あるいはすでに見た絵画と現実、表象と視覚のインターフェイスは、画家のこのような内面の二重性と無縁ではなく微妙に交錯しているといえる。さらに、ピコは自らを自由に変容させ高めてゆくためには、多様な教説、幅広い学芸が必要であり、トリスメギストスの「魔術」もこの技芸に含めることができ、魔術は奥深くに隠されている世界や自然の驚嘆すべき奇跡を明らかにし自然の認識を高め、この驚きが人間に聖なるものを信仰させ、これと結びつける役割を果たすように、上述した人間の二面的要素のみ

図6　ジョヴァンニ・ディ・マエストロ・ステファーノ「ヘルメス・メルクリウス・トリスメギストス」(1488年、床面大理石象嵌、シエナ大聖堂、シエナ、Walter Scott, *Hermetica*, 1924, Frontispiece)。

ならず、世界の諸要素をもまた結合し、新たな可能性を開く力を与えるものとしてこれを積極的に容認することになる(23)。

　このように、ルネサンスの合理的、科学的、人文主義的精神をその文字通りの意味では受け入れることはできず、キリスト教の教条主義を離れた点では合理的で科学的な思考を行うようになったとはいえ、これとは裏腹の魔術化されたオカルト的な内容を備えており、中世のスコラ哲学の方がまだ思弁的に体系化され脱魔術化された合理性を持ち合わせているとも指摘でき、また、人間中心、人間尊重という点では人文主義的ではあるが、この人間性を支えていたのは神秘的で不可解にして面妖な側面であったということができるのである。要するに、ルネサンスの人間は、人間としての尊厳を獲得したけれども、この尊厳は聖と秘の二重性、神聖性と魔術性の狭間、その界面から生まれ出たものなのである。何にでもなれ、何でもできる人間の卓越性は、このようなさまざまな両極面を自己の内部で操り、世界において利用することで示されることになるのである。こうして、スンマのもとで一元的に統制されてきた人間は、異質な要素に触れこれを組み込むことによりその本性を取り戻した。

　フィチーノとピコがいたフィレンツェに隣接して、黄褐色の町並みから絵具のシエナ色の由来ともなったシエナの町がある。フィレンツェと覇権を争い遂には併呑されたこのシエナの大聖堂の床には、中世の正統的なキリスト教神学からすれば、決して受け入れることのできないヘルメス・トリスメギストスの二メートル四方に及ぶ大理石版の像が、モーゼ（左側前方）とプラトン（後方）とともに埋め込まれている（図6）(24)。ここではキリスト教と異教、正統と異端、信仰と魔術が共在しこれらの境界性が構成する空間が展開されており、まさに二つの要素や成分を接合するヘルメス的錬金術の力の存在を表しているかのようである。これらはすなわち、ルネサンスの絵画と同様に、画家を含めた人間それ自体が、そしてルネサンス全体がインターフェイスを形成しこれにより生み出されているということでもある。D・P・ウォーカーが指摘するように、宗教と魔術の交錯は、そうでなかったら考えることもなかった疑問を発し、これが「正しいかどうかはさておき、新たな実り豊かな解答を示唆できる場合もあった(25)」といえるのである。

三　策謀のマキャベリと誠実

フィレンツェに始まるルネサンスの世界の二重性、人間の二面性、このインターフェイスでの物事の生成はさらに続く。アンブロジオ・ロレンツェッティは、それまで主に言説の中で説かれてきた善と悪を、『善政のアレゴリー』と『悪政のアレゴリー』というタイトルで、シエナ市庁舎「ノーベの間」にフレスコ画として描いた（図7）。『善政』では、これを象徴する形で擬人化され宝珠と笏を手にした「シエナ」の町そのものが玉座に腰掛け、左から、無聊をかこちくつろいだ姿で肘枕をしている平和、毅然とした勇気、思慮、そして度量、節制、正義が居並び、報償と懲罰を受ける者がはっきりと区別されて描かれている。これと対面する形で、反対側の壁にある『悪政』には、中央に金糸のガウンをまとい金杯を手にした「専制《タイラニア》」が居座り、淫欲、貪欲、およびこれらを暗示する羊や山羊、さらには憤怒、傲慢、残酷が同座し、布で捕縛された正義は壇の下に突っ転ばされ、彼女の象徴である天秤がうち捨てられている。

（右）（1338～1340年、フレスコ画、パラッツォ・パブリコ、シエナ）。

人間内面の二重性のこのような可視化、つまり、生きられる実空間の中への視覚による移管や象徴的な現前化は、人間に否が応でもこれが自分たちの世界の一部であることを具体的に認識させ、人は対照的に表象された絵と絵の二つの界面の間に置かれた存在であり、物質性を与えられ形象化されたこの眼で見ることのできる定在化された世界として、これに挟まれ生きていかなければならないことを思い知る。また、この絵画と絵画の狭間の人間存在に加え、すでに指摘したように、どちらのフレスコ画に対峙しようとも、絵画と現実、あるいは表象と視覚が構成するインターフェイスの交錯した関係は、これらが現実の中に具現化され、また現実がこれらの絵に適合化するという二重の生成の可能性に歓喜や戦きを抱くことになる。ここには、人間の創造性に関してピコとフィチーノが考えていた二重性を見ることができる。エルンスト・カッシーラーは「人間の世界、科学の世界、芸術の世界、宗教の世界は、話すことと書くことにおいてのみ、絵画と象徴においてのみ自らを顕わすことができ、それにおいてのみ確固とした実在を獲得する(26)」と指摘

図7　アンブロジオ・ロレンツェッティ『善政のアレゴリー』（左）と『悪政のアレゴリー』

し、創造性に関する彼らの思想を世界と絵画などの象徴とのインターフェイスにより示している。

ロレンツェッティの絵よりもより少し前の一三〇六年、ジョットはこれとよく似た『七つの美徳』と『七つの悪徳』のフレスコ画を、パドヴァのスウクロヴェーニ礼拝堂に描いている。この絵の像についてマルセル・プルーストは『失われた時を求めて』の中で、次のように記した。アレゴリーとして描かれている正義や嫉妬などの「象徴は、象徴化された思想が表現されているのではないので、象徴としてではなく現実的なものとして、実際にのっとったもの、具体的に扱われたものとして描かれている(27)」。プルーストがこのように考えたのは、そのフレスコ画の権化として捉えても差し支えないような人物（女中）が彼の身近に実際に存在し、まさに象徴が生身の肉体をもって生き生きと生活し動いているのを見て取っていたからに他ならない(28)。観相学を行うのは人間だけではなく、絵と現実はインターフェイスにおいて、それぞれお互いに相手を眺めて自らを作るというプルーストの「観相学的構成」に従事しているのである。

図８　オルラン『再成形―自己ハイブリッド化』（右、1998 年）。『アフリカン―自己ハイブリッド化』（中、2002 年）。『アメリカインディアン―自己ハイブリッド化』（左、2005 年）。http://www.orlan.net

だが、このような物事のインターフェイス的反映はある人物により決定的な影響を受けることになった。フィチーノを「プラトン哲学の第二の父」として称え、ピコを「ほとんど神のごとき人」として絶賛している本がある。その本とは、ジュリアーノの息子で後に教皇クレメンス七世となるジュリオ・デ・メディチの依頼により、あのニッコロ・マキャベリが執筆した『フィレンツェ史』である(29)。メディチ家と関わり合いをもちフィチーノやピコの影響を受けたマキャベリは、まさにルネサンス的人間の分裂した二面性を明け透けに取り上げ白日のもとにさらけ出した。詭計、策謀、欺瞞は、半人半馬「獣神ケイロン(30)」に喩えられるような人間の意識のインターフェイスから生まれ出て、人を界面の廂間《ひあわい》に置かれる存在として明確に位置づけることになる。このインターフェイスは、「あるいは《or》」を構成するものではない。中世キリスト教は善か《or》悪かの択一を常に迫った。時には善であり、時には悪であることを許さなかった。人間は自らの「自由意志」による可変性を制限され、原罪を背負ったまま転落するか、それとも恩寵により救済されることを望むかのいずれかであるとされた(31)。だが、ルネサンスのインターフェイスは「そしてまた《and》」を構成し、善と《and》悪の両方の呈示と共存を黙認するものであり、人間をこの狭間から立ち上げることになる。これは、「私の肉体に芸術を与える」と宣言し、自らを、生身の肉体と《and》この肉体へのCGやCADによるデザインの投影からなるポストモダン的なハイブリッド的芸術合成として表すために、たびたび整形手術を繰り返し、手術の様子や自己の有り様をホームページで公開している現代のフランスの女性芸術家オルランに見られるものだ[32]。彼女自身は「肉体」と《and》「CAD」とのインターフェイスの産物であり、自らが「and」という二重体であり混成体なのである（図8）。インターフェイスのandは、排斥し合う二つのカテゴリーのどちらか一方にあらゆる事象を振り分ける二項対立により世界を生成させるわけではない。オルランはルネサンス的な二重混淆、その弁証法的交叉を現代において生きているのである。

さて、マキャベリが、ジュリアーノ・デ・メディチとウルビーノ公ロレンツォ・デ・メディチに献上した周知の『君主論』での狙いは、「想像の世界より、具体的な真実を追求すること」に置かれ、「人の実際の生き方と人間いかに生きるべきかということとは、はなはだかけ離れている[33]」という外交使節としての彼の体験から得られた実際の事実を示すことである。この真実や事実とは「君主は……いろいろなよい気質をなにもかもそなえている必要はない。しかし、そなえているように思わせることは必要である……そういったりっぱな気質をそなえていて、つねに尊重しているというのは有害であり、そなえているように思わせること、それが有用である[34]」との言葉に要約されている。思わせ振りという陥穽と術計、それは現実の「存在《ザイン》」と理念としての「当為《ゾレン》」、「ある」と「べき」とのインターフェイスの器用な揚棄と使い分けである。

思わせ振りや詐術、企み事や誑《たばか》りは何も君主という立場、国家統治や外交政策の問題に限られているわけではない。「たとえその行為が非難されるようなものでも、もたらした結果さえよければ、それでいいのだ[35]」。マキャベリが仮借なく暴き立てたこの呆れ返るような人間の姿を、これ見よがしに大衆の眼の前で演じさせたのがシェークスピアに他ならない。シェークスピアの戯曲はマキャベリの権謀術数を意識して、自国のイギリスよりもイタリアを舞台としたものが多く、『シンベリーン』では、イモンジュとポスチュマスはアイアキモーの策略に翻弄され塗炭の苦しみを味わい、『アテネのタイモン』で、主人公はすべての善意を踏みにじる欺瞞に煩悶し、『オセロー』では、

誓って義理人情などのためではない、そう見せかけて、覘《ねら》いはもっぱらわが身の利益さ。正直な話、目に見える行いにこの胸底の心の動きそのままをあらわに出して見せようものなら、それこそ事だ、たちまちにして、心臓を袖に引掛け、鳥につつかせるようなざまになる——おれは見かけとは違った男なのさ(36)。

と公言する部下イアーゴの陰謀により、オセローは愛妻のデズデモーナを扼殺し自らも命を絶つことになる。さらに、ハムレットもオフィーリアも、リア王と善良なコーデリアも、周囲のこの陰険で悪魔的な詭計と奸策に苛まれ懊悩し、最後には息絶えて悲劇の幕は下りることになる。

しかしながらマキャベリは、恋愛や色恋沙汰を題材とした喜劇『マンドラーゴラ』の第三幕と『クリツィア』の第四幕の終わりのカンツォーネにおいて、謀略を次のように讃美した。

思惑どおりに、好ましく、事が運んだたくらみは快きもの。
人の悩みを取り払い、苦い味をも甘くするゆえ。
おお、貴くも、類い稀なる妙策よ。
お前は迷える魂に直なる道を指し示す。
お前は、すぐれた効き目によって、人に幸せをもたらして、愛を豊かに実らせる。
お前の巧みなすすめの前には、石の心も、毒も、魔法もなんのその(37)。

ロマンチックな愛や純情であるべき恋においても手練手管やペテンは通用し、奸計と策謀の行使は「存在」と「当為」とに挟撃された人間の性向の一つであり、人間同士の機微や駆け引きとして機能し、『マンドラーゴラ』では、

図 9 「王の間」(1538 ～ 1573 年、横幅 12 m×奥行き 34 m×高さ 33.6 m、中世宮殿、ヴァチカン)。

騙す側も騙される側も姦通も何もかもすべてが万事、策略や籠絡によりうまく運び、お目出度い大団円を迎えるという筋書きになっている。マキャベリズムは他人とともに生きる術であり、自己と他者のインターフェイスでの合作、共同性そのものなのだということにもなる。

マキャベリズムは劇の中で演じられただけではない。マキャベリが現実の観察と経験から得た事実であるという点に加え、実際に起こった当時の事件の原因とみなされた。その事件とは、一五七二年にカトリック教徒によりフランス提督ガスパール・コリニーを含むプロテスタント改革派ユグノーが大量に殺戮された「聖バーソロミューの虐殺」であり、この流血と暗殺はウルビーノ公爵ロレンツォ・デ・メディチの娘、カテリーナ・デ・メディチが画策したといわれ、プロテスタント側はこの出来事をことさらマキャベリ的陰謀として糾弾し、マキャベリズムの排撃を展開することになる。一方、教皇グレゴリウス一三世は、この事件をカトリックの勝利と誉めそやし、ヴァザーリを急ぎ呼び寄せ、ヴァチカンで最も重要な謁見室「王の間《サラ・レジア》」（図9）に三枚のフレスコ画として描かせた(38)。この部屋で天正遣欧使節と謁見した際、少年たちの辛苦を思い感涙し、しかも、合理的な思考によりグレゴリウス暦を採用した聡明にして神聖な教皇でさえ、宗教改革という現実に対する奸計と謀殺に驚喜する。また、後年、数冊のイタリア紀行を著したスタンダールがその一冊『ローマ散歩』の中で、「ヨーロッパには殺人がおおっぴらに褒めたたえられている場所がある(39)」と、このフレスコ画のある「王の間」を咎めているように、善を説くべき聖なる場所に悪逆が埋め込まれ、カトリックの正当性は、流血の惨事を描いたこのフレスコ画と聖なる部屋との眼に見える視空間、その境目から立ちのぼる。存在と当為との一方の面の他方の面への滑り込みから生じたマキャベリズムは、至当な警句や箴言として喧伝され、ルネサンスの世に常識的な便法となってさまざまに浸透してゆくことになった。

「人間は何にでもなれ、何でもできる」という相対的で多様的で内省の加速化をともなうポストモダン的なトリスメギストスのこの言説は、「人は、必要に迫られて善人となっているのであって、そうでなければ、あなたに対してきまって悪事を働くであろう(40)」というマキャベリの非情な警鐘やシェークスピアの戯曲に行き着くものだ。人間は何にでもなれるのであるならば、人は現実と理念の間にあって、見た目通りのものではなく偽装し韜晦を行い、これとは逆のものにもなる。これに対して、イノサン・ジャンティエが『反マキャベリズム』において指摘したことは、高貴さ、礼儀正しさ、真面目さ、信望と名誉を保つという常套手段でしかないけれども(41)、人が可塑的、可変的で自在な存在であるのなら、当然、正行、真摯、淳良の方に多くを配剤することもできるはずである。

この点は、『エセー』冒頭の「読者に」において、「誠意《オネット》」をもって偽らず、細工を凝らすことなく飾らずありのままであることを訴えるモンテーニュに窺える(42)。チャールズ・テーラーは、彼を、デカルトのように理性ではなく解釈によって自己発見を試みた最初の人間として捉えているが(43)、モンテーニュは、自分を含めて人間の精神は恐ろしいまでに気まぐれで、変容し、多様であることに繰り返し驚きを示しながらも、誠実で偽ることのない態度こそ、変わらぬ自己のあるべき一面として「自己物語《エセー》」の解釈を通じ発見したのだといえるだろう。また、「人間が薄情・忘恩・不正・残忍であり、自己を愛して他人を忘れるのを見て、彼等に対して決しておこらぬようにしよう。彼等はそのように造られているのだ。それが彼等の天性なのだ。それをとやかくいうのは、石が落ちるから、火があがるから、と言って怒るのとかわらない[44]」と述べ、人間のマキャベリ的心性を予め見通しながら、誠意をもってこれに接することを説くラ・ブリュイエールにもいえることである。マキャベリズムに対抗する人間は、彼らモラリストたちのいう「オネットム《honnete homme》」の概念、すなわち良識をもった正直《オネット》で「誠実《オネット》」な存在として界面の均衡の維持を図るべく体系化されることになる。絵画と現実との界面存在としての人間は、これと絡み合うように、内面的にもさまざまに界面化されることになる。

他でもなくミシェル・フーコーは、現代社会において半ば忘れ去られてしまったような倫理的に誠実な人間存在の問題に光を当て、モンテーニュが頼りとしたストア派およびエピクロス派に遡る「自己への配慮」という概念に言及する。自己配慮とは、自分の精神と身体に気を配り、自己に磨きをかけ鍛錬することを意味するが、さらにこれは「単に専念・関心《プレオキュパシオン》を指し示すだけでなく、配慮・関心《オキュパシオン》事の総体すべてを指し示している。家庭の主人としての活動をも、臣下に気を配る君主の責務をも、病人や負傷者に寄せるべき気遣いをも、さらには、神々や死者にたいして表す敬意をも、指し示す[45]」ということでもある。つまり、自己への配慮は他者を慮り誠実に対応することであり、他者が自分自身に対して抱く配慮について、自らも気配りをせねばならないとの相補性にもとづき、他者に対する義務と責任を履行し、彼らに気遣い留意する自己の陶冶や、アイデンティティの彫琢を行うことである。このような自己への配慮に関するフーコーの意図は、外的な権力の介入と禁止の道徳的規定による管理、つまり、自己放棄を促すような近代の「支配のテクノロジー」ではなく、自己の自己への注意や関心の強化という自戒自律による人間の倫理的制御、つまり古典古代の「自己のテクノロジー」にもとづく社会関係の構築を明らかにすることにある[46]。

さて、他者に気配りをする自分自身への配慮、あるいは他者に「誠実《オネット／シンシア》」である自己のテクノロジーは、宗教的信仰と確固たるコスモス的秩序が失われ、自己に対して人々が何を行い、何になるのかわからない流動的な人間中心主義というルネサンスおよびその後の世界においては、行為者相互が頼るべき唯一の手段として役に立つことになる。そればかりか、他者や社会に配慮し誠実に義務を履行し公的役割を遂行すること自体が、「真の自己」の姿とみなされるようになった。ピーター・バーガーが「自己に真であるということは、社会的役割が真面目に本当に、すなわち、誠実に遂行されることを意味する(47)」と指摘するように、自己欺瞞に陥らない純粋にして真実の自己、本当の自分自身のあり方として、社会的役割の誠実な実践が推奨されることになる。ところが、誠実であることは面倒な事態にわれわれ人間を巻き込んでゆく。確かに、ありふれたこの常道に従う者が不幸にもマキャベリズムの餌食になる背反性を伴ってはいる。がしかし、問題はこの点にあるわけではない。それは、他者や社会に対して義務を果たし、公的役割を遂行することが誠実性の印であり、これが自己に対して真であるということ自体にある。

というのも、もし、誠実であることが社会的役割の遂行にあるのならば、これは自己に真であることにはならないからだ。このことはモンテーニュ自身が一番よくわきまえていた。彼はいう。「他人に奉仕するために自分自身が健康に愉快に生きることを放棄するものも、わたしから考えれば、まちがった不自然な決心をしたものと言うべきである(48)」。誠実にして社会的な役割を遂行することは間違いではなく正しいことである。しかし、それは自分に対して真であるわけではなく、社会や他者に対して真であるということを意味している。だから誠実に社会に奉仕することは自己にとって「不自然な決心」だといわれることになる。モンテーニュはさらに追撃ちをかける。「我々の職業の大部分は狂言みたいなものだ……我々はまじめに自分の役割を演じなければならないけれども、やはり或人物に扮しているのだということを忘れてはならない。仮面や外観を真の本質としてはならないし、外来のものを本来のものとしてはならない(49)」。マキャベリ的策謀は偽装であって手の込んだ芝居を演ずることだ。

だが一方、これに対抗する誠実性も真の自己のあり様ではなく、見かけの仮の姿を演技しているだけで、社会的に誠実であるという見かけを自己として措定するような過誤は避けなければならないと彼はいう。誠実であることは社会的自己、他者の自己であり、モンテーニュが社会的責務を離れた時の自己の自己ではないのである。

絵画と現実、表象と視覚、これと関連する体と非体、合理と魔術、聖と秘、正統と異端、悪徳と美徳、存在と当為、そしてこの最後の合間から生じる策略とこれに対する誠実、多重化されそのすべての葛藤と衝突と混成の中で世界を造り人間を育ててきたルネサンスのインターフェイスは、誠実という要素を取り込んだ時、アポリアを抱え込むことになった。誠実は対峙している策略という向こう側の面に半ば取り込まれ、それと共犯関係をむすび、界面は滑らかなものではなくなり、人も社会も入り組んだ複雑な襞を構成することになるからである。

四　オデッセウスの真正性

ライオネル・トリリングも指摘するような「公衆の存在を感知した自己の反応(50)」というこの誠実性は、ヘーゲルが「奉公のヒロイズム」すなわち「個々の存在を一般者のために犠牲にし、そうすることによって、一般者を定在させようとする徳であり、――所有や享楽を自分から拒み、現存する威力のために行為し、現実的であるような人格(51)」、もしくは高貴な意識としてシニカルに規定し「疎外」と結びつけた時、身も蓋もない概念となる。

とはいえ、この「誠実性」あるいはその変種は、社会的相互作用に必須のものとして説かれる。いうまでもなく、相互行為は「状況の定義」に依存しており、人は、他者に自分にとって有利な行為をしてもらうように、演技を通じて自己を呈示し、状況の定義をコントロールしようとする。だから、他者が注目するような自己呈示を行うその演技の技法に眼を向ける必要がある、というゴフマンがそれである。この場合、状況の定義とは、他者に（誠）意をもって尽くし自己に対して一般者を定在することだといえる。だが、自己呈示においては、人間は変装用のマントや仮面をただ掛けておくだけの単なる木釘になり果て、自己はこのような脱着可能な衣装として一時の間この人

図10　マルコ・ダグラーテ『聖バルトロメオ』（1562年、ミラノ大聖堂、著者撮影）。

間木釘に掛けられた仮象に過ぎず（52）、人間はフィギュアとなり自己は形骸化される。モンテーニュに従えば、役割を果たすための誠実な見かけであろうとなかろうと、こうした自己は自分のものとすべきではない自己であるのに対し、ゴフマンの場合には、この皮相的で断片化された自己以外に自己はなく、その奥には空虚が横たわっているだけである。われわれの自己は、マルコ・ダグラーテが彫り、ミケランジェロが描いたような自分から剥ぎ取って肩やハンガーに掛けておけるような「聖バルトロメオ」の皮（図10）ではない。しかも、そのような多様な振舞いが、そのまま私という自己であるわけではなく、誠実性を含めて演技による自己呈示は、行為の場面を円滑に成り立たせるための単なる「場のテクノロジー」であり、このような技法の開示は、ますます、われわれの自己を不明瞭で捉えどころのない存在にしてしまう。

　また、先のフーコーの自己のテクノロジーの問題には、そもそも自己もしくはアイデンティティは本質的に定まったものではなく、そのつど他者の言説により作られ作り直され、多様に脱構築されるという考えが含まれており、他を意識する誠実性はこの言説との関わり合いの中で、さらに強い意味をもつことになる。たとえばスチュアート・ホールは、言語的な意味は静的に固定されてはおらず、時間と空間の中で差異を受け展延するとしたデリダの差延の概念を取り入れ、アイデンティティの構成について次のように述べる。すなわち、「呼びかけて」われわれを社会的主体としての場所に迎え入れる言説と、「語りかけられる」ことができる主体としてのわれわれを構築するプロセスとが「縫合《サーチュア》」された箇所がアイデンティティであると（53）。言い換えれば、アイデンティティとは、呼びかける他者の言説と、この呼びかける言説の召喚に応じ、そこに出向かざるをえない主体との絶え間ない混成であり、自己は常に自己とは本来的に異なる言説化された他なるものと関連し、これを取り入れ、これと結合し、他を迎え入れ、他に従うことにより構成されるということだ。だとすれば、これは、他者もしくは他なる言説に、肯定的にせよ否定的にせよ誠実に気配りすることに他ならず、この誠実な配慮によって作り作られる自己やアイデンティティは、明らかに、他者との対面によって構築される社会的自己以外の何ものでもなく、私が私として存在したい自己ではないことになる。

「従属者《サバルタン》」は、言説的他者と主体との縫合、あるいは、語られる自らの外部の言説と言説の間隙から混淆的に構築される社会的自己やアイデンティティの典型的な事例として挙げられている。「サバルタンは語ることができない」。なぜなら被植民者であり女性でもあるサバルタンは、ヒンドゥーの支配的言説や英国の植民地主義的言説により消去され上書きされることで、その主体性を奪われ葬られてきたからだと、スピヴァックはいう。「家父長制と帝国主義、主体の構築と客体の形成のはざまにあって、女性の像は、原初の無のなかへとではなく、あるひとつの暴力的な往還のなかへと消え去っていく。その往還こそは伝統と近代化のはざまにあってとらえられた『第三世界の女性』の転位態にほかならないのである(54)」。だが、これは奇妙だ。たとえ重要な他者であろうと縁遠い植民者であろうと、これら他者やその言説によってわれわれの自己が作られることを完全には否定できないにしても、私は、私として自分で自分に語りかけ内省により保持する自己をもつであろうし、サバルタン自らも植民者の言語的権力に反発する自己、屈辱に耐える自己、もっと特定すれば、サバルタンとしてのブヴァネーシュワリーには、その声を聞いてもらうことも読んでもらうこともできず、他者により作られ変容されてしまったという意味で、語ることができないとされるにせよ、これに逆らい死を賭しての戦いを決意するような彼女自身の自己が存在したのではなかろうか。

ヘーゲルが誠実性に疑問を投げかけたその後に、アーノルト・ベックリンは『オデッセウスとカリュプソ』(図

図11　アーノルト・ベックリン『オデッセウスとカリュプソ』
(1882年、104 cm×150 cm、バーゼル美術館)。

11）と題する一枚の絵を描いた。そこには、リラをもった女神カリュプソに背を向け、彼女の雪白の裸身とは対照的に、俯き加減で船出すべき海を見やる青黒いマントを纏った不動のオデッセウスが表されている。ホメロスは『オデュッセイア』において、麗容なカリュプソの甘言に耳を貸さず、ナウシカの父アルキノオスの美辞を断り、魔女キルケの嬌言にも乗らず、魅惑的に語りかけ歌いかけて人を破滅させるセイレンの声にも耳を塞ぎ、自分が本来いるべき故郷イタケにイタケにと帰還する自己を守り続けたオデッセウスを綴った(55)。オデッセウスは、他者の言語によって自らが作られることを拒否する。彼が堅持した自己とは、本質主義的な事柄を意味するのではなく、自分の存在を自らによって構成し、自分自身であろうとすること、すなわち、自らの外部からの影響を受けその外部の本性を含んだスピノザのいう「変容《アフェクチオ》(56)」や多様化され分裂するだけの脱アイデンティティではなく、「自己原因《コウザ・スイ》」として自らそうなるものである。その自己はテーラーの指摘するように、自分に忠実で、自分なりの仕方でなりたい自分になる自己として存在し(57)、また、矯激な個人的意志により「そこにしか存在しているという現実感において非凡であり価値ある(58)」ことを感じる自己の姿以外の何ものでもない。それは彼らが「真正《オーセンティシティ》」と呼び「ほんもの」と規定する自己である。「誠実」であることは他者もしくは社会的な役割と関連している一方で、「真正」であることはその背後にあるより深奥な内的自己、すなわち他者に真ではなく、自己自身に対して真であることを意味し、「真の自己は公的役割の舞台に置かれずに、これら役割に対する抵抗においてのみ明らかにされる(59)」ことになる。真正な自己は、他者により構成されるのではなく、他なるものにもとづいて自ら構成するものである。ベックリンが描くオデッセウスの後ろ姿は、他者カリュプソに抗して自らに回帰する彼の玄々とした真正な自己のシルエットであり、また、この世ならぬカリュプソの洞窟ではなく、奥深いほんものの自己の内面にいたる入り口でもある。

われわれは、ルネサンス後期に、他者を常に意識しさらには相反する要素と結びつく「誠実な自己」に対し、モンテーニュが位置づけた自分が自分として存在することを望む「真正な自己」をこの絵の中に見いだす。真正は形象化され具体的な姿をまとい視覚に対して現前化し、視線によって捉えられそこにあるものとなる。言い換えれば、視覚は現実の中において絵画を引き受け、絵画および絵画としての表象は、現実もしくは現実の視覚とのインターフェイス（絵画／現実、表象／視覚）において存在しえるものである。したがって、絵画を乗り物としてその中に描かれている真正性も、現実での出来事とインターフェイスを構成し、この界面関係によってのみ存在することになる。実際、『オデッセウスとカリュプソ』は、近代化、工業化、都市化の進展にともない、誠実な対応を迫られる公的な社会的空間で、人が皮膚と化し他者の言葉と化し、さらには、それぞれの個人が待避するコミュニティや家族といった私的空間も徐々に浸食され始めていた時代に描かれている。

当時、シャルル・ボードレールは「群衆との結婚《エプゼ・ラ・フル》」を、つまり大都会の群衆のただ中に、変化と無限、動いてやまない潮の満ち引きの真ん中に、多様性の中心に家を建てるべきだと説いた(60)。彼の考えではパリの並木道こそが起源となるべき場所、人が公の中で私になれる空間なのであり、「他者を見ればみるほど、また、他者に自らを示せば示すほど、人はますます広がりをもった『眼の家族』に加わることができ、自らの観点を豊かにすることができる(61)」のである。私的な楽しみや生活は公的な都市空間から生まれ、誠実を旨とする群衆の中に溶解し、人は多様な眼をもつことになるがまたそれらの眼にも曝されることになる。自分を守り強烈な形で自己を与えてくれた、とアリエスが指摘する家族や、ゴッツォリにより描かれたような役割を果たす家族の「肖像画」はもはやなく(62)、他者の中にあり「眼の家族」を得たとしても精神的独居を強いられた「孤独な群衆」が自らの在処を求めるなら、自らの内部の深みへと沈潜してゆく他はない。他者に気配りする誠実は必要であるが、誠実だけで人間は存在することができなくなり、自己の本来の像、本当でほんものの自分とは何なのか、自己の真正性はますます求められるようになった。しかも、誠実性が先に示したように策略化され、単なる演技と化すことなくその本当の意味を保持するためには、自己の真正性により裏打ちされていなければならない。モンテーニュの誠実性に対する真正性のあり様は、このようなものとして理解されるべきだ。誠実は現実の人間相互行為の中に、そして、真正はこの現実の世界とインターフェイスを構成する絵画の中に組み込まれた単なるロマンチックな形象なのではなく、誠実と真正の両者は自己の上に重ね合わされ、人間の「生」の中に存在しそこでインターフェイスを構成することになる。生に即して生きるとは、真正なるものによる誠実なるものの補完、この両者の弁証法的な界面を生きることだといえる。

五　結びにかえて

マキャベリやモンテーニュのルネサンス、ボードレールとベックリンの近代から時は経ち、人間を取り囲む状況や環境は複雑になった。相互行為の範囲は拡大し頻度は著しく増え、これにともない他を原因とした変容という誠実の様態も多様化することになる。政治的、経済的、社会的に多様化された不確実な現状が生み出す戦略的な自己

図12　ARTVPS「車と邸宅」　http://www.artvps.com/

は、変幻自在な海神プロテウスに喩えられ「プロテウス的自己」と呼ばれる(63)。だが、多様化される相互行為により自己自身を見失う危険性も指摘されている。他者を意識する極度な「自己モニター」は、真の自己の特徴を抑制することになり、自己および自己の一貫性を損なうことになる(64)。またガーゲンによれば、常に移りゆく社会的キャラバンで満ちあふれ目眩くような多元化された今日の社会関係は、多様で渾然化された「飽和した自己」を作り出し、自己の内部で不協和音を奏で、自己に真であること、その真正性の欠如感を招くことになると指摘する(65)。これに対応し「みずからの本性の必然性によってのみ存在し、それ自身の本性によってのみ行動しようとする(66)」自己原因にもとづいた真正な自己を探求しようとする傾向も増加する。

加えて、ルネサンスの絵画画面と現実とのインターフェイスは、現在では電子画面と現実とに取って代わられた。この電子画面と現実とのインターフェイスは「シミュレーション」と「オリジナル」、「模造」と「ほんもの」とのインターフェイスであり、これはそのまま人間内面の「誠実」と「真正」とのインターフェイスに平行移動させることができる。なぜなら、誠実とシミュレーションは自分自身とは別の異なる作用因としての他性により作られたり、自分と似ていながら非なるものにより構成されたりするのに比べ、真正とオリジナルな対象はほんものであり、自ら作る自己原因でしかないからである。図12は現実のほんものの風景やその写真（コピー、複製）ではない。車も建物も、黄昏の時間も電灯の明かりも、樹木も雨に濡れた地面も、すべてはCGによって作り出された3Dのデジタルな人工画像、つまりシミュレーションである。まるで実際の現実のように見えるこのデジタルでシミュラクルな画像や画面を眼のあたりにして、ほんものとは一体何なのかということばかりでなく、このシミュラクルを見つめる自己のあり方とは何かも問われることになる。電子画面と現実とは、絵画画面と現実とよりもインターラクティブ性や没入性が高く、われわれは、一段と界面活性的で、混然的な形態をなすインターフェイスをルネサンス以上に生きなければならない。しかし、自己原因を欠いたシミュラクルは、自己の真正性とは無縁であり、これを確立することはない。現代社会でわれわれが自己の真正性を問題にするのならば、視覚に対して現前するほんものの現実とエレクトロニックでシミュラクルな画面のインターフェイスに、誠実と真正のインターフェイスを重ね合わせて考えてみなければならない。ユングは次のように主張する。主体が客体としての他者に一体化されてしまうなら、つまり、他者および他者の言説によって構成された姿を誠実に現すことになるならば、他者が強力な決定権を持つことになり、主体は自分自身から疎隔されてしまうことになる。そうではなく、主体は他者により作り出され、自分自らをも欺くことになる「自我《エゴ》」という見せかけの仮面を越えて、無意識的でア・プリオリに、外部から左右されずに存在している独自性と可能性を秘めた個性を意識的に主体の中で統合し、「自己《セルフ》」を実現してゆかねばならないと。ユングが「個性化過程[67]」と呼ぶこの過程は、自己の無意識を抑圧することなく生きられている物的世界に投影し、意識の中に無意識を解き放ち統合すること、無意識的な心の現実的で物的な事象への意識的投影という心と物質の同一化を果たすことを意味しており、この過程こそが、真正な自己を作り上げてゆくことになる。自己の真正性は、シミュラクルでヴァーチャルな電子画面ではなく、実際の現実を見ることにより自己が作り上げるものであり、真の自己というその真正性と、ほんものの現実を実際に見るという身体感覚的で意識的な体験とは、心身一元的に連動しているといえるのである。

〈注〉

（1）マーシャル・マクルーハン『グーテンベルクの銀河系』森常治訳、みすず書房、一九八六年、二一六頁。

（2）同訳書、二二八頁および四四一—四四三頁など参照。

（3）Steven Johnson, *Interface Culture: How New Technology Transforms the Way We Create & Communicate*, Basic Books, 1997, p.14.

（4）Alasdair MacIntyre, *After Virtue: A Study in Moral Theory*, University of Notre Dame Press, 1984, pp. 190-191.（『美徳なき時代』篠崎榮訳、みすず書房、一九九三年、二三四頁）。

（5）Alice-Mary Maffry Talbot, *Byzantine Defenders of Images: Eight Saints' Lives in English Translation*, Dumbarton Oaks,1998.

（6）ダマスカスの聖ジョンは、イエスの「受肉《インカルネーション》」の概念をもとに次のように主張し、イコンの価値を認めた。「以前、神は形も身体もなく決して描かれることはなかった。だが、人と会話する〔イエスの〕肉体の内に神が見られる今、私は私が見る神のイメージを作る。私はものを崇めはしない。私が崇めるのは私のためにものとなり、もののなかに身を隠している創造主である。彼はもの〔イエスの肉体〕を通じて救済を成し遂げられた」（〔 〕内筆者）。Saint John of Damascus, *On the Divine Images: Three Apologies Against Those Who Attack the Holy Images*, David Anderson (trans.), St. Vladimir's Seminary Press, 1997. また David Freedberg, *The Power of Image: Studies in the History and Theory of Response*, University of Chicago Press, 1989, pp. 392-405 を参照。

（7）この手の絵としては他に、フィリッポ・リッピの『聖母戴冠』（一四三九—四七年、板テンペラ、ウフィッツィ美術館）、サンドロ・ボッティチェリ『東方三博士の礼拝』（一四七五年頃、板テンペラ、ウフィッツィ美術館）、サンティオ・ラファエロ『アテネの学堂』（一五〇八—一一年、フレスコ画、署名の間、ヴァチカン宮殿）、ポントルモ『東方三博士の礼拝』

（一五二〇年、板油彩、パラティーナ美術館、ピッティ宮）などがある。最も著名なものは、ミシェル・フーコーが『言葉と物』で言及しているディエゴ・ベラスケスの『侍女たち』であろう。
（8）デニス・ディドロ『絵画について』佐々木健一訳、岩波文庫、二〇〇五年、二五―三八頁。
（9）絵画の「自己成形」については、北澤裕『視覚とヴァーチャルな世界――コロンブスからポストヒューマンへ――』世界思想社、二〇〇五年を参照。
（10）Giorgio Vasari, *Lives of the Painters, Sculptors and Architects Vol.1*, Gaston du C. de Vere (trans.), David Ekserdjian (intro.), Everyman's Library, 1996, p. 97.（『ルネサンス画人伝』平川祐弘・小谷紀年・田中英道訳、白水社、一九八二年、一八頁）。
（11）*Hermetica: The Greek Corpus Hermeticum and the Latin Asclepius in a New English Translation, with Notes and Introduction*, Brian P. Copenhaver (intro. & trans.), Cambridge University Press, 1992, pp. xlii-xlviii. 実際には『ヘルメス文書』は、二世紀後半から三世紀頃、アレキサンドリアで書かれたと推測されている。
（12）*ibid., (Asclepius 37)*, pp. 89-90.
（13）*ibid., (Asclepius 23-24)*, pp. 80-81. この箇所については、聖アウグスティヌス『神の国（二）』服部英次郎訳、岩波文庫、一九八二年、二〇九頁を見よ。
（14）聖アウグスティヌス、前掲訳書、二一〇頁、二一八頁。トマス・アクイナスについては『神学大全』高田三郎訳、創文社、一九六三年、第二巻、九六問題を参照。
（15）Marsilio Ficino, *Three Books on Life*, Carol V, Kaske & John R. Clark (trans. & intro.), Arizona Center for Medieval and Renaissance Studies, 2002, pp. 341-343, pp. 305-309, pp. 247-249.
（16）Reginald Scott, *The Discoverie of Witchcraft*, Montague Summers (intro.), Kaufman and Greenberg, 1995 (1584), Ch.14.
（17）*Hermetica, (Asclepius 23)*, p. 80.
（18）*ibid., (Asclepius 6)*, pp. 69-70.

（19）*ibid., (Hermeticum 2, 17)*, p. 11, p. 62.『ヘルメス文書』荒井献・柴田有訳、朝日出版社、一九八〇年、一〇〇—一〇四頁、四四二頁。

（20）ジョヴァンニ・ピコ・デッラ・ミランドラ『人間の尊厳について』大出哲・阿部包・伊藤博明訳、国文社、一九九二年、一六—一七頁。また、同書の詳細な注を見よ。

（21）同訳書、一八頁、二一頁。

（22）アンドレア・シャステル『ルネサンスの深層』桂芳樹訳、平凡社、一九八九年、一五三—一五五頁、一七〇—一七三頁など参照。さらに、「類似」とルネサンスのエピステーメに関しては、ミシェル・フーコー『言葉と物』渡辺一民・佐々木明訳、新潮社、一九七四年、五二—五八頁を見よ。また、フィチーノのネオプラトニズムにおける霊魂と芸術の関係については、Francis Ames-Lewis, 'Neoplatonism and the Visual Arts at the Time of Marsilio Ficino,' *Marsilio Ficino: His Theology, His Philosophy, His Legacy*, Michael J. B. Allen & Valery Rees (eds.), Brill, 2001, pp. 334-338 を参照。

（23）ジョヴァンニ・ピコ・デッラ・ミランドラ、前掲訳書、五五—六四頁。「魔術」といってもピコが意味している魔術は「自然魔術」、すなわち自然哲学とほぼ同義の自然に仕え自然の力を観照する魔術、あるいは人間の気力や、精気《スピリトゥス》、精神の高揚に関係する「精気魔術」であり、人に取り憑く悪霊や悪魔などの業や邪悪な力と関連した「妖術」もしくは「ダイモン魔術」とは異なる。これらの点については、D・P・ウォーカー『ルネッサンスの魔術思想：フィチーノからカンパネッラへ』田口清一訳、平凡社、一九九三年を参照。

（24）*Hermetica: The Ancient Greek and Latin Writings which Contain Religious or Philosophic Teachings Ascribed to Hermes Trismegistus*, Walter Scott (ed. & trans.), The Clarendon Press, 1924, Vol. 1, p. 32, no. 1.

（25）D・P・ウォーカー、前掲訳書、一〇二頁。Antoine Faivre, *The Eternal Hermes : From Greek God to Alchemical Magus*. Phanes, Grand Papids, 1995.

（26）エルンスト・カッシーラー『シンボルとスキエンティア——近代ヨーロッパの科学と哲学』佐藤三夫・伊藤博明訳、ありな書房、一九九五年、一〇四頁。
(27) マルセル・プルースト「スワンの恋」『失われた時を求めて 1』淀野隆三・井上究一郎訳、新潮社、一九八二年、八〇頁。
(28) 同訳書、七八―七九頁。
(29) ニッコロ・マキャヴェッリ「フィレンツェ史」『マキャヴェッリ全集 3』在里寛司・米山喜晟訳、筑摩書房、一九九九年、三三四頁、四二六頁。
(30) ニッコロ・マキャヴェリ「君主論」『マキャヴェリ　世界の名著　16』池田廉訳、中央公論社、一九六六年、一一三頁。
(31) 聖アウグスティヌス「自由意志」『アウグスティヌス著作集　第3巻』泉治典・原正幸訳、教文館、一九八九年、三巻、二〇章、五五―五六節、二〇三―二〇四頁。
(32) Orlan, 'The Virtual and/or the Real,' Joanna Zylinska(ed.), *The Cyborg Experiments: The Extensions of the Body in the Media Age*, Continuum, 2002, p.168. また、このようなハイブリッド的生体の生成に関しては、北澤裕、前掲書、二〇〇五年を参照のこと。
(33) ニッコロ・マキャヴェリ、前掲訳書、一〇五頁、傍点筆者。
(34) 同訳書、一一四頁。
(35) ニッコロ・マキャヴェッリ「マンドラーゴラ」、「クリツィア」『マキャヴェッリ全集 4』脇功・堂浦律子訳、筑摩書房、二〇〇三年、三六頁、九七頁。
(36) ニッコロ・マキャヴェリ「政略論」『マキャヴェリ　世界の名著　16』永井三明訳、中央公論社、一九六六年、二〇一頁。
(37) シェークスピア『オセロー』福田恒存訳、新潮社、一九九八年、一一―一二頁。
(38) Sydney Anglo, *Machiavelli-The First Century: Studies in Enthusiasm, Hostility, and Irrelevance*, Oxford University Press, 2005, pp. 229 - 231.
(39) スタンダール『ローマ散歩 I』臼田紘訳、新評論、一九九六年、二二七頁。三枚の絵はそれぞれ『ガスパール・コリニー提督、負傷し自宅に運ばれる』、『コリニーとかれの友人たちの暗殺』、『国王がコリニーの暗殺を容認』と題されている。

(40) ニッコロ・マキャヴェリ「君主論」前掲訳書、一四一頁。

(41) Sydney Anglo, *op. cit*, pp. 295-6.

(42) ミシェル・ド・モンテーニュ「モンテーニュ随想録 1」『モンテーニュ全集 1』関根秀雄訳、白水社、一九八三年、一〇頁。

(43) Charles Taylor, *Sources of the Self: The Making of the Modern Identity*, Harvard University Press, 1989, pp. 181-182.

(44) ジャン・ド・ラ・ブリュイエール『カラクテール　中』関根秀雄訳、岩波文庫、一九七七年、一三〇頁。

(45) ミシェル・フーコー『性の歴史Ⅲ　自己への配慮』田村俶訳、新潮社、一九八七年、六八―六九頁。

(46) ミシェル・フーコー「自己のテクノロジー」『自己のテクノロジー』田村俶・雲和子訳、岩波書店、一九九九年、一九―二一頁。ただし、Pierre Hadot, *Philosophy as a Way of Life: Spiritual Exercises from Socrates to Foucault*, Arnold I. Davidson (trans.), Blackwell, 1995, pp. 211-213では、エピクロス派の思想は、フーコーがいうように、自己による自己への専念と鍛造を説いたのではなく、むしろ自らを自己の独自性や個別性から解放し自然の普遍性と結びつけることで自己を高めることにあり、この点からすれば、彼の主張はいかにも俗世的な美学、ダンディズムに過ぎない、と批判している。

(47) Peter L. Berger, '"Sincerity" and "Authenticity" in Modern Society,' *Public Interest*, vol. 31, 1973, p. 82.

(48) ミシェル・ド・モンテーニュ「モンテーニュ随想録 7」『モンテーニュ全集 7』関根秀雄訳、白水社、一九八三年、一二八頁。

(49) 同訳書、一三六頁。

(50) ライオネル・トリリング『〈誠実〉と〈ほんもの〉』野島秀勝訳、法政大学出版局、一九八九年、四一頁、五三頁。

(51) ヘーゲル『精神現象学　下』樫山欽四郎訳、平凡社、一九九七年、八九頁。

(52) Erving Goffman, *The Presentation of Self in Everyday Life*, Penguin, 1987, p. 245.（『行為と演技』石黒毅訳、誠信書房、一九七六年、二九八頁）。

(53) Stuart Hall, 'Who Needs "Identity"?,' Stuart Hall & Paul du Gay (eds.), *Questions of Cultural Identity*, Sage, 2001, pp.5-6.

(「誰がアイデンティティを必要とするのか?」『カルチュラル・アイデンティティの諸問題』宇波彰訳、大村書店、二〇〇一年、一五—一六頁)。

(54) ガヤトリ・C・スピヴァック『サバルタンは語ることができるか』村上忠男訳、みすず書房、一九九八年、一〇九—一一〇頁。

(55) ホメロス『オデュッセイア 上』松平千秋訳、岩波文庫、一九九四年、一三四—一三九頁、一八五頁、二六七—二六八頁、三一八—三二〇頁。

(56) ベネディクト・スピノザ「エティカ」『スピノザ・ライプニッツ 世界の名著30』工藤喜作・斉藤博訳、中央公論社、一九八〇年、第三部、定理17、一四八頁。

(57) Charles Taylor, *The Ethics of Authenticity*, Harvard University Press, 2000, p. 29.(『〈ほんもの〉という倫理』田中智彦訳、産業図書、二〇〇四年、四〇—四一頁)。

(58) ライオネル・トリリング、前掲訳書、一八一頁、一三〇頁。

(59) Peter L. Berger, *op. cit.*, p. 82.

(60) シャルル・ボードレール「現代生活の画家」『ボードレール批評 2』阿部良雄訳、筑摩書房、一九九九年、一六四頁。

(61) Marshall Berman, *All That is Solid Melts into Air: The Experience of Modernity*, Penguin Books, 1988, p. 152.

(62) フィリップ・アリエス『〈子供〉の誕生』杉山光信・杉山恵美子訳、みすず書房、一九八〇年、三二五—三二八頁、三三八—三四一頁。

(63) ベネディクト・スピノザ、前掲訳書、第一部、定理7、七八頁。

(64) Robert Jay Lifton, *The Protean Self: Human Resilience in an Age of Eragmentation*, University of Chicago Press, 1999, pp.7-10.

(65) Mark Snyder, *Public Appearances, Private Realities: The Psychology of Self-monitoring*, W. H. Freeman & Company, 1987.

（『カメレオン人間の性格：セルフ・モニタリングの心理学』斉藤勇監訳、乃木坂出版、一九九八年）。

（66）Kenneth J. Gergen, *The Saturated Self: Dilemmas of Identity in Modern Life*, Basic Books, 2000, p. 204.

（67）「個性（個体）化過程」に関しては、カール・G・ユング『自我と無意識の関係』野田倬訳、人文書院、一九八二年、および、カール・G・ユング『タイプ論』林道義訳、みすず書房、二〇〇三年、四七二—四七四頁、四九八頁などを見よ。また、カール・G・ユング『心理学と錬金術 Ⅱ』池田紘一・鎌田道生訳、人文書院、一九九四年、第三部、第一章〜第三章では、ユングは、錬金術師の作業を無意識と意識、心と物質の同一性体験による「個性化過程」の典型として取り上げている。

II

身体と相互行為秩序

草柳　千早

一　はじめに

「あたしは彼女の落ちつきの中に、彼女をとり乱させないこの社会の抑圧を逆倒影に、視る。彼女の生き難さをそこに、視る。とり乱しては生きていけない、というそのことこそ、まさしく何よりも、この社会が彼女に加えている抑圧の本質を物語っているのではないか」。（田中美津、一九七二年＝二〇〇四年、一六二頁）

近年の社会問題研究において、ある事柄を問題として定義する言語的活動（クレイム申し立て）とその言説に焦点が当てられてきた。言論を通じて問題が論じられ争われることは確かに多々あり、それは問題を扱う際のごく一般的な形式である。だが、われわれはときに、言葉にできないと思えるような問題を感じることもある。また言葉にはできてもそれを実際に口にするのを躊躇する、あるいは現に口に出せない場合もある。その事情はさまざまであろう。例えば、それを口にすることが常識に反し、あるいはその場の雰囲気に合わず、逸脱となってしまうようなとき。自分の言葉が理解や共感を得られないのではないか、という恐れや予感。あるいは力関係のなかで、あるいは、端的に禁じられている、ということもあるかもしれない。こんなことを言うべきではない、という禁止は、明文化されていない場合も強くわれわれを縛っている。

だが、言うまでもなく、自分を表現し他者とコミュニケーションする仕方は無数にある。われわれの言葉にしづらい生きづらさもまた無数の仕方で表現される。

ここでは、われわれの生きづらさが、たとえ問題を定義し議論するといった言葉にならなくても、相互行為場面において、そのつど表現される形と可能性、他方でそうした形と可能性が相互行為のなかで不断に抑制され封印される、そのありようについて考えてみたい。その上で、人が身をもって生きづらさを表現し、生きづらさを強いる現状の秩序に揺らぎをもたらしていく、という可能性について考えてみたい。そのためのここでの導きの糸は、先の田中の言う、とり乱すということ、である。

二　とり乱すということ

『いのちの女たちへ――とり乱しウーマン・リブ論』のなかで田中美津は、女の「生き難さ」の語りがたさ、それをわかってもらおうとわかりやすく話すことと、とり乱すこととについて書いている。冒頭の引用は、そのなかの多くの心に響く文章の一つである。この文章の「彼女」の箇所に「私」やいろいろな人を私は入れてみる。そうすると、さまざまな場面の「今ここ」で、自分たちに起こっていることが何なのか、少し違った感じ方ができる。私や彼や彼女のなかに深く染み込んでいる命令、あるいは境界線が意識される。この先へ行ってはいけない。

では、とり乱すとはどういうことか。はじめに、田中美津の言葉からその意味をくみ取ってみたい。

1　生きづらさを表現すること

「予定調和的な生き方というのがある。この世の生き難さを世の習いとあきらめて、所詮出る杭は打たれるものならば、できる限り当たりさわりなく生きていこうとする生き方だ。むろん、生き難さを世の習いとあきらめさせる巧妙なからくりあってのことで、そのカラクリは「痛み」を痛いと感じさせない、つまりとり乱させない抑圧としてある」。「「とり乱し」は「予定調和」と敵対する概念としてある」(1)。

とり乱さないとは、生きづらさを諦めること、生きづらいことを生きづらいと感じないように生きることである。それにより、予定調和が保たれる。逆に、とり乱すことは、生きづらさを仕方のないものとして諦めず、表現することである。それは予定調和に敵対する。

2　存在が語ることば

ではそれは、どのような表現か。それは、「存在が語ることば」「存在そのものが語る本音」である。

> 「いま痛い人間は、そもそも人にわかりやすく話してあげる余裕など持ち合わせてはいないのだ。しかしそのとり乱しこそ、あたしたちのことばであり、あたしたちの生命そのものなのだ。それはわかる人にはわかっていく。そうとしか云いようのないことばとしてある。痛みを原点にした本音とは、その存在が語ることばであり、あたしたちの〈とり乱し〉に対し、ことばを要求してくる人に、所詮何を話したところで通じる訳もないことだ」（傍点筆者）(2)。

それは、分かりやすい、伝わりやすい表現ではない。「顔をそむけ、絶句するあたしのその〈とり乱し〉こそ、あたしの現在であり、あたしの〈本音〉なのだ」(3)。他者の絶句から人はどれだけのことを分かるだろうか。そもそも他者が今絶句している、ということに誰もが気づくであろうか。「男に対する女の沈黙とは、身体で語る異議申し立てに他ならない」(4)。他者の沈黙を異議申し立てとして受けとめる者はどれほどいようか。しかしそれは確かに語られているのである。

3　予定調和と面子に背く

しかも、そのようなとり乱しは、通常抑圧されている。とり乱しは予定調和と敵対するが、また「面子」とも対立する。

「……男もとり乱して当然なのであるが、男の面子がその手足を封じている。〈男らしさ〉の抑圧とは、とり乱させない抑圧であり、面子の抑圧に他ならない」。「この〈女らしさ〉の強制が、女をとり乱させない。つまり、女も又、面子を抱えて生きている」(5)。

とり乱すことは面子に関わることであり、それを損なうことである。それは、あらゆる者に当てはまる。面子を保つこととこととり乱すこととは相反する。とり乱さずにいれば、各人の面子は保たれ、ことは予定調和的に進行する。それが「日常性」(6)ということである。

とり乱すことは、第一に、生きづらさの表現であり、第二に、存在が語ることばである。顔をそむけること、絶句、沈黙などの例に示唆されているように、それは、通常の分かりやすい言葉によって表現されるものではなく、その存在、身体が語る言葉、身体表現である。またそうであることによって、「分かる人には分かっていく」が、分かりやすい言葉を要求してくる人には分からない。第三に、それは予定調和に敵対し、面子に対立する。予定調和と面子とは、ともにとり乱しを抑圧している。

とり乱すことを、上のように田中の言葉をたどりながら素描するとき、思い浮かぶのは、アーヴィング・ゴフマンである。ゴフマンは、人びとが居合わせる場面における相互行為とその円滑な進行を支配する秩序に、社会学の焦点を合わせた。彼の議論は、われわれがとり乱さず、その場その場の相互行為の円滑な進行にパフォーマーとして寄与していく姿を、相互行為秩序という観点から明快に描き出した。

次にゴフマンの議論を手がかりにして、とり乱すことを相互行為における出来事としてさらに考察していく。

三　ゴフマンの相互行為秩序論と身体

1　相互行為と身体

ゴフマンの研究主題は、「複数の人が対面していることによって生じるさまざまな出来事の全体」である(7)。彼が焦点を当てるのは、人びとが互いに知覚可能なかたちで出会ったときから、互いの知覚の外へと離れていくまで、そこに共在する人びとのあいだに繰り広げられ起こっていることである。そこには相互行為がある。相互行為とは、身体的に共にいるときに人びとが互いに与え合う相互的影響のすべてをさす。そして、そこには固有の秩序がある。

このような共在において、身体は相互行為のメディアである。身体が発するありとあらゆる情報、言語、非言語を問わず、人が互いに知覚しうるあらゆるものが、相互行為を媒介する。したがってまたそこには、人が伝えようと意図する情報だけでなく、意図しない、あるいは意識していない情報も含まれる。

そうした相互行為の様態には、対話や会合のような、特定の焦点を持つもののみならず、例えば街路や公共交通機関など、偶然同じ空間・時間に居合わせただけの人びとのあいだにみられるようなものもある。ゴフマンは、前者を「焦点の定まった相互行為」、後者を「焦点の定まらない相互行為」と呼ぶ。われわれは身体を持つ存在として他者とともにいる限り、常に相互行為に巻き込まれている。

ゴフマンが考察しようとしたのはこのような相互行為であった。それは、言葉による対話というコミュニケーションをはるかに越えるものである。こうして設定された枠組みのなかには、田中の言う、まさに身体の語る言葉が、明確に位置を与えられている。

2 相互行為の秩序

ゴフマンは、相互行為に固有の秩序、「相互行為秩序」をみる。それは、われわれの生活に関する他の規則、例えば、いわゆる法律やつきあいの慣習、職業倫理などとは区別される、相互行為そのものの秩序である。

人と共にいるとき、どんな状況であれ、われわれはその場にふさわしくあることを求められている。この状況適合性(8)の規則のうちでも最も目につきやすいものは、状況における活動への関与である。どんな社会的場面にも、その場面に本質的な要素と言える活動、「場面にかかわりのある活動」が見いだされる。人びとは各状況で、進行中の場面にかかわりのある活動に適切に関与することを求められる。それは、例えば、学校の授業では授業開始時から終了時まで、学生は講義を聴く、教員は講義する、というものである。それ以外の活動(例えば、学生の居眠りなど)は、たとえできたとしても、その場面に主要な活動ではない。

しかし、状況への関与の仕方には多様な可能性がある。授業に集中したり、授業に関係のないことを考えたり、ノートに落書きをしたり、眠ったり、菓子を食べたり、歌ったり等々。最初の方の例は、外見上ほとんど問題にならないだろう。だが、後の方の例では、状況適合性からの逸脱がまさに目につくことになる。状況において中心的な活動への適切な関与に明らかに違反していると言える。違反が過ぎると、その場の活動は損なわれうる。つまり秩序はそこに居合わせる人びとに適切なふるまいを求めるが、逆に人びとがそうしなければ揺らいでしまう。

3 出会い

同様にして、居合わせる人びとが互いにいかに関わるかはきわめて重要である。一方には、人びとが知り合いでなく、会話のような焦点の定まった相互行為を行うような状況にない場合がある。現代の都市生活では見知らぬ他者とのごく日常的な居合わせ方である。このとき保たれるべきは、人にことさらに注意を向けない、というふるまい方、「市民的無関心」(9)である。他方、人びとが互いに挨拶をしたり、ある程度の時間会話を持続させることが適切な関わり方であるような場面もある。知り合い同士や、まさにその相互行為を通して多少とも関係し合うことが期待されているような人びとのあいだの、焦点の定まった相互行為である。焦点の定まった相互行為が生まれる社会組織の構成単位を、ゴフマンは「出会い」と呼び、その構造を考察している。とり乱しは出会いのなかで生じる。そこで出会いについて少し詳しく見ておきたい。

出会いとは、焦点の定まった集まりのことであり、それは、参加者にとって、注意の単一の視覚的・認知的な焦点、言語的コミュニケーションにおける相互的・優先的開放性、行為の強い相互関連、対面的な生態学的な群れ方などを含んでいる(10)。出会いには、相互行為である以上、秩序がある。しかもそこには、焦点の定まらない相互行為にはみられない独自のものがある。その秩序は、出会いという単位を維持すること、周りの環境からその出会いをひとつのまとまりとして境界づけることに関わっている。またそのことは、出会いにおいて状況の定義として何がそこで受けいれられているかということに関係している。ゴフマンは、そこでまず、状況の定義がうまく保持されているときこの定義はどんなパースペクティブを排除しているのか、という問いを提起した上で、出会いの秩序維持に関わるいくつかのルールを指摘する。

出会いの参加者はまず、無関連のルールに従っている。出会いにおいて、その状況の定義にとって無関連な出来事を排除しておく、ということである。それらが出会いの外に排除されることが、同時に出会いの境界を維持することでもある。例えば、授業や仕事の会議中、参加者は講義や議題に集中すべきであって、そこにいる人びとの服装にばかり気を取られていてはいけない。逆に言えば、参加者はその出会いに無関連のもの（例えばあまりにも奇抜な服装）を目につく形で持ち込んではならない。状況に不適切な感情を抑制することもまた、同じルールにしたがうことの一例である。このルールによって出会いのリアリティから関係のないものが締め出されると同時に、出会いはそれ自体で一つの局所的な意味の世界をつくり出す。出会いは、ゴフマンに言わせれば、手近にある材料で、必要なあらゆるものをつくり出す。具現化されるリソースと呼ばれるそれらは、その際に局所的に具現化される出来事と役割のことである。しかし、それを構成する材料は、出会いの外から単に持ち込まれるのではない。それらは、出会いにおいて選択的に扱われる。出会いの境界は、壁というよりスクリーンのようなもので、それを通過するものを単に選択するだけでなく、変形したり修正したりする。ここにゴフマンが指摘するのが、変形ルールである。このルールは、出会いの外部に基礎をおく諸特性がその出会いのなかで表現されるとしたら、どんな形の修正が行われるかを指示する(11)。

これらのルールによって出会いのリアリティから無関連のものが締め出され、出会いのリアリティを構成する事柄がまさにそれに適するように変形されて具現化されているとき、人はそのリアリティに専心しうるし、実際人がそうするなら、出会いはユーフォリック(幸福)なものとなる。参加者は気楽さや居心地のよさ、楽しさなどを感じることができる、とゴフマンは言う。今ここの出会いに、他のことを一切忘れて熱中するのは、実際、心地よい経験である。

だが逆に、人は自分が居合わせている出会いに専心できないこともある。上のルールにもかかわらず、出会いのなかに現れてはいけない何かが侵入するとき、参加者は気づまりや当惑、困惑などを経験する。出会いは、緊張が高まってディスフォリック(不満足)なものとなる。そのような緊張を高めてしまう出来事を、ゴフマンは「事件」と呼ぶ。人びとは、それが起こらないように気を配り、起こったときには、出会いの場面を救うべく何らかの手だてを講じようとするだろう。出会いは、自身にとって余分なものを排除しており、排除されるものの境界侵犯は起こりうるとしても、起こったときには何らかの対処がなされるのである。

4　外見を整えること、即応性と機敏さ

相互行為秩序の維持に必要なものとして人びとに求められるのは、ゴフマンによれば、大きく二つある。第一に、外見をふさわしく整えること。第二に、状況の刺激に反応する即応性 (readiness) と身体的な機敏さ (alacrity) である。

「一般に、個人が社会的状況に参加して十分な役割をはたそうとするならば、ある水準の機敏さを保ってさまざまな潜在的刺激に対処し、外観はいつも規律正しく維持し、自分の参加している集まりに対して敏感でなければならない」(12)。

この二つは別のことではなく、即応性と機敏さは外見の保持に必要な能力である。重要なのはその場にふさわしい外見を維持することである。

「状況の一員として参加していることを最も明白に示す手段のひとつは、自己の外見あるいは「自己の表看板」、すなわち、服装、化粧、髪型、その他の身のまわりにつける装飾物を状況の規律にふさわしいように整えることである。――(中略)――外見に関わる拘束のことで銘記すべきことは、必要なものを単に備えているだけでなく、いつもふさわしさを保つように心がけなければならないということである」(13)。

外見とは、すでに触れたように、およそ身体が発し受けとりうるもので、その場で人が互いに知覚しうるすべてを含む。まさに、身体が語る言葉である。そこには自分の意志や努力によって比較的管理しやすい面もあれば、管理が困難な面もある。例えば、服装は事前に選び入念に点検してその場に臨むことができるが、赤面のような生理的な反応はコントロールがより難しい。そして、コントロール外のことが生じてしまったときには、ゴフマンの指摘する第二の点、即応性と機敏さ、ちょっとした機転が重要となる。

このような外見すべてに常に状況適合性を問われることは、大変なことであろうか。個人にとって多大な拘束となり負担になっているであろうか。そう感じられるときもあるだろう。だが、通常われわれはそれを逐一意識することもなくこなしているのではないだろうか。というのも、われわれの身体は、後でもみるように、状況適合性に対して厳しく訓練され社会化されており、しかも、共在において身体を適切に管理する能力は、その持ち主である自己の評価と安心とに密接に繋がっている。もし外見を状況適合的にうまく管理できなければ、人は社会生活を送るには欠陥があるとみなされてしまうであろうし、その人自身困惑したり傷ついたりすることになるだろう。

四　経験と相互行為秩序

相互行為秩序に必要な能力とは、適切な外見を維持し、たとえ不手際が起きても直ちに対処する即応性と機敏さを発揮できることだが、今ここで何が適切な外見であり、何が起こってはならないか、ということを各人が知るのは、そこでの状況の定義に基づいてである。つまり、相互行為秩序は、人びとのその場の経験の適切さ、状況の定義の適切さを必要としている。では適切な状況の定義とは何か。

ある状況を特定の状況として定義するということは、状況をそのようなものとして経験できる、ということである。人は「この状況が自分にとって何であるかを適切に査定し、それにしたがって行為している」(14)。そのような査定を可能にしている経験はいかにして成り立っているのか。このことをゴフマンはさらに問う。もちろん、状況はさまざまに経験されうる。複数の人がいればそれぞれ経験は異なるであろうし、一人の人にとっても一通りの経験しかありえないということはない。

人は、自らの経験を、単に自分が知覚したり行ったりしたことの総体としてでなく、何らかの形で組織化しており、それによって何らかの意味のあるリアリティを生きる。この経験の組織化の原理を、ゴフマンは「フレイム」と呼ぶ。フレイムとは、経験を一定の意味あるものへと組織化するまさに枠組である。われわれの経験はいつもフレイムのもとでの経験である。経験がフレイミングされているとは、外界や自分自身について取捨選択が行われ、そこから何らかの意味のあることが生きられるということである。例えば授業や会議に出ているあいだ、人は部屋の外から聞こえてくるさまざまな音や、座っている椅子や机の感触など、さまざまなことを同時に知覚しているはずである。しかし、通常それらに注意を払わない。だが、もしある人が、そこにいる人びとの服装にばかり気を取られているなら、その人のそこでの経験は、他の参加者のそれとは、かなり違ったものとなろう。そして、彼／彼女のその状況への関与の仕方には、外から見て、何かしらあるいは明白な不適切さが漂うことになるだろう。今ここの主要な活動に適切に関与している限り経験から排除されているべきことが排除されていないところに、その不適切さは根ざしている。

経験のフレイムという概念によるゴフマンのこうした考察は、出会いについて考察されたことのいわば変奏である。すなわち、出会いには境界があり、そこを通過するものを、選択し、変形したり修正したりするのであった。その場面を、まさしく一定の意味のある場面として経験する、ということは、そうした経験の組織化と場面構成にとって無用であったり障害となったりする事柄が変形され、排除されている、ということである。その上に与えられる、今ここで起こっているのは何か、ということ、これが共有されて初めて、そこでどのような外見、どのようなかかわり方がふさわしいかについての合意も成り立ち、そうしたふさわしさの体現を互いに期待することができる。しかしその状況の定義、その合意は、決して揺るぎないものではない。合意は常に「作業合意」(15)であり、暫定的なものである。

かくして相互行為秩序、出会いにおけるその秩序は、二重の排除と裏腹である。一つは、状況の多様な経験の可能性の排除。言い換えれば、ある状況の定義を保持することで、他の可能な定義を排除すること。これは経験のフレイミングによるものだが、フレイミングとはそもそもこの排除なのである。もう一つは、そうして限定された状況の定義のもとで、不適切とされる事柄の侵入を排除すること。とりわけ、各人において外見の不適切な呈示を排除すること。いずれにおいても秩序にとって過剰であり攪乱要因となるものが排除される。そして、経験と身体の外見の適切さは相互に絡み合っている。状況の定義において排除されているものが新たに侵入すれば、外見の適切さは流動し、逆に状況適合性に合致しない外見の侵入は、状況の定義を流動化させうるからである。先にも触れたように、不適切な外見は不適切な経験の身体への現れであるから、二つは一つの事態の両面ということもできる。

まとめれば、相互行為秩序の維持は、多様な経験の可能性に対して、一定の限定を課すること、そして身体の多様なふるまいの可能性に対しても、制限を加えること、この二重の排除のうえにあると言える。逆に言えば、こうした排除なくして相互行為秩序はうまく維持されず、出会いは円滑さを失う。われわれは、共在の各場面で秩序に従うことを求められるが、他方で秩序は、われわれの適切な経験と身体の外見、それ以外のものの排除を通してはじめて実現、維持されるのである。

五　出会いにおいてとり乱すこと

これまでの考察で、とり乱すことが、出会いにおいて排除されなければならない側に属していることは明らかであるように思われる。

とり乱すことは、ゴフマンの言う意味で出会いにおける事件である。事件とは、出会いにおいて突然緊張の度合いを高めるような出来事が起こることである(16)。それは、「出会いのなかで秩序立ててそして気楽に扱えるように適切に「整えられ」ていない、あるいは変形されていない事柄が侵入する」(17)ことであり、それによって居合わせる人びとのあいだに当惑や気詰まりといった感情がもたらされる。

したがって、ここで言う緊張には、ゴフマンに言わせれば、二つの世界が関係している。すなわち、今ここの出会いと、そこから排除されているべきものが属する世界である。彼によれば、出会いにとって重要なのは、参加者の自発的関与である。自発的関与とは、携わっている活動に没頭する、熱中する、のめり込む、といったことである。それによって、出会いは生き生きとしたものとなり、その他のことは背景に退く。このときに人が感じるのは、気楽さ、自然さといったユーフォリックな感情である。しかし、すべての出会いに人は専心するわけではない。

自発的というよりも責務として出会いに関わっている場合もある。ごく単純な例を挙げれば、早く家に帰ってあれこれのことをしたいと思いつつ、授業や会議に仕方なく出ている場合がこれにあたる。

そこに居合わせることを余儀なくされる世界と、自発的関与がなされる世界という二つの世界を想定するとき、両者が一致していれば、人は問題なくその出会いに没頭することができる。だが、二つが一致しないとき、人はその場のリアリティに専心できず、その外のもう一つの世界に属する事柄に関わっている。この分裂が高じると、出会いのルールを維持することは困難あるいは苦痛となろう。このときその人にとって、出会いのなかには、緊張、ディスフォリアが存在している(18)。

かくして緊張とは、個人にとって自発的にリアリティとして受けいれることのできる世界と、居合わせることを余儀なくされている世界との間の、感知された亀裂のことである(19)。出会いの凝集性と持続性はその境界の維持に依存するが、この境界の保全は、緊張の管理に依存する、とゴフマンは指摘する。

このような緊張は管理されなければならない。緊張を高める事件は、出会い全体をその影響から守るために、その影響をできるだけ無効化する方向で対処される。人びとは、緊張を処理し、ディスフォリアを減少させるべく、事件を公式の状況のなかに何とか統合しようとする。そこには、事件は起こらなかった、という装いを繕うことも含まれよう。このとき即応性と機敏さ、機転や沈着といった、ゴフマンが外見と共に重視した能力が期待され発揮されることになる。だが、緊張の高まりに対して、統合とは異なる方向へ事態が展開することもある。「彼が不関与を装ってきた事柄が、突然彼にとって耐えきれないものになり、そして彼は瞬間的であるにせよ、現在の相互行為での適切な表現的役割を保持するために動員されていない人に崩壊してしまう」(20)。ゴフマンはこれを、あふれ出しと呼ぶ。それは「プレイの外に出る」(out of play)こと、「枠組み壊し」(breaking frame)(21)である。これが起こるのは、緊張のレベルが高まり、それが限界点に達するとき、言い換えれば、無関連のルールや変形ルールの要求に従うことが耐えがたいものとなるときである。あふれ出しが起こったとき、それは緊張を緩和することもあるが、しばしばさらに増大させ、それ自体が事件となりがちである。あふれ出しは、出会いのなかに「新しい攪乱要素」[22]を持ち込んでしまうのである。

緊張管理の不備や失敗は、その影響を極力抑える方向で対処される一方、そのような外見を呈した参加者に帰責される。そうした対処は、その参加者のふるまいをなかったことにしたり、その人を「参加者としてでなく単なる注意の焦点として」(傍点は原文イタリック)[23]扱ったりすることで、そのふるまいを、出会いのなかに回収しようとする。また、他方で、その人は、参加者としての能力、適格性――出会いにとって重要なあの二つの能力、適切な外見の維持と、即応性・機敏さ――を一時的にせよ疑われることになる。

とり乱すことは、このような事件である。それは、今ここの出会いの緊張を高めてしまう、出会いにとって回避されるべき違反であり、緊張を適切に管理できないというあふれ出しである。それは出会い全体をさらなる緊張へと導く有害な事件になりうると同時に、その当人には、参加者としての能力、適格性に対する疑いを招き、彼/彼女を一人の参加者から注目の焦点へ、主体から対象へと変えてしまう、やはり有害な作用を及ぼしうる出来事なのである。

だが、それが事件視され、直ちに対処されなければならないものとして取り扱われるのは、まさにそのふるまいが出会いの秩序に対して持っている、重大な影響力ゆえにほかならない。

六　相互行為秩序の攪乱としてのとり乱し

とり乱しとは、相互行為秩序にとって通常排除されていなければならないものである。これを排除することは、秩序の課題である。一般的に言って、相互行為秩序にとって攪乱要因となる過剰なものを出会いから完全に排除することは、先にも少し触れたように一方で困難だが、他方では困難でないとも言える。

まず困難の方から述べれば、それは、われわれの身体の性格からして困難である。身体は、常にその持ち主のコントロールを越えるものであり、また個々の出会いを越えて存在するものである。まず、ある程度コントロールが可能であっても誤るという次元がある。失言や注意散漫などがその例である。さらに、そもそもコントロールできないと実感されるような次元がある。一方には、物理的生理的身体の不随意性や脆弱性があり、他方にはまったく異なる次元の問題として身体の公共性がある。前者は、例えば、赤面や発汗などの生理的反応を思い浮かべれば十分であろう。また人間の身体は繊細で傷つきやすく、不安定さを持っている。

「人がいかに注意深くても、身体の統合はつねに幾許かの危険にさらされている。読書中、人は椅子から床に転落し怪我をするかもしれない。――（中略）――身体は、落下、打撲、毒、切りつけ、狙撃、圧力、溺れ、火傷、病気、窒息、感電などを被ることがあり、身体の持ち主は身体を常に危険にさらしている」(24)。

また、人間の五感は、本人の意志を越えて周囲の出来事や雰囲気を察知しうる。身体に対するわれわれのコントロール可能性はせいぜい部分的なものである。またそれは、身体の成長段階や環境条件など、個々の出会いに対して外的な条件によって大いに左右される。

個人のコントロールの及ばない領域のもう一方に、他者の側の受けとり方がある。その外見を知覚し、解釈し、それに対して判断を下すのは、当の個人よりも共にいる他者である。それはまさしく他者次第であり、当人の直接のコントロール下にはない。彼／彼女にできるのは、その場にふさわしいと他者に認められるよう努めることだけである。

だが、総じてわれわれは個々の出会いにおいて秩序を維持する方へと差し向けられている。われわれはそのように訓練され社会化されてきた。その方向にしたがう能力を有し発揮できるかどうかは、自己の評価および安心に直結している。状況で要請されるものには「道徳的性格」が付与されているとゴフマンは言う(25)。人が、敬意を払われ尊重すべき存在として扱われるのは、そうした道徳的要請にかなっているあいだだけである。相互行為秩序を維持するという、状況における道徳的要請と、個人にとって人として尊重されたいという要求は、ゴフマンに言わせれば、うまく噛み合っている。相互行為秩序にしたがわない身体を人前にさらすなら、つけはその身体の持ち主にまわってくることになる。

われわれは自分の身体を十分にコントロールできないといっても、もしそれゆえの不手際が生じたときには、それを修復する機会と余地もまた与えられている。相互行為で自分の不適切さを感じた者、またそれを目撃した者は、当惑や狼狽、気詰まり、不面目といった感情にとらわれる。

「不適切な服装をしている時、例えば、公共の場でボタンがなかったり、服に染みが付いていたり、チャックが開いていたりしたことに気づき「しまった」と思った時、われわれは非難されるであろうと感じ困惑する。こうした事例は、衣服が社会的相互行為のミクロな秩序の一部を構成し、(傷つく)自己という感覚と深く結びついていることを例証している」(26)。

そのような居心地の悪さを感じれば、人びとはそこから抜け出そうとするだろう。そのための努力は、秩序の回復と維持という道筋に通じている。不手際なところを見せてしまったと感じた者は、またそれを目撃した者も、機敏にその場を修復しようと努めるであろう。人びとがそのようにふるまうなら、秩序は修復へと向かうだろう(27)。

こうした感受性と順応性こそは、各人にもれなく適用される社会化の最重要な課題の一つにほかならない。ごく幼少時から、人は、定義されたさまざまな状況において、その状況の定義に適合的な外見を保つように規律・訓練され、身体に関する多くの禁止事項を受け入れ、それらは早晩身体化される。相互行為秩序の危機に対するわれわれの繊細な感受性と感情は、秩序維持に対して機能的に作用する。自分自身や他者の感情的安定を求めるわれわれの要求と、状況の秩序維持の要請は、ここでもうまく噛み合っている。

七　世界の亀裂と境界の引き直し

では、今みてきたような「事件」を起こさないように努めることは、われわれがいつも心して引き受けるべき責務なのであろうか。必ずしもそうではない。確かに秩序の保たれている出会いではわれわれは平静でいられるし、またそうあることを求められている。これを無用に混乱させることは人びとを困惑させる。しかしながら、とり乱すこと、事件を起こすことには、出会いにおいて積極的で重要な意味がある。ゴフマンのいう意味での事件が決して起こらない世界というものを仮に想像してみるならば、それは楽しさ、ユーフォリアが際限なく続く世界であるだろうか。それは、すべてが不断に滞りなく進行していくことが至上命令であるような、ある種グロテスクな世界ではないだろうか。そのような命令が生身の身体としての私たちにとって決して気楽なものでないことはすでに触れた通りである。

自発的関与と責務的関与の不一致、一つの出会いに関わりながらも、今ここで排除されている世界にも関わり、その亀裂によって当の出会いへの関与が息苦しく、生きづらいものとなることは、決して例外的な事態ではない。そもそも身体は今ここの出会いを常に越えるものである。すべての出会いがそこで有能な参加者を演じていさえすればユーフォリックなものになる、とは限らない。むしろ逆に、その出会いに関与することそれ自体がディスフォリックである、ということは誰にでもありうる。そのとき、それでもその出会いに専心しようと、秩序に粛々としたがっていくことは、彼／彼女の参加者としての評価を危険に晒さないかもしれないが、自分自身を、緊張のなかに置き続け、出会いの楽しさから疎外し続けるであろう。

とり乱しは、出会いにおける緊張の高まりに対する一つのふるまい方である。緊張は、二つの世界の亀裂を感じることからやってくる。つまりとり乱すとき人は、この出会いのリアリティとは別の、まさにこの出会いの秩序によって排除され抑圧されている別のリアリティに関わっている。人は、二つの世界の亀裂を感知しており、そこから今ここの出会いが、見かけ上の平静さにかかわらず、必ずしもユーフォリックなものではないこと、生きづらいと感じられるものであることを、その身体で表すのである。それは、関わることを余儀なくさせられているこの世界、この出会いを、表面上滞りなく維持していくのは耐えがたいということの表現である。そのとき人は、出会いにおける有能な参加者としての自己の評価と安心を危険に晒すことになるだろう。それでも、その耐え難さが人をとり乱させる。とり乱すとは、秩序に対するこのようなふるまい方、すなわち、緊張を強いられても粛々と秩序にしたがっていくのではなく、秩序の方に揺さぶりをかけることで緊張を強いられている状況を突破しようとするふるまい方のいわば比喩である。ゴフマンの言葉で言えば、出会いのなかであえて事件を引き起こすことなのである。

事件を起こすこと、とり乱すことは、出会いにショックを与え、無関連のルールや変形ルールによって維持されている出会いの境界を揺さぶること、それによって境界を引き直そうとすることである。出会いの強いるものを生きづらいと表現し、その秩序を変えようとすることである。それはまさに田中が言っていたように、諦めず、生きづらいものを生きづらいと表現する態度なのである。それは、今ここの出会いと、そこから排除されている世界との亀裂を知る者だけに可能なふるまいである。そのようにふるまうことは、今ここの出会いに、別のリアリティを接続させること、他の可能性を呼び込むことであり、それを媒介しうるのは、二つの世界の亀裂を感受し、そのために苦しむ者の、自身を賭けたふるまいなのである。

八　身体と相互行為秩序

とり乱すこと、事件を起こすこと、それによって、出会いに潜在する緊張を耐えられないものとして表すこと。自らの生きづらさに表現を与えること。その方法は無数にある。

なぜなら、われわれは身体的存在であり、身体を晒して生きているからである。実際、身体が厳しい管理の対象とされ、状況適合的に自らを管理できることが社会化の重要課題とされているのは、まさにこの文脈においてである。学校生活や職業生活での服装に関する細かな規定、作法・態度への厳しい目などは、その意味で故なきことではない。そしてまた逆に、服装や作法・態度など身体の目につくあり方は、これまでいつもそこに抵抗や反抗の徴が見出され、詮索され、帰属される対象だった。例えば、かつて女性が伝統的に与えられてきた服でなく、男性労働者のような服装で人前に現れることは、意図のあるなしに関わらず「非言語的なレジスタンス」とされた(28)。現代のわれわれの社会では、特定のファッションが逸脱や抵抗のシンボルと見なされるような表現の素朴さはもはや存在しない。それでも、われわれの身体の大部分を包む服は、外見の大きな要素のひとつであり、それ自体で好むと好まざるとにかかわらず何事かを表わさないわけにはいかない。例えば高橋直子が、現代の若い女性のファッションを、ファッションで自分を表現することなどできない、乱高下するその時々の気分をせいぜい反映させられるぐらいである、ということの表現として受けとり、そこに、「害がない」と思われることが「生き延びる術」であることをひしひしと感じている者の「屈折と痛々しさ」を読み取るように(29)。

出会いにおいて、自らの外見を常に周到に適切に管理することが求められている、ということ、その能力が出会いの参加者としての自己の評価と安心とに結びつけられている、ということ、これらは、われわれの身体が出会いに対して常に潜在的に力を秘めている、ということの裏返しに他ならない。そこに、出会いの秩序にとって排除されるべき何かがあからさまに顕れるなら、それは脅威ともなりうる。われわれの相互行為のどの瞬間も、実は潜在的に一触即発なのである。しかし、通常そうしたことは意識されない。それが「日常性」であり、状況適合性を身体化するように訓練されてきたわれわれのあり方である。脅威に対する守りもそれゆえにこそ堅い。

「苦しい状況で自制心を保つ能力は大切である。自制心を保つには沈着冷静さと意志の強さが必要である。

個人は自分にふりかかる深刻な難問をきちんと認識しなければならず、しかも、それでいて精神的に混乱したり意気喪失することがあってはならない。それでこそ、個人は社会の役に立つわけだ。個人が精神的に安定していてこそ、個人は社会的活動の場面に、人びとが必要とする安定と連続性をもたらす。また、その条件があって、社会は社会たりうる。個人の自制心を保つ能力を社会は評価する。社会が道徳的判断をして評価するのである。自制心を持っている人は強い性格をもった人、簡単に気が変わったり感情に溺れる人は弱い性格をもった人、という評価を下すのだ」(30)。

だが、人は、ときにはこの道徳的評価を度外視し、事件へと身を投じることがある。出会いにおいてとり乱すこと、生きづらさを表現することはそのようなふるまいである。それは、ゴフマンが「運命的」と呼ぶ行為、アクションである。運命的であるとは、結果性を持ちかつ問題をはらんでいるということ、つまりどうするかを決めることが問題であり、しかもその後の生活に何らかの影響ある結果を生じることであり、さらに言い換えれば、そのふるまいはルーティーンを逸脱し不可逆性を帯びるということである。運命性は、人を時間とのきわめて特殊な関係性のなかに入れる、まさに真剣なアクションがその人をそこへ連れて行くのだと、ゴフマンは言う(31)。

「つまるところ、社会において、わたしたちは時間時間を生きている(live)のではなく、それらを切り抜けている(live through)のである。さらに、運命的活動はそれ自体がしばしば社会の日常的出来事をこわすものになって、大局的にいろいろな組織・機関から見て容認できないものになることがある」(32)。

とり乱すことが予定調和に敵対するというのは、この意味においてである。そして、ゴフマンはここで二通りの生き方を示唆している。時間を切り抜けることと、生きること。

九　今ここの身体

ゴフマンは、共在において、われわれがいかに相互行為秩序の維持再生産へと、ほとんど自発的と言ってよい仕方で動員されているかを描き出した。相互行為秩序は、そのつどの状況においてふさわしくあろうとするわれわれの努力の上に維持される。秩序維持に努めることは、状況に居合わせる者たちへの道徳的要請であり、それにしたがっている限りにおいて人は、人として尊重され、一時的にしくじっても、そのことに当惑し修復へと駆り立てられる限りにおいて救済される。逆にその道徳的要請に反する者は、単に状況の秩序を脅かすのでなく、自分自身の人としての立場をも危険にさらすことになる。こうして、相互行為秩序が維持されていくメカニズムを、ゴフマンはわれわれに示してくれる。とり乱すことは、抑圧され封印される。それは排除されなければならない。またこのことゆえに、ゴフマンの秩序論は、再生産モデルであり、秩序の変化や流動化のメカニズムを直接的には描いていないとも言える。

しかしながら、ゴフマンの記述は、見てきたように、相互行為秩序がいかにわれわれの経験と身体における排除に負っているか、を浮かび上がらせる。

「この（社会的出会いの）構造の核心的因子は、状況に関して単一の定義を維持すること、すなわちこのような定義は表出されねばならず、またこのような定義は無数の潜在的攪乱のただなかで維持されねばならない、ということである」[33]（傍点筆者）。

ゴフマンの記述は同時に、秩序がいかに揺らぎ、出会いの境界がいかに常に引き直される可能性と共にあるかを描いている。

そこから浮かび上がるのは、われわれ自身の身体が、相互行為秩序にとって排除されるべきもの、「無数の潜在的攪乱」要因をいかに帯びているか、身体がそれらをいかに招き寄せてしまう可能性に満ちているか、ということである。秩序にしたがってふるまおうと努めているときにさえ、身体はわれわれの努力を裏切ることがある。まして、人が意図的に出会いを揺るがそうとするならば、どうであろうか。もちろん、出会いの守りは堅く、居合わせる人びとは協力して、逸脱した身体の力を無効化しようとするだろう。人びとは、そのような身体をそのつど無視したり、単なる注目の焦点として扱ったり、その身体の持ち主を「われわれの集まりと社会的場面を守るための施設」(34)に収容、排除することさえできる。しかしそのような、厳しい対応が用意されていること自体、相互行為秩序に対するわれわれの身体の両義的性格を指し示している。相互行為秩序はわれわれの身体を必要とするが、われわれの身体は各状況の秩序が求める以上のものでもある。身体は、秩序の維持と攪乱の境界にある。言い換えれば、われわれの身体は、相互行為秩序とその外部を媒介する。さらに言えば、相互行為秩序は身体を通じてその外部に開かれている。われわれの身体は、秩序とその攪乱の攻防の最前線そのものである。ゴフマンの相互行為秩序論から浮かび上がる秩序は、安定性より不安定性、堅固さより柔軟性、脆弱さをその属性とする。

相互行為秩序にしたがうことを道徳的要請として、いつもふさわしい外見を体現し保つこと。この能力は、われわれにとって社会生活を送る上で基本的なものである。とはいえ、すべての状況がその要請通りに維持されなければならないとは限らない。緊張を強いる出会い、もっと別にあり得た出会い……そのような状況において、人は何をなしうるか、人はいかなる力を持つのかを、ゴフマンの相互行為秩序論は問いかけている。異なる経験と状況の定義を持ち込むこと、それに基づいてふるまうこと。排除に加担しないこと。それは、相互行為秩序を破壊するというより、むしろその揺らぎやすく柔軟な性質を活性化させることである。その可能性は、今ここをどう生きる(live through or live)のか、という瞬間瞬間の問いとしてある。

〈注〉

(1) 田中美津『いのちの女たちへ――とり乱しウーマン・リブ論』現代書館、一九七二年＝二〇〇四年、一四九頁。

(2) 田中、前掲書、一九七二年＝二〇〇四年、八八―八九頁。

(3) 田中、前掲書、一九七二年＝二〇〇四年、八八頁。

(4) 田中、前掲書、一九七二年＝二〇〇四年、二二三頁。

(5) 田中、前掲書、一九七二年＝二〇〇四年、一五一―一五二頁。

(6) 田中、前掲書、一九七二年＝二〇〇四年、二四一頁。

(7) アーヴィング・ゴッフマン『儀礼としての相互行為――対面行動の社会学』浅野敏夫訳、法政大学出版局、二〇〇二年、一頁。

(8) E・ゴッフマン『集まりの構造――新しい日常行動論を求めて』丸木恵祐・本名信行訳、誠信書房、一九八〇年、二七頁。

(9) 前掲訳書『集まりの構造』では「儀礼的無関心」と訳されている。

(10) E・ゴッフマン『出会い――相互行為の社会学』佐藤毅・折橋徹彦訳、誠信書房、一九八五年、四頁。ただし、原文を参照。

(11) E・ゴッフマン、前掲訳書、一九八五年、二三頁。また、このことは、G・ジンメルが社会化のゲーム形式として論じていることに連なっている。

(12) E・ゴッフマン、前掲訳書、一九八〇年、二八頁、三〇頁。

(13) E・ゴッフマン、前掲訳書、一九八〇年、二八頁。このことを、山岸美穂は次のように問うている。「私たちはなぜ、衣服を身にまとって人前に現れるのだろうか。私たちはなぜ、服装やアクセサリー、化粧の仕方に気遣い、言葉遣いに注意し、立ち居ふるまいに配慮するのか。私たちは、出会う人や場面が異なれば、着て行く服装や化粧の仕方を変え、時には言葉遣いや立ち居ふるまいも変える。自分が適切なふるまいをしたと思えば誇りに思ったり安心することもあるし、場違いで恥ずかしく感じることもある」（山岸美穂『音の風景とは何か――サウンドスケープの社会誌』一九九九年、一二三頁）。

(14) Goffman, E., *Frame Analysis: An Essay on the Organization of Experience*, Northeastern University Press, 1974, p. 2.
(15) E・ゴッフマン『行為と演技——日常生活における自己呈示』石黒毅訳、誠信書房、一九七四年、一二頁。
(16) E・ゴッフマン、前掲訳書、一九八五年、三九頁。この最も一般的なものは、失言やへまなどと呼ばれるものである。しかし、突然の出来事ばかりではない。これに関連してゴフマンが注意を喚起するのは、スティグマを持つ人びとの苦境である。このような人は自分が身を置くほとんどあらゆる出会いに対して逆効果になってしまう特性を処理する方法を学ばなければならない(Goffman, 1961, p. 43. 訳、四〇頁)。とりわけ人目につく障害や特異性は、出会いにおいて人びとの注意を引きがちである。そうした目にみえる特性は、出会いの最初から事件性を構成してしまうというのである。
(17) E・ゴッフマン、前掲訳書、一九八五年、四二頁。
(18) このような困難には、ゴフマンによれば、主に二つの状況を想定される。一つは、その場で公式には排除されている事柄に自分自身が強く引き寄せられているのを知るとき。もう一つは、その人自身が公式に排除されるべきものとなっていると知るとき、である。ゴフマンによれば、人がそれを感じる程度は、変形ルールを維持することにその人がどの程度関わっていると感じているかにかかっている(E・ゴッフマン、前掲訳書、一九八五年、三四頁)。
(19) E・ゴッフマン、前掲訳書、一九八五年、三六頁。
(20) E・ゴッフマン、前掲訳書、一九八五年、五二頁。
(21) E・ゴッフマン、前掲訳書、一九八五年、五二頁。
(22) E・ゴッフマン、前掲訳書、一九八五年、五二頁。
(23) E・ゴッフマン、前掲訳書、一九八五年、五三頁。
(24) アーヴィング・ゴッフマン、前掲訳書、二〇〇二年、一七二—一七三頁。
(25) E・ゴッフマン、前掲訳書、一九八〇年、二五八頁。
(26) ジョアン・エントウィスル『ファッションと身体』鈴木信雄監訳、日本経済評論社、二〇〇五年、五二頁。

(27) したがって、秩序をより脅かすのは、不手際をそうと感じず、困惑や当惑といった感情にとらわれないまま事件を引き起こす者たちである。こうした者たちには、ゴフマンの言う「集まりと社会的場面を守るための施設」(E・ゴッフマン、前掲訳書、一九八〇年、二六七頁) がある。
(28) Crane, D., Fashion and its Social Agendas: *Class, Gender, and Identity in Clothing*, University of Chicago Press, 2000, p.99.
(29) 高橋直子『お洋服のちから』朝日新聞社、二〇〇二年、一八六―一八八頁。
(30) アーヴィング・ゴッフマン、前掲訳書、二〇〇二年、二六五頁。
(31) アーヴィング・ゴッフマン、前掲訳書、二〇〇二年、二六六頁。
(32) アーヴィング・ゴッフマン、前掲訳書、二〇〇二年、二六五頁。
(33) E・ゴッフマン、前掲訳書、一九七四年、三〇〇―三〇一頁。
(34) E・ゴッフマン、前掲訳書、一九八〇年、二六七頁。

視線の日本近代
——対人感覚の文化史序説——

櫻井 龍彦

一 はじめに

本稿の目的は、近代化や都市化にともなう対人感覚の変容を明らかにすることにある。対人感覚という言葉は耳慣れない言葉かもしれないが、私はこの言葉を、「人が他者と直接的、対面的に関わる際に生じる何らかの情緒状態」（櫻井、二〇〇四年、七四頁）を意味するものとして用いることにする。対人感覚というものに注目するのは、この感覚のあり方次第で、他者との関わりは敵意や暴力に満ちたものにもなりうるし、気詰まりでいたたまれないものにもなりうるし、平穏無事なものにもなりうるからである。そして、われわれの日々の暮らしは他者との直接的で対面的な関わりに満ちていることを考えれば、対人感覚というものがきわめて重要な社会学的考察対象となりうることは明白であろう。事実、近代化や都市化といった社会の大きな変化と絡めて、対人感覚の変容を考察する試みは、社会学の歴史において広く行われてきた。

たとえば、そうしたものの中の古典的なものとして、ゲオルク・ジンメルの「大都市と精神生活」（Simmel、一九〇三年＝一九九四年）がただちに頭に浮かぶだろう。周知の通りジンメルは、この論文の中で、多種多様な他者を抽象化・一般化して認識するような精神性の発達や、人と人との間に漂う相互的な冷淡さや無関心などを、近代的な大都市の特徴としてあげている。そして、ジンメルの影響下になされたものであれ、またそれとは別個になされたものであれ、近代的な都市とそこでの対人感覚の問題については、数多くの研究がすでになされている。以上のような、社会学の歴史においては常識ともいえる事実を思い浮かべると、こうしたなじみ深いテーマに本稿が何をつけ加えようとしているのか疑問に思われるかもしれない。そこで、本稿の目的をより明確にしておきたい。

ジンメルが「大都市と精神生活」で指摘した右のような特性は、確かにありとあらゆる近代的な大都市に見出される普遍的な特質である。むしろ、そのような特質が濃厚に漂っていることこそが、近代都市の近代都市たるゆえんだとさえいえるだろう。そして、そうした普遍的な特質を解き明かすような理論的な枠組み(1)の重要性は、いくら強調しても強調しすぎることはない。しかし、そうした普遍性をまといながらも、一つ一つの都市化や近代化は、それぞれに固有の歴史的過程を経て進行し、結果としてそれぞれに固有の都市性や近代性を帰結していることもまぎれもない事実である。つまり、たとえばベルリンと東京は、いずれも世界でも有数の規模を誇る近代的な大都市であり、そしてそのような大都市に共通して見られる普遍的な特質を持っていながらも、同時にそれぞれがドイツの都市、日本の都市としての固有の特質を持っている。そしてそうした固有の特質は、ジンメルが提示したような一般的な理論のみを探究しても決して解明することはできない。それを解明するためには、どうしてもそれぞれの社会に固有の歴史的な過程を追跡してみなければならない。

つまり本稿が目指すのは、われわれが暮らしているこの日本社会に固有の歴史的過程に着目し、近代日本に固有の対人感覚の特質を解明することにある。もちろん、紙幅が限られている本稿では、それほど多くの事柄に触れることはできない。そこで本稿では、特に視線の問題を中心に扱うことにする。対人的な状況とは、他者を見ることと他者に見られることとが同時に成立する状況であり、さまざまな要素の中でも視線というものがきわだった重要性を持つ。したがって視線の問題についての探究は、対人感覚の問題全般に取り組む上で、最良の出発点となるはずである。

以下ではまず、人と人との視線の交錯が起こる場それ自体の変容を確認する作業を行う。次いで、視線の問題を手がかりとして、日本社会の都市化や近代化が生んだ対人感覚の変化を概観する。そして最後に、こうした問題に取り組むことの意義について、若干の見解を示しておくことにしたい。

二　江戸から東京へ

日本社会における近代化や都市化はさまざまな角度から論じられうるであろうが、とりわけ興味深いのは、江戸が東京に変化していく過程に示されている変化であろう。この点を手がかりにして、考察を始めることにする。江戸の人口が一〇〇万に達していたという点は、江戸という町の巨大さを物語る事実として頻繁に指摘される。そしてこの人口規模だけで考えれば、江戸には現在の大都市と変わりない対人感覚が当たり前のように成立していたかに思われるかもしれない。だがどうやら、事実はそれとは異なるようである。

いうまでもなく、現在の大都市においては、人々には移動の自由が認められており、そうした自由が多種多様な他者との接触を不可避的にもたらす。そしてそうした接触に対応していく中で、人々は多種多様な他者との接触に必要な臨機応変さを身につけていくことになる。しかし実際には、こうしたわれわれにとっては自明この上ない事実自体が、一定の歴史的過程の産物にほかならない。この点について、以下しばらくの間、柳田國男の『明治大正史 世相篇』を主な手がかりとして考察していくことにするが、まずここで特に興味深いのは、柳田が指摘する、武士たちの対人感覚の問題である。

士族は今日の軍人と同じように、特にいわゆる仮設敵の必要な職業であった。隣に他人というものの住みうることを、少しも考えてみぬような経歴をもっていた。江戸は彼らの唯一の社交地であったが、なお以前には仲間でばかり固まって住んでいて、外へ出た時は切り口上でしか物が言えなかったのである（柳田、一九九三年、一八四頁)。

江戸の町の多くの部分が、特権階級であった武士の居住地である武家地で占められていたことは、周知の通りである(2)。しかし、特権者として普段は自分の仲間たちとの接触に埋没して暮らしていた武士たちは、自分たちの仲間以外の人々にさらされたときには、切り口上でしか物が言えないという、いささか滑稽とも思えるような生硬さを露呈してしまうのである。

では、庶民である町人たちの場合はどうだったのだろうか。残念ながら柳田は町人たちについては語っていないので、直接確認することはできない。しかし、当時の江戸の空間的特性は、町人たちの対人感覚も、現在のわれわれのそれとは大きく異なったものにしていたように思われる。

たとえば藤森照信によると、江戸の町は「八百八町(実際は、一六〇〇カ町ほど)の各町一つを基本に」、合計で九九〇カ所もの「町木戸」で仕切られていた(藤森、二〇〇四年、一六一頁)。そしてこのようにして町木戸によって仕切られた各町は、木戸によって物理的に閉じられる単位であるのみならず、以下のようにして人々の関係性や心性をも区画する単位となっていたのである。少し長くなるが、現在の都市空間のあり方との違いを考える上で興味深いので引用しておこう。

下町の商業地は、……道幅の不意の変化や曲の手はないが、代わりに、通りのいたる所に設けられた町木戸が行く手をさえぎる。……日本橋の大通りは田舎間《いなかま》一〇間幅を誇っているが、しかし各町ごとに現われる間口二間半の木戸に狭められ、人や大八車の流れの幅は実質わずか四分の一にすぎなかった。夜明けに開き暮れ四ツの鐘をきいて閉まる町木戸は、武家の都を固める一番小さなバリケードの役を果たすとともに、木戸の内側は隣の家もわが家同然、巷の暮しの最小の枠にもなっていた。幕末の頃、横浜の異人が〈生麦事件〉の談判などに江戸に入ると、昼日中でも番太郎は先を争って木戸を閉め、町人は家にこもってしまい、先導の役人は、犬にほえたてられながら一つ一つ閂《かんぬき》を上げて進むのに難儀したというが、おそらく、〈物〉としての街が閉じていたにとどまらず、町人の心や社会組織も同じように閉じていたに違いない（藤森、二〇〇四年、一六一頁）。

もちろんこの藤森の指摘でも、町人たちの対人感覚が具体的にどのようなものであったのかは必ずしも明確ではない。だが、町人たちもまた木戸で仕切られた小さな共同体的空間に埋没しがちであったとすれば、彼らの対人感覚を現在の都市住人のそれと同一視することは、やはり早計であるように思われる。

いずれにしても、城壁に囲まれた西洋の都市が「卵のように」外部に対して閉じていたとすれば、内部がいたるところで町木戸によって仕切られていると同時に、「壕、石垣、土手、塀の組合せが渦を巻くように幾重にも」重なっていた江戸の町は、「キャベツのように」閉じていた（藤森、二〇〇四年、一六〇—一六一頁）。つまり、西洋の都市は外部に対して閉じられていたかわりに内部では人々の自由な移動や接触が許容されていたのに対し、江戸は外部に対する明確な境界はもたなかったかわりに、内部が無数の境界によって細かな共同体的単位に区画され、人々をそのような単位に封じ込めるような傾向を強く持っていたのである。したがって、江戸が近代都市東京へと生まれ変わるのにまず何よりも重要だったのは、人々の自由な移動や接触を許容するような開かれた空間の創出（あるいはそのような空間として町全体が再構成されること）だった。事実若林幹夫によれば、東京が江戸から脱皮し、近代的な都市として整備されていった明治初頭期においてまず行われたことの一つは、「町々を区切っていた木戸の撤去」（若林、一九九六年、一五頁）であったという(3)。

こうした変化によって、人々は新たな関係性に巻き込まれていくことになり、それは人々の対人感覚に大きな影響を及ぼしていく。それまで人々にとっての課題は、自分が所属している職業集団や近隣の顔見知り集団の成員として適切にふるまうこと、つまり常に自分の身辺にあり、常に自分を包み込んでいるような、いうなれば「可視的な共同体」（野村、一九八三年、一四頁）の成員としていかに他者とうまく関わり合うかということであった。だが、近代化はそのような共同体から人々を引きずり出し、限定的な共同体の成員同士という絆によっては結びついていないような他者とのコミュニケーションを人々に課していく。

もちろん、一〇〇万もの人口を誇っていた江戸の町であれば、共同体的絆を共有していない者同士の接触が皆無であったはずはない。だが、内部における移動がそれまでとは比較にならないほどに自由になった（それに加えて地方から流入してくる大量の新参者を果てしなく吸収し続ける）近代都市東京は、少なくとも共同体的絆を共有していない者同士の接触をかつてとは比較にならないほどに増大させたという点で、やはり江戸とは大きく異なる。そしてこうした東京という空間が、人々にとってきわめて新奇な空間として立ち現れたであろうことは想像に難くない。端的にいえば、「今まで友人ばかりの気の置けない生活をしていた者が、初めて逢った人と目を見合わす」ことを絶え間なく要求されるような空間として東京は成立し、そうした空間の中で生きていくことは、人々にとって「勇気の要ること」だったのである（柳田、一九九三年、一八八頁）。

そしてこの、「目を見合わす」ことをめぐって、さまざまな出来事が展開していく。

三　近代的都市空間の成立と視線の変容

日本人の視線の問題を考えるときまず注目しておくべきことは、かつて大多数の日本人は一方的に「見られる」存在であり、人を「見る」ことにさほど長けていたわけではないということである。多田道太郎によれば、「大方の日本人は、ただ見られるだけの存在であり、あまりに見られる、見すえられると、眼をそらすだけが、彼らに許されたせいぜいの自由であった」（多田、一九七八年、七三頁）という。人を「見すえる」ように見ることは、「殿様だの代官さま、庄屋さまに特有」のものであり、「面を伏せる、伏し目がち、あるいは眼をそらす。これが庶民の対面形式であった」のだ（多田、一九七八年、七三頁）。大半の日本人は「はにかんで」人に見られてばかりいた（しかも、目を伏せたりそらせたりしながら）。そしてまた、「友人ばかりの気の置けない生活」の中では、相手をじろじろと見て何事かを知ろうとするような必要もなかった。

もちろん、「周囲に知る人の多い者は、一人で歩いていても気が強かった。旅から来た者のほうがしおらしい眼をしていなければならなかった」（柳田、一九九三年、一八九頁）というように、「主格の地位」が明確で自分が「主」であるような場合には、平気で人を見るようなこともあっただろう。だが、「諸国の人間の入り交じる都会では、この主格の地位は定められなかった」（柳田、一九九三年、一八九頁）。それればかりでなく、見知らぬ間柄にある者同士の間に、「知りたいという念慮」がどうしても生じてしまうことがある。だが、「元来があまり人を見たがらず、はにかんでしばしば人に見られてばかりいた者が、思い切って他人を知ろうとする気になったときに、その眼は赤子のごとく和やかには見なかった」（柳田、一九九三年、一八九頁）のである。そして、以上のようにして起こる視線の交錯は、以下のような傾向を生み出すことになる。

気が強くなくては町には住まれぬと思い、向こうが見たからこちらも見てやったなどと、いわゆる負けぬ気になっていたものであった。最初はただ近づきでない人を、仔細に見て知りたいという目的でもあったろうが、それには若干の人を怖れまいとする努力を要したゆえに、相手にとって無遠慮ともまた侵害とも感じられたのである。貴様は何でそのように俺の顔を見るぞ、見たがどうしたなどという問答は喧嘩になりやすかった（柳田、一九九三年、一八九頁）。

ちなみに柳田によれば、このようにして見た／見られたに端を発する喧嘩が多かったことが、明治大正年間の日本の都市の特徴であったという（柳田、一九九三年、一九〇頁）。

ただし、こうした喧嘩は必ずしも他者への敵対心を意味していたわけではなかったことには注意する必要があるだろう。そもそも喧嘩の引き金になっていた視線のぶつかり合いにしても、それは先ほどの引用中にもあるように、「近づきでない人を、仔細に見て知りたい」というある種の「知識欲」から生じたものであった。

つまり柳田が指摘しているように、こうした喧嘩は「大部分は変則なる一種の社交術」であった。大体においてそれは、「そういっては悪いが、いつも仲裁人の幾らでもいそうな場所」で起こり、「見物はもちろん男女共に群をなしていた」。そして、「五分か七三かの差があっても、一方が全敗する喧嘩も少なかった」という。つまり喧嘩は、適当なところで仲裁人が割って入り、最後は「仲直りの盃」で終わるようなものであり、それは「今まで他人であった多人数を、ただちに冷淡以上の関係に繋ぎ合わ」せ、「新たなる知人を増していく」機会となっていたのである（柳田、一九九三年、一八九―一九一頁）。

なるほど、回りくどい社交術であったことは確かである。だが、以上の柳田の指摘は、近代的な都市空間にまだ不慣れだった明治大正期の日本人が、新奇な空間にとまどいを感じながらも、同時にそれを、これまでは不可能であったような広い社会的交際の可能性をはらむものとして肯定的に意識してもいたことを物語っている点で興味深い。そしてそうした意識は、仲間同士との接触にもっぱら埋没したり、町木戸に仕切られた狭隘な共同体的空間に閉じこめられがちだったりした江戸期の生活への反動として、あってしかるべきだったともいえるだろう。

しかし柳田は、「近年は喧嘩の数が著しく減じている」と述べ、その理由は、「新たなる若干の他人を見知るために、喧嘩という「迂遠にして、しかも危険なる手段を執るに及ばぬ」と人々が悟ったからであると指摘している（柳田、一九九三年、一九〇頁）。なるほど確かに、現在のわれわれには、新たな知人を得るために、人と視線をぶつかり合わせ、喧嘩をして、その仲直りをして、というような手段をとろうとする感覚は皆無である。

だがそうなると、当然のことながら新たな疑問が一つ浮かぶ。それは、都市空間の中に嫌でも飛び交ってしまう視線を、どのように了解すればよいのかという疑問である。視線が巻き起こす喧嘩という手段が、社交術として衰退してしまったということは、人々の間に交わされていた視線に係留されていた意味が流失してしまったことを指している。かつてであれば視線は、「近づきでない人を、仔細に見て知りたい」という意味を持つものとして自他の間で了解され、しかるべき形で処理されうるものであった（喧嘩という回り道を経てではあったが）。しかしもはや、視線をそのように了解し合うことはできず、視線は意味不明な不可解なものとして立ち現れることになる。そしてこうした不可解さを意識すればするほど、視線をどう処理するかという点が大きな課題になる。

ここに、視線をめぐるもう一つの問題が生じる。

四　不可解な視線

さて、見た／見られたに端を発する喧嘩の頻発という前節で扱った点の考察を、柳田は上山草人《かみやまそうじん》という一人の俳優が語ったあるエピソードをとりあげることから始めている。上山は大正八年（一九一九年）に渡米し、ハリウッドで大活躍した役者だが、彼が昭和四年（一九二九年）に一〇年ぶりに帰国したとき、東京人に起こったある変化に気づいたというのだ。

最近に上山草人が久しぶりに日本へ戻った時、何だか東京人の眼が大へんに怖くなっているといった。……こういう感じには個人の立場が働くから、よほど重ねて見ないと事実としては取り扱いにくいが、それはわれわれにはありそうに思われる変化である（柳田、一九九三年、一八七頁）。

先述の通り柳田は、このエピソードであげられている視線の険しさを、明治大正期に見られた、他者への知識欲の不器用な表現として論じている。そしてそれによって引き起こされていた喧嘩が、実は一つの社交術となっていたというのが柳田の主張である。だが、右の引用および引用前で指摘したことから明らかなように、上山が感じた視線の険しさは、彼が日本を離れていた一〇年間（この間に大正から昭和への改元もあった）に起こった変化として語られているものである。そして、『明治大正史 世相篇』は上山の帰国の翌年（昭和五年）に執筆されており（刊行はその翌年の昭和六年）、その段階ではすでに先ほど確認したように喧嘩という社交術がかなり衰退していたのだとすれば、上山が感じた東京人の視線の険しさは、柳田が論じたような、明治大正期を通して見られた、他者への知識欲の不器用な表現というのとは別の何かを物語っていると考えた方が自然であろう。つまり、柳田が指摘した喧嘩の減少という事実は、明治維新以降の近代化の過程で形成されてきた対人感覚にさらになんらかの新たな変化があったことを示しており、そうした変化によって生じた視線の変容こそが、長く日本を離れていた上山には「大へんに怖くなっている」と感じられたのではないだろうか。

さて、実は前節で登場した多田は、先ほど引用したエピソードについて、柳田とは微妙に異なる解釈を提示している。それは以下のようなものだ。

> 私の結論をいってしまえば、眼のこわさは「はにかみ」の一種だと思うのだ。或《あ》いは、「はにかみ」の発展形態といってもよかろうか。怯《おび》えに打ち勝つための緊張した表情である（多田、一九七八年、七二頁）。

多田によれば、ここに現れる視線の険しさ(4)というのは、必ずしも他者への敵対心や攻撃性を意味しているわけではない（多田、一九七八年、七二頁）。というよりも、そもそも他者へのなんらかの関心とは別のものこそを色濃く反映しているという。多田はそれを、「自分の内なる怯えに打ち勝つための、いわば心の内に向けられた『こわさ』」（多田、一九七八年、七六頁）だとしている。

もちろんこれが、「『はにかみ』の発展形態」とされている点は注目されるべきであろう。はにかみ屋が、はにかみながらも新たな交際を求めて勇気を出して他者に視線を向ければ、それは前節で確認した、柳田が論じたような視線になる。そしてはにかみ屋が、他者との関係で感じる「心の内に向けられた『こわさ』」に打ち勝とうとすれば、それは多田が論じたような視線になる。

つまり、はにかみ屋の人々の意識は、外向的なものから内向的なものへとおそらく変質したのである。多種多様な人々が行き交う近代的な都市空間の勃興期においては、その物珍しさが人々の心をとらえ、道行く他者への興味が心の内に感じられる怯えに勝っていた。そして、人々の間に共有されていたそのような興味が、互いに了解可能な意味を視線に付与してもいたのである。

しかし、近代的な都市が成熟し、その物珍しさが色あせてくると、他者への興味も次第に薄れ、明治大正期を通して視線に付与されてきた意味も失われていく。他者への興味によって脇に追いやられていた怯えが心の中心を占めるようになると同時に、視線というものの不可解さが先鋭化する。それゆえに、他者の視線は、はにかみ屋をますますはにかませてしまうようなものに感じられる。また、他者の視線が自分にとって不可解なものに感じられるのと同様に、自分の視線が他者にとっては不可解なものに感じられるであろうことも強烈に意識されるようになる。したがってはにかみ屋は、自分の視線をどこに向ければよいのかも分からなくなってしまう。こうして、視線の客体になるのであれ、主体になるのであれ、対人関係はかつてなかったような居心地の悪さを感じさせるものになる。ここで人々の意識は、自分の外にいる他者よりも、自分の中で感じられる居心地の悪さへとより強く向かうようになったのではないだろうか。

そして、その場の関係性に居心地の悪さを感じるとき、われわれはそうした自分のことを不甲斐なく感じ、その反動としてあえて強面になってみるようなことをする。そのようなときにできる険しい視線は、その場をなんとかやり過ごすのに汲々とした、苦肉の策とでもいった様相を呈するが(5)、居心地の悪さを強烈に意識するようになった人々は、このような苦肉の策をとらざるをえない。上山が感じた視線の険しさは、このようにして生じたものではないだろうか。それは、喧嘩を引き起こしていた視線と同様に、はにかみというものから生じてはいたが、外向性から内向性へという意識の変容を経ていたからこそ、一〇年間日本を離れていた上山には、独特の険しさとして感じられたのである。

いずれにしても、柳田と多田の指摘から浮かび上がってくるのは、見方によってはまさに不器用というほかないような、日本人の視線の問題である。もちろん大半の人々は、不器用ながらもなんとか日々の他者との関係を無事に乗り越えていく。しかしこうした不器用さは、時には大きな問題を生みだしていく。

五　視線恐怖の社会

近代社会における対人感覚の問題を考える上で興味深い論点の一つに、対人恐怖の問題がある(6)。もちろん、諸外国に比べ「日本に目立って対人恐怖が多いという比較精神医学的特徴」(内沼、一九九七年、二九頁)はしばしば指摘されるところであるから、対人恐怖の問題は近代日本という文脈においてとりわけ大きな意味を持つというべきであろう。そして、こうした比較精神医学的な観点からして特に興味深いのは、木村駿も指摘するように「視線恐怖が日本人の対人恐怖症に独自の症状であること」(木村、一九八二年、一八六頁)である。これは一体なぜなのだろうか。視線恐怖が日本社会固有の症状であり、他の社会には見られない症状なのだとすれば、そこには、それぞれの社会に固有の視線感覚が関連していると考えるほかない。この点について木村は、自らのヨーロッパでの留学生活の経験から、以下のような興味深い指摘をしている。

西欧人は、他人と視線が合えばたくまずして微笑を浮かべる「社会的微笑」のトレーニングによって人見知り不安を抑止する社会慣習をもつ。それが見知らぬ人同士のコミュニケーションの共通の「ひろば」をもつように行動すると考えうる(木村、一九八二年、一九〇頁)。

このように、西欧社会では視線の交差が「社会的微笑」という技法によって自他の間で緊張をともなわない形で処理される慣習があるようだ。この点は、日本とは明らかに異なっている。こうした違いが一体何によって生じたのかという問いは、もちろん簡単には答えることのできない難問であろう。だが、ここまでの考察から、一つの仮説的な解答を提示することは可能である。手がかりとなるのは、右の引用の中で木村自身が強調している「ひろば」という点だ。

第二節で確認したように、西洋の都市は堅牢な城壁で囲まれ外部に対しては閉じていたが、その内部での移動は自由だった。広場とは、そのような条件の下で人々が自由に接触し、視線を交え、コミュニケーションを行う場である。そうした自由な接触やコミュニケーションが、近代化とそれにともなう都市の爆発的な発展によってさらに加速されたことはいうまでもないが、西洋の場合、こうしたことは伝統的に受け継がれてきた広場的な感覚の延長線上に比較的容易に形成されたものと考えられる。これが、西洋においては対人恐怖が日本よりも圧倒的に少なかったり、視線恐怖が皆無であったりすることの理由なのではないだろうか。

それとは反対に、外部に対しては明確な境界は持たないものの内部が事細かに区画されていた日本の都市は、そもそも広場的な感覚からは縁遠い。だからこそ、近代化がもたらした自由な接触やコミュニケーションは、もともとあった感覚に無理なく接合されるようなものではなく、新たに達成されなければならない課題のようなものとして意識されることになりやすい。それが、多くの人々に対人関係をきわめて困難なものと意識させることとなり、結果として対人恐怖社会とでもいうべき日本社会独特の性質を生みだしたのではないだろうか。

それに加えて、日本には独特の視線感覚の問題もある。誰でも子どもの時に（あるいは大人になってから子どもを相手に）、「にらめっこ」に興じた経験があるはずだが、木村は視線恐怖的な感覚の遠因の一つとして、にらめっこの起源に関する柳田の以下のような指摘に注目している（木村、一九八二年、一八九頁）。

通例群の力は一人よりも強く、仲間が多ければ平気で人を見るし、それをまたじろじろと見返すことのできるような、気の強い者も折々はいた。この勇気は意思の力、または練習をもって養うことができたので、古人は目勝《めがち》と称してこれを競技の一つにしていた。すなわち、今日の睨めっくらの起こりである（柳田、一九九三年、一八八頁）。

前述の通り、そもそも大半の日本人は、はにかんでもっぱら人に見られてばかりいて、人を見る（特に人と目を合わす）ことが不得手だった。だからこそ、時として起こる視線の交錯は、「目勝ち目負け」（柳田、一九九三年、一九一頁）を連想させるようなものとして特別に意識されることになりやすい。そのため平素からそれに備えていなければならないというような感覚も生じ、それが特別な「競技」にまでなった。にらめっこは、そこに起源があるというのである。そして、現在でもにらめっこという遊技が絶えることなく続いているという事実は、視線の交錯ということを強く意識するような感覚がいまだに決して完全には消滅していないことを意味しているといえよう。つまり、こうした独特の視線感覚が、視線に対する特別な敏感さを要求することが、視線恐怖という独特の症状の原因の一つになっているのだ。

さらに、こうした視線に対する古来の敏感さは、前節で確認したような視線の意味喪失と曖昧化によっても増大される。自他の間で、視線は嫌でも飛び交う。しかし他者の視線は、どう解釈すればよいのかにわかには判断できないような不可解さをもって迫ってくる。そして立場を入れかえてみれば、自分の視線もまた他者にそのような不可解さを浴びせかけるものにほかならない。極言すれば、われわれにとって視線は、常に他者との関係の中に飛び交っていながら、常にそれを破壊しようと待ちかまえているもののように感じられる。

視線恐怖には、人に見られることに常軌を逸したとまどいをおぼえる被害的な側面と、自分の視線は「凄い」のではないか、そのせいで他者に不快感を与えているのではないかと思い悩む加害的な側面とがある(7)。そしてそのいずれもが、「目負け」や「目勝ち」を意識させるような古来の視線感覚や、近代以降に発生したと考えられる視線の曖味化を色濃く反映しているように思われる。どちらにしても、視線恐怖に現れているのは、自他の視線に翻弄され、当たり前の対人関係がとてつもなく困難になってしまうという、考えようによっては滑稽ともいえる状態である。しかしこれは、ここまで考察してきたような日本社会の視線の特性からして、当然予想されることなのだ。そしてそれゆえに、視線恐怖症患者ではないとしても、視線恐怖的な感覚には、誰でも多少は思い当たる節があるであろう(8)。

六　終わりに

さて、以上のような対人感覚にわれわれはどのような印象を持つだろうか。有力なものの一つは、このようなわれわれの感覚を否定的にとらえ、よりよいものへと作りかえていかなければならないとするようなものであろう。たとえばわれわれには、視線が交錯したときに自然に社会的微笑を浮かべ、他者となめらかに関わり合うことのできる(とされている)、いうなれば「西洋的な」対人感覚を理想化するような傾向が少なからずあるように思われる。もちろんそこには、西洋的なコミュニケーションへの「幻想」も多分に含まれているに違いない。だが、こうした幻想が生じることも含めて、自分たちの対人感覚を否定的にとらえたくなるのは、『はにかみ』から解放されることこそ『近代的』」、あるいは「堂々と対面することが『近代的』」(多田、一九七八年、七五頁)と思い続けてきた(そして今もなお思い続けている)われわれにしてみれば、ある意味で当然のことといえるかもしれない。

しかし、西洋的なものを範とするようなコミュニケーションは、堂々と視線を交換するような感覚をもともと持っていなかった以上、容易には実現しない。そればかりか、そうしたコミュニケーションを理想化することは、日常的な対人関係をかえって困難にしてしまうような危険性をはらんでいるように私には思われる。最後にこの点について簡単に触れ、結論にかえておきたい。

いわゆる「森田療法」の発案者であり、対人恐怖をはじめとするさまざまな神経症の治療と研究に多大な功績を残した森田正馬は、対人恐怖に陥りやすい「神経質」な人々の性向について、以下のように指摘している。

神経質は、自己内省的でものを気にするという性格の人が、ある動機から、誰にもありがちな感覚、気分、感想を病的異常と考え過ごし、これに執着、苦悩するようになったもので、いいかえれば、実は病気でも何でもないものを、われとわが心から次第次第に病気に組み立て、こねあげたものである(森田、一九九八年、一一一―一一二頁)。

対人恐怖の文脈にあてはめていえば、対人的状況において、さまざまなとまどいや違和感に見舞われるのは異常でもなんでもなく当然のことである。つまり、対人恐怖症患者とそうでない者とを分かつのは、そうしたとまどいや違和感があるかないかではない。両者を分かつのは、些細なとまどいや違和感を気に病み、とらわれてしまうか、それともそれらを仕方のないこと、当たり前のこととして受け流していられるかという、微妙な違いにほかならない。だからこそ森田は、森田の治療によって赤面恐怖から回復したという実感は確かにあるものの、かといって赤面することそれ自体がなくなったわけではない青年が述べる、「神経質が全快したとは思われませんが、別に悲しくも心配でもありません」という言葉に対し、「これが全快です。……もし君が予期した通り、人前で顔が赤くならないようになったならば、それは無恥堕落の人となり終りましょう」と答えるのだ(森田、一九九八年、七六頁)。

以上を、視線恐怖の文脈に即していえば以下のようになるだろう。つまり、堂々と人を見て、堂々と人に見られているという理想像を追求すればするほど、見ること/見られることに際して生じるとまどいや違和感は、端から見ればそれがいかに些細なものであっても、当人にとっては重大な欠陥のように意識されてしまう。そしてそれこそが、結果としては視線恐怖的な感覚をエスカレートさせ、他者との関係をますます困難にするという悪循環を生んでしまうのである。

もちろん、理想として描く「こうあるべき」コミュニケーションと対比させる形で、「現にこうある」自分たちのコミュニケーションを批判的にとらえることの重要性をすべて否定するつもりはない。それが実際によりよいコミュニケーションへの扉を開くことは、確かにあるだろう。しかし、先ほど確認した悪循環のことを考えれば明らかなように、「こうあるべき」ことを過剰に追求することは、時として「現にこうある」ことを必要以上に問題視することにつながり、結果としては他者との現実の関係をますます苦痛に満ちたものにしてしまう。

だとすれば、日本社会に暮らすわれわれがさしあたりすべきことは、いたずらに西洋的な対人感覚を理想化することでもなければ、それと対比していたずらに自分たちの対人感覚を卑下することでもなく、「現にこうある」われわれの対人感覚をもって、他者と関わり続けることであるはずだ。もちろん、「現にこうある」対人感覚になんらかの問題を感じているにもかかわらず、理由も分からないままにとにかくそれに甘んじなければならないとしたら、それはそれで苦痛だろう。だが、「現にこうある」感覚がなぜ生じたのかを理解することは、そうした苦痛を必ずしも解消してはくれないにしても、少なくとも大幅に減少してはくれるだろう。そしてそうした理解は、日本に固有の歴史的な背景との関連において、近代日本に固有の対人感覚のありようを解明することによって、はじめて可能になるのである。いうまでもなく、本稿での考察はその出発点であるにすぎないが、出発点を指し示し、それが持つ意義の一端を明らかにできたとすれば、それで本稿の目的は果たせたことになる。

＊付記――本稿は、二〇〇一―二〇〇三年度の科学研究費補助金研究「感情の抑制技法とその社会規範にかんする理論的・実証的研究」(基盤研究(C)(2)、研究代表者＝立教大学社会学部奥村隆教授)の研究成果報告書に掲載された拙稿(詳細は参考文献一覧を参照)の一部をもとに作成されたものである。

〈注〉

(1)ジンメルやアーヴィング・ゴフマンなどを手がかりとした、本稿の考察に関連する理論的な取り組みとしては、拙稿(櫻井、二〇〇一年）を参照されたい。

（2）鈴木博之によれば、明治三年時点で、江戸（正確にはこの時点ではすでに東京というべきだが）の町の約六割が武家地であり、残りの四割を町人地と寺社地が分け合っていた（鈴木、一九九九年、六九頁）。

（3）若林によれば、旧江戸市中に何カ所か設けられ、人の移動を制限する大きな要因となっていた旧江戸城の城門の開放も、この時期に行われた。

（4）ちなみに多田は、険しい視線は都市化した世界に暮らす男に典型的なものであり、対して女に典型的なのは「羞じらい」ではないかと述べている。本稿では詳しく扱うことができないが、こうした対人感覚のジェンダー差の問題は（多田の指摘の当否も含めて）、きわめて重要かつ興味深い問題であることは指摘しておきたい。

（5）まれに他者と視線が合っても、慌ててそれをなかったことにするような感覚（現在のわれわれに強烈にある感覚）も、このようにして生まれたのだと思われる。

（6）対人恐怖と近代社会との関連性については別の機会に詳細に論じる予定であるが、その一端については、拙稿（櫻井、二〇〇四年）の後半部分を参照していただきたい。

（7）視線恐怖と一言でいっても、そこで問題化する視線のあり方はさまざまである。この点を詳しく論じることはもちろん重要だが、本稿では紙幅の都合上、割愛せざるをえない。

（8）後段でふれるように、このようにして誰にでも思い当たる節があるということが、対人恐怖の興味深く、また重要な点である。対人恐怖は、われわれが対人関係において感じるさまざまな問題を凝縮しているのである。

〈参考文献〉

藤森照信『明治の東京計画』岩波書店、二〇〇四年。
木村駿『日本人の対人恐怖』勁草書房、一九八二年。

森田正馬『対人恐怖の治し方』白揚社、一九九八年。

野村雅一『しぐさの世界』日本放送出版協会、一九八三年。

櫻井龍彦「公共空間の誕生」『現代社会理論研究』第一一号、二〇〇一年、一八九―二〇〇頁。

――「対人感覚の変容」奥村隆編『感情の抑制技法とその社会規範にかんする理論的・実証的研究』二〇〇一―二〇〇三年度科学研究費補助金研究成果報告書、二〇〇四年、七三―八八頁。

Simmel, Georg, 1903, "Die Großstädte und das Geistesleben", *Jahrbuch der Gehestiftung IX.*（居安正訳「大都市と精神生活」『ジンメル著作集 一二 橋と扉』白水社、一九九四年、二六九―二八五頁）。

鈴木博之『日本の近代 一〇 都市へ』中央公論新社、一九九九年。

多田道太郎『しぐさの日本文化』角川書店、一九七八年。

内沼幸雄『対人恐怖の心理』講談社、一九九七年。

若林幹夫「空間・近代・都市」吉見俊哉編『都市の空間 都市の身体』勁草書房、一九九六年、一―二四頁。

柳田國男『明治大正史 世相篇（新装版）』講談社、一九九三年（初版＝一九三一年）。

社会学、死、近代社会

澤井　敦

一　死の社会学／社会学と死

社会学にとって、死というテーマは、けっして疎遠なものであったわけではない。たしかに家族や都市などといったテーマと同じ程度に頻繁に論じられるテーマではないとしても、「死の社会学」という領域自体はすでに認知されたものとなっているといってよいだろう（1）。この「死の社会学」の古典的研究というかたちでたびたび言及される著作として、D・サドナウの『この世を去ること（*Passing On*）』（一九六七年）と、B・G・グレイザーとA・L・ストラウスの『死の認識（*Awareness of Dying*）』（一九六五年）がある（2）。両研究とも、一九六〇年代のアメリカの病院におけるフィールドワークに基づくものであり、死という事態が病院という場においていかに社会的に構成されていくかということを、患者や医療スタッフの視点にたって具体的にあとづけたものであった。

ただ、ここでまず注意しておきたいのは、サドナウやグレイザーらの研究も含め、一般に「死の社会学」と称される研究の多くが、死にゆく人に対する処遇や死の告知をめぐる研究であれ、葬送儀礼の研究であれ、災害や事故による死別体験の研究であれ、「死」そのものではなくむしろ死に関わる「生」の経験的研究だということである。サドナウやグレイザーらの研究にしても、例えば、起こってしまった死に対して医療スタッフがどのように対応するかという話であったり、人が死にゆくまでの生の期間において死をめぐる情報がどのように管理されるかという話であったりする。それゆえ、それらは必ずしも死を直接的に研究の対象とするものではない。

もちろん、これは、ある意味では当然のことである。およそ社会学という学問が、原則として特定の宗教的信仰を前提とするものではない以上、「死とはなにか」、「死んだらどうなるのか」といった問いに直接的に答えようとするものでは、社会学はありえない。この点に関していえば、A・ギデンズは、その社会理論において、死を、モダニティに内在する再帰的な自己モニタリング・システムによってコントロールできる境域を超えたところにあるものとして位置づけていた。ギデンズによれば、死そのものは、人間存在を背後から大きく規定する外在的要因として存在するが、死そのものを人間がコントロールすることは（死にゆく過程において生じる出来事は除いて）できない。そういうものとして死は、隔離の対象となり、日々の生活から隠蔽される(3)。ギデンズに倣いつついえば、近代社会の自己反省としてある社会学もまた、死にゆく過程の「生」において生じる出来事や、死が生起した後の「生」における出来事を除いて、死そのものを論究の対象とすることはできないという言い方もできるだろう。

とはいえ、少し別の言い方もできるかもしれない。例えば、今ふれたギデンズの議論は、たしかに死を直接の論究の対象とはしていない。その意味で、死そのものは、議論のなかで、不可知・不可解なものにとどまっている。ただ、ギデンズの議論においては、死そのものが論じられているのではないにしても、その不可解・不可知なものとしての死が、社会的にどのようなかたちで位置づけられているのか、ということが（例えば、「隔離」、「隠蔽」される対象となるというかたちで）論じられている。つまり、不可知・不可解なものとしての死が、人々のあいだで、あるいは、社会において、どのように受けとめられ、また処理されているか、と問う視点がそこには存在している。そして、このような視点は、とくに意図的にということではないとしても、多くの社会学的思考に内在している。

したがって、本稿の焦点は、いわゆる「死の社会学」というよりは、むしろ近代社会を論究の対象とする「社会学」にあって、不可知・不可解なものとしての死が、どのような位置を占めてきたかを整理し直すというところにある。ここでは、二〇世紀前半、一九五〇年代から七〇年代、一九七〇年代以降の社会学的思考の例としてそれぞれ、M・ウェーバーとE・デュルケム、T・パーソンズと意味学派、N・エリアスの社会学を取り上げることにしたい。彼らの社会学に姿を現す死をめぐる議論を基盤としつつ、死のタブー化、死の自己決定、タブーからの解放といった、とくに社会学に限らず死について語られる際、一般によく言及される議論を読み直していくことを通じて、近代社会における死の様相とその変化をめぐるひとつの視野を開くことが、本稿の目的である。

二　死に駆動される生

1　「死の共同性」の喪失と「死のタブー化」

二〇世紀以降の社会を、死をタブー視する社会として特徴づける議論がある。先にふれたギデンズの議論もまたその一種と見なすことができるだろう。ただ、この議論は、とくに社会学に限らず、むしろより一般的な議論として、死の社会的背景について論じる際に頻繁に言及されるものとなっている。

死のタブー化をめぐる代表的な議論としてしばしば言及されるのが、フランスの社会史家、P・アリエス、および、イギリスの社会学者、G・ゴーラーの議論である(4)。アリエス、ゴーラーとも、死のタブー化の過程が、欧米において、二〇世紀初頭、とりわけ第一次世界大戦以降に進行したとする点で一致している。時間的に先行するゴーラーの著作が扱っている場面は「死別」であった。ゴーラーによれば、近代化の進行とともに、一定期間、喪服・喪章を身につけたり、娯楽を慎んだりといった服喪儀礼が衰退し、死別の悲しみを公然と表出することが病的な、不健全なことと見なされるようになった。人々は、表面的にはあたかも何事もなかったかのようにふるまうようになった。「だから人々は、他人の心を害さないために、脱衣や排泄の時と同じように、一人きりで嘆き悲しむのである」(5)。そして、アリエスは、死別に関する記述についてはゴーラーを踏襲しつつ、さらに加えて病院や葬儀、日常会話といった場面における死のタブー化について論じている。例えば、かつて家で生じていた死は病院へと退去し、さらに病院では、死を公然と認め口にすることが回避され、患者は「死なないふりをする瀕死者」(6)という役割を精神的孤独のうちに演じなければならなくなった。「人はもはや、わが家で、家族の者たちのまん中で死んではいかず、病院で、しかもひとりで死ぬのです」(7)。また、日常的な会話のなかで、死が名指しで呼べぬものとなった。具体的には、大人が子どもに死について直接的に語らなくなった。

ゴーラーやアリエスが以上のような議論を展開したのは一九六〇年代から七〇年代にかけてのこととはいえ、彼らによれば、すでに二〇世紀前半の西欧において、かのタブー化の過程が進行していたということになる。では、これとほぼ時を同じくして展開された社会学的思考において、死はどのように位置づけられていただろうか。ここでは、M・ウェーバーとE・デュルケムの議論を見ておくことにしたい。死というテーマと彼らの議論を結びつけることは通常あまりなされないが、宗教社会学や自殺論といった彼らが展開した議論は、かのテーマとけっして無縁のものではない。

さて、ウェーバーとデュルケムの近代化論の共通点のひとつとして、両者が、死に意味を付与する宗教やそれに類する信仰体系などの意味世界、P・バーガーが「聖なる天蓋」と呼んだような「コスモス」の解体を(8)、近代化のひとつの特徴と見なしているという点がある。

例えばウェーバーは、周知のように、近代化を進行させる合理化の過程を「魔術(呪術)からの解放」ととらえると同時に、その過程が世界を「因果的メカニズム」へと読みかえていくことを通じて、「生の意味喪失」をもたらすと論じた。そして、この「生の意味喪失」という事態は、もうひとつの、「死の意味喪失」という事態と裏腹の関係にある(9)。古代の農夫、また、封建時代の領主や戦士たちは、「生きることに飽満して」死んでいった、と、ウェーバーは述べる。彼らは、宗教やそれに準じる世界観によってすみずみまで意味づけられた世界に産み落とされる。彼らの人生は、誕生し、成長し、老いて死ぬという、これもまた所与のものとして意味づけられた循環をめぐって、それを完結させることである。したがって彼らは、意味づけられた世界の内側で、人生が彼らにもたらしたものすべての意味を自明のものとして知りつくして、つまりは「生きることに飽満して」死んでいったのである。

これに対して、ウェーバーは、次のように述べる。

「『文化』なるものはすべて、自然的生活の有機的循環から人間が抜け出ていくことであって、そして、まさしくそうであるがゆえに、一歩一歩とますます破滅的な意味喪失へと導かれていく」(10)。

つまり、人間が文化や文明を持つということは、先ほど見たような、所与のものとして意味づけられた循環から、人間が離脱していくということを意味している。そして、合理化過程の進行とは、かの意味づけられた世界から離脱した人間が、自らの手で、世界を合理的に整序しようとすることである。しかし、そのような営みはどこまでいっても完結しない。文明が進歩していくということがあるにしても、それ自体、終わりのない過程である。また、個人がそうした進歩に関与するとしても、各人は、ある特定の一時点において、そのごく一部をになう、あるいは自分のものとすることができるにすぎない。そして、このような営みを、その途上において、強制的に終了させるのが、各人の死である。この場合、死は、終わりなき営みの途絶、ということ以外の意味を持たない。これが、ウェーバーのいう「死の意味喪失」である。

そして、デュルケムもまた、ウェーバーのいう「意味喪失」を近代化の過程のなかに見出している。最晩年の著作である『宗教生活の原初形態』(一九一二年)において、デュルケムは、オーストラリアの先住民族アボリジニの宗教生活を事例として、最も原始的な宗教の形態に立ち返り、そこから個々人の社会的連帯を生み出す本質的要素を取り出そうとした(11)。デュルケムが見出したのは、そこにおいて崇められている神の実態が、結局は集団や社会の集合力、あるいは「個々人が他者とともにある」という事態そのものが持つ力であるということ、そして、この力が、人々を死の脅威から保護する、いわば死からの防御壁となっているということであった。

例えば、デュルケムは、アボリジニの喪の儀礼に言及している(12)。オーストラリア全土で見られるこの儀礼においては、誰かが亡くなった後、同じ集団のメンバーが一箇所に集まって、大声で嘆き、泣き叫び、さらに、自らの身体を引っ掻き、殴り、火で焼き、また、互いに殴りあい、傷つけあう。デュルケムの解釈では、このようなかたちの喪は、悲しみなどの個人的な感情が自然なかたちで表出されたものではなく、むしろそれは、「集団から課せられた義務」である。死は、社会の衰弱を感じさせる衝撃として突如ふりかかってくる。これに対して、集団のメンバーは、接近し、身を寄せあい、そうしたなかで、悲嘆や憤懣の感情をぶちまけ、また、自らや他者を傷つけることで、集合的な興奮状態に陥る。そして、そのことが、結果として、集団の力、社会的活力を再活性化することにつながっていく。しかしながら、産業化に伴う社会的分業の進行が、個々人の相互の異質性・多様性の度合を無規制のまま高めていくなかで、近代社会においては、以上のような連帯の契機そのものが、したがってまた死からの防御壁が、失われつつある。

先にアリエスやゴーラーの死のタブー化に関する議論を見た。彼らの議論については、それが過去の死に方、死別のあり方を美化し理想化し、それをもとに現代を批判するものであるとするとらえ方がなされることがある。その際、理想化される過去とは、アリエスであれば、中世の、死を自然の摂理として受け容れ、教会の敷地に折り重なって埋葬される、死を「飼いならした」共同体であり、ゴーラーであれば、ヴィクトリア朝時代の、共有された服喪儀礼に即して悲しみを表出しあう共同体である。たしかに両者の議論からは、こうした共同体において、死者はおだやかに、安らかに死にゆき、また、死別の悲しみはあたたかく迎え入れられていたとする論調が感じられる。そして、死のタブー化とは、まさしくこのような死の共同性の喪失ということを意味している。ウェーバーやデュルケムが指摘していた近代化に伴う変化も、この死の共同性の喪失と深く関わるものである(とはいえ両者は過去の共同性を必ずしも理想化してとらえているわけではないが)ということができる。

2 死、合理化、アノミー

では、このような共同性という台座の喪失を経て、死は、社会においていかなる位置を占めることになるのか。この点に関してもまた、ウェーバーとデュルケムの古典的著作、『プロテスタンティズムの倫理と資本主義の精神』（一九二〇年、以下『プロ倫』と略記）と『自殺論』（一八九七年）が興味深い示唆を与えてくれる。

ウェーバーが『プロ倫』で論じたのは、基本的には、カルヴィニズムの予定説に最も首尾一貫したかたちで現れているようなプロテスタンティズムの倫理が、人々の合理的営為を駆動する資本主義の精神へと転化するという連関であった。この予定説においては、神の徹底的な超越性ということが前提となる。したがって、教会や聖職者が神の意思を代行し、例えば寄贈や懺悔をした信者の罪を許したりすることも、とてもできない、ということになる。結果として、信者たちは、教会や聖職者、他の信者などを基本的には頼りにすることはできず、ただ孤立した自己の内面においてのみ、神と向きあうことを余儀なくされる。さらに予定説においては、死後に誰が救われまた救われないのかを神はすでに予定しているが、この神の予定について信者は知ることはできない、とされる。そして結果として、自らの不可知の死後の運命に対して内面的孤独のうちに対峙することとなった信者たちは、「救い」そのものを得ることはできないとしても、少なくとも自分は救われているという「確信」を自らつくりだそうとしたのである。

このようにいわば、自らにとっての死の意味が不可知であるということからくるある種の不安感が逆に駆動力となって、この不安によって生じる空白を埋め合わせるために、人々は、日々の生活を合理的に整序することへと向かった。しかし、こうした営為にゴールはない。「救いの確信」を求める信者たちは、ウェーバーの言葉を借りれば「どんな時にも、選ばれているか、捨てられているか、という二者択一の前に立つ組織的な自己審査」を、まさしく死に至るまで強いられることになる(13)。ウェーバーの主張は、以上のような精神的態度が、すでに現在においては宗教的色彩を完全に脱色されているとしても、際限のない合理化・効率化を押し進める近代社会の基底にあるのではないか、という点にある。

同様の精神的態度に関する指摘は、デュルケムの『自殺論』における自殺の類型論にもまた見てとれる(14)。デュルケムが近代社会に特徴的なものとしてあげた類型は、「自己本位的自殺」と「アノミー的自殺」である。前者の「自己本位的自殺」は、社会的連帯の希薄化、逆にいえば過度の個人化が進行し、個々人が、自分自身にのみ依拠して、自己本位的に行動するようになるという状況を背景として起こる。そもそも個人が、自らの努力や行動に意味を見出しうるのは、それを、他者が受けとめてくれ、また、認めてくれるからこそである。自己本位的に生きる、とは、他者とのこうした関係性を遮断してしまうということにほかならない。結果として、自己本位的に生きる人間は、自らの努力や行動の意味や目的を見出せなくなり、結局なにをやってもむなしいという疲労感、あるいは「自分の努力が無に帰してしまうという感覚」を抱くようになる。こうした虚脱感は、行動への意欲を摩耗させ、時として、生きる気力までも削ぎ落としてしまう。

また、この同じ社会的状況を背景として、自らの行為の意味を、自らの欲求を次から次へと満たしていくことに見出そうとするのが、欲求の無規制状態、アノミー状態にある人間である。今現在ここにないもの、幸福な状態がいつかきっとやってくるだろうという希望が、彼らの行動の原動力である。しかし、望まれたような状態はどこまでいっても訪れることはなく、むしろ一カ所でむなしくあがいているような感覚、焦燥感、「やみがたい渇き」だけが感じられる。結局、他者との関係性を欠いているかぎり、どれだけ高い地位を得ようと、また、どれだけ富を手に入れようと、意味を求める営みに充足が訪れることはない。そのことがさらなる欲求の追求へと人を際限なく駆り立てていき、その行き着く先のひとつ、悲劇的な結末が、自分の営みすべてへの幻滅感に由来するアノミー的自殺である。

アノミー状態にある人間の以上のような営みは、先に見たウェーバーが描いたような、自らの行為の意味を宙づりにしたままで、世界を合理的に整序することへと駆り立てられていく人間の営みに通じるものを感じさせる。産業化が進行し資本主義が支配的となる当時の状況に孕まれている同じ問題性に、ウェーバーとデュルケムが、それぞれの視角から照明をあてたということだろう。両者どちらの議論においても、近代以前の社会において、人々の営為の意味、さらには人々の生と死の意味は、宗教、あるいはそれに準じる意味体系がもたらしていた。近代化とは、人々がこうした意味付与された世界から離脱していくこと、逆にいえば、意味喪失後の世界で生きていくということである。そして、むしろこの意味喪失からくる「無意味さ」を回避しようとする感覚が、近代社会において、人々を、合理的整序、あるいは欲求の追求といった行動へと駆り立てているということも、両者に共通する視点であった。こうした視点を、先に見た死の共同性の喪失、さらには死のタブー化というより一般的な議論と結びつけるとすれば、結局、意味を喪失し不可知・不可解なものとなった死が、一方で日常的にはタブー視され、隠蔽・隔離されると同時に、他方では、それでもなおかつ人々の生活の基底にあって不安感を醸成し、その感覚がまた際限なき合理化・効率化へと向かう動きや、際限なき欲求や自己実現の追求へと向かう動きをその根底において規定し駆動している、ということになるだろう。そして、このような基本的傾向は、とくに二〇世紀前半に限られたものではなく、むしろ今日に至る近代社会全般の基底に存在するものといいうるだろう(15)。

三　死の個人化

1「死の自己決定」の社会的文脈

さて前節において見たような死を隠蔽し隔離するタブー化の傾向とはまったく方向性の異なる社会的な動きが、一九六〇年代のアメリカにおいて、人種差別反対運動、女性解放運動、消費者運動など、一連の市民運動と連動するかたちで現れてくる。そこでは、これまで医師との関係において弱者の立場におかれがちであった患者にも、一人の個人としての人権、決定権が保証されるべきだとする考え方が現れてくる。いいかえれば、専門家としての医師に口出しのできない素人として「支配」されるのではなく、患者が自らの身体の医療のありかたについて自分で決めていくという「患者の自己決定権」という考え方が強く主張されるようになる。

そのようなななかで死をめぐっても、例えば、一九六九年に公刊されるE・キューブラー・ロスの『死ぬ瞬間』をひとつの契機として、死にゆく患者自身の立場に立ったターミナル・ケアの重要性、また、ホスピスの意義が認識されるようになっていく(16)。また、一九六〇年代後半までは、アメリカにおいても、がん告知をしないことがむしろ一般的であったが、一九七〇年代後半には、一〇〇%に近い医師が原則として告知に賛成の立場をとるようになる。さらに、一九七五年から七六年にかけて起こったカレン・アン・クインランの延命治療の停止、すなわち自然死をめぐって行われた裁判をひとつの契機として、患者自身が自分の死のありかたを自分で決める権利、つまりは死の自己決定権をめぐる議論が盛んになる。一九七六年には、末期状態にある患者が自分の意思により延命治療を中止する権利を法的に保証する、世界初の自然死法がカリフォルニア州において成立する。同様の動きは日本にも、とりわけ一九九〇年代以降、がん告知の推進や尊厳死運動の高まりといったかたちで波及することになる。

このような動きを、隠蔽され隔離されたなかで死へと受動的に受け渡されていくのではなく、自らの死のありかたを能動的・主体的に形づくっていこうとする動き、すなわち「死の自己決定」あるいは死に至るまでの生の自己決定を求める社会的な動きとしてひとまずは理解することができる。いいかえれば、不可知・不可解なものとして日常生活の背後に押しやられ、そこから生を駆動していた死が、個々人の手元へと引き寄せられ、個々人のコントロールの及ぶ圏内に取り戻されるという動きである。冒頭で言及したいわゆる意味学派、サドナウやグレイザーらの死の社会学の古典的研究も、一九六〇年代のアメリカにおいて、以上で見たような社会的潮流を背景として生み出されてきたものである。

もちろん彼らの研究は、死の社会的構成のありかたをフィールドワークに基づいて理解しようとするものであり、そのかぎりにおいて、特定の価値判断を前面に押し出すものではない。ただ、彼らの研究の全体的な方向性において、先に見たような社会的潮流と共振する部分が見出されることは事実である。例えば、サドナウの研究は、おもに下層階級の集まる大規模な慈善病院でのフィールドワークに基づいているが、この結果が中流・上流階級の集まる私立総合病院の調査結果と対比されることにより、前者における時として非人間的な医療措置が浮き彫りになるような構造を持っている。サドナウの社会的死という概念にしても、死にゆく患者の瞼を閉じさせようとしたり、死亡に先立って解剖許可証を作成したり、生前に死体梱包の一部を済ませてしまうなど、まだ生きている患者の、人間としての尊厳や主体性を無視するような措置が問題とされている(17)。また、グレイザーとストラウスの死をめぐる情報管理の研究に関していえば、彼らの研究は、サンフランシスコ湾岸の六つの病院で行われたフィールドワークに基づくものであり、そのかぎりにおいては死をめぐる情報管理の状況が整理されて報告されるのみのはずであるが、実際には随所において、死の情報を開示し患者や家族が率直な交流を行うことが望ましいこと、また、情報を得て、患者も自らの死へと向けて積極的な準備をすることが望ましいことが述べられている(18)。

とはいえ他方、彼らの議論にはまた、単に「死の自己決定」あるいは死の個人化を肯定的にとらえることに収まりきらない要素が含まれている。ここではグレイザーらの研究から、ひとつの例を見ておきたい。グレイザーらは、死の情報をめぐるコミュニケーションのある程度構造化された枠組みとして、①閉鎖、②疑念、③相互虚偽、④オープンという四つの認識文脈を、病院で収集されたデータから再構成している。これらは、基本的には情報が徐々に開示されていく過程をあらわしており、最後のオープンという認識文脈は、患者とスタッフが死の事実を認めあい、その共有された認識に基づいて比較的オープンに行動するという枠組である。先に見たような彼らの議論の傾向からすると、このオープンな認識文脈においては、死の情報を得た患者が、死に至るまでの期間、自己決定に基づいてその人らしく過ごし、自分らしい死を迎えるに至るといったイメージが抱かれるかもしれない。しかし、むしろ注目すべきであるのは、オープンな認識文脈の「あいまいさ」に関する彼らの記述である。

グレイザーらによると、情報が開示され自己決定が可能になったとしても、では、どのように死に至るまで生きることが正しい生きかたなのか、それを定めるルールは基本的にはない。さらに、アメリカが多民族国家であることからくる文化的多様性が、そうしたルールの成立をいっそう難しくしている。しかしながら続いて、グレイザーらは、次のような事実を報告している。少し長くなるが引用しておこう。

「にもかかわらず、現実には病院のスタッフはある種の暗黙の基準によって、死にゆく患者の振る舞いを判断している。この基準はスタッフのおこなう仕事内容と、勇気ある行動・見苦しくない行動についての非常に一般的なアメリカ人の考え方の両方に関係している。暗黙の基準に含まれる要素をいくつかあげてみよう。患者は適度の落ち着きと快活さを保つべきである。少なくとも尊厳をもって死に対すべきである。生きている人々に背を向け、世の動きから自分を切り離すべきではない。むしろ、よき家庭人であり続け、他の患者に『優しく』すべきである。可能な限り病棟の社会生活に参加すべきである。自分のケアをしてくれるスタッフに協力するよう努め、できるだけ彼らを困らせたり悲しませたりしない……等々。これらの大部分を実行できる患者は尊敬されるであろう。こうした患者は、私たちの用語でいえば『容認される死のスタイル』、より厳密に言えば、『容認されたスタイルで死につつ生きること』を体現している」(19)。

オープンな認識文脈において、基本的に人々は自由に生きる。そこに表だったかたちでルールがあるわけではない。しかし、そこには「暗黙の基準」、暗黙のうちに抱かれている「容認される死のスタイル」が存在する。いいかえれば、アメリカ社会には、「人は死に対して毅然として立ち向かうべきだという教義」が存在する(20)。もし患者がこのような教義にそぐわない態度をとる場合、医療スタッフは、「容認される死のスタイル」へと患者を誘導しようとする。それは、うまくなだめたり、ちょっとした示唆を与えたりといったことがほとんどであるが、場合によっては、指示や叱責、諭したり小言を述べたりといったことになる。

2 制度化された個人主義

グレイザーらのいう「容認される死のスタイル」は、なにか抑圧的な、強制力を持った型枠のようなものとして描かれているわけではない。基本的には、人々は、それぞれの自己決定に従って死に至るまでの時間を生きる。

ただその際、死にゆく人々が、主体的に、自発的に「容認された死のスタイル」を生きようとしていたこと、また、時としてそう生きるよう促され、誘われ、導かれていたという状況がある、ということである。

この点について考察するうえで、同時代のアメリカ社会学において大きな影響力を有していたT・パーソンズの議論が参考になる。パーソンズもまた、社会システム論的観点から、死をめぐる当時のアメリカ社会の状況や、死の自己決定という考え方の台頭について論究している(21)。パーソンズの議論において特徴的であるのは、彼が、自己決定という考え方の台頭を、従来の医療体制、医師の専門家支配を批判して患者個人の権利や主体性を擁護しようとする動きとは必ずしもとらえていない、という点である。むしろ、パーソンズにおいては、患者の自己決定を尊重すること、あるいは患者が死へと向かう過程を自らコントロールできるように支援するということは、結局のところ、患者が、自らに与えられた「生という贈り物（ギフト・オブ・ライフ）」を十分に活用し、生をまっとうすることができるようにするための営みとしてとらえられている。

「患者に不可避の死が迫っているということは、治療の失敗と受け取られる必要はない。患者の尊厳の感覚や身辺問題を整理する能力を支援し、家族との関係を調整しなおすように奨励し、死にともなうつらい諸条件を改善するという医師たちの努力は、ある意味で患者の死を促進するものでもある。これらの活動はまた、患者たちが自分たちに与えられた『生という贈り物』を利用することを支援することでもある。しかしそのとき患者たちは、死を生理学的な過程としてよりもむしろ社会的・心理的な過程ととらえてコントロールすることで、その『贈り物』を利用しているのである」(22)。

そして、ここでいう「生という贈り物」という表現に関連しているのが、パーソンズがアメリカ社会の基底に存在すると考える価値システム、「制度化された個人主義」あるいは「道具的活動主義」である。パーソンズは、この価値システムの泉源をプロテスタンティズムに見出しているが、その要点は、個々人が、自らの自由裁量と責任においてそれぞれ活動しながらも、その自発的な活動自体が、結果として「よき生活」の理念の実現、「よき社会」の建設へと向かっているべきだとする志向である。この志向のために、人は、与えられた「生という贈り物」を十二分に活用すべきであるとされる。そして、そうした営みを中途で頓挫させてしまうような病や死は好ましいものとはいえないが、逆にいえば、「全生涯を生き、達成と寄与とを妨げるものを理にかなったやりかたで避けた人の死こそ、望ましい死であった」ということになる(23)。そして、そのように与えられた贈り物を活用しつくした人の死、「十分に生をまっとうした諸個人の死」は、「もともと授かった生という贈り物への完全な返礼をなすもの」と見なされる(24)。そうした死は、いわば、人生というひとつのサイクルを完結させ、完成させるものである。

このような文脈において、パーソンズは、「活動主義的緊張」について述べている。活動主義的緊張とは、人生を、ひとつの挑戦的な事業、ある種の冒険と見なす態度である。そして、このような活動主義的緊張が行き渡っている場においては、「人間は、自分の死と他者の死に対して、この知られざる未来が何を予示していようとも、勇気を奮い起こしてそこへ入っていくことができるという精神で、それに立ち向かっていくことができるように思われる」(25)。死を前にしても、「よき生活」の理念のもとに自らの生活を制御し、勇気をもって未知の死に立ち向かっていく態度こそ、活動主義的な価値システムに見合ったものとなるのである。そして、このような態度が、先に見たアメリカ的な「容認される死のスタイル」と通底するものであることは明白であろう。

さて、以上で見てきた意味学派とパーソンズの議論をふまえて、「死の自己決定」という理念について、ここでは次のようにまとめておくことにしたい。

死をめぐる「自己決定」という考え方は、死に至るまでの生のありかたを個人個人の判断に委ねるものである。その意味では、具体的に決定される内容は、個々人に応じて多様なものになるし、人々の態度が型枠にはめこまれ均質化されるというわけではない。ただ、そのような多様な活動は、まったくの恣意的な判断の寄せ集めというわけではなく、むしろ、一定の価値システム（パーソンズのいう制度化された個人主義）を前提とし、そこに包摂されるものとなることがある。ここでは自己決定という名のもとに、ある種の共同性が形成されているという言い方もできるだろう。もちろん、こうした共同性に、人々が、自律的・自発的に適応していこうとするということはある。ただ、実際の自己決定の内容が多種多様なものであるとしても、そこにある種の共同性が形成される効果として、そこには、共同性の基軸となる価値に即しているかどうかをはかる暗黙の基準（グレイザーとストラウスのいうアメリカ的な「容認される死のスタイル」）が生成する。そして、結果として、共同性の内と外が生じ、共同性に即していない「容認されない」ライフスタイルを矯正、あるいは排除する力が生起することになる。

四　関係性のなかの死

1　多様化する死

現代における死の社会学の代表的な論客の一人であるT・ウォルターは、一九七〇年代以降の欧米において、「死のリバイバル」が起こったと述べている(26)。これはモダニティにおける死の否定（タブー化）にかわって、ポストモダン化しつつある社会において、人々が自分らしい、自分にとって満足できる死や死別のありかたを求める結果として、多様な死や死別のかたちがあらわれてくるということを意味している。もちろん先に見た死の自己決定をめぐる動きについても、このような流れの先駆的動向として位置づけることができるだろう。ただ、ここで問題となっているのは、医療の枠内での患者の自己決定の尊重ということのみならず、むしろ医療の枠を超えたさまざまな領域での死の個人化の進展である。それは例えば、従来の病院以外のホスピスや在宅での死への指向であったり、自分らしい葬儀や墓への指向であったり、死別の悲しみを自由に表出するカウンセリングやセルフヘルプ・グループへの指向であったりする。

そしてこのような傾向には、メディアにおける死の情報の露出という現象が関係している。先に見た、死のタブー化を論じたアリエスは、すでに一九七七年刊行の書物において、アメリカでの死を扱った出版物やテレビ番組の増加という事実にふれつつ、次のように記している。

「私たちはいま、死を前にした、新しく奥深い変化の直前にいるのではないだろうか。沈黙のルールはもう通用しなくなり始めている」(27)。

死や死別をめぐるさまざまな論説やイメージがメディアのつくりだす情報空間にあふれだし、人々はそれらをある種の快楽とともに享受したり、あるいはある種の指針として受けとめたりする。このような事態を受けて、死はもはやタブーではなく、タブーから解放されたという主張もしばしばなされるようになった。日本においても一九九〇年代以降、以上で述べたような傾向は顕著なものとなったといってよいだろう(28)。

死や死別をめぐる自己決定が尊重され、結果として死や死別のありかたが多様化するという以上のような傾向は、しかしながら、死や死別のありかたが恣意的なものとなり無数の形態へと拡散していくというようなかたちで進展しているわけではない。先に、アメリカ的な「容認される死のスタイル」について見たように、個々人それぞれの自己決定は、他者とまったく関係を欠いたところで行われるものではなく、むしろ、他者とのなんらかの関係のなかで、結果として、意図するとしないとにかかわらず、ある種の共同性を時として生起させながら行われる、といったほうがよいだろう。団体・協会・グループなど組織された共同体であれ、あるいは、情報空間上において特定の死の物語を共有する不定形で流動的な、いわば「想像上の共同体」(29)であれ、むしろこのような共同性が多様なかたちで、かつての伝統的な共同性を代替するかたちであらわれてきており、個々人の自己決定も、このような共同性のいずれかに、必ずしも意識・意図していない場合も含めて、時として組み込まれることになるということができる。

以上のことをふまえていえば、死の個人化、あるいは自己決定という考え方の浸透という近年の傾向について考える場合も、個人や自己決定のありかたそれ自体について考えると同時に、個人、またその自己決定が、意識・意図するとしないとにかかわらず、どのような関係に組み込まれているか、その関係の性質を考察することが重要である。

2 「死の共同性」と「生の関係性」

さて、この点について考えるうえで参考になるのが、N・エリアスの議論である。エリアスは、一九八〇年代に公表された二つの小論において、自らの文明化理論を基盤とした死の社会学をめぐる議論を展開している(30)。エリアスもまた死のタブー化について論じている。文明化過程が進行するにつれて、「死や死者はますます公然と社会生活の舞台裏へ追いやられ、比較的強い嫌悪感とこれまた比較的厳しい言語上のタブーとにより包囲されてしまう」(31)。ただ、エリアスの議論において特徴的であるのは、エリアスが、こうした変化を、人々の「関係」のありかたの変化としてとらえるという点である。死や死別をめぐるフォーマルな行動様式や解釈図式の弱体化によって、死や死別をどのように受けとめていくかという問題は、個々人のもとに差し戻されることになる。そして、基本的に死をタブー視する社会にあって、なおかつ死に直面する者は、その死を、自らの内面という閉ざされた空間において引き受けていかざるをえなくなる。このことが、エリアスのいう「死にゆく者の孤独」という事態をもたらす。

「死を間近にひかえた人間が——まだ生きているのに——周囲の人々にとって自分はもはやほとんど何の意味ももっていないのだ、と感じなければならないような事態に身を置くとき、その人間は真に孤独である」(32)。

M・ハイデガーがかつて述べたように、ひとはいずれ、他者には代わってもらうことのできない死に、一人きりで直面せねばならないのかもしれない。しかし、エリアスがここで述べているのはそういう意味での孤独ではない。そうではなく、ここで述べられているのは、死にゆく人間が、「まだ生きている」のに、死にゆくという烙印を身に帯びることによって、生きている者たちの関係から締め出されていると感じざるをえない場合の孤独である。エリアスにいわせれば、このような状況においてこそ、ひとは「真に孤独」なのである。

さらに、このような状況を批判するために、なんらかの死の共同性を持ち出す議論に対して、エリアスは批判的である。例えば、先に見た、伝統的な共同性を回顧するアリエスの議論を、エリアスは、「良き昔、悪しき現在」といった悪玉善玉式の描写であるとして厳しく非難している(33)。エリアスにいわせれば、アリエスの議論は、ロマン主義者の精神でもって、古き良き中世の名において、悪しき現在を断罪するものである。共有された信仰を基盤とし、血縁・地縁によって結びついた共同体が、死をあたたかく迎えいれ、死者は安らかに、穏やかに死にゆくといったイメージが、エリアスがいうように、アリエスからは感じられる。

エリアスの議論のベクトルは、こうしたイメージの方へは向いてはいない。エリアスがむしろ注意を向けるのは、死にゆく者にあたたかな態度をとるのであれ、冷たい態度をとるのであれ、いずれにしても周囲の者がどれだけその死を「ともにする」かということである。エリアスは次のようにいう。

「要するに、中世の社会では、人の一生は今より短く、手に負えぬさまざまな危険はいっそう多く、死はもっと苦痛に満ちたものであったし、罪の意識に根ざした死後の刑罰の恐怖は隠しようもないほどのものであったが、その反面、ひとりひとりの死に他の者がともに参与する(Mitbeteiligung)度合いは現在よりも大きかった。今日では、臨終の苦しみは緩和できることが多いし、罪の意識からくる怖れはかなりの程度まで抑えられている。しかし、ひとりひとりの死に他の者がともに参与することは、ずっと乏しくなった」(34)。

同一の信仰や伝統を持ち、同じ世界観を共有し、相互のあたたかい信頼関係、愛情に包まれた「古き良き共同体」のイメージ。共通の死生観を有するがゆえに、死に対しても共同で対処することのできる共同体のイメージ。

こうした死の「共同性」へとアリエスの議論が向かうとすれば、エリアスの議論は、生の「関係性」という単なる事態を、ただ何度も確認することへと向かっている。

より一般化していえば、エリアスが求めているのは、「共同性」に同化して、共に死へと向かうことではなく、死を前にしても、「関係性」のなかで、ともに生きることである。つまり、死をめぐる同一の行動様式や解釈図式を共有する、さらにいえば、時として、共同性に即していないものを矯正・排除する力を生み出すような共同性に同化することではなく、行動様式や解釈図式が共有されているかどうか不確定であったり、あるいは互いに異質であったりしても、それでもなおかつ、関係性のなかでともに生きることである。そして、それは、とりたてて複雑なことでもない。それは、例えば、「死にゆく人に変わることない帰属感と安心感をあたえるために、手を握ったりさすってあげたりすること」、「死にゆく人に、構えず自然に語りかけたり、話し合ったりすること」[35]、そして、そのようにして、死への途上にある人々に、「あなたがたは、他の人々にとって今まであなたがたがもっていた意味をもう失ってしまった、というわけではないのですよ」とわからせてあげることにすぎない[36]。

以上のようなエリアスの議論が示唆しているのは、死の共同性の喪失以降、近代社会において不可知・不可解なものと化した死を、タブー化したり個人化したりするのではなく、また、また新たなる「死への共同性」へと包摂させるのでもなく、死に際しての「生の関係性」のなかに位置づけなおすという方向性である。それがとりうる具体的なかたちは、場面に応じてさまざまであるとはいえ、おそらくこうした方向性においてのみ、われわれは「死の意味づけ」ではなく、死に至るまでの「生きる意味」を見出しうるのである。

〈注〉

(1) 例えば、日本におけるまとまった死の社会学の論集として、副田義也編『死の社会学』岩波書店、二〇〇一年がある。また、社会学のテキストにおける死の社会学への言及例として、宮島喬編『現代社会学［改定版］』有斐閣、二〇〇五年、一八二頁。さらに、澤井敦『死と死別の社会学——社会理論からの接近』青弓社、二〇〇五年も参照。なお、本稿の内容は、拙著の第一章から第三章で論じた内容を下敷きとしている。以下、文中の訳文・訳語は邦訳書のものと異なる場合がある。また、注における人名表記については、各文献の表記に従った。

(2) 邦訳はそれぞれ、D・サドナウ『病院でつくられる死』岩田啓靖・志村哲郎・山田富秋訳、せりか書房、一九九二年（原著＝一九六七年）、B・G・グレイザー、A・L・ストラウス『「死のアウェアネス理論」と看護』木下康仁訳、医学書院、一九八八年（原著＝一九六五年）。また、両書への言及の例として、森岡正博「overview『死』と『生命』研究の現状」『岩波講座 現代社会学 14 病と医療の社会学』岩波書店、一九九六年、二二三—二三八頁。

(3) A・ギデンズ『モダニティと自己アイデンティティ』秋吉美都・安藤太郎・筒井淳也訳、ハーベスト社、二〇〇五年（原著＝一九九一年）、一八一—一八三頁。

(4) P・アリエス『死と歴史』伊藤晃・成瀬駒男訳、みすず書房、一九八三年（原著＝一九七五年）、P・アリエス『死を前にした人間』成瀬駒男訳、みすず書房、一九九〇年（原著＝一九七七年）、G・ゴーラー『死と悲しみの社会学』宇都宮輝夫訳、ヨルダン社、一九八六年（原著＝一九六五年）。

(5) 前掲『死と悲しみの社会学』、一七八頁。

(6) 前掲『死と歴史』、二七四頁。

(7) 前掲『死と歴史』、七一頁。

(8) P・バーガー『聖なる天蓋』薗田稔訳、一九七九年（原著＝一九六七年）。

(9) 以下、M・ヴェーバー「世界宗教の経済倫理 中間考察」『宗教社会学論選』大塚久雄・生松敬三訳、みすず書房、一九七二年（原著＝一九二〇年）、一五五—一六〇頁、M・ウェーバー『職業としての学問』尾高邦雄訳、岩波文庫、一九三六年（原著＝一九一九年）、三四—三五頁。

(10) 前掲『宗教社会学論選』、一五八頁。

(11)E・デュルケム『宗教生活の原初形態』上・下、古野清人訳、岩波文庫、一九四一・一九四二年(原著=一九一二年)。
(12)前掲『宗教生活の原初形態』下、二七六―二九八頁。
(13)M・ヴェーバー『プロテスタンティズムの倫理と資本主義の精神』大塚久雄訳、岩波文庫、一九八九年(原著=一九二〇年)、一八五頁。
(14)E・デュルケーム『自殺論』宮島喬訳、中公文庫、一九八五年(原著=一八九七年)。
(15)これと関連して、Z・バウマンは、近代社会(モダニティ)に生きる人々が、脅威や不安としてあらわれてくる死をやりすごしていく戦略を「致死(mortality)の脱構築」と呼んでいる。これは、死という最終的な運命を直視することを回避するために、将来の死という身体の究極的限界を、現時点で直面している特定の限界へと連続的に分解し続けることである。人は、死という究極的運命に抗することはできなくても、死につながるかもしれない無数の原因に対処することはできる。死を、身体・健康管理にかかわる無数の心配事へと読みかえて、それに合理的にひたすら対処し続けることで、死をやりすごしていくというのが、この「致死の脱構築」という戦略である。「死と戦うことは無意味である。しかし、死の諸原因と戦うことが人生の意味となる」。*Z. Bauman, Survival as a Social Construct, Theory, Culture & Society*, 9, 1992, pp.1-36.
(16)E・キューブラー・ロス『死ぬ瞬間』鈴木晶訳、中公文庫、二〇〇一年(原著=一九六九年)。
(17)前掲『病院でつくられる死』、一二五―一五一頁。
(18)例えば、前掲『「死のアウェアネス理論」と看護』、三〇―三二頁、七九―八〇頁、一三八―一三九頁、一七四頁。
(19)前掲『「死のアウェアネス理論」と看護』、八九頁。
(20)前掲『「死のアウェアネス理論」と看護』、九一頁。
(21)T・パーソンズ「アメリカ社会における死」、E・S・シュナイドマン編『自殺の病理(上巻)』大原健士郎・岩井寛・本間修・小幡利江訳、岩崎学術出版社、一九七一年(原著=一九六七年)、一二五―一五九頁、T・パーソンズ「『生という贈り物』とその返礼」『宗教の社会学』徳安彰・挾本佳代・油井清光・佐藤成基訳、勁草書房、二〇〇二年(原著=一九七八年）、一七三―二四〇頁、T・パーソンズ「西洋世界における死」『人間の条件パラダイム』富永健一・高城和義・盛山和夫・鈴木健之訳、勁草書房、二〇〇二年（原著＝一九七八年）、一一―五〇頁。なお、三つの論文のうち、最初の論文は、V・M・リッツとの共著論文、また二番目の論文は、R・C・フォックス、V・M・リッツとの共著論文である。

(22) 前掲『「生という贈り物」とその返礼』、二三四頁。

(23) 前掲「アメリカ社会における死」、一四〇頁。

(24) 前掲「『生という贈り物』とその返礼」、一七九頁。

(25) 前掲「西洋世界における死」、四〇頁。

(26) T. Walter, *The Revival of Death*, Routledge, 1994, pp. 26-38.

(27) P・アリエス『死を前にした人間』成瀬駒男訳、みすず書房、一九九〇年（原著＝一九七七年）、五三〇頁。

(28) 例えば、一九九〇年代前半、自分の死について考えることを趣旨とするいくつかのベストセラーが誕生する。例えば、山崎章郎の『病院で死ぬということ』（一九九〇年）、『続・病院で死ぬということ』（一九九三年）がある。また、永六輔『大往生』（一九九四年）も、岩波新書としては空前の売れ行きを示した。さらに、一九九〇年代後半になると、学術的なものではない、一般の雑誌（月刊誌、季刊誌）の特集や臨時増刊においても、死がさかんに語られるテーマとなる。いくつかの特集名をそのまま列挙すると、例えば、「幸せな死のために」、「病院で幸福な死を迎えるために」、「安らかで悔いなき『往生』を求めて」、「死の準備　人生の店じまいに」、「『死』と正しく向きあうために」、「死ぬための『教養』」、「誇り高く『死ぬ』ために」、「うらやましい死に方」。

(29) 「想像の共同体」という語は、ベネディクト・アンダーソンが、活字メディアによって形成される情報空間を介して、国民意識を共有するにいたった人々を指して用いた言葉である。この概念の文中でのような使用法については、以下の文献を参照。C. Seale, *Constructing Death: The Sociology of Dying and Bereavement*, Cambridge University Press, 1998.

(30) ドイツ語による「死にゆく者の孤独」（一九八二年）と英語による「老化と死　その社会学的諸問題の考察」（一九八五年）。

二つの論文とも、以下の邦訳におさめられている。ノルベルト・エリアス『死にゆく者の孤独』法政大学出版局、一九九〇年（原著＝一九八二／八五年）。

(31) 前掲『死にゆく者の孤独』、七六頁。

(32) 前掲『死にゆく者の孤独』、九六頁。

(33) 前掲『死にゆく者の孤独』、一九—二五頁。

(34) 前掲『死にゆく者の孤独』、二四—二五頁。

(35) 前掲『死にゆく者の孤独』、四三—四五頁。

(36) 前掲『死にゆく者の孤独』、九六頁。

経営組織論の社会学的課題

――近代文化と企業の役割――

鈴木　秀一

一　はじめに

経営組織論を専攻しています――そう自己紹介すると、少し遠い目をされることがある。企業が儲かるための組織運営法の研究ですか、と誤解されるわけである。企業組織についての研究と教育を仕事としてきた私は、そういう誤解について書いておきたいと思っていた。

小論では、私なりの視点から、経営組織を問うことの意義を論じてみたい。

二　なぜ組織を問うのか

「組織」は幅の広い領域をカバーするものであって、現代社会のほとんどすべての場所に見られる機能のひとつである。経営組織論とはどのような研究分野なのか。なぜ経営組織について研究・教育する価値があるのか。以下、組織論を問う意義について、私なりの経験をふまえて要約してみる。

(1)人間は環境の産物であり、自分で思っているほど「自分」は存在しない。家族、地域の人間関係などの「自分」を形成する外部環境の考察は、だからこそ重要である。この意味での外部環境を制度（institutions）と呼ぶが、制度には見えるものと見えない（intangible）ものがある。ここでは見えない制度を文化（culture）と呼んでおこう。制度は、国家から言語まで、人間が作り出すものであり、いったん作り出した制度に人間が逆に規定される「客観的精神」（ジンメル）である。目に見える制度（ハードウェア）と文化（ソフトウェア）は、お互いに補完しあって、「私」の判断と行為の選択肢を規定する。

(2)今日の日本社会において、「私」を最も規定している制度とは何か。それは家族等の制度であり、そこで産出される文化（規範）である。また、企業組織も決定的な制度であり、独特の文化を生みだす。なぜなら、人間には食べるための経済活動が不可欠であり、ほとんどの現代人は会社組織の中で働く被雇用者だからである。会社は現代人にとって、人生の質を決定する大きな要因となる。

(3)欧米企業と比較すると、日本の企業組織には固有の特徴がある。それは一九八〇年代には「日本的経営」論と呼ばれていた。そこでは集団主義や家族制度などのマクロ文化的要因が、ミクロレベルの企業の労使関係や人事労務管理制度を説明する変数として使われていた。その後、日本の企業組織のシステムとプロセスについて、もっと合理的な説明が登場して（新制度派経済学や比較制度論など）、文化的要因による説明は主流ではなくなった。

(4)企業組織についての説明方法とアプローチについては、欧米の有力な社会学文献が日本では経営学文献として扱われることが多い。そうである以上、経営学をコアにして学際的に研究を進めていくほかない。経営学は、社会学以上に間口の広さをもっているが、ここではとくに経営戦略論を意味している。社会学が企業をあつかう場合、人材論や人事労務管理理論が主な視座になるが、経営戦略論はＨＲＭ（Human Resource Management）を下位分野に収めた、経営者の視点からの総合性と体系性をもっている。これについては後で詳しく述べる。

さて、こうして考えると、なぜわれわれは企業組織を問わなければならないのかが見えてくる。企業組織は、われわれの人生の質を、第一義的に規定するからである。

実際、ドイツやイタリアとくらべて、日本の一般サラリーマン家族の生活の質は決して高くはない。まず、長時間労働がその原因である。ドイツの労働組合が「お父さんを夕飯に！」という全国的なキャンペーンをしたのは二〇年以上前のことである。近年でも、日本の被雇用者はドイツ人とくらべて年間約五〇〇時間（！）も多く労働している(1)。最近、何度か訪れた北イタリアでは、有名なベネトン社の本拠地を例にとると、市内を流れる美しい川や教会広場も印象に残ったが、それ以上にそこで見かけた、長いお昼休みに自宅に帰って家族と昼食をとる労働者や子供たち、夕方から街に出かけてデートをする恋人たちや散歩を楽しむ家族の姿が、強く印象に残った。日本は、家族との時間を大切にできない社会なのである。ヨーロッパの友人が、「日本人は仕事をするために生きている。ヨーロッパ人は生きるために仕事をしている」と言ったが、ヨーロッパの中流階級から見れば、たしかにそう感じるのも無理はないだろう。

日本では、人は当然のように、早朝から深夜まで会社で働くし、またそのことに生きがいを感じる人も少なくない。しかし、そういう長時間労働が生涯続くことは生活の質の低下と呼ぶ他はない。長時間労働に加えて、「殺人的な」長時間通勤があるだけに、われわれの生活の質は下がる。

さらに、企業はその国の教育システムにも大きなインパクトを与える。日本と韓国を筆頭に、アジアでは一流企業に入ることが教育上の目的にまで格上げされている。有名企業は、親や受験産業の講師たちの教育上の目的となる傾向があり、「よい大学」に入るための受験勉強は「よい会社」に入るための手段とみなされている。「今、がんばれば、大人になって安心だから」という論理で、子供たちの自由時間は奪われていく。

もちろんこれには資金面でのコストがかかるから、「よい大学」や「よい会社」に入る人たちの親の所得は相対的に高い。所得格差がここに反映される。さらに重要なのは、自由時間を塾や予備校に奪われることで、子供たちが他人の中でなんとかうまくやっていくためのソーシャル・スキルを身につける機会なしに大人になってしまうことである。自分と意見の違う者とのつきあい方を体験的に学ぶことなしに、彼らは「成長」していく。今日、大学卒業生は、三年以内に、三割が会社を辞めるという統計があるが、これも一種のソーシャル・スキルの低下がもたらした現象であり、ソーシャル・スキルの低下は教育制度の歪みがもたらしたものである。

そういう教育制度にしているのは、結局は現在の企業システムである。企業という組織を問わなければならない理由は、個別企業が儲かるかどうかなどという、マクロ社会的には意味のない分析をするためではない。社会（ルーマンなら全体社会と呼ぶだろう）と経済システムの媒介が企業であり、それが現代では大きな社会的機能を担っているからなのである。

戦後の発展途上期ならばともかく、これだけ経済大国になった現在の日本でもまだ、このように生活の質が低いままなのはいったいなぜか。それはどこに原因があり、どうすれば改善できるのか。——これはもちろん現代社会を問う構造的な質問であり、政治家や企業経営者の誰かに責任を問えるような問題ではない。しかし企業組織をぬきにしては、誰もこの問題を考えることはできないこともまた明らかである。だからこそ、今日の日本社会では企業は次のような視点から問われなければならないのである。

(1)組織は資源（物的・人的・資金的）を有効に活用しているか。短期間に消耗しきってしまうのではなく、持続的に資源を活用、育成しているか。

(2)経営者は、上記の意味で、企業の社会的責任（Corporate Social Responsibility, CSR）を戦略的な課題とみなしているか。

(3)企業は、株主だけでなく従業員、顧客、供給業者などのさまざまなステークホルダー（利害関係者）の協力によって成立している。経営者はステークホルダーのバランスのよいコーポレート・ガバナンスを実施しようとしているか。

(4)内的組織メンバー（従業員、正規社員、非正規社員）および外的組織メンバー（顧客、供給業者）は自律的な意識をもって、フェアな取引を行っているか。

三　どう組織を問うか

では、どのような方法論で企業を問えばいいのか。そのアプローチにはどんなものがあるのだろうか。実は組織を研究するためのアプローチは多様であって、その問いに対する唯一の正解というものはないと言える。まず、ディシプリンから見ると、以下の三つのカリキュラム別のアプローチがある。

(1)社会学的な組織論
(2)心理学的な組織論
(3)経済学的な組織論

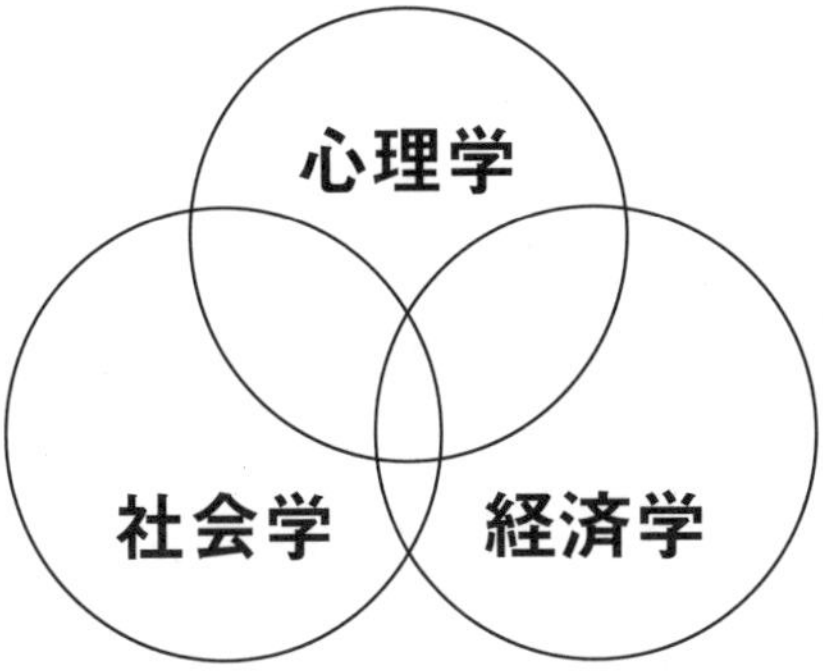

図１　組織への三つのアプローチ

図１の三つの中でディシプリンとして最も明確な組織論は、新制度派と呼ばれるミクロ経済学（組織の経済学）が提供している(2)。取引（transaction）概念から、組織と市場の取引コストによる範囲を分析していくアプローチは、応用力のある知的ツールとなって継承発展されている(3)。

また心理学は組織行動論（Organizational Behavior, OB）として確固たるフィールドを形成して、組織の人材マネジメントに応用されているし、社会学はウェーバーの官僚制理論を古典として、マートンの逆機能論のフレームワークと、メイヨーらの人間関係論で公式組織論を補完するフレームワークに発展した。社会学的なフレームワークは、組織の構造に議論の中心をおくか、それとも組織が業務をこなすプロセスに重点をおくかというフレームワークの違いとして、今日まで継承発展されている(4)。組織デザイン論あるいはソーシャル・キャピタル（social capital）論は、まさにその例である。

　では、経営学のアプローチは、ディシプリンとしての独自性をどこに見出せるのだろうか。原則として、図1で示した三つのアプローチが重なった領域が経営学的アプローチであると、私は考えている。これは、経営学が特殊に実践的であること、とりわけ近年の経営戦略論をベースにした経営学的関心は、企業の持続的競争優位（competitive advantage）をめぐるものに収斂《しゅうれん》しており、経営学者は、産業組織論（応用ミクロ経済学）をベースにしたり、社会学や心理学をディシプリンとして使いながら、実際の企業の競争優位について論じている。これでディシプリンとしての経営学は可能なのかという懸念はあるが、経営学の領域には経営コンサルタントの人々を初めとして「学としての経営学」に関心がない人も多いのが現状である。その点は、社会学や経済学とはディシプリンのありかたがまったく異なると言わねばならない。

　このようなディシプリンによるアプローチの多様性は、統合されたディシプリンとしての組織論の確立を困難にしている。そこで学際的な視点が必要になり、全く独自のフレームワークで組織論を分類する視点が開発された。それは合理的か非合理的かによって、あるいはこのパースペクティブにオープンかクローズドかを加えて、組織論を分類する。この分類は、有名な組織社会学者リチャード・スコットが有名にしたものである。スコットは、世界的に著名なテキストの中で「合理的・自然的・オープンな」という観点を提示し、組織理論の統合をはかっている(5)。

　ところで、現代の組織論を考えるうえで不可欠なのはハーバード・サイモンである(6)。サイモンは、ノーベル経済学賞を受賞したことでも知られているが、組織を考えるうえで不可欠の理論と視点を提示した。サイモンから社会学へ、あるいは行政学へという理論的継承とならんで、サイモンから組織の経済学（ウィリアムソン）へという継承もまた重要である。さらに、サイモンに影響をあたえたバーナードの存在は大きい。組織論の古典はウェーバーによって基礎づけられ、現代組織論はバーナードとサイモンによって定礎されたのである。換言すれば、社会学的にはウェーバーが組織論の基礎をつくり、経営学的にはバーナードとサイモンが組織論の基礎的なフレームワークをつくったと言える。

両者の比較考察は今のところほとんど試みられたことがないが、ウェーバーとサイモンのフレームワークには共通点も多いが、また相違点もある。共通点は、ヒエラルキーが環境の複雑な情報を処理する装置として機能するという見方などにある。相違点が顕著に見られるのは、「支配」の一類型としての組織というフレームワークから「協働」と情報処理あるいは環境の複雑性の縮減（ルーマン的に表現すれば）装置としての組織というフレームワークへの転換である。ここには組織を見る際の、Herrschaft（支配）からManagement（経営管理）への転換がある。それはいわば政治から経済への視点のシフトであったし、第一次世界大戦時代のドイツ知識人の視点と第二次世界大戦前後のアメリカ知識人の視点の違いでもあった。

ヘルシャフトとマネジメントの視点のズレを含みながらも、ウェーバーの組織論はサイモンによって部分的に継承され、発展されたのである。サイモンがウィリアムソンに与えた影響を考えると、このドイツからアメリカへの理論的継承は興味深いし、その視点のズレも今までほとんど語られることのなかった興味ある問題であろう。

さて方法論はここまでにして、次に、組織論を学ぶことがマクロに社会を考える際にどう活用されるかについて述べてみたい。

四　組織と近代文化

組織化現象とは、ある面で近代化そのものである。社会的絆（social bonds）は家族、氏族、土着の共同体といったゲマインシャフト関係から、市場を介した取引関係、会社、国家などのゲゼルシャフト関係へ近代化されていった。このとき近代化や進化の議論が出てくる。しかしルーマンがいみじくも言うように、進化は失うものが多い。ルーマンが指摘しているように、生物の進化過程で、どれほど多くの種が絶えていったかを想起するだけで進化の厳しさを知ることができる(7)。

近代化を推進する装置は、第一次的な社会的紐帯を代替する企業や学校や軍隊などの合理的組織である。これらの具体的な組織によって、伝統社会が解体され、工業社会にフィットするように再構築された。それは、大量生産方式へと社会構造が再構築されながら「個人」が成立していく過程であった。ウェーバーの有名な命題にあるように、個人主義の成立と近代文化の成立は不可分である。

近代日本では、島崎藤村の作品に見られるような「家」の解体がこの「個人」を生み出したのであり、その「産みの痛み」はなまやさしいものではなかった。伝統社会の文化的基盤となっていた共同体意識は、組織によって暴力的に解体された。たとえば明治の女工たちの文献によると、彼女たちにとっていちばん辛かったのは冷酷な看守でも非人間的な職場環境でもなく、仲間の女工たちと競争させられるということだったという(8)。共同体意識には個人別の競争という観念は存在しない。全員が仲間であり、身内である。誰かの体調が悪く、仕事の出来高が少なければ、無意識のうちに相互扶助するのが共同体意識である。それが個人ごとに成績を競争させられるという近代工業の組織の論理に屈するとき、彼女たちの心は深く傷ついたのである。

工場、軍隊、学校という近代組織は、組織の冷徹な論理をもって人々の心を操作し、解体し、浸透していった。協働する仲間集団を競争するバラバラの個人に変えていったのである。こうして近代化とは「組織」によって推進される、個人化の過程を意味するが、ここにウェーバー的パラドックスが潜んでいる。ウェーバーが的確に示したように、近代化は個人化をもたらすと同時に、逆説的に、脱個人化(組織への統合)をもたらした(9)。

社会はバラバラの個人からでは維持され得ない。諸個人が制度的にその努力を統合したときに初めて、社会は維持される。アダム・スミスが示したように、経済システムの効率性は、分業と協業によってもたらされるのである。こうして、いったんできあがった個人主義は、個人をこえた制度に吸収されていくことになった。その制度とは市場(market)と組織(organization)であり、資本主義初期は市場による取引が中心だったが、「組織化」とともに市場から企業へと取引の中心がシフトしていった。

現在の組織資本主義では、多くの経済学者が論じているように、市場よりも「組織」のほうが多くの役割を果たしている。組織の生産性は、諸個人が組織の論理（全体目的）にそって協働するメカニズムに由来するものであり、組織目的を個人に配分するのが、ヒエラルキーと規則という装置なのである。現代では、諸個人は組織という「全体」の一部分となる。そういう組織をウェーバーは「鉄の檻」と呼び、「生命のある機械」と称した。かつて共同体から個人として開放され、自立した個人は、今やふたたび「鉄の檻」という全体の中に埋没したのである。

組織社会学の第一人者のひとりマイケル・リードが言うように、こうしたまさにウェーバー的組織論こそ「組織と近代」の文化を解き明かす鍵となる。官僚制組織は、経済や経営面での「近代化」の装置となっているのみならず、「認知様式と文化的秩序を形成する第一義的な制度(10)」として作動してきたからである。

ウェーバーの近代化論（近代文化論）は、戦後、アメリカ的な進化論として日本に輸入された。しかし、ウェーバー自身は、「世界宗教の経済倫理・中間考察」論文において、近代文化がもたらしたものは「死の無意味化」であり、すなわち「生の無意味化」なのだと、明確に述べている(11)。ウェーバーが予想した近代文化の終着駅は、一九五〇年代から一九六〇年代の「黄金の時代」におけるアメリカ社会学が予想したようなバラ色の場所ではなかった。ウェーバーの予想は、一九〇〇年代から一九一〇年代の暗いドイツ社会の世相を反映したものであって、それは「破滅的な意味喪失」というウェーバーの言葉によく示されている。

「『文化』なるものはすべて、自然的生活の有機体的循環から人間が抜け出ていくことであって、そして、まさしくそうであるがゆえに、一歩一歩とますます破滅的な意味喪失へと導かれていく(12)」というのである。これをウェーバーは、合理化した近代文化の「時代の宿命」ないし「呪われた運命」と呼ぶのである。

では、伝統文化の「脱魔術化」(Entzauberung der Welt) によって所与の意味が失われた後の世界、すなわち「呪われた運命」としての近代文化に対して、われわれはどのように身構えればいいのだろうか。ひとつは、非合理的な価値への回帰という方法がある。たとえばアメリカ社会でも日本でも、近年、カルト集団による事件がめだつが、これは非合理的な何らかの価値を求める人々である。しかし多くの人々は近代合理主義（科学）によって教育を受け、合理主義的に世界や人生を認識しているから、非合理的な方法が一般化する可能性はないであろう。

そこで多くの人々は、もうひとつの方法でこの「呪われた運命」に対処しようとする。それは「鉄の檻」を運命として自ら受けいれてしまうことである。誰かに強制されて厳しい仕事をしている自分というイメージは辛すぎるし、とうてい耐えることができないから、無意識に自己を守るために考え方を逆転してしまうのである。つまり、人は自分から「鉄の檻」の優秀な部品になろうと考えるようになる。

日本の近代化を例にとると、その典型的な心性は明治大正文学に見られる。たとえば夏目漱石が描いた『行人』（一九一二年、大正元年）の登場人物（兄）は、「書物を読んでも、理屈を考えても、飯を食っても、散歩をしても、二六時中何をしても、そこに安住することができない」し、「こんな事をしてはいられないという気分に追いかけられる」。彼はつねに「自分のしている事が、自分の目的になっていないほど苦しい事はない」と感じている。だから彼はつねに「不安」にさいなまれるのである(13)。

強迫観念にとらわれた彼は、学校でも会社でもがむしゃらに勉強し、働いたはずである。この「兄」の心性こそ、「組織の論理」を自らすすんで受容した心性であり、それはどこの国にでも共通の、近代化・工業化の担い手となった中産階級の心性であった。近代の工業化は、工場や機械などの見える制度（ハードウェア）だけでなく、それを動かす担い手すなわち工業社会にフィットする心性（ソフトウェア）を必要としたのである。ここに文化という見えない制度（intangible institution）の機能がある。だからこそ、近代化をなしとげようとする国家や企業は、伝統的な文化を、できるだけ短期間に、できるだけ徹底的に破壊しなければならなかった。

ピューリタニズムがその役割を担わなかった日本社会では、「鉄の檻」それ自体が人々を再教育しなければならなかったのは当然である。その再教育は企業、産業界、地方自治体、国家すべての組織をまきこんだ「近代化」にむけての一大プロジェクトに他ならなかった。日本ばかりではない、フランスやドイツなどでも義務教育制度の成立と産業化にむけての人材育成の需要がパラレルだったことは知られている。

産業化は国家プロジェクトであり、ある種の「文化革命」を必要としたのである。そしてそれが成功した場合は、あの『行人』の登場人物のように自分の行動や人生そのものを因果律になぞらえて、効率的に、生産的に生きたいとする内面的規律をもつ人間を「生産」した。彼はまさに「自動機械」を動かす「自動部品」である。こうした特殊「近代的」な人間こそ、工場や機械などのハードウェアを動かすプログラムであり、最後の部品であった。「近代文化の悲劇」（ジンメル）はここに生まれた。彼らの追求する「目的」は意味を喪失していたのである。

「技術、即ち文化の開けた生存に対する手段の総額が、骨折りと価値づけの本来の内容に成り上がり、ついにひとはすべての方向において諸々の意図や制度の縦横にもつれ合った系列に取り巻かれるが、それらにはどこにも、終局的な、確定的に価値ある目標が欠けている。文化のこのような状況において始めて、生一般の究極目的に対する要求がおこってくるのである(14)」（ジンメル『ショオペンハウエルとニイチェ』）。

このジンメルの文章には、ニーチェのいうニヒリズム――「何のために」Wozu? という問いに対する答えが現代文化には欠けているという問題――が浮き彫りにされている。このニーチェの問いは、近代文化の根源的な危機を示しており、今日においても、少なくともその生涯を究極価値を欠いた雇用労働に明け暮れるほとんどの中間層にとっては、ますます大きな問題となっている。漱石的な近代人の問いは、まさに「悟性はあらゆる問いを提出はするが、しかしそれを解くことができないのである(15)」（ジンメル）と換言できる。

こうして社会学は、組織化によって進む近代文化の意味喪失を明らかにしてきた。それは同時に、近代文化の担い手となった工業社会の中産階級の心性の分析であって、そこには「不安」という漠然とした、組織の論理を自己の倫理として転換して受容せざるを得なくなった人間たちを浮き彫りにする作業であった。その意味では、「ピューリタンは職業人たらんと欲した。われわれは職業人たらざるをえない」（ウェーバー）というあの言葉どおりの人間像が、企業という制度に関連して、明らかにされたということでもあった。

「個人と組織」という対立項が近代化においてどのように操作されてきたか、そのプロセスにおける「鉄の檻」とヒューマニズムの関係をどうとらえるのか、この議論は企業組織から見た近代文化論としての貢献である(16)。

五　組織とマネジメント

近代文化の「悲劇」に適応するために、近代人が形式合理的に自分の人生を価値づけようとすること、そしてその「目的」には究極価値が欠けていることを見てきた。社会学的に考察すると、企業とは、内面的に空虚になった近代人に、特定の究極価値を示す能力をもった制度である。

たとえば経営組織論の創始者バーナードは、組織管理者は「道徳」を創造しなければならないと主張して、その主著『経営者の役割』を結んでいる(17)。また、一九八〇年代以降の米国経営戦略論は、従業員の共有された規範すなわち「企業文化」(corporate culture) を重視する。ハーバード大学のコッターは、管理者のマネジメント（管理）機能とリーダーシップ（従業員を動機づける）機能の違いを強調して、後者こそ企業の管理職の職務であると、バーナード以来の「道徳」創造論を主張している。こうして企業の組織マネジメントの領域では、インタンジブルな部分までがその管理の対象となった。このことをどう評価すべきか。

かつて私は国際会議のパーティで、ドイツのハイデルベルク大学のある社会学者が、米国企業のモチベーション管理を「まるでカルト教団のような」という表現で批判するのを聞いた。なるほどそれは、元来、「心」は従業員のものだったが、その見えない領域を管理しようとする心理学的なマネジメントに対する、ドイツ知識人らしい感想であった。先に見てきた近代文化の視点からすると、このマネジメント手法はまさに「空虚」になった近代人の心に新しい価値を埋め込むこと、それによって組織の業績を上げることにほかならない。

では視点を変えて、組織について経営学的な観点から説明してみよう。

経営学的な組織論は、基本的に次の三つの視点がある。

(1)株主の視点
(2)経営者の視点
(3)従業員の視点

株主の視点は、形式上の所有者である株主（とくに機関投資家）から見た企業像である。近年では日本でも、「株主価値」という流行語があるように、アクティブな株主が出てきた。しかし元来は、会社は株主のためにあるというのはアングロサクソン的思想であり、日本では企業集団による株の相互持ち合いの慣行があって、社長会や系列で密接に関連した企業同士がお互いに「物言わぬ株主」として存在するだけだった。バブル崩壊以後の長期的な不況において系列の解体が進んだことや海外投資家の進出によって、アクティブな株主が増えてきたのである。株主の視点から企業組織を見るという英米的な視点は、コーポレート・ガバナンス（企業統治）論として充実した研究蓄積があり、そこには「所有と経営の分離」（バーリとミーンズ）という制度的な背景と、株主をプリンシパルとし、経営者をエージェントとするエージェンシー理論という理論的な背景がある。

経営者からの視点は、形式上の所有者である株主と実質的に会社を動かしている従業員の利害を調整するものである(18)。ここで最優先される価値は、業界内の競争を勝ちぬくこと、および持続的に利益を出すことである。なぜなら、その利益が株主と従業員に配分されるからであり、企業間の競争は近年いよいよ厳しくなっているからである。競争優位の源泉はどこにあるかが、競争戦略論の基軸であり、これが経営者にとっての中心的課題になる。所有から分離した経営者は、米国の経済誌では「キング」と称され、日本の経営学会でも「経営者支配論」が論じられた。しかし、米国では一九八〇年代のリストラクチャリングとM＆Aの激動期に経営者王国が弱体化し、一九九〇年代初めには「King is dead」という経済誌の特集が組まれるまでになった。米国における経営者権力の弱体化は、機関投資家の経営に対する実質的な発言力が強まったことと関係があった。

従業員の視点は、ドイツや日本のような国の会社組織を説明する見方である。日本のように長期雇用を前提として、企業特殊的熟練(firm-specific skill)を自社内部で育成する、あるいはドイツのように監査役会における従業員代表の発言力が強い、といった特徴は、GMのようにつねに労組との対立をかかえている米国企業とは異なる組織体質を示している。「従業員主権」という言葉や「人本主義」(伊丹敬之)という極端な表現すらある。同様の主旨をゲーム理論をふまえて説明する有力な理論もあらわれた(19)。

さて、経営学ではこの三つの視点から企業を見るが、経営者の視点に立った研究や調査に重点がおかれていることはいうまでもない。経営学が経営者の道具であるというよくある誤解は、そこから生まれている。

次に、企業や工場の実態を考えてみよう。

今日、某一流メーカーの某工場では、廊下を歩く速度を監視するセンサーが設置されており、一定速度以下で歩いている労働者は警告音をあびるシステムになっている。そこでは労働者は、工場全体の生産性のために徹底的に合理的な行為を要求されるのである。なぜ人はそこまで組織の論理を受容するのだろうか。

強制的な支配、解雇を脅迫の道具にした屈従的な労務管理というものを現代の工場に見出そうとしても無駄である。テイラー主義の時代とは異なり、今日では支配の概念だけで企業を説明することはできない。

ここで思い出されるのは、デマルコとリスターのいう「スペイン流の価値観」と「イギリス流の価値観」の話である。スペイン流は、「地球上には一定量の価値しかないので、豊かになる道は大地や民衆から、いかに富を搾り取るか」によると考える。イギリス流は、「価値は、発明の才能と技術で創造するもの」と考える(20)。スペイン人は植民地を求め、新大陸のインディオ搾取に明け暮れ、大量の金をヨーロッパに持ち込んでひどいインフレをひきおこして没落した。イギリス人は産業革命を起こし、世界の中心となった。どちらの価値観が優れていたかは自明である。

組織管理論にも同じような思想の対立があった(21)。かつて、テイラー主義やフォードの大量生産システムが成立したころは、個人のもつ多様性はできるだけ削減させて、機械の部品のように、互換性を高め、容易に入れ替えできるような汎用品とされるマネジメント上の傾向があった。義務教育での集団性訓練、規律を守らせる訓練はそのまま大量生産工場の労務管理に通じたのであり、「スペイン流」の組織化そのものと言えた。まさに「スペイン流」の組織化すなわち大量生産こそ、三〇〇年以上かかって築いてきた「近代」というものを組織として完成させた集大成である。こうした組織マネジメントは、ふたつの要因によって「イギリス流」に転換を余儀なくされている。

ひとつは情報化ないし知識資本主義化である(22)。生産技術が、大量生産からマス・カスタマイゼーションに変わり、フレキシブルな生産方式が主流になったことは組織マネジメント、ひいては組織と個人の関係を大きく変えつつある。今日のモジュール生産のハイテク工場では、一人ひとりの労働者は頭脳労働者であり、チームの一員として配置され、グループとしての生産性を要求されている(23)。かつては、チャップリンの映画「モダン・タイムズ」のように、労働者はベルトコンベアの前に立って単純作業を繰り返し、隣の労働者とは口をきく時間もなかったが、今日では、チームとしてノルマを達成するために、チームとして話し合い、組み立て方を相談し、生産性を改善している。これがアセンブリーライン方式とセル生産方式の違いである。この違いは、SEやプログラマーなどのソフトウェア労働者についてはさらに顕著になる。かつての大量生産の肉体労働者にフィットした組織マネジメントは、現在の知識労働者には通用しないどころか、逆効果に陥るのである。

情報資本主義にシフトし、知識労働者が付加価値を生み出す源泉となりつつある産業では、受動的に集団規律を守るだけの従業員は、組織にとっては生産的ではない。一〇万台の自動車を生産するためには、何万人もの労働者の規律に従った組織化された労働が必要である。しかし情報資本主義では、一〇万台の自動車よりもひとりの天才が書いた一本のプログラムのほうが付加価値を生み出す可能性がある。ウィンドウズやグーグルを考えても、知識が富の源泉となる時代となっていることは明らかである(24)。

今日の組織マネジメントの思想は、従業員の没個性化をはかるのではなく、個人は自分の目的や価値観を工場に持ち込み、組織はそういう多様な個人を組織目的にむかって統合するという発想に立っている。この組織論のベースは、バーナードとサイモンによって組織均衡論として作られた。個人の目的と組織の目的の均衡、言い換えれば、個人が企業に対して行う貢献(contribution)と企業からの誘因(inducement)が均衡することを重視するマネジメントは、テイラー主義とは異なるものである。

知識資本主義化とならぶ二番目の要因は、グローバリゼーションである。

グローバリゼーションとは、財の国際的な取引の増加から由来するさまざまな事象を意味する。最も国際的に流通しやすい財は資本であり、ブランドなどの知的財産である。反対に、最も国際的に取引されにくい財は、人的資源(労働力)であり、人々のローカルな「生活の質」である。東京の商社は、ニューヨークの資本を利用してミラノのパスタを日本に輸入することができるが、北イタリアの人々が日の長い夏の夕食を家族や友人たちと楽しむライフスタイル(スローライフ)を輸入することはできない。同じように、日本の資金力をもってソウルから老舗のキムチを買い付けることはたやすいが、キムチを漬ける共同作業を通じて生まれる韓国社会のローカルな社会的絆の温かさを輸入することはできない。

グローバリゼーションとは、国際間で移動しやすい財が移動する、という本質をもった事象であることを忘れてはならない。一般の労働者は移動しないし、消費者もまた地域や国家に根ざしたローカルな生活者として、それぞれの国や地域で、それぞれのライフスタイルを生きているのである。

グローバリゼーションの進展によって、人々の眼が市場経済に向けられるようになったのは、金融を中心とする国際的に取引されやすい財だけがグローバルに移動するからである。そのことから、グローバル化は金融などの市場のメカニズムの分析こそ急務の課題であるという印象を与えてきた。しかしながら、グローバル化にともなう社会分析の「経済学化」の傾向によって、社会分析に特定のバイアスがかかるようになった事実も否定できないだろう。企業は海外に直接投資する際、現地の従業員を雇用し、スキルを育成し、顧客と長期的な関係を構築しなければならない。このグローバリゼーションにおける人間的・質的な側面を現場に担うのは、他ならぬ企業組織であり、そのマネージャー層である。多様性 (diversity) のマネジメントということが流行しているが、人間的な多様性を管理することこそグローバル化した組織で最も重要な成功要因である。

以上のように、大量生産システムによる工業資本主義から知識創造による情報資本主義へのシフトと、国民国家を市場基盤とする時代からグローバリゼーションの時代へのシフトは、実際上の組織マネジメントに大きな転換を余儀なくしている。それは没個性、部品としての人間から、創造的でそれぞれのローカルな価値観をもった豊かな人間像への転換である。見えざる制度としての「文化」を見える制度としての経営組織がどのように管理していくかによって、われわれの生活の質、人生の豊かさが決定される時代が来たといっても過言ではないだろう。

情報化し、グローバル化した現代では、経営組織にとって重要な要因は文化的なもの、人々の人生や生きがいに直接触れる部分である。具体的には、従業員と顧客の「人生」に触れるデリケートな部分を「カルト教団」風にではなく、正当な手続きにしたがって企業はマネジメントしなければならない時代になっている。

六　おわりに

このエッセイで述べてきたように、今日の企業は、非常にデリケートな部分に踏み込んで営利活動を行うようになっている。経済学だけでこのような領域の考察が行われるとはとうてい期待できない。

最後に、一例をあげてこの拙文を閉じよう。

かつて聖域だった領域に市場の急速な「深化」が見られるようになった。たとえば、インターナショナルウインズ商事(東京都新宿区)という企業の商品一覧には、ホームデリバリーサービスとして「うなずき屋」というビジネスがある。自分の思いを黙って聞いてほしいと願うストレスの多い現代人や孤独な高齢者への「ホームデリバリーサービス」である。うなずくだけの料金は九〇分で七五〇〇円程度であり、このサービスを買う高齢者には「今日声を出したのは初めてだ」と喜ばれているという（日経新聞二〇〇五年五月四日による）。

この企業は、都市高齢者の孤独をビジネスにしているわけだが、医療機関でもない一民間企業がここまで顧客の「人生」に深く関与するようになっているのが、近年の企業をとりまく実態である。これは極端な例ではあるが、現代の企業組織にとって短期的利潤よりも顧客との長期的「信頼」が重要であること、そして企業が単なる経済組織ではなく、社会的組織であることは理解できると思う。

経営組織の社会学的分析は今後いよいよ重要になるのである。

〈注〉

（1）厚生労働省「毎月勤労統計調査」によると、年間総実労働時間は、二〇〇三年で、日本の一九七五時間に対しドイツは一五二五時間であり、これにはサービス残業は含まれない。

（2）Williamson, O. E., *Markets and Hierarchies*, New York: Free Press, 1975.（浅沼萬里・岩崎晃訳『市場と企業組織』日本評論社、一九八〇年）、Williamson, *The Economic Institutions of Capitalism*, New York: Free Press, 1985. を参照されたい。またウィリアムソンとバーナードの関連については、Williamson, *Organization Theory*, New York: Oxford University Press, 1990.（飯野春樹監訳『現代組織理論とバーナード』文眞堂、一九九七年）を参照のこと。

（3）好例が、Milgrom, P., J. Roberts, *Economics, Organization & Management*, Prentice Hall Inc., 1992.（奥野正寛・伊藤秀史・今井晴雄・西村理・八木甫訳『組織の経済学』ＮＴＴ出版、一九九七年）、Roberts, J., *The Modern Firm: Organizational Design for Performance and Growth*, Oxford University Press, 2004.（谷口和弘訳『現代企業の組織デザイン』ＮＴＴ出版、二〇〇五年）である。

(4) たとえば著名な組織社会学者のディマジオの編著を参照されたい。Paul DiMaggio, ed., *The Twenty-First-Century Firm: Changing Economic Organization in International Perspective*, New Jersey: Princeton University Press, 2001.

(5) Scott, W. R., *Organizations. Rational, Natural, and Open Systems*, 4th ed., New Jersey: Prentice Hall, 1998.

(6) サイモンについての必読書は、Simon, H. A., *Organizations*, New York: John Wiley & Sons, Inc., 1958.（土屋守章訳『オーガニゼーションズ』ダイヤモンド社、一九七七年）、Simon, H. A., *Administrative Behavior*, 3rd ed., New York: The Free Press, 1976.（松田武彦・高柳暁・二村俊子訳『経営行動』ダイヤモンド社、一九八九年）、Simon, H. A., *The Sciences of the Artificial*, 3rd ed., Cambridge: The MIT Press, 1996.（稲葉元吉・吉原秀樹訳『システムの科学・第三版』パーソナルメディア、一九九九年）である。

(7) Luhmann, N., *Beobachtungen der Moderne*, Opladen: Westdeutscher Verlag, 1992.

(8) 熊沢誠『新編日本の労働者像』ちくま学芸文庫版、一九九三年、五四頁。

(9) こう考えると、ウェーバーの「二つの翼」——宗教社会学と支配社会学——は矛盾するものでも対立するものでもなく、近代という同じコインの表裏を分析していることに気づくのである。すなわち前者が個人主義の誕生を、後者がその衰退を描いているのである。

(10) Reed, M., *The Sociology of Organizations: Themes, Perspectives and Prospects*, London: Harvester Wheatsheaf, 1992, p.26.

(11) Weber, Max, *Gesammelte Aufsätze zur Religionssoziologie*, I-III, Tübingen: J. C. B. Mohr. I, S.569.　M・ウェーバー「世界宗教の経済倫理・中間考察」大塚久雄訳『ウェーバー宗教社会学論選』みすず書房、一五七頁。

(12) Weber, *GARS*, I, S. 570. 大塚久雄訳『ウェーバー宗教社会学論選』みすず書房、一五八頁。

(13) 夏目漱石『行人』岩波文庫版、三四六頁。

(14) ジンメル『ショオペンハウエルとニイチェ』藤野渉訳、岩波文庫、一九八七年、二二一頁。ただし訳文の旧漢字は変えさせていただいた。

(15)ジンメル「アンリ・ベルクソン」斎藤栄治訳『芸術哲学』岩波文庫、一九九五年、一七五頁。

(16)興味深いのは、工業資本主義から情報資本主義へとシフトする最近の構造転換についても二つの視点があることである。情報化は無味乾燥な「市場化」を意味するという視点は、取引がリアルスペースからサイバースペースに転換することで、より匿名化、多数化、スポット化といった純粋な市場的関係に移行することを強調している。反対に情報化は市場取引の世界に人間的な要素をもちこむ起爆剤となるという視点は、リナックスなどの世界中の匿名の開発者が善意と責任感と興味関心にしたがって共同開発するウエッブ上の新しいコミュニティ関係に注目する。詳細は鈴木・斎藤編著『情報社会の秩序と信頼』二〇〇六年を参照されたい。

(17)Barnard, C. I., *The Functions of the Executive*, Cambridge: Harvard University Press, 1938.(山本安次郎・田杉競・飯野春樹訳『新訳経営者の役割』ダイヤモンド社、一九八三年。)

(18)所有と経営の分離によって成立した、官僚制企業の調整、計画の立役者としての俸給による専門経営者層について明確にしたのは、チャンドラーの貢献である。詳細は、Chandler, Alfred D. Jr., *Strategy and Structure: Chapters in the History of the Industrial Enterprise*, Cambridge, Mass, 1962.(三菱経済研究所訳『経営戦略と組織』実業之日本社、一九六二年)、Chandler, *The Visible Hand: The Managerial Revolution in American Business*, The Belknap Press of Harvard University Press, 1977.(鳥羽欣一郎・小林袈裟治訳『経営者の時代』上・下、東洋経済新報社、一九八五年)を参照されたい。

(19)青木昌彦『現代の企業』岩波書店、一九八四年、青木昌彦・奥野正寛編著『経済システムの比較制度分析』東京大学出版会、一九九六年。

(20)トム・デマルコ、ティモシー・リスター『ピープルウェア・第二版』松原友夫・山浦恒央訳、日経BP社、二〇〇一年、一五頁。この本は、ソフト開発のマネジメント部門のベストセラーである。

(21)詳細は拙著『入門経営組織』新世社、二〇〇二年を参照のこと。また大量生産システムの特徴とオルタナティブを論じた名著として、Piore, M. J., C. F. Sabel, *The Second Industrial Divide*, Basic Books Inc., 1984.(山之内靖・永易浩一・石田あつみ訳『第二の産業分水嶺』筑摩書房、一九九三年）は必読文献であろう。

（22）詳細は拙論「情報化と企業組織モデル：官僚制的合理性からネットワーク合理性へ」『社会学年誌』四六号、早稲田大学社会学会編、二〇〇五年、五五―七五頁、鈴木秀一・斎藤洋編著『情報社会の秩序と信頼――企業・政治・法』税務経理協会、二〇〇六年、奥野正寛・池田信夫編著『情報化と経済システムの転換』東洋経済新報社、二〇〇一年、Shapiro, C., Hal. R. Varian, *Information Rules*, Harvard Business School Press, 1998.（千本倖生監訳・宮本喜一訳『ネットワーク経済の法則』IDGジャパン、一九九九年）を参照のこと。

（23）モジュール生産については、Baldwin, C. Y., K. B. Clark, *Design Rules*, Vo.1: The Power of Modularity, Boston: The MIT Press, 2000.（安藤晴彦訳『デザイン・ルール：モジュール化パワー』東洋経済新報社、二〇〇四年）、青木昌彦・安藤晴彦編著『モジュール化：新しい産業アーキテクチャの本質』東洋経済新報社、二〇〇二年を参照のこと。

（24）知識資本主義の概要については、Burton-Jones, A., *Knowledge Capitalism: Business, Work, and Learning in the New Economy*, Oxford University, 1999.（野中郁次郎監訳・有賀裕子訳『知識資本主義』日本経済新聞社、二〇〇一年）を、また知識を活用する新しいマネジメントについては、野中郁次郎・竹内弘高『知識創造企業』東洋経済新報社、一九九六年を参照されたい。

〈参考文献〉

石坂巌『経営社会学の系譜：マックス・ウェーバーをめぐって』木鐸社、一九七五年。

亀川雅人・鈴木秀一『入門経営学・第二版』新世社、二〇〇三年。

Pinchot, G., E. Pinchot, *The End of Bureaucracy and the Rise of the Intelligent Organization*, San Francisco: Berrett-Koehler Publishers, Inc., 1994.

Shuichi Suzuki, "Tradition and Modernity in Japanese Management," in A. Hing, P. Wong, G. Schmidt, eds., *Cross Cultural Perspectives of Automation: The Impact on Organizational and Workforce Management Practices*, Berlin: Ed. Sigma,

1995.

鈴木秀一『経営文明と組織理論・増訂版』学文社、一九九七年。

――「企業論――官僚制企業の成立と終焉」『情況・別冊：現代社会学のトポス』情況出版、一二月号、一九九九年、一二五―一四四頁。

――「大企業社会の組織と信頼」居安正・副田義也編『二一世紀への橋と扉――展開するジンメル社会学』世界思想社、二〇〇一年、一二四―一四四頁。

――『入門経営組織』新世社、二〇〇二年。

――「組織の論理と個人の価値観をいかに整合させるか」『リーダーシップ・ストラテジー』第一巻三号（一〇月秋号）、ダイヤモンド社、二〇〇二年、一三四―一四三頁。

――「情報化と企業組織モデル：官僚制的合理性からネットワーク合理性へ」『社会学年誌』四六号、早稲田大学社会学会編、二〇〇五年、五五―七五頁。

――「経営文明と都市社会」『都市社会とリスク』藤田弘夫・浦野正樹編、東信堂、二〇〇五年、三一―七〇頁。

――「ウェーバーと経営組織：〝神の死〟と〝官僚制の死〟？」飯田哲也・早川洋行編『現代社会学のすすめ』学文社、二〇〇六年、七一―九五頁。

――「なぜ組織は戦略を実行しないか――限定合理性と組織モデル」『立教経済学研究』六〇巻一号、立教大学経済学部、二〇〇六年、二五―四五頁。

鈴木秀一・斎藤洋編著『情報社会の秩序と信頼――企業・政治・法』税務経理協会、二〇〇六年。

鈴木秀一編著『企業組織とグローバル化』世界思想社、二〇〇六年。

日本人の人間関係と「個人」の問題

高橋　勇悦

一　はじめに

今日の日本社会における人間関係（社会関係）は、どのように変化していて、どのような特徴を持っているのだろうか。

最近の『読売新聞』（二〇〇五年一二月二二日）に、「人生案内　この一年」を振り返る特集記事が掲載されたが、「親子の適度な距離探る」「〈ニート〉、〈未婚〉……三〇〇〇通」の見出しとともに、「人間関係に緊張する世代」「感情的な交流持ちたい」などの関心をひく見出しが並んでいた。記事には、「社会の悩みより深刻」、「〈自分らしさ〉に悩む女性」、「機械が人間関係変える」、「印象残った〈熟年離婚〉」、「家族の変化を実感」、「対人関係の悩み」、「親が子を、子が親を殺す」などの言葉が読めた。人生案内の悩み事の相談では、人間関係にからむ相談、特に家族に関する相談が多いと報じている。特に「感情的な交流持ちたい」、「〈自分らしさ〉に悩む」、「適度な距離」などの小見出しが、今日の日本の人間関係の問題点を暗示しているようにも思えて、私の記憶に残っている。

今日の日本は、人間関係の視点から見て大いに注目しなければならない社会現象が多いようである。幼児虐待や高齢者虐待、子殺しや親殺し、未婚や熟年離婚、いじめや引きこもり、家庭内暴力、フリーターやニート、援助交際（買春）、ケータイ（携帯電話）、インターネットやブログ（weblog）、ホームレスなどがすぐに頭に浮かんでくる。いずれも、人間関係の視点から見れば、昔ならほとんど考えられないような様相を含む、注目すべき社会現象である。

もちろん、これらの社会現象は、家族や親族、友人や仲間などに深くかかわっているが、保育所や学校、企業や職場、地域社会、自治体、国家などに無関係であるわけでもない。

「人間関係」というのは、一般には自分と他人との関係を起点として把握する微視的な視点と、都市社会や国民社会といった全体社会から把握する視点の二つがある。いうまでもなく、両方ともに欠かせない視点だが、私はここでは、多少とも微視的な視点にもふれるにしても、巨視的な視点から今日の人間関係の特徴を追ってみたい。

今日の人間関係の問題は、一般には、近代化とともに進行したと思われる現在の「人間関係の希薄化」のなかで理解されることが多いようだ。人間関係の希薄化といっても、それは一面的な意味から多面的な意味にいたる多様な使い方がある。いずれにせよ、人間関係は希薄化しているという見方が多いなかで、修正意見や反論も少なくない現状にあるらしい。私も「人間関係の希薄化」を使用しているが、私は日本社会における人間関係の希薄化という問題については、明治以降に始まった近代化以降の歴史の流れを視野に入れることにしている。私がこれから考えたいことは、日本は明治維新（一八六八年）以降に近代化（西洋文明の導入）が始まり、身分制度や家族制度などを含む伝統文化の変容とともに人間関係は変化し、同時にまた、身分や家などの枠を離れた「個人化」も進行して、二一世紀の今日（二〇〇六年）にいたって日本人の「個人」の問題がいわば前面に現れてきたのではないか、ということである。明治時代に入る頃までの日本には個人という観念も言葉も存在せず、個人は家族制度や身分制度のなかに「埋没」し、だから日本「社会」の構成単位は個人ではなく「家」であり、家は個人より重要な意味を持っていた。そのような社会的状況は第二次大戦後も指摘されていたことである。しかし、大戦後の近代化は「民主化」とともに拡大し、同時に人間関係の変容と個人化の進行を早め、今日にいたって改めて個人の問題を提起した、と考えたいのである。

二　人間関係の希薄化

1　第一次的関係から第二次的関係へ

私の「人間関係の希薄化」は、今や古典になった都市社会学者・ワースのアーバニズム論に負うものである。それは、ひとことで言えば、第一次的接触（関係）が第二次的接触（関係）にとってかえられる都市化の過程を言う。この第一次的関係の第二次的関係への変容という理論仮説は一九〇〇年代初頭のアメリカにおいて提起されたもので、「また古い話を持ち出して」と思われる人も少なくないかも知れないが、現代日本でも十分に傾聴に値する内容を持っていると言ってよかろう。その理論仮説の一部を多少とも敷衍して言うと次のようになる(1)。

第一に、都市化が進行すると、親族、家族、近隣社会（地域社会）などの第一次集団は弱化・衰退し、その意義も薄れ、人間関係（結合）の伝統的基盤（道徳的秩序といってもよい）は崩壊する。第一次的関係は、対面的で「親しい結びつきと協力」との最も重要な関係であるが、そのような最も重要な人間関係が失われ、それを支えている伝統的基盤も崩壊してしまうのである。当然ながら、この「親しい結びつきと協力」には何らかの感情（例えば親愛の情）が伴っている。

第二に、都市における人間関係というのは、対面的であっても、表面的・一時的・部分的であり、無関心や倦怠の態度が見られ、そこから生ずる洗練性 sophistication と合理性によって、功利的関係となる。言い換えれば、都市の人間関係は匿名的で、部分的で、功利的な関係であり、冷たい関係である。まさに「都会人は冷たい」（冷淡）。第二次的関係は冷たい関係である。この冷たい関係には感情の起伏は伴わない。

第三に、親族、家族、近隣社会（地域社会）などの第一次集団の弱化・衰退は、人々にその第一次的集団からの解放と自由をもたらす。都市は解放と自由の世界であり、冷淡な関係の世界であるが、他方で、自己を表現する、進んで何かをする（モラール）、人間関係を統合する、そういった人々の感覚は失われる。

第四に、都市は異なる目的を持つ非常に多くの任意集団によって構成されていて、都市に住む人々はその枠組みに組み込まれている。そのため人々のパーソナリティの統一性と統合性は何時失われるかも知れず、常に個人解体、精神障害、自殺、非行、犯罪、背徳、無秩序などが起こりうる状況におかれる。重要なのは、都市の人々のパーソナリティの統一性・統合性である。しかし高度に分化した環節的・部分的関係のなかで、パーソナリティは「解体」の危機にさらされやすい状態におかれる。

これがワースのいう第一次的接触（関係）の第二次的接触（関係）への過程である。ごく簡単にいえば、「人間関係の希薄化」は、「親しい関係」・「親密な関係」から「冷淡な関係」・「疎遠な関係」への変容の過程である。

第一次集団 primary groop というのはクーリーが作り出した用語で、クーリーに従っていえば「第一次集団とは、顔と顔をつきあわせている親しい結びつきと、協力とによって特徴づけられる集団」である。それは、「主として個人の社会性と理想とを形成するうえで基本的である」という点で第一次的なのである。「この親しい結びつきと協力との、もっとも重要な分野は、家族、子供たちの遊び仲間、近隣（集団）、もしくは大人たちの地域集団などである」(2)。このクーリーの第一次集団の概念に対置して、後の社会学者が第二次集団という用語を採用したのであって、パークやワースがそうであり、第二次集団 secondary group、第二次的接触 secondary contact などという言い方をした。ワースより先に言い出したパークは、「都市の発達が、地域社会における個人の結合に見られる直接的・対面的『第一次的』関係を、環節的『第二次的』関係にかわらせ」る、という言い方をしている(3)。

もう一つ、注釈を加えておきたいのは、パーソナリティの統一性・統合性（逆に言えばパーソナリティの解体）が重視されているが、それは自己や自我、あるいはアイデンティティの問題に直結し、人間関係の変容に深くかかわってくるということである。自己や自我あるいはアイデンティティというのは、いうまでもなく、人間関係のなかで形成される。ワースの言うパーソナリティは、おそらく、自我を核心におく同心円的な自己（個人）のパーソナリティである。しかし、ワースの言う都市に住む人々のこのようなパーソナリティは、多様で異質な第二次的関係によって分化・分裂の危機にさらされていて、常に統合し統一を図らなければならない状態にある。ここには、第一次的関係の第二的次関係への変容過程はパーソナリティの分化・分裂を招くという問題が提起されているのである。自己、自我などは、人間関係の起点ともいうべき自分と他人、つまり自己と他者との関係において形成されるものであるから、この点において、いわば微視的な視点からの人間関係の把握もどうしても必要かつ重要になってくることになる。自我や自己がさらに「個人」の問題に大きくかかわってくることは言うまでもない。

2　親密な他者と疎遠な他者

人間関係について自己と他者の微視的な視点から捉えた一例に、少しふれておこう。

船津衛の『自我の社会学』(4)には「親密な他者・疎遠な他者」という章が設けられ、その章の要約は、「自我にかかわる他者には、親密な他者だけではなく、疎遠な他者も存在していることが指摘され、M・ブーバーが述べる〈汝〉と〈ソレ〉について考察を行い、自我には〈ワレ―汝〉的ワレと〈ワレ―ソレ〉的ワレが存在する」ことが明らかにされているというものである。少し長くなって気が引けるが、その内容を私なりに紹介させていただく。

船津衛によれば、他者には「親しい他者」(父・母・きょうだい・友達などの親しい人間)と「親しくない他者」(敵やストレンジャーのように対立したり、疎遠であるような存在)の二種類が存在している。つまり他者は「親密性」と「疎遠性」の二つからなっている。宗教哲学者のブーバーも著書『我と汝』(原著・一九二三年)において、他者には二つの他者、つまり「汝」と「ソレ」という他者があるという。興味がひかれるのは、この「汝」と「ソレ」に区別される自己と他者との関係である。「汝」(ドイツ語のDu、英語のYou)は「親密さが込められた呼び方」をされるような他者であり、「ソレ」(ドイツ語のEs、英語のit)は「モノのように冷たい関係にある見知らぬ人、ヨソ者、他人」という意味の他者である。自己と他者との関係は、だから、「ワレと汝」という関係と「ワレとソレ」との二つの関係になる。「ワレと汝」という関係は親密な関係であり、互いに敬意を払い、助け合う関係を示す。もう一つの「ワレとソレ」という関係はよそよそしい関係であり、自己の目的のために相手を利用するという関係である。したがってまた、自我もこの二つの関係において、「ワレ―汝」的ワレ（他者愛的、利他的自我）と「ワレ―ソレ」的ワレ（自己本位的、利己的自我）の二つになる。問題は、ブーバーが強調しているという、「現代の人間の生活は〈ソレ〉の世界になっており、したがって、現代人の自我は〈ワレ―ソレ〉的ワレとなってしまっている」ことにある。宗教哲学者ブーバーは、どうやら、このような「ワレ―ソレ」的自我を超えて、「ワレ―汝」的自我を形成する必要性を説いているようなのだが、船津衛は、そこに自我のゆくえが示唆されていると、章を結んでいる。

あらためて第一次的関係の第二次的関係への変容の理論仮説を持ち出さなくともいいだろうが、ワースが強調したのは都市における第二次的関係の優位ということであった。これはブーバーが言っているという「現代人の自我は〈ワレ―ソレ〉的ワレとなってしまっている」ことと符合しているといっていいだろう。「ワレ―汝」的自我を形成する必要があるという主張は、今日に通用する。

3　第一次集団の再発見とパーソナルネットワークの現状

さて、ワースの理論仮説に戻ろう。この理論仮説には、アメリカでは、早速いろいろの反論・反証が出た。例えば有名な一つはアクセルロッドのデトロイトでの実証的な研究であり、これは、第一次集団のインフォーマルな集団結合でわかったのは、友人、近隣者、職場仲間と結合するよりも家族以外の親類と煩瑣に交渉していること、①親類、②友人、③近隣者、④職場仲間の順でインフォーマルな集団結合は重要な意味を持っていること、また、フォーマルな集団参加とインフォーマルな集団参加は共変的（ほぼ比例する形で）に展開している、というものである(5)。

日本の都市の場合はどうかというと、アクセルロッドとは実質的にはやはり同じような結果を示している調査結果がある、とかつて紹介したことがある。東京の場合（一九六九年の時点において）は、住民は夫の親、妻の親、およびその他の親戚を含めて、これら親族との接触をかなり親密に展開しており、ある面ではデトロイトの場合とほぼ同じような結果になったという。また、東京圏の都市（一九七二年の船橋・松戸）の場合は、実際に近隣の「つきあい」を持っている人々はほぼ七〇％以上に達し、近隣の「つきあい」を望んでいる人々はほぼ八〇％以上に及んでいる。また、日本でも、アメリカと同じように、さまざまな「第一次集団の再発見」が指摘され、それが持つ新しい意義はしばしば強調されたのである(6)。日本の場合、地域社会の住民の全員参加を前提としてきた町内会・自治会が昔から今日までなお存続していることも忘れてはなるまいが、いずれにしても、ワースの言う第二次的接触が優先するという「一元的人間像」の強調は、第一次集団の存続と、とりわけ親族関係の重要性が確認され、全面的には妥当しないということになった。

最近でも、都市における第一次的関係の研究はいろいろと行われているが、その一つとして、森岡清志らの東京都におけるパーソナルネットワークの調査研究を見てみよう(7)。

従来はパーソナルネットワークといえば「親密な他者とのつながり」を意味するが、この調査ではパーソナルネットワークを「いろいろなことについて話をしたり、意見を交換しあったりする」人々と定義している。そして調査結果によると、東京の住民のパーソナルネットワークは総じて親族(平均値〇・三五)、友人(〇・二七)、同じ会社の仲間(〇・一九)、学校時代の友人(〇・一二)、サークルの仲間(〇・〇八)、近所の人(〇・〇四)の順番で広がっている。親族のパーソナルネットワークを持つ平均値が最も高く、近隣の人が最も少ない。もっとも、パーソナルネットワークは性別、年齢、学歴、職業によって異なっている。性別では、親族を含む比率は女性の方が男性よりも高い。年齢別では、高齢者の親族とのかかわりは若年層より強く、高齢者のパーソナルネットワークは近所の人々を含むことが多く、接触頻度も高い。学歴別では、高学歴の場合、親族よりも職場の同僚や学校時代の友人を含むことが多く、近距離の知人は少ない。職業別では、自営業が雇用者よりも親族や近所の知人をあげていることが多い。今日の東京に住む人々は、一例だが、このようなパーソナルネットワークの広がりを持っているのである。

4　伝統文化、社会的地位、人間関係

ここであえて社会的地位と人間関係についてふれておきたい。森岡清志らの調査結果にも見られるように、パーソナルネットワークは性別、年齢、学歴、職業などの属性の相違によって異なっている。これらの属性はいわゆ

る社会的地位に大きくかかわっているということである。言うなれば人間関係は社会的地位によって規定される。注意したいのは、この性別、年齢、学歴、職業などの属性によって決定される社会的地位は、その時代の伝統文化によって影響されるという当然の事実である。言うまでもないかもしれないが、日本ならただちに身分制度や家族制度、あるいは家族主義が想起される。簡単な例として「三従」（儀礼・喪服）の教えによれば「女は家にあっては父に従い、嫁しては夫に従い、夫死しては子に従え」という。これはいうまでもなく、性別と年齢によって異なってくる上下の人間関係のあり方を示している。「分相応」という言葉は、今でも使用されることがあるが、これも「分」（身分）に相応しい行動や意識をもって他人と接触しなければならないことを意味する。身分はまた、「家格」とも関連している。家柄のよい名門の「村長の家」の息子は、その家格だけで子どもたちの関係においてその頂点に立つことができた。これらの「三従」や「分相応」、あるいは「家格」などは想起するままにあげたわずかな例に過ぎないが、伝統文化のなかの社会的地位は人々の人間関係の基本を教えていた。もっとも、この伝統文化の基盤は、時代の変化、制度の変化とともに変容しており、その変容のなかで大きな曲がり角になったのは、やはり敗戦後の近代化・民主化の時代に入って以降である。新しい近代化・民主化の時代に入る昭和二〇年代、少なくともその頃までは、日本の「家」（家族）は家長を中心に親族との絆のもと家族の成員の生活を全面的に保障しようと努めてきた。旧来からの親族関係や家族関係がその背後にはある。戦後においても長い間、これら伝統文化の流れを汲む「旧意識」の残存が強調され問題にされてきたことを忘れるわけにはいかない。しかし新しい近代化・民主化が進行するなかで、社会的地位の決定、それに影響される人間関係のありようなどは大きく変わった。高齢者問題ひとつを考えてもそれは明白である。

さしあたり私がここでいいたいのは、そうした変化のなかで、家族や親族の人間関係は依然として重要になっている現状にあるものの、新しい近代化・民主化とともに生活の社会化と個人化も確実に進行し、いわば第一次集団の周辺に近い親しい人々や、さらにその周辺の「あまり親しくない」人々もまた、従来とは異なる重要性を持ってきているのではないか、ということである。森岡清志らは東京の住民のパーソナルネットワーク、つまり第一次的関係の一端の現実を示したが、「親密な他者の外側に広がる〈あまり親しくない人〉〈知人程度の人〉とのつながり」を「拡大パーソナルネットワーク」と呼び、これも調査している。この拡大パーソナルネットワークは、いわば第一次的関係の周辺の第二次的関係の境界線に近い人間関係であるが、そういう点からいっても、特に東京のような大都市となれば、これが持つ意味は必ずしも小さくはない。「あまり親しくない人」・「知人程度の人」との接触がしばしばさまざまな人生の転機（例えば結婚、就職など）となる場合もあるからである。

三　一・五次関係とインティメイト・ストレンジャー

1　一・五次関係

インフォーマルな集団結合の検証、「第一次集団の再発見」、パーソナルネットワークの広がりと「拡大」などに示されるような、第一次的関係の存続が認められるところから、第二次的関係が第一次的関係にとってかわるとか、あるいは同じことだが第一次的関係よりも第一次的関係が支配的になるといったワースの仮説、つまり都市の「人間関係は希薄化する」という仮説はそのままでは通用しない。ここに描かれる第二次的関係で特徴づけられた「二元的人間像」は、全面的には妥当するとはいえない。第二次的関係である「冷淡な関係」・「疎遠な関係」が広がっているにしても、第一次的関係の「親しい関係」・「親密な関係」は存続し、それが持つ重要性は大きいのである。しかし、今日でも第一次集団の人間関係が存続しているという場合、その第一次的関係は、従前通りのような、対面的な親しい結合と協力によって特徴づけられるような人間関係として存続しているのだろうか。ここに見られるのは第一次的関係で特徴づけられる「二元的人間像」であるが、これがそのまま今日なお妥当するのかどうか。第二次的関係が第一次的関係と無関係に併存するとは考えられないのではないか。肝心な問題は、要するに、第一次的関係（親密な関係）の中身（質的な内容）にある。

私は、一九八〇年代半ば、日本における都市的生活様式の変容、とりわけ生活の社会化と個人化の進行に伴い、「人間関係の省略」が進行し、これが深刻な社会問題の背景にあるのではないか。とすれば、もう一つの生活様式としての「人間関係の創出」が要求されてくるのではないか、と言ったことがある(8)。「人間関係の省略」というのは人間関係の不足や欠如、機械化・省力化による消失、拒絶や敬遠、間接化や片寄り、皮相化や短縮化、接触のすれ違い、メディアによる代替などいろいろな言葉で表現されようが、そういった「人間関係の省略」について、身近な家族における人間関係、特に親子関係を中心に事実を拾ってみたのである(ケータイやパソコンなどの新しいコミュニケーション・メディアの普及によって新しい形態の人間関係が急速に広がったのは、その後のことである)。そして、第一次集団の筆頭ともいうべき家族集団の人間関係が、それも親子関係が、従来とは異なる様相を帯びているように思えてきたのである。

実際、その後まもなく、東京都の青少年の実態調査のデータを検討して、家族の「親密な関係」には「冷淡な関係」が併存しているような状況を見た(9)。そこで、私は、「一・五次関係」という仮説を提起してみることにした。それは、大都市の青少年の人間関係は、ごく狭い範囲に限られる傾向にあり、その狭い人間関係も、ある種の「深さ」あるいは「領域」を出ない傾向があるという仮説である。その頃、大都市・東京の青少年の人間関係において、例えば「一方においては、挨拶や会話をかわし、ときには相談し合う間柄であっても、他方においては、それ以上の深い親密な関係をもとうとしない」、いわば中間的・浮動的なあいまいな人間関係を見た思いがしていたからである。一・五次関係は第二次的関係とは言えないが第一次的関係とも言い切れない、いわば両者の特徴をあわせもつ。第一次的関係への志向を持つが、これに踏み込もうとせず、第二次的関係を拒否しようとしながらも、これに依存する、そういった人間関係と言ってもよい。このような一・五次関係が、親と子、教師と生徒、友人同士、隣人関係など、第一次集団の人間関係に見出せるとしたのである(10)。そうだとすれば、これはいろいろの意味において(特に人間形成において)重大な問題を提起していることになる。

芳賀学は「匿名的で、かつ親密なかかわり——一・五次関係としての自己啓発セミナー——」において、第一次的関係とも第二次的関係ともどちらとも言えない一・五次関係というこの用語を採用して、「自己啓発ミナー」の事例研究を行っている(11)。ここではその一・五次関係に関する「表1　関係とコミュニケーションの形態」(下の表)だけをあげておくが、芳賀学は一・五次関係の拡大という現代日本社会におけるミュニケーション空間の変化に注目し、この変化自体は、基本的にはほかの先進産業社会にも当てはまる現象であるといっている。

「より正確にいいかえれば、アイデンティティを確認する濃厚なコミュニケーションが行われる場の、共同体的な人間関係から匿名的な人間関係への緩やかなシフトこそが、……現在、北米でも西欧でも日本でも先進産業社会に共通して生じている変化なのである」。

一・五次関係の拡大というミュニケーション空間の変化は、基本的にはほかの先進産業社会にも当てはまる現象であるという主張は、きわめて重要である。

2　人間関係の多元化とモノ関係

私も、一・五次関係を念頭に置きながら、第一次集団のなかでもとりわけ重要な今日の家族の人間関係について見るとどうなるか、一九八〇年代後半から一九九〇年代前半にかけての若干の東京都の調査資料や精神医学者の著書に

表1　関係とコミュニケーションの形態

	一次関係	二次関係	自己啓発セミナー
継続時間の設定	無限定	限定的(比較的短期)	限定的(比較的短期)
つき合いの範囲	無限定(私的込み)	限定的(公的のみ)	無限定(私的込み)
人称的か役割的か	人称的	役割的(匿名的)	役割的(匿名的)
情緒的か合理的か	情緒的	合理的	情緒的
自足的か手段的か	自足的(刹那的)	手段的(道具的)	手段的または自足的

芳賀学「匿名的で、かつ親密なかかわり——一·五次関係としての自己啓発セミナー——」
(伊藤雅之他編『スピリチュアリティの社会学』2004年)

負いながら、次のようなことを書いたことがある(12)。

東京の場合、今日の家族は、サラリーマン家族が多く、それもホワイトカラー家族によって特徴づけられているが、それらの家族には特に、多様化・単純化する傾向や、生活の社会化・個人化の傾向が顕著に現れていると思われる。そのような傾向のなかで、子どもの人間関係をめぐる問題状況は、家族全員の接触機会のない、家族成員相互の接触のない、家族成員相互の距離を置いた中間的接触や表面的な接触しかない、そういった家族などが決して少なくないといったところにあり、また、子どもの遊びや地域活動の機会が少なくなっている、人間関係や子育てに関する悩みを持っている家族も多い、といったところにある。「家族成員の人間関係は弛緩し希薄化すると同時に、子どもの直接的な生活体験は貧困化する状況」が現出したのである。これは一・五次関係の現出を示唆するものであり、現実世界の現実体験の縮小・減少を意味するものである。ここに言う人間関係の弛緩や希薄化がただ単に量的な変化だけではなく、質的な変化をも示唆する内容を含んでいるのだが、その質的な変化は、例えば、「今日の青少年は他者との関わりや関係を極力避け自分の生活世界にこだわるという傾向」や、あるいは、精神医学者が指摘する、青少年の「人間関係のモノ化、モノ関係の形成」などに指摘される。モノ関係というのは、例えば母親が自分の産んだ子ども(胎児)をモノ(「異物」)と感じる母親と子どもの関係とか(13)、「人とつきあう際に、モノを介し、あるいはヒトをモノのように扱うことで生の感情の衝突を避けようとする」人々の関係である(14)。

要するに私が確認していたのは、家族のような第一次集団における人間関係についても、一元的には捉えられず多元化的に把握する必要があるということと、精神医学者が言う人間関係のモノ化にも注意する必要があるということであった。

ここでは少々人間関係のモノ化について補足しておこう。このモノ関係というのは、先に取り上げた「ワレ—ソレ」関係を想起させる。「ワレ—ソレ」関係の「ソレ」はもちろん人間を指しているが、あたかもモノのような存在の人間である。モノ関係というのは、したがって「ワレ—ソレ」関係と同じ内容の意味を持つと理解される。「ワレ

―ソレ」関係もモノ関係も、第二次的関係に相応するものである。見落とせないのは、母が自分の産んだ子どもをモノと感じるというような親子の例に見られるように、親密な関係が形成されるはずの親子関係にも、この「ワレ―ソレ」関係の第二次的関係が、胎児の出生時から生じているということである。赤ん坊は英語では it（ソレ）と呼ばれるときもあるが、それは性別が分からないときであって、「ワレ―ソレ」関係のソレは文字通りのモノのような存在であり、そこにあるのは「冷たい関係」である。親子関係は親密な関係で結ばれるものと思われるが、同時に「冷たい関係」も形成される（それも出生時から）状況がここにはあるということになる。家族のような第一次集団における親子の人間関係も、「親密な関係」の一元的な把握だけでは不十分で、「冷たい関係」もあわせた多元的な把握が必要なのである。ブーバーに従って言えば、「現代の人間の生活は〈ソレ〉の世界」が「親密な関係」にも及んでいる。

3　インティメイト・ストレンジャー

「匿名的で、かつ親密なかかわり」といえば、一・五次関係とは別の、「インティメイト・ストレンジャー intimate stranger」という用語にも言及しなければならない。この用語は文字通り、「親密な赤の他人」を意味する。一九九五年一月、阪神淡路大震災が起きて間もない頃、『朝日新聞』（一九九五年二月一四日朝刊）に、「地縁・血縁とはまた別の連絡網ができた……。／直接連絡できない人同士の中継をしてあげることは、パソコン通信に慣れた人には常識。それが緊急事態に生きて、実際の行動までつながりました。全国の赤の他人同士が、昔の長屋のような助け合いの関係を築いた」という記事が載った。この、「赤の他人同士」が築いた「昔の長屋のような助け合いの関係」がまさにインティメイト・ストレンジャーの関係である(15)。また、一九九九年の年明けに「伝言ダイヤル連続強盗・殺人事件」（『読売新聞』一九九九年一月八日朝刊）が起きたが、この事件は、若者が伝言ダイヤルや物を利用した新しいタイプの凶悪犯罪であり、しかもお互い見知らぬ若者同士が伝言ダイヤルを通してたちまち「深い仲」になるという事実であった。私は、「この事件はまさにネットワーク社会のインティメイト・ストレンジャーを彷彿とさせるものがある」と記したこともある(16)。

メディア文化論・若者論を専門とする冨田英典は、ダイヤルＱ２が爆発的にヒットした一九九〇年代初頭以降、「本来成立するはずのない〈見知らぬ人〉（ストレンジャー）との「親密な」（インティメイト）関係がメディア上に成立」し、「ベル友もその延長線上に位置づけることができ」、「〈ベル友〉とは、匿名性を前提にしたメディア上での親密な見知らぬ人〈インティメイト・ストレンジャー〉なのである」といって、いちはやく「インティメイト・ストレンジャーの時代――ポケベル・ケータイで結ばれた〈近しい他人たち〉――」の到来を強調していた[17]。さらに冨田英典は「都市空間とケータイ」の関係に焦点をあわせ、都市空間の匿名性とメディア上の匿名性の相違をふまえつつ、「ファミリア・ストレンジャー（顔はよく知っているが言葉を交わしたことのない他人、例えば通勤電車でよく見かける顔）からインティメイト・ストレンジャーへ」の拡大を指摘し、「ファミリア・ストレンジャー（現実世界）とインティメイト・ストレンジャー（メディア内の世界）が同居する状況」を指摘している[18]。

このインティメイト・ストレンジャーに示された人間関係は、コミュニケーション・メディアの革新・拡大によって、一気に通常化した一・五次関係であるといってもいいようである。

表２　ファミリア・ストレンジャーからインティメイト・ストレンジャーへ

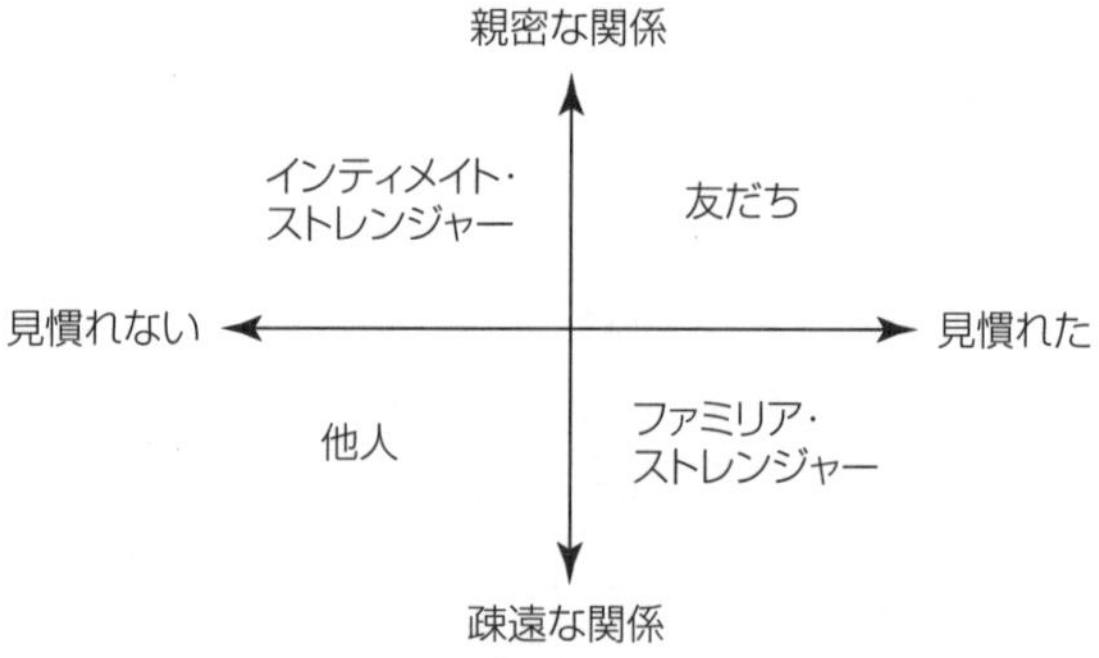

冨田英典「都市空間とケータイ」岡田朋之・松田美佐編『ケータイ学入門』2002年

四　人間関係の変容と「個人」の問題

１　「自分らしさ」と自己の多元化

今日の人間関係は第二次的関係が支配している――つまり人間関係は全面的に希薄化している――とはいえず、

第一次的関係は依然として存続してるのだが、だからといって、第一次的関係が従来通りの親密な関係を全面的に維持しているかといえば、そうとも言えない。かなり大雑把な言い方をすれば、日本の現状は、少なくともそのような状況にある。

浅野智彦編の『検証・若者の変貌――失われた一〇年の後に――』(19)は一九九二年と二〇〇二年に行われた比較可能な大都市の若者調査をもとに書かれたものだが、その点から言えば、きわめて詳細な分析の注目すべき結論を出している。すなわち、浅野智彦は、若者の友人関係はこの一〇年間に希薄化しているとはいえないが*、変化していないわけではなく、その変化の方向は希薄化よりも逆にある種の濃密化であると考えた方がよい、と言っているのである。これを前提にして、若者の友人関係と自己意識（アイデンティティ）について、若者の友人関係は「多チャンネル化」し、「状況志向」を強めながらその内部で独特の繊細な感受性を育んでいると言い、つづけて、このような友人関係は当然ながら自己意識のありかたの変化と連動していて、その変化を「自分らしさ志向」、「自己の多元化」、「開かれた自己準拠」の三点に整理した。

*ちなみに、一九九二年から二〇〇二年の一〇年間では「若者の人間関係は希薄化しているとはいえない」というが、その前の一九七六年から一九九一年までの一五年間も青少年の人間関係の希薄化はほとんど認められないというデータもある(20)。同じ質問形式ではないが、単純に合わせて言うと、日本では少なくとも一九七六年から二〇〇二年の三五年間は「人間関係の希薄化」は認められないということになる。

友人関係の「チャンネル化」というのは「友人関係を取り結びあるいはそれを維持するためのチャンネルが相対的に多様化していること」である。これには若者のアルバイト、インターネット、携帯電話などがかかわっているようだ。友人関係における「状況志向」は、「状況や関係に応じた使い分けとそれぞれの関係へのそれなりの熱心な没入によって特徴づけられる」。複数の顔を使い分けるが、どの顔もそれなりに真剣である。そのような「状況志向」的な友人関係には「独特の繊細な感受性」（「繊細さ」、例えば「優しさ」）が育まれている。いうなれば、その「独特の繊細な感受性」によって友人関係を結び維持しようとする。ここに見られるのは、今日の若者もまた「独特の繊細な感受性」によって友人関係という第一次的関係を求めているということである。

このような友人関係は、「自分らしさ」への志向と「単一のあるいは一貫したものではない」多元化した自己とにかかわっている。つまり「自分らしさを基準としてものを考え、それでいて自分らしさを多元的でありうるものとして見る姿勢」が「開かれた自己準拠」と呼ぶものだが、その姿勢のなかに、今日の若者は社会に生き延びていく有用な手がかりを見出すことができる、と浅田智彦は言う。

要するに、今日の若者の友人関係は、多チャンネル化と状況志向とを結ぶ「独特の繊細な感受性」に支えられ、自分らしさと多元化した自己をつないだ「開かれた自己準拠」によって特徴づけられている、ということになろうか(21)。

このまとめは「ごくおおざっぱな見取り図」のさらなる要約だが、最後のところで次のように言っている。

「とりわけ注意しておくべきは、かつてあてにしていたさまざまな人生モデルが今日の若者にとっては利用できないものになっているということだ。……（見取り図に示したような）友人関係や自己意識の変化は、ある世代以上の人々から見れば未熟化・幼稚化にみえるかもしれないが、その人たちが自明の前提としてあてにしてきたようなモデルはうまく機能していないことにまず思いをいたすべきである。このような現状に対して若者は彼らなりに真剣に立ち向かい、独自のスタイルを生みだしつつある」(22)。

若者の友人関係はこの一〇年間に希薄化しているというよりも、逆にある種の濃密化の方向にあり、これは、若者があてにしていた「人生モデル」は利用できなくなってきたため、「独自のスタイル」を生み出しつつあることではないか、という浅野智彦のこの指摘は、私にはきわめて示唆的である。伝来の利用できなくなった「人生モデル」、それにかえて新しく生み出しつつある「独自のスタイル」とは、一体何を意味することになるのだろうか。唐突だが、ここで私はイギリスの社会学者R・P・ドーアが戦後まもない頃に書いた『都市の日本人』(一九五八年、訳本は一九六二年)をどうしても思い出してしまう(23)。

2 「裸の個人」に求められている「人間関係の創出」

ドーアが行った『都市の日本人』の調査研究の結論は、ひとことで言うと、日本においては、旧来からの、しかし新しい形態の人間関係、すなわち親[分]子[分]関係のような上下関係、隣人同士のような水平的な関係、そして前世と後世との歴史的な、いろいろの依存関係が残存し機能しており、さらに再生産されていて、それらの依存関係においては「主体性」は素通りしてしまっているというものである。「依存関係」は言うまでもなく日本における第一次的関係の特質である。ドーアは、日本では「家」(家族)や地域社会(共同体)という第一次集団に個人の特性、つまり主体性が深く埋没する集団主義collectivismが残存している、と指摘したのである。個人の特性とか、主体性というのは、西欧における個人主義individualismの個人individualを意味していると言ってよい。ただし、この集団主義は個人化individuationの進行とともに変容してきており、個人が集団から離脱あるいは独立する傾向を示してはいる。しかし、ドーアの主張によれば、そのような個人化が進行しつつも、「新しい集団主義とインパーソナルな依存関係」の時代がやってきた。第一次集団に認められる集団主義は第二次集団に新しい形態で再生産されているというのであった。

問題は、それならば、そのような昭和三〇年頃に再生産され始めた新しい集団主義とインパーソナルな依存関係は、ほぼ五〇年後の今日(二〇〇六年)までの間にどうなったか、ということにある。綿密な考察を必要とする難しい問題だが、私の考えをごく簡単に言えば、第二次集団に再生産されたという「新しい集団主義とインパーソナルな依存関係」(例えば経営家族主義、年功序列や終身雇用、労働者の「二重帰属意識」ないし「二重忠誠」など)

は、特に昭和三〇年代以降の日本経済の高度成長に貢献したかもしれないが、日本経済が世界経済に深く組み込まれていくグローバリゼーションの過程において、特にバブル経済の崩壊後、雇用関係の変転（リストラ、パート労働、派遣社員、契約社員など）が進行するなかで、個人の能力主義・業績主義が重視されるようになり、加えて個人化の傾向はさらに進み、そうしたなかで旧来の依存関係、あるいは「新しい集団主義とインパーソナルな依存関係」は希薄化してきている、と言えるのではないか(24)。

実は問題はそれと重なって、日本社会に再生産されながらも存続してきたという集団主義や依存関係を支えてきた日本の伝統文化、例えば「家族制度」、「孝行」、「義理」と「人情」、「恩」、「世間体」、「名」と「恥」、「礼法」、「神」と「仏」、「立身出世」などに表現される伝統文化は、濃淡や強弱の差を伴いつつも、縮小再生産され、変容ないし後退を続けているのではないかということにある。前に少しふれたが、敗戦後の近代化・民主化が進行するなかにあっても、例えば「天皇制の倫理・共同体の倫理」あるいは家族主義や「醇風美俗」の「旧意識」の残存形態が論じられてきた(25)。伝統文化は、多かれ少なかれ時代とともに変容し続けながら、日本に限らないだろうが、人々の生活規範や制度的秩序（道徳的秩序）を支え、それらの生活規範や制度的秩序が社会結合や人間関係の維持の基本的基盤をなしてきたのである。

第一次集団としての家族や地域社会も、もちろん、従来からの生活規範や制度的秩序を継承し存続してきたが、経済の高度成長以後、家族も地域社会も大きな変容を余儀なくされた。経済の高度成長に伴う産業化・都市化が全国に波及し、旧来の地域社会（「共同体」）の崩壊が始まると新しい地域社会の（「コミュニティ」）の再生や建設が叫ばれ、グローバリゼーションの時代以降の今日も、地域社会の激変は続き、改めて地域社会の再編が強調されている。同時に、今さら言うまでもないが、家族もまた、「家族は不滅か」(26)などと家族の危機が問われたものだが、人々の生活の社会化と個人化が進行するなかで、家族成員の家族への所属意識は薄れ、それだけ人間関係も変容している。例えばドーアのいう上下（依存）関係（親子関係や「きょうだい」関係など）は後退し、水平関係（父と子、母と娘は友人関係）が台頭したように見える。自明のようだが、家族や地域社会は、かつての家族や地域社会とは異なっている、ということである。

従来、地域社会や家族は、その成員に対して準拠集団 reference group としての役割を担ってきたものである。準拠集団というのは、人々の生活意識や生活態度の形成や変容にかかわってその中軸となるような影響を及ぼす集団価値ないし集団規範を持つ集団をいう。日本人にとって、地域社会や家族は準拠集団としての意味を担いつづけてきた重要な集団であった。しかし、すでに見たように、地域社会や家族は変容・崩壊を余儀なくされ、その役割も失われる『家郷喪失の時代』は経済の高度成長とともに始まり、すでに過ぎ去っている(27)。地域社会や家族が継承してきた従来からの生活規範や制度的秩序という集団規範ないし集団価値は、その成員の生活意識や生活態度の形成や変容にかかわって中軸となるような影響は及ぼしえなくなったということになるわけである。

ドーアが言うように、第一次集団の家族や地域社会が持っていた集団主義や依存関係が新しく第二次集団、とりわけ家族とともに重要になった企業（職場）において再生産されたとしても、それもすでに背後に後退しているとすれば、そのなかで素通りしていた「主体性」と名付けられた個人だけが、いわば「裸の個人」が、前面に登場しているということになる。この「裸の個人」は当然ながら、自分に似合う着物をさがすことになるが、自分に最も似合う着物がどこにあるのか、あるいは、ないのかよくわからない、というのが現状であろう。これは言いかえれば、個人が個人としてのアイデンティティを常に問い続けなければならない状況である。

私が言いたいのは、今日に及んで日本の「個人」（主体性）の問題が先進国と同じような状況において登場してきたということである(28)。人間関係の問題は、「個人」の問題と密接な関連を持っていることは、改めて言うまでもない。浅野智彦は、伝来の利用できなくなった「人生モデル」にかえて新しく「独自のスタイル」を生み出しつつあると言ったが、これはどうしても、「裸の個人」が自分に似合う着物を探しているといったことを想起させるものがある。そしてまた、それを探し当てるためには、もう一つの「人間関係の創出」が求められている、といったことを思わせるものがある。

〈注〉

(1) L・ワース「生活様式としてのアーバニズム」鈴木廣訳編『都市化の社会学』誠信書房、一九六五年。
(2) C・H・クーリー『社会組織論』大橋幸・菊池美代志訳、青木書店、一九七〇年。
(3) R・E・パーク「都市」鈴木廣訳編、前掲書。
(4) 船津衛『自我の社会学』日本放送出版協会、二〇〇五年。なお、井上俊・船津衛編『自己と他者の社会学』有斐閣、二〇〇五年は、微視的な視点からの人間関係の問題を扱っている非常に興味深いテキストである。
(5) M・アクセルロッド「都市構造と集団参加」鈴木廣訳編、前掲書。
(6) 拙稿「地域社会」大橋幸・石川晃弘・高橋勇悦『社会学』新曜社、一九七六年。
(7) 森岡清志編『パーソナルネットワークの構造と変容』東京都立大学出版会、二〇〇二年。
(8) 拙著『都市化社会の生活様式——新しい人間関係を求めて——』学文社、一九八四年。「人間関係の省略」のほか「人間関係の喪失」という言葉も使用している。少なからず言い過ぎの観がなくもないが、青少年の「ひきこもり」が社会問題化しはじめたのはその頃からである。
(9) 拙稿「東京の青少年問題の動向」『調査資料55　青少年問題特集』東京都議会議会局、一九八六年。
(10) 拙稿「現代都市と青少年の問題状況」高橋勇悦編『青年そして都市・空間・情報』恒星社厚生閣、一九八七年。同「大都市青少年の人間関係の変容——一・五次関係の概念に関する覚書——」『社会学年報XVII』東北社会学会、一九八八年。同「都市における人間関係」森岡清志・松本康編『都市社会学のフロンティア２　生活・関係・文化』日本評論社、一九九二年。
(11) 芳賀学「匿名的で、かつ親密なかかわり——一・五次関係としての自己啓発セミナー——」伊藤雅之他編『スピリチュアリティの社会学』世界思想社、二〇〇四年。

(12)拙稿「都市家族と人間関係の変容について――人間形成の問題にむけて――」『社会学研究61』東北社会学研究会、一九九四年。
(13)河合洋『学校に背を向ける子ども』日本放送出版協会、一九八六年。
(14)大平健『豊かさの精神病理』岩波書店、一九九〇年。
(15)拙稿「都市的生活様式とボランティア社会」高橋勇悦・高萩盾男編著『高齢化とボランティア社会』弘文堂、一九九六年。
(16)拙稿「大都市の青少年問題について」『社会学研究　特別号』東北社会学会、一九九九年。
(17)富田英典他著『ポケベル・ケータイ主義!』ジャストシステム、一九九七年。
(18)冨田英典「都市空間とケータイ」岡田朋之・松田美佐編『ケータイ学入門』有斐閣、二〇〇二年。
(19)浅野智彦編『検証・若者の変貌――失われた一〇年の後に――』勁草書房、二〇〇六年。若者の親密な関係の中身については、岩田孝・羽淵一代・菊池裕生・苫米地伸編『若者たちのコミュニケーション・サバイバル――親密さのゆくえ――』恒星社厚生閣、二〇〇六年も、あわせて参照されたい。両書とも、同じ調査データに基づく精細な分析を行っている。本稿では親密な関係について深く踏み込むことはしなかったが、これは私にとっては改めて考えなければならないことである。
(20)東京都『大都市青少年の生活・価値観に関する調査』一九九二年。
(21)私はさしあたりここでは今日の若者の友人関係を考えるキーワードとして「自分らしさ」(アイデンティティ)と「自己の多元化」に注目する。私はこの浅野智彦の言う「自己の多元化」に対応させて「多重(的)人格」という用語を使用したことがある。拙稿「一・五次関係、多重人格、ネットワーク――都市的人間関係覚書――」『都市の社会的世界』倉沢進先生退官記念論集刊行会、一九九八年。しかし、今後は人間関係の変容に伴う「感情」の問題を含んでいる「独特の繊細な感受性」の問題がさらに重要になろう。
(22)R・P・ドーア『都市の日本人』青井和夫・塚本哲人訳、岩波書店、一九六二年。
(23)浅野智彦編、前掲書。

(24) 拙稿「都市の日本人――集団主義と個人化――」『大妻女子大学　人間関係学会　第六号』大妻女子大学人間関係学会、二〇〇四年。今日なお問題にされている「談合」や「天下り」も、「新しい集団主義とインパーソナルな依存関係」の一つの現れと言えそうである。

(25) 日高六郎「天皇制の倫理・共同体の倫理」久野収編『戦後日本思想大系 15　現代日本本論』筑摩書房、一九七四年。

(26) 拙稿「家族は不滅か」松原治郎編『家族とは、家庭とは 1．家族の社会学』至文堂、一九八三年。

(27) 拙著『都市化の社会心理――日本人の故郷喪失――』川島書店、一九七四年。同『家郷喪失の時代』有斐閣、一九八一年。準拠集団の問題とともに準拠個人 reference individuals の問題についても言及しなければならないのだが、今の時点において論じるだけの準備ができていない。ただ、準拠個人も人間関係に対する影響に関してはかなり変容しているのではないか。これはきわめて重大な問題であると、私は考えている。

(28) 拙稿「生きがいの社会学」高橋勇悦・和田修一編『生きがいの社会学』弘文堂、二〇〇一年や、同「日本社会における『個人』の問題」『東京人の横顔――大都市の日本人――』恒星社厚生閣、二〇〇五年も参照されたい。

環境への身構え／未来への開かれ
――身体的コミュニケーションの可能性――

西脇　裕之

一　身体と環境

1　身構える身体

本章は、G・H・ミードの社会行動主義やシンボリック相互作用論、J・J・ギブソンのアフォーダンス論や発達心理学の知見などを踏まえつつ、広義の相互作用論の立場から、環境に対して開かれた身体のあり方、身体的なレベルでのコミュニケーションの可能性、および身体の感受性と時間意識との関連について考察するものである。

さて、私たちが暮らしている環境は意味や価値に満ちた環境である。そうした意味や価値を私たちは言語でもって理解するが、それ以前にわが身をもって知る。湯の沸いたやかんはふれれば熱い。赤ちゃんの身体は柔らかくて気持ちがいい。さんざん手をかけさせられた学生の就職内定は小躍りするほどうれしい。

身体こそは環境のなかで環境と相互作用する主体である。私たちは環境に能動的に働きかけ、環境をつくりかえていく存在であるが、まずは環境から刺激を受けてそれに反応する身体である。

そうした環境に対して、私たちは眠っていない限り何らかの身構えをとっている。眠っている状態とはいわば仮死状態であって、一時的に物へと退行した状態とさえいえる。身構えとは、具体的にはさまざまな姿勢のことであり、環境からの刺激に反応するための準備状態であるといってよいであろう。環境は私たちにそこにおける行動の可能性を示している。私たちは、姿勢をとることで行動への準備態勢をととのえて、行動の可能性を開いておこうとしている。

この身構えは、意識のレベルというよりも、生理学的な身体レベルでの準備状態である。身構えるというと、常に肩に力が入っていて身体が休まらない状態のように思われるかもしれないが、ここではリラックスしてどんな変化にも臨機応変に対応できるような姿勢も含めて、身体の姿勢を身構えと呼ぶことにする。

身体に注目した哲学者、社会学者は多いが、本章では現象学者M・メルロ＝ポンティの次のことばを指針として考察を進めていきたい。

他人や私自身を、世界の中で活動している行為として、あるいはわれわれを取り囲む自然的・文化的世界への或る「身構え」(prise) と規定しさえすれば、他人へのパースペクティブが開けてくる (1)。

2　対象の意味

①意味への行動的アプローチ

私たちが身構えながら生きている環境は、さまざまな対象からできあがっている。「対象とは人びとにさまざまな活動をなしとげることを可能にする経験の単位」(2) のことである。ただし、「私たちはおしよせてくる感覚的な手がかりのすべてに反応するのではない。私たちは、自分の関心にとって関連性のある環境の諸特性に対して選択的に反応する」(3)。

T・シブタニは著書のなかで、意味への行動的アプローチにもとづいて、対象の意味について次のように述べている。

対象の意味は、その対象と生命有機体との間のある程度安定した関係のことである。

対象のもつ意味は、その対象に対して私たちが行為するように方向づけられた様式のことである(4)。

ところで、シブタニの意味への行動的アプローチは、生態学的心理学における「アフォーダンス」という概念と親和性が高い。アフォーダンスとは、生態学的心理学者J・J・ギブソンが英語の"afford"(=提供する、許す)を名詞化して造った用語である。「アフォーダンスは、ある動物にとって、どのように行動できるか、どのように行動すべきかに関わる環境の特性であり、環境や対象の生態学的価値や生態学的意味のこと」(5)をさす。たとえば、椅子は座ることをアフォードする。教室の白い壁や大きな机は落書きすることをアフォードする。あるタイプのドアノブは引くことをアフォードし、別のタイプのドアノブは押すことをアフォードする。このように行為との関係においてとらえられた対象の特性という点で、アフォーダンスはシブタニの対象の意味についての規定と非常によく似ている。

②反応としての意味

さて、上記のシブタニやギブソンによる対象の意味規定は、行為との関係において規定されているが、ある対象に対してその都度「私たちが何をしようとするか」という行為の意図の観点からではなく、ある程度の安定した関係において「対象の側が私たちに示す」行動の可能性という観点からとらえられていることに注意したい。対象の意味は私たち行為の主体との関係において特殊的ではあるが、行為主体の意図に還元されるものではない。そうではなく、対象が行為との関係において示す客観的な特性であるといってよい。

このような対象の客観的な意味の起源は、私たちが対象に働きかけた際に対象から返ってくる反応のうちに求めざるをえない。働きかけに対する対象からの反応の経験の積み重ねとそれにもとづく私たちの側のその対象に対する身構えが、対象の意味を形作ると考えられる。こう考えると、G・H・ミードの意味の考え方と重なってくる。

対象はすべてわれわれ自身のなかに反応を呼びおこし、それらの反応が対象の意味あるいは本性である(6)。

ミードによれば、意味とは社会的行為の一定の局面(たとえば身振り)の間の関係として客観的にそこにあるもの(something objectively there)が発達したものなのである。

3 物的対象と人

①物と人

環境中の対象は大きく物と人に分けられる。物と人の違いを、ここでは二点確認しておこう。まず、物は私たちに何らかの活動をアフォードし、私たちの働きかけに対して反応を返すが、能動的に働きかけてくることはない。それに対して、人は自発的に動き、能動的に働きかける。私たちは通常、他人を単なる物体ではなく、そこから自分のほうに向かって働きかけてくる主体として知覚している。

第二に、物と違って人は、相手の働きかけに対して反応しようとして身構えている。だからこそ人と人の間は、連鎖的な相互行為が成立しうる。私たちは他人のアフォーダンスを知覚し行動するが、そうしてとった私たちの行動が相手にとってのアフォーダンスとなり、次の行動を促す。このように相互にアフォーダンスあるいは刺激を与えあい、参照しあう過程が人と人の相互行為の特徴である。

私たちは、他人との関わりのなかで自分の行為について考えるときには、「〜しよう」という意図において把握しつつも、自分の行為に対して他人がどのような反応を返すだろうかという点を考える。つまり、他人を自分に対して何かをする主体としてとらえ、自分を他人に何かをされる対象としてとらえつつ、自らの行為を組み立てるのである。

②態度取得

ミードは私たちの対象の意味理解の基礎を、他人や事物の態度を取得するという生理学的なメカニズムに求めた。他人の態度取得とは、自分の働きかけに対する他人の反応と同様の反応を自らの内に引き起こすことであり、事物の態度取得とはその物に手でふれたときの反応を自らの内に引き起こすことである。人と物のどちらの対象についても、態度取得という同型的なメカニズムを想定している点が興味深い(7)。

ミードの態度取得のメカニズムを理解するための補助線として、市川浩による同調の類型化を見てみよう。市川は他人の身体の動きとの間で起こる感応ないしは共振を、同型的同調と応答的同調に区分している(8)(図1参照)。

同型的同調とは、無意識のうちに相手と同じ動作や表情をしてしまうこと、相手の身になってしまうことであり、ミードの「他人の態度取得」はこれに相当すると考えてよいであろう。のちにくわしく見る共鳴動作もこれにあたる。応答的同調とは、相手と同じ行動をするのではなく、相手の動作に応答し、対応する動作や表情をとることである。ミードが「他人の役割取得」と呼ぶ、より自覚的に相手の立場に立つ現象がこれに相当する。相手との対戦の場面や、スポーツにおけるチーム・プレーや音楽のアンサンブルなど共同する場面では、応答的同調は欠かせない。

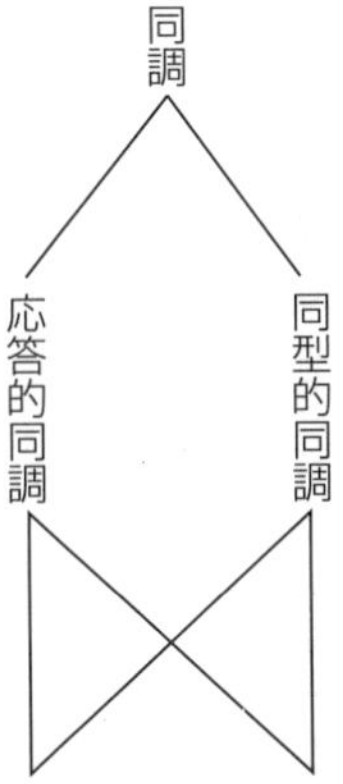

図1　同調の類型化

さらに市川は、同型的同調と応答的同調のそれぞれについて、顕在化している場合と潜在的な場合を区別している。顕在的同調は実際にその動作（あるいはその一部）を行う場合である。潜在的同調は行動としては表面にはあらわれなくとも内面的に同調している場合であり、ボクシングを見ていて思わず力が入ってしまう、ボクサーが使っているのと同じ筋肉を緊張させ、血管が収縮し、心臓の鼓動が早くなってしまう、というのも身体的レベルでの潜在的同調といえる。

二　開かれた身体

1　相互参照の過程

①言語以前のコミュニケーション回路

メルロ＝ポンティもミードも、言語以前のコミュニケーションの回路として、身体レベルでの相互作用を重視していた。

メルロ＝ポンティは、幼児の対人関係について考察するなかで、間身体的なコミュニケーションのレベルを認めて次のように言う。

結局、次のことを認めなければなりません――自己や他人というものが絶対に自己意識的なものであって、両者は相互に絶対的独自性を主張し合うものだと初めから仮定してしまっては、もう他人知覚を説明することはできなくなってしまうだろう、と。……最初は、他人の志向が言わば私の身体を通して働き、また私の志向が他人の身体を通して活動するといった、「前交通」(précommunication)（マクス・シェーラー）の状態があるに違いありません(9)。

一方、ミードも独自の身振り会話論を展開し、身振りが切り詰められて音声身振りへ、さらに言語へと発展していくという進化論的な視点から、行動と言語の連続性を強調していた。つまり、私たちのコミュニケーションは身体にその基盤をもつということである。また、コミュニケーションを協働というより大きな相互行為の過程の内部に、人びとの行為の間を媒介する過程として位置づけている。

②刺激―反応の相互連鎖

ミードは動物や人間の相互行為の過程を、刺激と反応の相互連鎖の過程（身振り会話）として記述してみせた。ミードの言う身振りとは、他の個体によって観察可能な、行為の初期局面を指す。環境に対して働きかけようとする身構え、準備状態のことである。そうした身振りが、相手にとっては一つの刺激となって一定の反応を引き起こすことになる。

犬のけんかを例に挙げるならば、犬Aの何らかの反応が犬Bにとって刺激となり、Bはうなり声をあげる。Aからの刺激によって引き起こされたBのうなり声という反応は再び犬Aにとっての刺激となり、犬Aはあとずさるという反応を示す（図2参照）。

人と人の相互行為も、こうした刺激と反応の相互連鎖として記述することができる。同様の過程を河野哲也は「相互参照性」という用語でとらえている。「相互参照性とは、複数のプロセスがたがいに相手を参照し合い、相手を参照することによって生じる自己の変化が、相手に再入力され、相手の変化を引き起こす過程」[10]のことである。物的対象と人との違いは、こうした相互参照性の有無にあるといえよう。

2　相手の身になる

①エントレインメント

他人の身体の動きが自分の身体へと移ってしまい、同期するという間身体的な現象については、いくつかの発達

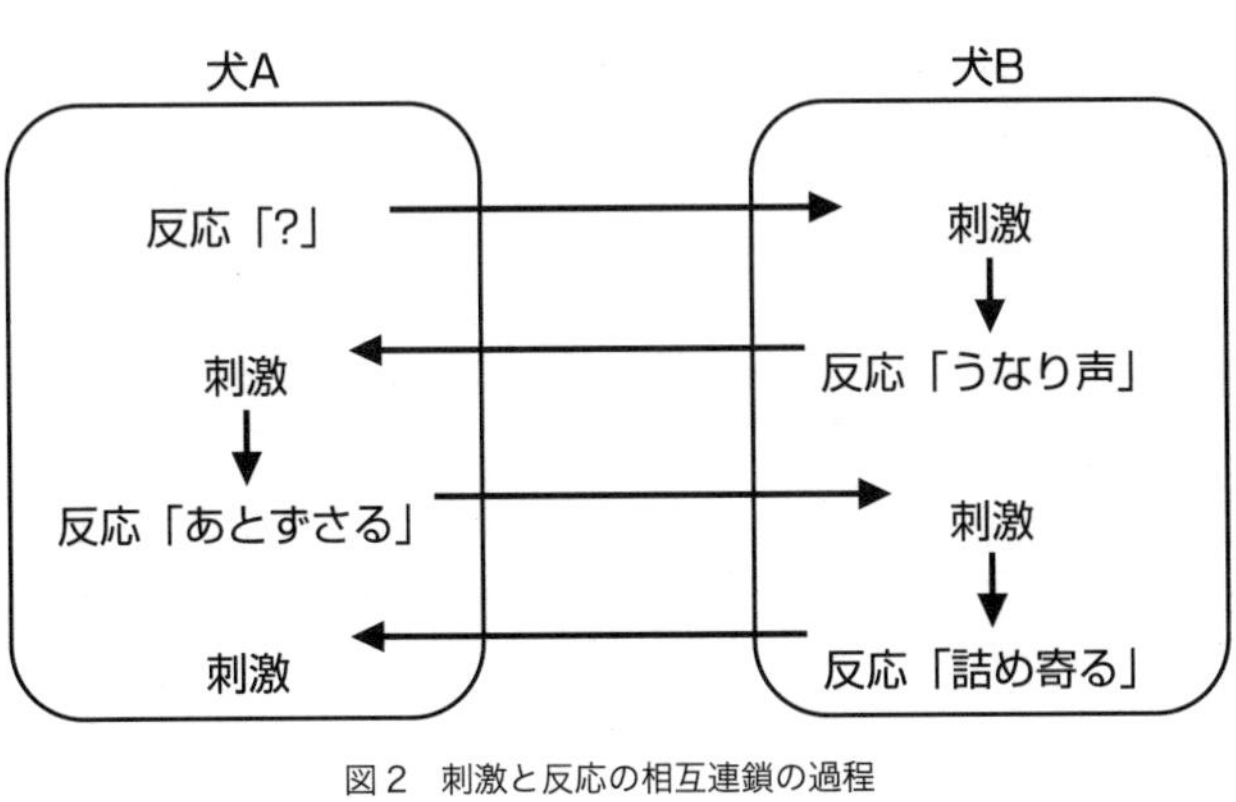

図2　刺激と反応の相互連鎖の過程

心理学の知見がある。

会話場面における発話と身体運動との関連について、映像―音声フィルムのミクロ分析的研究を行ったW・S・コンドンは、話し手の発話に同期して聞き手の身体運動が生じていることを発見した。そして、こうした相互作用の同期性が新生児についても見られることがわかった。

新生児であっても、親が独特のリズムや抑揚で呼びかけると、子どもはしだいにそのリズムに引き込まれるようにして、同期して手を動かすようになる。親の身体の動きに対して、子どもの身体の動きが引きこまれるように同期してしまうのである。この現象は、エントレインメント（"entrainment"＝引き込み同期現象）とよばれ、ことばだけでなく、身振り・手振りや表情あるいは息づかいなどのリズムが相互に同期する現象をさす。この現象によって、親と新生児の間には独特なコミュニケーションの場が出来あがる(11)。

エントレインメントは、非対面よりも対面的な場面において生じやすいこともわかっている。親子の添い寝の場面における実験においても観察されており、親子が空間を共有することで、間身体的なリズムの共有が生じ、一体感が生まれる。これはその後の親と子の間の絆を築く基盤となり、その後の発達にも大きな影響を与えるのである。

②共鳴動作

このような、互いに身体のリズムを同期させる行動の延長線上にあらわれるのが、共鳴動作(coaction)とよばれる行動である。

共鳴動作とは、意図せずに反射的に相手と同じ行動をとってしまうタイプの行動であり、無意識の模倣ともいえる。

目の前にいる相手の身体の動きを見ると、それがちょうど音叉の共鳴のように自分の身体に共鳴して同じ動きを作り上げる。この身体の現象が生まれて数日の新生児に見られることが知られている(12)。

大人が新生児を抱いて、顔を見合わせ、口を開閉してみせると、赤ちゃんの側でも口を開閉しはじめる。これはよく見かける現象ではあるが、不思議な現象でもある。新生児は大人の口が開いたり閉じたりしているのを見る。しかし、新生児は自分の口を見ることはできない。口の開閉による筋肉運動の感覚はあっても、その感覚と視覚でとらえた大人の口を対応させることは難しい。新生児は、大人の口に対応する部分が自分の身体にそなわっているのかどうかさえ知らないのであるから。それでも、新生児は大人の口の動きをなぞるように反応する。もちろん生後数日の新生児にまねをしようとする意図があるとは考えられない。身体が相手の身体の動きに直接反応するようにして、反射的に、相手の動きをなぞってしまうのである。

また、表情の理解についても同様のメカニズムが関与している。新生児は親の微笑に対してその表情に微笑み返す。鏡で自分の顔を確認するようになるはるか以前に、子どもは相手の表情を模倣できるのである。

こうした共鳴動作については、「相手の身になる」というよりも、「相手の身になってしまう」という表現が適切であろう。先にふれたG・H・ミードが「他人の態度取得」と呼んだ現象もこれに近いと考えられる。

岡本夏木は共鳴動作を「コミュニケーションの基盤にふさわしい性質を深く宿している行動」としてとらえ、次の点に注意を促している。

見逃してならぬことは、このような行動は、それをしたら食べ物や飲み物にありつくという種類のものではない点である。飢えや渇きという生理的欲求を満たす手段として子どもはこの動作をおこなっているのではない。むしろ目の前の刺激の動きに同調し一体化して自分も動くことそのものが快となり、この共鳴動作を活性化しているようである。「通じあうことへの欲求」というと言いすぎだろうか(13)。

岡本が言うような欲求の存在を想定するかどうかはともかく、少なくとも、他人を模倣しようとする意図の生じる以前から、人間には模倣への内在的傾向性が存在しているということは言えるであろう。

さて、共鳴動作は、新生児に限られたことではない。あくびの「伝染」など、周囲の他人につられてついやってしまう行動はよくある。「共鳴動作そのものはその後、身体が自由になればなるほど、そのレパートリーを増やしていく」(14)のである。

③型の習得

子どもは周囲の大人たちの身になっていきながら、その行動の型を身につけていく。型を身につけることで、人は無駄のないふるまいや身のこなしをできるようになる。「型にはまる」ということは、行動の自由が制限されるというニュアンスをもつが、実際には環境からの刺激に対して無駄のない、柔軟な反応ができるようになることを意味する。武道などにおける型は、相手の動きに対して柔軟な反応ができる姿勢をとるということであろう。

3　身体の感受性

①感覚遮断

内田樹によれば、危機的な局面に際会したとき、生物はわが身の感覚を遮断するか感覚を敏感にするかのどちらかの選択肢をとるという(15)。感覚遮断とは動物でいえば仮死状態になることで危険をやりすごそうとする選択であるが、たとえば次に引用するような身構えのすすめはその代表である。

ものごとをただ受け入れ、感覚を消すことを覚えなくてはならない。苦痛も怒りも、何も感じちゃいけない。いいか、もし誰かがおまえのことをぶちのめそうとしたら、もしそいつがおまえを押さえつけて蹴飛ばそうとしても、おまえはじっと我慢してなくちゃならないんだ。抵抗しても無駄だ。逆らうんじゃないぞ。そのまま黙って殴られて、黙って蹴飛ばされているんだ。好きなだけやらせろ。それが生き延びるためのただひとつの方法だ(16)。

これは、マイケル・ギルモアのノンフィクション『心臓を貫かれて』に出てくる一節、著者マイケルの実の兄ゲイリーが弟に与えた教訓である。自分の身体を石のように固くして、身体感覚を鈍らせ、痛みを感じないようにすること。弟にこう語ったゲイリーは、しかし、何人もの人を殺し死刑判決を受ける。刑務所でも自らの身体を傷つけ自殺を図る。つまり、この身構えのすすめは、身体の感受性を意識的に下げることで、他人や自分を傷つけることに鈍感になる方法であり、結局は生き延びるチャンスを少なくする方法であった。

このことばを引きながら、内田は身体の感受性を下げることの危険性について論じているのだが、では逆に、身体の感受性を最大化した状態とはどのような状態であろうか。自分のまわりの環境のあらゆる微細な変化に反応できるように、やわらかい身のこなしができるように、リラックスした身構えをしておくことであろう。内田によれば、武道の型稽古は、危機的状況に遭遇した瞬間にそうしたやわらかい身体へと無意識のうちに切り替えることをめざしたものである。

実は、ゲイリーの言うような硬直した身体と対照的なのが、新生児の身体である。新生児の身体はぐにゃぐにゃとしてやわらかく、その身体の動きには構えや型と呼べるようなものがまだ形成されていない。いわば、外部からの刺激に対して身を開いた状態である。だからこそ、新生児は親などさまざまな周囲の他人の身になってしまい、そのふるまい方を身につけていくことができるのである。新生児はその都度相手の身になることで、自らの身体を組織化していく。

②共鳴の過剰

しかし、身体の感受性が過敏となり、おしよせてくるあらゆる刺激に対して身体が反応してしまうとしたらどうであろうか。脳神経科医のオリバー・サックスは、路上で目撃した六十代とおぼしき「トゥレット症候群」(17)の女性について報告している。

彼女は、通りかかる人たちのまねをしていたのだ。いや、とてもまねなどと言ってすむものではない。すれちがう人たちを戯画化していたと言うべきだろう。ほんの一瞬のうちに、彼女はすべてを、通りかかる人の癖のすべてを、とらえていた。……あらゆる顔や姿が模倣された。ほとんど瞬間的に自動的に、痙攣したような動作でおこなわれるのである。……彼女は、数えきれないほどの多くの人々の特徴をとらえて「身につける」だけでなく、それらを片端から「脱ぐ」ことをやってのけた(18)。

この女性はわが身が引き起こしてしまう共鳴動作を自分で制御できない状態にある。すれちがうすべての人びとの表情や動作をわが身に取り入れてしまっているが、それは新生児の行動が組織化されていく場合とは違って、この女性の型として身につくものではない。

サックスが見ているとやがて、耐えきれなくなったこの女性はわき道にはいって、憔悴しきった姿で吐き出した。それは、彼女がまねた四、五十人のしぐさや、姿勢、表情、態度、つまり彼女のレパートリーすべてを吐き出したのである。他人はいわばこの女性の身体を通過していくだけであった。この女性は誰のまねもやってのけたが、結局は誰にもなれなかったのである。

注目したいのは、この女性が自らの意志ではどうにも制御することができない状態にありながら、それでもなお、通りがかる人びととの間に相互参照的な過程が進行していることである。

ばかばかしい模倣はこれだけでは終わらない。第二次、第三次があった。というのは、まねされた人たちは、ぎくりとなり、憤然としたり腹を立てたりして、彼女をにらみ返す。すると彼女はそれをまた歪めてまねする。そこで彼らはますます激怒したり、ショックを受けたりするのである。こうしてグロテスクな共鳴現象というか相互作用はどんどんひろがり、みんながそのなかにひき込まれてしまっていた(19)。

この女性の意志や意図とは関わりなく、女性と路上の人びととの間で相互に参照しあう過程が進行していく。このケースは、相互行為の進行における意図の位置づけについての示唆を与えるものである。

三　過程における意味と意図

1　時間をずらす

①「居着き」と「先の先」

内田樹によれば、前述の感覚遮断のように危機に直面した際に身体の感受性を下げることは、現在に生じた厳しい経験を、時間的に過去にずらすことで緩和しようとする技法であるという。現在の経験を過去の経験の枠組みのなかに位置づけて、過去にすでに経験済みの痛みや苦しみと同じだとみなすことで、現在の痛みを相対化する。このようにして現在の危機を石のように身を固くしてやりすごすのは、いわば物＝無生物へと帰ることである(20)。

危機に直面して思わず身を固くして感受性を下げてしまうことには、確かに相応の理由がある。身体の感受性を最大化した状態で痛みを経験するならば、当然、痛みも最大化してしまうからである。

では、逆に、身体の感受性を高めたまま現在の厳しい経験を緩和するにはどうすればよいのか。それは時間を未来へとずらす技法であるという。現在の危機を乗り越えたあとの状態、すなわち未来の状態を想像することで、現在の厳しい経験を擬制的に過去のものにしてしまう。未来を先取りすることで、現在の痛みを相対化するわけである。この技法は、身を固くするのではなく、むしろ身体の反応速度を最大化することを必要とする。

時間を過去へとずらす技法と未来へとずらす技法。内田はこの二つの技法を武道における、「居着き」と「先の先」を取る術理との対比と重ね合わせる。武道では、恐怖や不安などの心理的要因によって、足の裏が床に貼り付いて、どうにも身動きのできなくなった状態を「居着き」ということばで表現するが、自ら感受性を下げて過去や現在に固着してしまった身体は、「時間的な居着き」の状態にあることになる。他方、「先を取る」とは武道の達人の境地であり、自らは技をかけ終わった未来の状態を先取りすることで相手を常に追う立場に取り残すことを指している。

②未来の先取り

身体の感受性を高めることが、過去に囚われずに未来を先取りする時間意識と深く関連していることを示してきたが、エントレインメントによる相互行為の同期化について研究したコンドンも、時間の先取りに注目している。

人はこれに基づいて、聞き手が話し手に「追従している」というよりも、むしろ最初の手掛かりによって聞き手は話し手のテンポの中に積極的に入っていくのだと言える(21)。

とりわけコンドンが注目したのは、相手が発話するほんの百分の数秒前に、聞く側の人間の身体がかすかに動いて先に反応しているという現象であった。……レスポンスは、相手からの働きかけが終わったところから始まるというよりは、それと同時に、あるいはその直前から始まっているのである(22)。

つまり、身体の感受性が高められエントレインメントや共鳴動作が生じているときには、人は相手の身になってしまうだけでなく、相手と時間の流れを共有する、場合によっては時間を先取りすることになるのである。

③先を見通せない不安

身体の感受性を高めておくためには、過去に居着くのではなく、未来に対して開かれた態度をもつことが重要である。しかし、未来はつねに不確定であるために、私たちは過去の経験から得られた規則性に固着しようとする。先を見通せない不安から過去の規則性にこだわり、身体の感受性を下げてしまうと、環境中の対象が発しているアフォーダンスあるいはサインを見落としてしまうことになりかねない。そうなれば、現在の環境に対して適切に身構えて、行動へ向けて身体を方向づけることが困難になる。その結果は、環境に対する適応性が低下し、身体をますます固くして困難をやりすごそうとする悪循環である。

たとえば、人は誰か他人から迷惑をこうむっているとき、よほど緊急を要することでない限り、相手に直接抗議するということはなかなかしないものである。直接ことばで注意するというのは、もう耐え切れないというときの最後の手段に近い。ことばを発する前に、人は表情や視線、身振りなどのサインを送って訴える。ことばで言わなくても気づいてほしいという願いをこめてサインを送る。

ところが、ひとたび身体の感受性を下げてしまった人は、そうしたサインをことごとく見落としたり誤解してしまう(23)。迷惑をこうむっていた人はやがて、その人から離れていくであろう。こうした経験が続けば、周囲の人びとはどんどん去っていく。サインを読めない当人は、気づかないままにその状況に耐えようとする。しかし、その苦しみに耐えていこうとすればするほど、身体の感受性を下げていかざるをえない。環境への不適応と身体の感受性の低下が悪循環を形成するのである。

2　開かれた意味

①意味の三項図式

すでに述べたように、G・H・ミードは「対象の意味とはそれが私たち自身のなかに呼び起こす反応である」という観点から、行為の意味を行為主体の意図ではなく、行為が引き起こす反応と関連づけて考察した。

身振りの意味は、自分の身振り、それが引き起こす相手の反応、その結果として進行する相互行為という、三つの項の関係によって規定される。行為の意味は、この相互参照の過程のなかでの位置関係によって決まる。これら三つの項はいずれも客観的に観察可能なものであり、相互参照の過程では主観的な意図は直接は関与してこない。たとえ、自分の行為であってもその意味を知るためには、それが相手にどのように受けとめられて相手からどのような反応が返されたか、結果としてどのような相互行為が展開したかを、振り返ってみる必要がある。

②行為の位置価の変化

このように考えると、行為の意味はその行為が完了した時点で確定してしまうのではなく、つねに未来の相互行為に対して開かれていることになる。ある行為の意味は、その行為が位置づけられる相互行為がその時点までにどのように進行してきたか、によって左右される。

時間が進行し、相互行為がつみかさねられてゆくと、行為はそれまでとは異なる位置におかれ、どんどん「異なった過去」になっていく。つまり、行為の意味は「不確定」なものである(24)。

「終わりよければすべてよし」ということばがあるように、相互行為の結果が満足のいくものとなれば、その過程を織り成してきた個々の行為は、たとえ途中で非難されたとしても、相互行為の結果が出た時点ではプラスの価値を与えられることが多い。逆に、企画会議の席で画期的なよい提案をして採用されても、そのプロジェクトが成功裡に終わらなければ、後から提案の欠陥が指摘されるなど、提案それ自体の評価もマイナス方向に振れてしまうであろう。相互行為の進行に応じて、行為の位置価は変化していくのである(図3参照)。

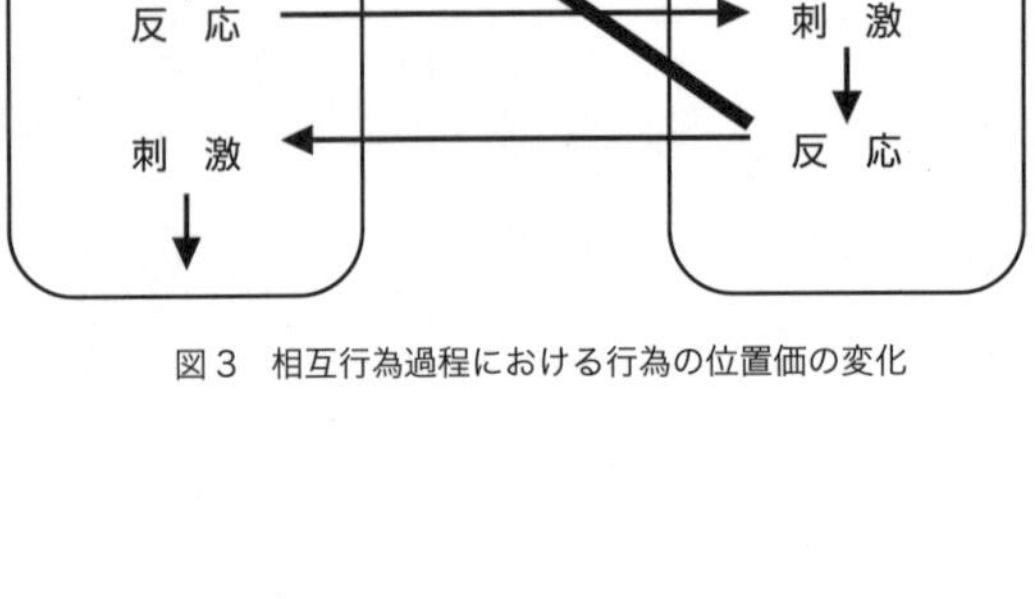

図３　相互行為過程における行為の位置価の変化

3　意図の位置づけ

①意図は行為の原因か

さて、ここで、相互行為の過程における意図の位置づけについて考えてみたい。物と人との違いについて言及したとき、人は自発的に動き、能動的に働きかける存在であるという点を指摘した。当然、そこには行為の意図の存在が浮かび上がる。行為の意図の有無は行為の責任を問う際の重要な要件でもある。

しかし、以上のように、相互行為が時間の進行につれて発展していく過程であるとすれば、ある行為を開始した意図が、その後の相互行為の不確定な進行を織り込んでいるということはまず不可能である。また、本人が意図を自覚している程度も、状況と行為に応じてまちまちであろう。サックスが報告したトゥレット症候群の女性の場合、本人には路上の人びとを模倣しようとする意図はなかったと言ってよい。しかし、それでも、この女性と路上の人びととの間で相互に参照しあう過程は進行していった。つまり、相互行為の進行は個々の人の意図に還元することはできず、常に未来に向けて開いており、そこに参加する人びとの意図を超えて発展していく余地をもつ。

私たちはしばしば意図を行為の原因とみなしているが、浜田寿美男は次のような指摘をしている。

> 人間は自分の意識（意図）でもって行動を決定しているかのように思っていますが、実際はそれ以前のところで、そもそも身体のほうが先に動き出している、そうした領域が私たちが思うよりずっと広いのです。それに身体がやり方をすでに身につけているものでなければ、いくら意図しても、その意図だけでは身体は動きません(25)。

環境と相互作用する身体から議論を始めるならば、行動をアフォードする諸対象の側にも原因を探ることが必要となり、最初の原因を特定することは困難になる。

②意図のアド・ホック性

結局、意図とは何か。「あの時あの行為は何をしようとしたのか」と問うたときの相手の応答が意図であるとしか言えない。そのとき、相手が自分の意図をどの程度自覚しており、どこまでくわしく語るかはわからない。また、この質問がいつなされるかによっても、応答は変わってくるであろう。真の意図というものはありえない。その都度の必要に応じて、問いかけに応じて意図は語られる。逆に言えば、このような問いかけが顕在的にあるいは暗黙裡になされる場面をのぞいては、行為の意図がことさら問題となることはないのではないか。

意図は行為や相互行為を引き起こす原因というよりも、行為の意味と同様に相互行為過程のなかで変化していく可能性があるものとして位置づけるべきであろう。

さて、以上のような指摘にもかかわらず、私たちの意図に対する固執は根深いものがある。それは、行為の帰責問題という近代社会の根幹のしくみに関わる事情があるのかもしれない。

しかし、相互行為を開始した当初の意図にこだわることは、先に用いたことばを使えば、いわば「時間的な居着き」であろう。相互行為の展開によって事態が変化し、行為の意味も変わってしまった時点で、当初の意図を詮索してみてもあまり意味はない。むしろ、開かれた身体をもって未来を先取りしつつ、現在の相互参照過程に参画していくことが、相互行為の意味をさらに変えていくかもしれないのである。

＊

最後に、以上の考察を通じて、本章で浮き彫りにしてきたアイディアを確認しておこう。

①私たちの身体は環境に対して身構えをとっていること。

②環境中の対象の意味はそれに対する働きかけの反応として与えられていること。

③身体的な同期・共鳴現象がコミュニケーションの基盤にあること。
④未来を先取りする時間意識が、身体の感受性を高めること。
⑤相互行為の展開のなかで行為の意味や意図はつねに変化しうること。

これらのアイディアはまだ十分に展開できていないものも多く、相互のアイディアの関連性についても詰め切れていないところがある。さまざまな分野の知見を半ば折衷的に組み合わせて作り出されたアイディアであるだけに、相互に齟齬が生じている点もあるかもしれない。

これらのアイディア群の個別の検証および相互の関係の探求は、今後の課題として残されている。

〈注〉

(1) M・メルロ＝ポンティ「幼児の対人関係」『眼と精神』滝浦静雄・木田元訳、みすず書房、一九六六年、一三四頁。
(2) Shibutani, Tamotsu, *SOCIAL PROCESSES An Introduction to Sociology*, University of California Press, 1986, p. 35.
(3) Shibutani, ibid. 1986, p. 35.
(4) Shibutani, ibid. 1986, p. 37.
(5) 河野哲也『環境に拡がる心』勁草書房、二〇〇五年、一三頁。
(6) G・H・ミード『精神・自我・社会』稲葉三千男他訳、青木書店、一九七三年、二九四頁。
(7) ミードは、発達段階的には事物の態度取得に対して他人の態度取得の方が先行すると考えていた。この発想は、メルロ＝ポンティの次のことばと照合してみると興味深い。「私は私の身体によってこそ他者を了解するのであり、それはちょうど、私が私の身体によってこそ〈物〉を知覚するのと一般である」(『知覚の現象学 1』竹内芳郎・小木貞孝訳、みすず書房、一九六七年、三〇五頁)。
(8) 市川浩『〈身〉の構造』青土社、一九八四年、五三―五六頁。

(9) M・メルロ＝ポンティ、前掲書、一三六―一三七頁。
(10) 河野哲也、前掲書、二五頁。
(11) W・S・コンドン「乳児の呼応性と文化習得」鯨岡峻編訳『母と子のあいだ』ミネルヴァ書房、一九八九年、および、渡辺富夫「エントレインメント（引き込み）と親子の絆」正高信男編『赤ちゃんの認識世界』ミネルヴァ書房、一九九九年。
(12) 浜田寿美男『「私」とは何か』講談社、一九九九年、一〇八頁。
(13) 岡本夏木『子どもとことば』岩波新書、一九八二年、二七頁。
(14) 浜田寿美男、前掲書、一〇九頁。
(15) 内田樹『死と身体』医学書院、二〇〇四年、六四―六八頁。
(16) マイケル・ギルモア『心臓を貫かれて 上』村上春樹訳、文春文庫、一九九九年、三三〇―三三一頁。
(17) トゥレット症候群は、痙攣性チック、他人のことばや動作の無意識な模倣や繰り返し（反響言語、反響動作）、無意識あるいは衝動的な罵言や冒瀆的言辞（汚言）を特徴としている（オリヴァー・サックス『火星の人類学者』吉田利子訳、ハヤカワ文庫、二〇〇一年、一二七頁による）。
(18) オリバー・サックス『妻を帽子とまちがえた男』高見幸郎・金沢泰子訳、晶文社、一九九二年、二一九―二二〇頁。
(19) オリバー・サックス、前掲書、二二〇頁。
(20) 内田樹、前掲書、一三九―一四〇頁。
(21) W・S・コンドン、前掲書、二四七頁。
(22) 斎藤孝『子どもに伝えたい〈三つの力〉』日本放送出版協会、二〇〇一年、一〇九頁。
(23) 中島義道は、なぜ日本社会は管理放送や管理標語であふれているのかという問題を考えていくなかで、日本人の身体は絶え間なくサインを浴び続けることで安心するのであり、サインが途絶えるとたんに不安になるのだという。直接対話を好まず、サインの交換でコミュニケーションをすませようとする風土の社会では、人は身体の感受性を高めておかざるをえな

い（中島義道『騒音文化論』講談社α文庫、二〇〇一年、二〇九頁）。

(24) 徳川直人「相互行為論の端緒 —— ミードの社会観 ——」伊藤勇・徳川直人編著『相互行為の社会心理学』北樹出版、二〇〇二年、六二頁。

(25) 浜田寿美男『身体から表象へ』ミネルヴァ書房、二〇〇二年、七七頁。

現代産業社会の中での個人化と階級

平林　豊樹

一　問題の所在

第二次世界大戦後の高度経済成長期に、先進産業社会（先進産業社会とは、先進国の社会、即ち、ＯＥＣＤ加盟国の社会、と定義出来よう）は、資本主義史上空前の繁栄を迎えた。そして、高度経済成長の終焉後も、斯様《かよう》な社会は、「豊かな社会」でなくなった訳ではない。斯様《かよう》な社会では、「豊かな社会」の住人という自己イメージが人々の心理に定着する中で、「大量生産・大量消費の産業社会から脱―産業（脱―工業化）社会へ」「余暇文明」「中間（中産・中流）階級社会の到来」等の標語が、現代（本稿では便宜的に、高度経済成長期以降今日に至る迄を指す語として「現代」を用いる）を表現する言葉だと認識されるようになった。先進産業社会の大多数の人々は、今日もこの認識を漠然と抱き続けているだろう。

だが、如上の標語は、現代の先進産業社会を的確に表現し得ているのか。現代社会は、それ以前の産業社会に比べて大きく変化したが、相変わらず大量生産・大量消費を前提としている。文化産業やサーヴィス産業は、マーケティング技法を駆使し、人々の行動の仕方と物の見方とを画一化し平準化し規格化しつつある。余暇とは「個人の自由時間」の謂《いい》だが、実は、或る個人の自由時間の過ごし方は多数の他者のそれに等しい。個々人の自由な行動は不特定多数者の画一的な集団的行動と同じであり、その画一的な集団的行動は、文化産業に依って平準化され規格化された製品（物財や「コンテンツ」等の、同工異曲の大量生産品）の享受（大量消費）に他ならない。中間階級社会とはいうものの、今日の先進産業諸国に於いて、労働者階級に属す人は多い。一例として、日本では、一九六〇年代から一九九〇年代に掛けて、農業従事者が急減し上級ホワイト・カラー職とサーヴィス職業者とが漸増したが、ブルー・カラー労働者は一貫して就業構造の三〇％を占め続ける（橘木俊詔『日本の経済格差』岩波新書、一九九八年、九七頁）。業務内容と就業形態とをブルー・カラー労働者と実質上同じくする賃労働者が増えつつある現状（例えば、職場の機械化に伴って単純化した業務内容。専門職に就くのに要する知識を得られず、業務と労働時間とに相応した賃金を得られない就業形態）に鑑みれば、実際には昨今、労働者階級に分類されるべき人々はもっと多いのかも知れない。

現代社会に関する人々の自己認識と現代社会の実情とは、斯《か》くの如く乖離している。この乖離は如何にして生じるのか。本稿は、この問題を解く緒を得る為に、次の順で論を進める。先ず、現代の先進産業社会を支える経済構造を、考察する。人々の認識が、仮令《たとえ》不正確なものに過ぎないにせよ存続しているからには、その存続を可能ならしめる経済構造が存在する筈だ。次に、その経済構造の上で諸階級の間の不平等が厳然と存在するにも拘らず人々の行動が恰《あたか》も階級とは無関係であるかの様に見える現状を考察し、又、階級概念は現代の先進産業社会に於いて無効になったのか、という問題を考察する。これらの考察を基に、最後に、現代産業社会の文化と人間心理との連関を閲《けみ》しつつ、人々の自己認識と現代社会の実情との乖離を生むメカニズムの一端を示してみたい。

本稿は、現代の先進産業社会一般に当て嵌《はま》る側面を取り上げる。この側面は、産業化を遂げ先進国の仲間入りを目指す諸国にも、時間の経過と共に該当して行くだろう。

二　現代の先進産業社会は如何なる経済構造の上に成立しているのか

先進産業諸国は、第二次大戦後の高度経済成長期に資本主義史上空前の繁栄期を迎え、その後、低成長期に入った。それを簡明に示す証拠として、例えば次のデータが在る。A・マディソンは、『二〇世紀の世界経済』（金森久雄監訳、東洋経済新報社、一九九〇年、三八―三九頁）で、一九〇〇年から一九八七年迄の各国の、実質GDPの年平均成長率と、一人当たり実質GDPの年平均伸び率とを示した。彼はこの時期を、第一期（一九〇〇―一九一三年）、第二期（一九一三―一九五〇年）、第三期（一九五〇―一九七三年）、第四期（一九七三―一九八七年）、に分ける。各先進国（この本では、一九九〇年時点でのOECD加盟国）の成長の傾向は、ほぼ同じである。殆《ほとん》どの先進国では、第三期に、GDPと一人当たりGDPとが最も著しく増加した（例外は米国とカナダ）。OECD平均だけを挙げれば、実質GDPの年平均成長率は、第一期から第四期への順に、二・九％、二・〇％、四・九％、二・四％であり、一人当たり実質GDPの年平均伸び率は、同じ順に、一・六％、一・二％、三・八％、一・九％である。因《ちな》みに、ソ連を挙げれば、前者の成長率は順に、三・五％、二・七％、五・〇％、二・一％、後者の伸び率は順に、一・六％、二・三％、三・六％、一・二％である。OECD及びソ連の一般的傾向として、第三期の大変な高度経済成長が判明する。ラテン・アメリカ諸国も、大体似た傾向を持つ。アジア諸国も、似た傾向を持つが、第四期に更に発展している点でOECD諸国と違う。では、第三期（空前の繁栄期）に於いて、先進産業社会の経済構造はどんなものだったのか。以下、それを極《ご》く単純化してみよう（便宜的に、金融や輸出入等を省き、製造業を中心に記述する）。

一九世紀の先進国（典型的には英国）の経済構造は、全体として低賃金を基調とした。好況時に雇用が増加すれば賃金は上がり失業も減るが、不況時には全く逆になる。即ち、生産財が中心で、労働者消費財市場は重要ではなかった。毎年の生産性もそれ程には上昇せず、経済成長は、工場の規模や労働人口の拡大に依存していた。労働の場面は機械制生産ではあるが、労働者が熟練工だった。その賃金は、労働市場の状態に応じて乱高下した。労働組合の結成は禁じられ、社会保障制度も無い。それ故、例えば、ヴィクトリア朝の繁栄と一九世紀末の大不況という極端な循環が、見られたのである。

二〇世紀前半（前述のデータの第一期と第二期）は、テイラー・システムの試された時代だ。経営者の思い通りに労働者を働かせて生産性を向上させよう、との試みが為された。ここでは、労働者の仕事上の熟練は要求されず、労働者は経営者からの命令だけを守れば良い、とされた。肉体労働は細かい過程へ細分化され単純化され、賃金の出来高払いが主流となり、生産性は向上した。このテイラー・システムを自動車の大量生産に適用したのが、H・フォードである。ベルトコンベアと様々な専用機械とを用いて安価な自動車が大量生産され、それ故、耐久消費財の生産が経済の中で比重を増した。だが、国民経済全体から見れば、賃金構造は相変わらず一九世紀的であり、労働者の消費生活に余り変化は無かったのである。フォードの有名な「五弗《ドル》の日」も、国家の社会保障制度とは比べ物にならない。大量生産方式の導入と商品の大量生産、労働者の低賃金、一九世紀的な消費生活（家族の連帯に支えられた生活）。これらの組み合わせでは、大量生産は大量消費に補完されない。過剰生産と有効需要不足とが待っているだけだろう。一九二〇年代の安定期と大恐慌と戦争とが、この時期に起こった。この状況を抜け出す為には、有効需要が創出されねばならず、故に、ニュー・ディールやケインズ主義が求められたのである。

第二次大戦後の第三期は、安定的な高度経済成長期だった。この時期に典型的な経済構造は、「フォーディズム」と呼ばれる事が在る（R・ボワイエ『レギュラシオン理論』山田鋭夫訳、藤原書店、一九九〇年）。この語は、戦後の資本主義論に於いて、大量生産と大量消費とが結び付いた国民経済全体を指す。戦後の先進資本主義諸国では、生産性の向上に伴って実質賃金が上昇し、それが消費を刺激し、消費が投資を刺激する。需要に応じた生産の結果、GDP（又はGNP）が増加する。投資の拡大とは、機械等の設備への投資が拡大する事だ。市場での需要の増大は、大量生産を可能にし、更に生産性を向上させる。生産性の向上の結果は、労働者の賃金にも反映し、それが需要を刺激する。つまり、「生産性向上が賃金上昇に、賃金上昇が消費拡大に、消費拡大が投資と需要との拡大に、投資と需要との拡大が生産性向上に、繋がる」という循環（レギュラシオン理論の概念では、フォーディズムの下での「蓄積体制」。これを仮に「高度成長的循環」と呼ぼう）が、高度経済成長を可能にしたのである。

「高度成長的循環」は、先進資本主義諸国に於いて、如何にして出来たのか。一九世紀末以降、産業諸国は、労働者問題や社会主義運動に恐怖し、社会保障制度を整備し始めた（その嚆矢《こうし》は、ビスマルクによる種々の社会保険法）が、二〇世紀初頭のロシア革命は、その恐怖を増幅させた。その結果、産業諸国は、戦時中、労働法制と社会保障制度との構築に着手し、第二次大戦後、その構築に本腰を入れた。そして、戦後の先進資本主義諸国では、経済が「社会主義化」し、広範囲な人々に富が分配される様になったのである（「社会主義化」という語は、R・アロン『変貌する産業社会』長塚隆二訳、荒地出版社「レイモン・アロン選集」第二巻、一九七〇年、に拠る。アロンに拠れば、資本主義経済の社会主義化は、一般化された集団所有が無い点と、市場のメカニズムが大幅に存続している点とで、社会主義とは異なる）。即ち、累進課税や労働法制や社会保障制度等（レギュラシオン理論では「制度諸形態」）が充実し、「剰余価値の一部からの還付金」（C. Baudelot, et al. “La petite bourgeoisie en France”, Maspero, 1974）が勤労者へ齎《もたら》された結果、「高度成長的循環」は可能になった。C・ボドゥロ他に拠れば、一九四五年以降の加速度的な資本主義的蓄積の過程で中間階級が構成される原因は、第一に、第三次産業化や科学技術の革新には無く、資本主義的生産関係が社会生活の全域に一般化した事に在り、第二に、大衆のプロレタリア化に在る。新中間階級は賃労働者であり、その賃金は「労働力の価値に見合った部分」と「剰余価値の一部からの還付金」とから成る。話を「高度成長的循環」に戻せば、「生産性向上が賃金上昇に」という点で重要なのは、戦後に労働組合が公認され、労使の団体交渉制度が確立し、社会保障制度が成立した事だ。生産性の結果は労働側にも分配される様になり、労働者の生活が保障される様になった。その結果として上昇した賃金は、消費財の購入へ向かい、規格化された製品が大量生産され大量消費された。即ち、生産条件と消費条件とが共に変動し、大衆消費社会が現れたのである。「投資と需要との拡大が生産性向上に」という点では、生産性を上げる為に、作業工程を細分化し、多数の労働者を雇い、機械を拡充し、工場を大規模化しなければならず、製品の需要が無ければならない。戦後、労働者が経営者の命令に従った理由は、生産性向上に応じた賃金上昇を経営者が認めたからである（労使協調路線）。労働者はテイラー・システム的労働を受け入れ、経営者は生産性向上の成果を労働者へも分配する。これが、「空前の繁栄」を支えた経済構造だった。

だが、「フォーディズム」も、第四期以降、凋落して今日に及ぶ。何故凋落したのか。大量生産品を購入して来た大衆は、それに飽き、多品種少量消費の傾向を示す様になったが、フォーディズムは、これに対応出来ない。「需要拡大が生産性向上に」という循環が断絶した訳である。又、テイラー・システムの浸透は、労働者の意欲を弱めた。その為、欠勤や罷業が頻発した。「投資拡大が生産性向上に」という循環が断絶した訳である。「空前の繁栄」期には、都市化が進展したが、都市化は、それ以前には共同体や家族が保障していた福祉を、資本主義的賃金で賄わなければならない。必然的に、労働者は、更なる賃上げを要求する。ケインズ主義の結果、完全雇用に近付くと、賃金上昇の圧力も強まる。そこで、経営者は、賃金の抑制と利潤の回復とを目指す。労働組合は弱体化し、賃金は個別的に決められ、賃金格差は拡がり、政府は賃金緊縮政策を採る。ここに到って、「生産性向上が賃金上昇に」という循環も、断絶した訳である。但し、次の三点に注意せねばならぬ。第一、「高度成長的循環」の綻びが明白になった今日も、社会保障制度が人々の生活を下支えしている点。社会保障制度は個人消費を促す可能性を持ち、現代社会では社会権が認知されている。故に、先進諸国の政府は、社会保障制度を改定こそすれ廃止しない。第二、今日、労働法制や累進税制や賃金構造が勤労者の労働条件と生活とを防禦している点。先進社会の人々が今日の消費水準と生活水準とを維持し得るのは、法に基づいて労働条件の改善を要求出来、「剰余価値の一部からの還付金」を得られるからだ。第三、今日もなお、規格化された消費財の大量生産と大量消費とが経済の前提である点。これを改良し多品種少量消費に対応すべく、今日、例えばＢＴＯ（Built To Order）その他様々な試みが為されている。だが、ＢＴＯは、製品の中の部品を消費者の好みに応じて代替品に差し替えるに過ぎず、経済の前提を変えない。様々な消費財が続々と発売される現代、或る製品は他の製品と意匠を異にするだけだと言っても過言ではない。これらの点から、第三期と第四期以降とに於いて、先進産業社会を支える経済構造は同一だと言って差し支え無い。今以て、第三期に成立した制度諸形態や賃金構造は、経済を支え、人々の生活水準を維持させている。

三　「個人化された社会」としての現代先進産業社会

人々は、現代の先進産業社会を支える経済構造の上で諸制度に守られ、以前とは比べ物にならぬ程に生活水準を向上させた。だが、現代の先進諸国に於いて、社会的不平等の構造は、長年に渡り変わらない。注目すべきは、今やその不平等が単なる階級問題として扱われなくなった事だ。その理由は、新中間階級が肥大化し生活水準が向上したからであると同時に、現代の不平等が、失業や貧困や階級のみならず、女性の権利、地域間格差、世代間格差をも含むからである。現代の先進諸国は、恒常的な不平等関係を温存しつつ、生活水準と社会保障水準とを著しく向上させ、伝統的な階級と地域的紐帯と家族の支援とから人々を解放し、己の人生に責任を負う相互に平等な別々の個人として人々を労働市場へ投入する事となった。U・ベック（U. Beck, et al.“Individualization”, SAGE Publications, 2002, pp. 1- 53）は、斯様《かよう》な状態を特徴付ける概念として、「個人化（個別化：individualization）」を用いる。

個人は自分で自分を満足させねばならず己の行為で己の人生を形成せねばならぬ、という指針が、近代の決定的特徴だ。個人化とは、近代の特性であり、「個々人が、伝統的生活様式から切り離され、合理的な思考と行為とに依って己の運命を自ら自由に決める様になり、独自の存在となる趨勢」を意味する。だが、ベックの言う「個人化」は、それのみならず次の二つの意味をも持つ。即ち、現代に於いては、第一に、嘗《かつ》て存在していた社会形態（例えば、階級、社会的地位、性別役割、家族、近隣共同体といった、脆弱化しつつある範疇）が諸個人をその内に包摂し切れない事、第二に、職業市場、福祉国家、社会保障制度、等を通して、新たな制度や統制が個人に課されている事だ。伝統的慣習は、個人を共同体へ強く同化させるのと引き換えに、その慣習に従う個人の心理的負担や責任を軽減させた。この様な慣習が廃れた現代では、配偶者や職業の選択から倫理的な大問題（例えば、生殖医療や集中治療）に至る迄が個人の自由な決断に依る。都鄙の格差は現存するが、教育の拡大、マス・メディア、消費者主義、等を通じて都市的生活様式やグローバルな情報が田舎にも浸透し、個人化は社会の隅々に及ぶ。国家の施策は、個人に照準を合わせて策定される。その施策は雇用を前提とし、雇用は教育を含意し、雇用と教育とは社会移動の手段であり、人々は社会的上昇移動の意志に基づき行為するものとされる。成功も失敗も当人の責任だとされるから、個人の自由は不安定だ。ただし、現代の先進産業社会の人々は、福祉国家や労働市場や官僚制が定める制度（社会保障制度はその典型）の下で、その制度に依存しつつ個人化されている。これを、ベックは「制度化された個人主義」（元来はT・パーソンズの用語）と呼ぶ。これは、第二節で要約した、現代の先進諸国の経済構造が齎《もたら》す帰結と言えよう。因みに、斯様《かよう》な制度の無い社会へ個人を投げ出す個人主義（新自由主義的政策の帰結）を、ベックは「原子化」（atomization）と呼ぶ。

現代人は、己の金銭、時間、生活空間、身体、を自ら統制する権利（生活に関して己の見通しを立てその見通しに基づいて行為し得る権利）を、要求する。個人化は、この事態をも含む。だが、実は、この事態は、整備された社会保障制度の下でさえ、非常に不安定である（例えば、失業の危険性。伝統的生活様式が崩壊した所で生活を営む際に直面する困難）。一八―一九世紀のブルジョワ個人主義は、資本の私有と蓄積とに由来し、当時のブルジョワジーは、封建的支配構造に抗する闘争の中で、社会的政治的アイデンティティを構築した。それに対して、現代先進社会の個人化は、労働市場の産物である。勿論、労働市場が個人化を産むのは、近代産業社会の一般的特徴の然らしむる所だ。特に一九世紀以降、西欧の産業諸国は、その他の諸国を経済的に圧倒的に引き離す様になった。概ねこの時期に西欧（最初は英国）で、「富の源泉としての労働」という観念が生じ、土地と貨幣と労働とが商品化された（K・マルクスの諸著。；K・ポラニー『大転換』吉沢他訳、東洋経済新報社、一九七五年。；Z. Bauman, "The Individualized Society", Polity Press, 2001, pp. 17-30）。故に、近代社会の特質その物が、個人化を促す傾向を持つ。但し、「制度化された個人主義」という意味での個人化は、現代の産物に他ならない。何故なら、この個人化は、社会権の保障や教育システムその他に関わる諸制度が人々の生活水準の飛躍的向上を実現した現代に於いて初めて、出現したのだから。そもそも、近代産業社会、就中《なかんずく》一九世紀後半以降の産業社会は、資本と労働との契約に依拠する。労働者は、生計の為に、雇用される事に依存し、資本家は、生産と成長との為に、労働者を雇用する事に依存する。資本と労働とのこの相互依存が続く為には、両者は商品という様相の下で自己を保たなければならない。つまり、資本の所有者は労働を買い続け得ねばならず、労働の所有者は健康であり続けねばならぬ。需要に応じて何時でも労働を供給し得る労働予備軍も、必要だ。故に、資本と労働との商品化が、必然的に政治や国家の主要機能となる。実は、福祉国家とは、労働予備軍をも丸抱えしこの商品化を滞り無く執り行う為の国家であり、資本と労働との存続にとって不可欠な支柱である(前掲Z. Bauman,"The Individualized Society",pp.17-30)。

ベックに拠れば、労働市場は、教育、移動、競争、の三次元から分析され得る。教育は、選別に直結し、個人の社会的な上昇移動を促すものとされる。今や、公教育は、個人に免状を与える装置であり、その免状は、労働市場に於いて個人のキャリア形成の出発点となる。労働市場に参入するや否や、人々は移動を経験する。職業、居住地、雇用形態、等の移動は、個人化の背後に絶えず付き纏う。既存の人間関係からの自立は、一個人の運命を全く独自であるかの如く見せる。共通な背景(殊に学歴資格)を持ち相互に平等であると見做される人々は、競争の圧力の下で仕事をし、彼等の業績は、各人の個別性と唯一性との結果とされる。従って、競争は、相同的な社会集団の中で、諸個人の孤立を生む。教育、移動、競争は、相携えて、現代の個人化の機動力となって来た。

現代の先進社会では、階級毎の特徴が不可視的である(今やその特徴は無く、職業と階級とが共存しない、とさえベックは断言するが……)。賃金に依拠する人々の集団が拡大する中で、人々は、所得と教育とに規定される集団に組み込まれ、又、最も重要な事には、共通の特徴(特に、失業その他のリスク)を有する様にますますなっている。個人化過程の中で伝統的生活様式から離れ制度の枠内で個別に行動する人々は、いざリスク（例えば、失業、疾病）が現実化する段になると、制度や個人の才覚（例えば、業績、貯蓄）に頼る他無く、現実化したリスクを自分の責任に於いて処理するしかない。既述の如く、リスクは常に個人に付き纏う。戦後二〇年程の間、先進社会の人々の生活目的はほぼ一様だった。それは、自らの生活水準の向上を目指すもので、例えば、幸せな家庭、新車購入、子供への良き教育、等だった。私事主義と呼び得るこの態度は、文化産業や余暇産業に依って強化された。今日、先進社会の人々は、今以て私事主義に則りながらも、従前の生活目的を持ち続ける層（教育水準の低い貧しい老年層）とそうでない層（教育水準の高いより豊かな若年層）とに分かれているだろう。後者の層は、自己実現を望み己の幸せとは何かを問うが、その答えを用意して呉れるのは文化産業や擬似宗教である。現代社会の人々の価値観も倫理も、個人化の産物だ。何故なら、彼等の倫理原則は、己に対する義務を果たす事であって、社会への適応を個人に強いる伝統的倫理ではないのだから。個人化の産物たる倫理原則を私生活だけでなく公的な職場や法体系等へも適用して社会一般の文化的信念の変容を志向する場合には、例えば女性運動の様な、新しい社会運動が惹起され得る。

ベックは、伝統と文化との点で定義された階級社会が「被用者の個人化された社会」の傍らで無意味になるだろう、と言う。彼に拠れば、今も存続する不平等は、個人化された「脱―階級社会の諸要素」と同時に生ずるようになる。その諸要素とは、次の四つである。第一、個人化過程は、階級や社会集団から社会的アイデンティティや顕著な特徴を奪う。第二、不平等は、社会的リスクの個人化という点で再定義される。即ち、社会的危機（例えば、生活苦。失業。心理的ストレス）が、社会構造の問題としてでなく、個人的な心理学的問題として扱われるようになる。第三、社会問題に対処するには政治的社会的同盟が必要だが、この同盟は、個々の問題点と個別の状況とに応じて形成されたり分解されたりし、流行やマス・メディアに影響され易い（だから、新自由主義的政策を掲げる保守政党に失業者が票を投ずる事も在り得るのだ）。第四、永続する社会的闘争は、帰属的特徴（人種、ジェンダー、エスニシティ、同性愛、等）を巡って生じる傾向を持ち続ける。

四　現代先進産業社会に於ける階級の様態と効果

社会階層とは、「社会的諸資源が不平等に分配されている状態」であり、社会的諸資源とは、物的資源（富。P・ブルデューの言う「経済資本」に相当する）、関係的資源（勢力と威信。ブルデューの言う「社会関係資本」と「象徴資本」とに相当）、文化的資源（知識や教養。ブルデューの言う「文化資本」に相当）を指す。階層的地位が生得的に決定されるのが身分で、階層的地位獲得が競争に委ねられて業績に依って決定されるのが階級である（富永健一『社会学原理』岩波書店、一九八六年、二四二―二五九頁）。この定義からして、階級は、社会的諸資源が不平等に分配されている現代社会に必然的に存在する。

現代社会は、新中間階級（サラリーマン層）の増加に依って特徴付けられる。だが、第一節で見た通り、今も先進産業諸国の就業構造の中では、労働者階級が一定の割合を占める。又、伝統的な不平等問題が解消された訳ではない。要するに、「制度化された個人主義」の下で、現代に固有の現象と旧来の現象とが共存している。現代社会は、資本主義的生産様式の点ではそれ以前と変わらないと同時に、それ以前には存在しなかった諸制度と階級とを有するのだ。現代とそれ以前との不変な共通点に注目して現代社会の階級構成の特徴を説明する理論家も、存在する。一九世紀から二〇世紀初頭に掛けての古典的階級理論の着想を応用して現代の階級を分析した理論として、E・O・ライトの業績が挙げられる。

一九世紀後半の階級理論の中に現代にも通ずる真理を見出す為には、資本主義的生産の中に歴史的に一貫する特性を念頭に置かなければならない。ライト（E. O. Wright, “Classes”, Verso. 1997 ed. pp. 42- 51. 1st pub. 1985）は、マルクスに倣って、生産手段の所有が階級構造の基盤であるという特性を重視する。そこで、ライトは、現代の資本主義的生産に於ける経済的資源の支配（当人が自らの労働過程をどれだけ直接的に支配出来るか）に注目する。この経済的資源の支配には三つの次元が存在し、資本主義的生産に生ずる主要な階級はこれらの次元に依って特定され得る。その次元とは、第一、労働の支配、第二、当人自身の物的生産手段（例えば、土地、工場）の支配、第三、投資（例えば、金融資本）の支配、である。資本家階級は、これら三次元を全て支配するが、労働者階級は、これら三次元を全く支配出来ない。両階級の間には、不明瞭な性質を有する諸集団が存在し、階級の矛盾的位置(contradictory locations)を占める。例えば、ホワイト・カラーは、部分的には生産に影響を与え得るけれども、それ以上ではない。ホワイト・カラーは、雇用主と就業契約を結ばねばならぬ点でブルー・カラーと同様だが、ブルー・カラーに比べれば職務をかなりの程度支配し得る。新中間階級は、資本家階級にも労働者階級にも属さぬが両階級の性質を部分的に有するという点で、「矛盾的」なのであり、現代は、矛盾的位置に在る階級が嘗《かつ》て無い程に肥大化した時代なのだ。

ともあれ、階級は、資本主義的生産の中に歴史的に一貫する特性から生じる以上、現代の個人化過程の中でも消失しない。階級は、定義からも資本主義的生産の特性からも、必然的に生じる。故に、ベックの言う脱―階級社会は、無―階級社会ではあり得ない。そこで、問題となるのは、ベックの論じた「脱―階級社会の諸要素」の一番目だ。第二節で見た通り、現代社会では個人化の趨勢が明らかである。この事実は疑い無い（その諸要素の二番目から四番目は、今既に妥当している）。だが、現代に於いて階級毎の特徴やアイデンティティが無くなるというのは、本当だろうか。ベックは、労働市場の動態から脱―階級社会論を導き出した。それ故、この問題を、教育と移動と競争とに即して考察しよう。

現代の先進産業社会に於いては、所得の絶対的水準が上昇し社会全体の高学歴化が進展したのに、階級と子供の学業成績との間には安定的関係が維持され、親の所属階級とその子供の所属階級との一致（世代間の社会移動率の低さ）が継続し、有力な高等教育機関の出身者の多くが支配的地位を占め続ける。この事実から、経済格差ではなく階級毎の文化的特徴が人々の学業成績や経歴を決定するという見解が出て来る。この見解を証明する研究は、欧米には掃いて捨てる程存在する（代表的な研究だけを挙げれば、一九六〇年代の米国の「コールマン報告」、C・ジェンクス、B・バーンスタイン、S・ボウルズとH・ギンタス、等）。一般の人々の常識的認識がこの見解から程遠い日本ですら、教育社会学界ではこの見解が定説だ（例えば、苅谷剛彦『大衆教育社会のゆくえ』中公新書、一九九五年。苅谷剛彦他『調査報告 「学力低下」の実態』岩波ブックレット、二〇〇二年）。人々が出身階級や家族や学校の中で身に付ける文化的資源を、ブルデューは「文化資本」と名付けた。文化資本には、第一、身体を持続的に使う事に依って身体化された状態（例えば、挙措、言葉遣い、性格）、第二、文化的な財として客体化された状態（例えば、手持ちの本、道具）、第三、制度化された状態（例えば、学歴資格の様な、制度に依って社会的に保証されたもの）、が有る（P. Bourdieu,‘Les Trois états du capital culturel’, dans“Actes de la recherche en sciences sociales”, no. 30, novembre, 1979, pp. 3-6）。欧米の人々は、所属階級毎に文化資本の全ての状態を異にするが、日本の一部の研究者に拠れば、日本人は所属階級毎にその第二状態（これを測定する指標としては、例えば、好きな音楽、定期購読紙、等が挙げられる）を異にしない。しかし、苅谷の調査に拠れば、日本でも文化資本の第一状態に関しては階級間格差が存在する。都市部の小中学校の「勉強の出来る子」と「出来ない子」との間に「勉強を遣る気」の差（意欲格差）が見られ（意欲は、文化資本の第一状態に該当する）、しかも、この格差は、親の階層の差を反映する。中間階級以上の階層に生まれた子は、気力（遣る気にさせる誘因）が曖昧でも、学習意欲を持つ。その結果、彼等は、「出来る子」になり、将来的には親と同じ学歴資格を得て親と同じ階級に属す事となる。加えて、日本の階層研究で「上層ノンマニュアル」と呼ばれる専門・管理職の階層の出身者は、戦後一貫して、東京大学等の有力大学の入学者の四分の三を占め続けている（苅谷の前掲書『大衆教育社会のゆくえ』第三章）。有力大学卒業者が日本の支配的地位を占めるというのは、陳腐な常識的認識だが、事実である（橘木の前掲書、一五五―一六一頁）。この様に、現代の全ての先進産業社会に於いて、階級は、社会構造を深層的に規定する要因なのだ。

現代の産業社会に於いて階級はどんな特徴を持ち社会的支配とどう関係しているのか、という問題に対して有力にして包括的な解答を与えたのが、ブルデュー（『ディスタンクシオン』Ⅰ・Ⅱ、石井洋二郎訳、藤原書店、一九九〇年）である。彼は一九七〇年代のフランス社会を事例として分析したが、彼の構築した概念枠組みと彼の析出した「社会的支配のメカニズム」とは現代先進産業社会一般に適合する（P. Bourdieu, "Raisons pratiques", Seuil, 1994, pp. 13 - 30）。人々は、所属する階級や集団や地域といった場の中で、ハビトゥス（行為の原理として機能する、後天的に獲得された性向の体系）を身体化し諸資本（文化資本、経済資本、等）を獲得すると同時に、それらに基づいて自発的かつ即興的に行為する。現代の先進産業社会では、経済資本と文化資本とが、人々や集団にとって最も効力を発揮する。そして、所有する両資本の総量が多いか少ないかという次元（縦軸）と、手持ちの総資本の内で文化資本よりも経済資本の方が優勢かその逆かという次元（横軸）とを組み合わせれば、人々や集団をその中に位置付け得る空間（社会空間）が現れる。様々な指標（例えば、右派政党支持、管理職、赤葡萄酒、庭球、「美しく青きドナウ」、印象派絵画、小綺麗な室内装飾、穏健さ、等々の、政治経済から日常の些事や人の性質に渡る膨大な指標）を用い、人々がどんな指標を選好したり体現したりするのかを調査すれば、社会空間の内のどの位置を占める人と階級とがどんな認識様式や行動様式を有するのかが判明する。但し、例えば、庶民階級の成員がボクシングという指標を好む傾向を有するからと言って、その指標を庶民階級の本質や実体と見做してはならない。多くの愛好家を今や庶民階級の中に見出すボクシングは、一九世紀末のフランスでは貴族の愛玩物だった。指標は、或る時点の社会空間内での人々の間の関係や階級の間の関係を表現するものに過ぎない。階級の特徴は、社会空間内のその位置と、その成員が選好したり体現したりする諸指標を通して浮かび上がる傾向（性向）とから、析出される。階級の特徴とは、階級の成員を特徴付けるハビトゥス（階級のハビトゥス）である。社会階級は、生産関係に於ける位置（古典的階級理論からライトに至る迄が注目した）に依ってのみならず、その位置に結び付いた「階級のハビトゥス」に依っても、規定されるのだ。

例えば、庶民階級は、「必要なものの選択」という文化的態度を見せ、「男らしさ」という価値を尊び、中間階級の実践と同化するのを嫌い、単純な生理的欲求（例えば、大食い競争）とか必要最低限の不可欠品（例えば、小綺麗な室内装飾）とかを選好しがちだ。これは、諸資本（特に経済資本）の無所有の故にそれらを選好するしかないという意味でもある（例えば、「小綺麗な」は「安上がりな」に等しい）。庶民階級の価値観は、彼等が肉体的な労働力に依存するという事実に、関係しているのかも知れない。庶民階級の成員の実践は、必要性に対する従属（必要なものの充足だけに満足する事）に直結しており、社会的世界の自明性を承認する（無自覚的に受容する）態度に直結している。学校で正統化される言語様式や認識様式は、中間階級以上の階級のそれらと相同性を有するから、庶民階級の子供達の学業成績は、大抵低い。その子供達は、学業を疎かにし、「学業は将来の仕事に役立たぬ」と公言して憚らない。この態度は、彼等が将来像に関して子供の頃に既に特定の選択肢しか選ばないし選べない事を示す。一方、選抜試験の合格者は、選良への道を歩むが、支配階級の成員がその合格者の多くを占めるのは、言う迄も無い。歴史的には、この合格者は、支配階級として、自らの社会的支配を確立する為に、近代国家や共和制の神話、法体系、教育制度、等を構築して来た（前掲 P. Bourdieu,“Raisons pratiques”, pp. 99 -134. ; idem,“La noblesse d'État”, Minuit, 1989 ; 次の拙文も参照されたい。平林豊樹「現状を批判する理論としてのプラティック理論」『情況』二〇〇二年六月号、情況出版、一八八―二〇三頁。同「社会学的国家論の一方向」『年報社会学論集』第一四号、関東社会学会、二〇〇一年、二四八―二五九頁。同「新自由主義に抗する社会学理論家」『人間と社会の探究　慶應義塾大学大学院社会学研究科紀要』第五六号、二〇〇三年、二一一―三三頁）。彼等は、普遍的な（＝万人を平等に遇する）制度を通じてその位置に到ったという理由を以て、自らの正統性を主張する。だが、前述の通り、支配階級に見られる文化的特徴が彼等をその位置に到らしめたのであって、その特徴を持たぬ階級の成員は「普遍的な」制度の恩恵に何時迄も与れない。「普遍的な」制度は、実は支配階級にとっての利害関心でしかないのに、万人にとっての利害関心に摩り替えられている。

斯様《かよう》に、階級の特徴やアイデンティティは、現代に於いて、文化的再生産（文化的な価値や規範や経験が通時的に維持される事）を保証し、加之《しかのみならず》、社会的再生産（既存の社会秩序や支配様式が通時的に維持される事）をも保証しているのだ。

五　人々の自己認識と社会の実情との乖離を生むメカニズム

第四節で見た通り、現代に於いても階級は先進産業社会の在り方を深層的に規定する重大要因である。故に、第三節の末尾で引用した、ベックの「脱―階級社会の諸要素」の一番目は、現代社会に当て嵌《はま》らない。だが、次の二点が想起されねばならぬ。第一、階級は現存するが、客観的分類に依る所属階級（科学者が特定の基準を用いて人々を分類した階級）と人々の主観的な所属階級（当人が意識している自分の所属階級）との間には大きな落差が在る（「総中流意識」がその典型）。第二、階級毎の特徴が現代社会を深層的に規定しているにせよ、その特徴は非常に不可視的であって、人々はその特徴を意識していない。剰《あまつさ》え、現代に於ける階級の重要性を知らない筈の無いベックが、個人化過程が階級の特徴を奪うと敢えて発言した事こそ、意義深い。では、人々が階級問題を意識しない理由は何か。社会の実情（階級の特徴が現代社会を規定する現状）と人々の自己認識（人々がその実情を意識しない事）との間の乖離を出来せしめるメカニズムはどんなものか。

既述の如く、現代社会では、階級や貧困が不平等問題の全てではなく、その他に様々な不平等問題が存在する。又、現代に固有の経済構造を前提として、人々の絶対的所得水準と生活水準とが上昇し高学歴化が進展している。そんな現代社会に在って、階級問題は人々に訴え掛ける重大事ではない。この見解は、陳腐だが、現代社会に確かに妥当する。そして、今や陳腐になったこの見解は、既に一九五〇年代の米国で、様々な社会批評家（例えば、J・K・ガルブレイス、D・リースマン、C・ライト・ミルズ、V・パッカード、W・H・ホワイトJr.）から提起されていた。彼等に拠れば、不平等が存在し権力が少数者のものになる現状の中で、普通の人々はその生活水準に満足する様になり、金満家はその富を誇示しなくなり、富と権力と社会的地位とが必ずしも結び付かなくなったが、社会的上昇移動を目指す人々は挫折しがちであって精神的不満を覚え、組織の中で労働し消費する大衆は個性を喪失し無気力感と不安感とを抱える。彼等が一九五〇年代の米国を観察し発した見解は、その後、現代の先進産業社会一般に妥当する定説となった。ベックは、「個人化」概念を用いてこの定説をより現代的に洗練させたと言えるだろう。しかし、彼は、言葉を違えてこの定説を復唱したのではない。彼は、現代に固有な社会現象の中に、近代産業社会の特性（個人化）の現代的発現（制度化された個人主義、私事主義、社会的リスクの個人化）を見出した。即ち、近代の特性が現代の経済構造の上でどんな形で発現するかを、理論化したのである。これが、ベックの斬新な所だ。

　現代の経済構造のお陰で、人々は、地縁血縁や伝統的生活様式に縋らなくても生きて行ける。変動の速過ぎる現代に於いて、彼等は、伝統的秩序や既存の人間関係や経験に頼れないが故に、万事を未曾有の出来事だと錯覚する。共通の背景を有する諸個人の中の一人として労働市場に参入し、伝統や経験を当てに出来ず、諸事を独力で処理しなければならない。現代の経済構造は、人が或る程度高い生活水準を一人で保って行ける条件を備えており、現代社会は、高学歴化や業績主義や都市的生活様式を特徴とし、労働市場の中で競争する人々を個別の存在として制度的に取り扱う。人々は、自分の行為の結果に自分で責任を負わねばならず、何時現実化するかも知れぬ社会的リスクに独力で対処せねばならぬ。この事態は、人々に心理的ストレスを科す。そして、世の中では自分以外を恃めず万事を自力で処理しなければならないという思いが、人々の意識を構成する事になる。換言すれば、社会的リスクに晒されている人々は、個人化を客観的に運命付けられている（個人化過程の中で必然的に近代的個人たらざるを得ない）だけでなく、己の意識を主観的に自ら個人化する事にもなる。その結果、階級は、客観的には人々の人生を規定する要因であるが、人々の主観の中では存在感の無いものとなる。要するに、個人化過程その物が、階級の存在感を人々の意識から放擲する。加えて、現代の個々人の生活は、表面的にはどれも似たり寄ったりの標準化されたものであり、独自なものではない。これらの点で、人々は出自階級の如何を問わず皆平等であり、階級毎の特徴は無い。如上の意味で、脱—階級社会の諸要素の一番目は、実際には正しいと言い難いが、現代社会に能く当て嵌《はま》るかの様に見える。

現代の問題は、階級概念が最早人々を政治的に動員し得なくなった事、及び、現代社会を規定する要因が階級だけではない事だ。現代社会は、階級に依って深層的に規定されるけれども、現代社会の運営は、階級だけに左右される訳ではない。現代社会に於いて、階級は、非常に重要であるに違い無いが、多様な現実の中の一つの状態でしかない。マルクスにとって、階級とは、共通の目的の為に他の階級に抗して動員される集団だった。だが、人々の生活水準が飛躍的に向上した現代社会では、階級という言葉の下に人々を動員して生活水準と社会構造との改善を図る魅力と意義とが大いに減退し、階級以外の様々な不平等問題が顕在化した。実の所、階級は、実体を持つ集団（例えば、企業組織）ではない。ブルデューの見解を敷衍すれば（前掲P. Bourdieu,“Raisons pratiques”, pp. 13-30）、階級は、所与のものとしては存在せず、概念枠組みと指標とを用いた科学的分析（ブルデューの場合には、社会空間を描く事）を通して析出されるに過ぎない。だから、階級は、科学的分析で人々を分類する事に依って紙の上に顕在化するのであって、もしも階級を実体化したいならば政治的動員を通して実体化するしかない。その動員が功を奏さない現代社会では、階級が人々の意識から遠退いて当然であろう。

社会の実情と人々の自己認識との乖離は、現代の生活水準の向上の帰結であり、現代の経済構造の上での個人化過程の帰結である。更に、この帰結を促した装置として、文化産業（出版業やマス・メディアから広告業に至る迄）を忘れてはならない。そこで、最後に、この装置と個人化と階級との関連を瞥見しておこう。

文化産業への批判は、夙《つと》に二〇世紀前半に現れていた。例えば、M・ホルクハイマーとT・W・アドルノと（『啓蒙の弁証法』徳永恂訳、岩波書店、一九九〇年）に拠れば、文化産業は、産業一般から独立しておらず、生活様式の大衆化を通して消費行動を一方向へと導く。産業一般も文化産業も、消費者にとって不要な新商品を量産するので、恐慌の危険性を免れられない。そこで、過剰生産の解消を思案した第二次大戦後の米国産業界は、需要と新製品に対する欲望と流行遅れに対する嫌悪感とを絶えず消費者の心理の内に醸成する宣伝技法（例えば、ＰＲ理論）を編み出した。ガルブレイス（『ゆたかな社会』第四版、鈴木哲太郎訳、岩波書店、一九八五年）が「依存効果」を指摘したのは、凡そその時期に当たる。依存効果とは、消費者の欲望が大企業の宣伝や販売促進活動に依って惹起され操作される現象を指す。折しもこの時代に普及したラジオや殊にＴＶ（延いては、コンテンツ産業一般）は、人々に時間を消費させる製品である。ＴＶを視聴する人は、一人で自由に行動していると錯覚するが、実は、その人の行動は他の不特定多数の大衆の行動に等しい。そして、個々人の内面は、文化産業の操作（番組内容、番組の時間編成、広告宣伝技法、等）に依って管理され画一化される事となった。

現代の個人化過程の中で、この事態はどう展開しているのか。現代の個人化過程は、前述の如く、近代の特性の現代的発現であるが、文化産業は、人々の内面を画一化すると同時に個人化を促す機能を持つ。大衆消費社会、多国籍資本主義、という社会形態と個人化過程とが結び付いた結果、人々は歴史感覚を失った。現代社会の人々は、大小様々な速過ぎる変化に目を奪われ、伝統的生活様式（近代以前の様式は固《もと》より、近代以降の様式も含めて）や経験に頼れない。つまり、人々は、未曾有の出来事の連続の中で不断に継起する現在を生きているかの様に錯覚し、社会の過去を保持し得ない。この事態にメディアの情報機能が拍車を掛ける。メディアの情報機能（例えば、今日のＴＶニューズ番組の内容）とは、最新の歴史的な出来事を可及的速やかに忘却せしめる事、時間の流れの中に一貫する因果関係とか論理とかを無視して諸々の出来事を単に羅列し断片化する事、実際の出来事の持つ現実感をイメージへと変貌させる事、に他ならない（F. Jameson, “The Cultural Turn”, Verso, 1998）。要するに、個人化過程と文化産業の操作とに依って、人々は、確かに個別に行為するのだが、内面的に個性的でなく画一的になり、論理的思考よりもイメージに頼る傾向を持つ様になる。今や、この事態は、ＴＶのみならず出版やインターネットに依っても促進される。文化産業は、市場検閲を通じて「売れ筋」を見出すと、それを大々的に宣伝し、それに迎合する商品を短期間に量産し（近年の例では、世界各国での「ハリー・ポッター」人気とその関連本）、又、検索エンジンに代表される最新技術を駆使して人々の関心を特定の商品へと方向付ける（例えば、グーグルでの事項検索結果の配列順。アマゾンでの書籍検索に付随する関連本推薦）。又、文化産業は、資本の影響を強く受ける。文化産業の諸企業を傘下に収める巨大企業は、売れる限りは右派でも左派でも何でも御座れの態度を取る傍ら、流通や商品内容への容喙《ようかい》を止めない。文化産業界に於ける企業集中が進むと、文化産業各社は、商品内容の画一化と業界最大手への従属（自己検閲）とを強める（A. Schiffrin,“The Business of Books”, Verso, 2001.; J. & G. Brémond,‘Face au monopole Lagardère,’dans“Le monde diplomatique”, jan. 2003, pp.1-4）。ブルデューは、この現状を次の様に要約する（“Contre-feux 2”, Raisons d'agir, 2000, pp.77-78）。「製品の差別化と製品の尋常ならざる多様化という神話に対して、国内外の規模での供給の画一化を対置出来る。競争は、多様化からは程遠く、均質化する。最大限の公衆を追求する事が生ぜしめるものは、オムニバス製品を求める生産者であり、そういう製品は、殆《ほとん》ど差別化されず差別化しないが故に、どんな環境下の公衆にもどんな国の公衆にも受け容れられ得る」

人々の意識と消費行動とを平準化するこうした趨勢は、理想的な平等状態を人々の間に齎《もたら》さないのだろうか。文化産業が産業一般の特徴を先鋭化させる限り、且つ、階級の文化的特徴が社会的再生産を深層的に規定する限り、残念ながら、それは見込めない。現代の個人化の進展と、文化産業に依る人々の内面や消費行動の画一化とは、階級が現代に於いて無意味になりつつあるという事を意味しない。第三節で見た通り、現代社会の個人化の趨勢は疑い無いと同時に、第四節で見た通り、階級が社会的再生産を存続させる事実も疑い無い。文化産業は、ブルデューの言う様に、どんな環境下の公衆にも受容され得る製品を量産する。その製品は、誰からも受容される以上、万人に通用する低級内容に堕すのであり、人々は、低級内容で平準化されざるを得ない。その渦中で、階級のハビトゥスや文化資本が日常的慣習行動の中で人々に身体化され学校制度を通して効力を発揮する現実は、少しも変わらない。個人化を強調する余り階級の重要性を過小評価するのは、早計に過ぎる。現代社会の人々は、所属階級に拘らず諸制度の枠内で平等に扱われ、所属階級を意識せずに個別に行為するが、しかし、その行為を方向付けるのは階級のハビトゥスであり、労働市場への人々の参入時には文化資本が重要だ。即ち、労働市場で平等に個別的に扱われる個々人は、初期条件を平等化されていないのであり、その初期条件の不平等の生成原因は、階級の文化的特徴に求められる。階級は、実体を持つ集団ではなく、不平等問題全般や現実の全てを表象するのでもない。けれども、階級が現代の社会的再生産を深層的に規定する範疇であるのは、論を俟《ま》たない。階級の有する効果を無視して個人化を強調する事は、社会的不平等を温存する潜在的構造の一つを隠蔽し見逃す事に他ならない。現代社会一般を特徴付ける個人化の趨勢と、現代の社会的再生産を規定する階級とが、共に考慮されなければならない。現代社会の可視的部分では個人化の趨勢が明白である一方で、その不可視的部分では不変的な社会的再生産メカニズムが持続する。今後我々が究明すべきは、その可視的部分と不可視的部分との共存関係であるに違い無い。

感情コミュニケーション論の展開

船津　衛

一　感情のコミュニケーション

人間の感情は他者との関係において、他者とのコミュニケーションのうちに存在するものである。「怒り」、「悲しみ」、「喜び」、「恐れ」、「痛み」などの感情は他者に向かって表現される。そのことによって、他者による認識や評価がなされるとともに、自己による認識・評価が可能となる（Leary, 2004）。そこにおいて、自分の感情の確認がなされ、自己意識的感情が生み出されるようになる。

A・ホックシールドによれば、感情は他者がどのように反応するかによって変わってくる。娘が泣いているのを見て、母親は、泣いているのは怒りの印だという。すると、娘は、母親の説明に「そうね、寂しいというよりは怒りだわ」と自己規定するようになる（Hochschild, 1983, 訳二四二頁）。母親の説明とのかかわりにおいて、娘は自分の感情を認識・評価することになる。

自分の感情を理解しようとする際には、他者の反応を知らなければならない。他者の反応が自分の感情の規定に影響を及ぼす。感情は他者とのかかわりにおいて社会的にコンストラクトされる。すなわち、感情は社会性を有している。

D・エバンスによると、プラトン以来ずっと、多くの西洋の思想家たちは情動に関して否定的な見方をとり、情動を知的な行為を阻むものとして、あるいは害悪のない贅沢品としてとらえてきた（Evans, 2001, 訳二九頁）。社会学もまた、これまで、このような感情についてあまり関心を持ってこなかった。合理的な理性こそが近代科学の研究対象であると考え、感情を非合理的なものとして無視ないし軽視してきた。

G・ジンメルによると、都会人においては感情の駆逐と理性の支配が進行する（Simmel, 1903）。小さな町では感情が優先しており、感情に基づく関係は無意識に根ざしており、そこは慣習の世界となっている。これに対して、大都市では理性が支配しており、理性の場は意識の層となっている。

大都市では交換価値が浸透し、貨幣経済が席を占めており、そこにおいては即物性が見られ、モノの支配が進行している。したがって、大都市では理性が必要不可欠となり、感情に取って代わって大きな力を持つようになっている。近代の大都市は理性が支配する社会となり、感情は不必要であり、邪魔者や障害物となる。

そして、M・ウエーバーによれば、完全に発達した官僚制は「憤激も偏見もなく」という原則に従うものであり、「いっさいの非合理的な感情的要素を排除することが完全にできればできるほど、それだけ官僚制は資本主義に好都合な特有の性格をいっそう発達させることになる」（Weber, 1921-22, 訳三五頁）。

このような理性が支配する社会の行き着く先は、エバンスの指摘によれば、『スタートレック』の世界である。SFのテレビ・ドラマ『スタートレック』の宇宙人ヴァルカン星人は超人的な合理性を持つが、情動は持っていない。そこは「感情なし」の世界となっている。

しかし、エバンス自身が述べるように、「情動を欠いた知的生命体が生き残り、進化することはまったくもって不可能」（Evans, 2001, 訳九頁）である。それは人間が必ずしも理性的ではなく、感情が自己の経験に必要不可欠だからである。感情は理性とともに大きな役割を果たしている。

現代は感情の時代であるともいわれる。二一世紀においては、感情が人びとの熱い関心を集めるトピックのひとつになってきている。「EQ」(emotional quotient) という概念の登場などに見られるように、人間生活における感情の果たす役割が重視され、その重要性が指摘されてきている。

ホックシールドによれば、従来の社会学は知的経験を重視し、感情を非合理的なものとして低く評価してきた。しかし、いまや、「ヘッド」の社会学とともに、「ハート」の社会学も行われるべきである。一九七〇年代からは感情の社会学的研究が活発化しており、こんにち、「感情の社会学」が大きく展開しつつある(岡原ほか、一九九七年、船津、一九九九年、二〇〇六年)。

これまで、感情が非合理的とされてきたのは、合理性がモノの合理性において考えられてきたからである。その観点からすれば、感情は非合理的なものとして排除されてしまうことになる。しかし、「情動には情動なりの固有の理性があり」(Evans, 2001, 訳一七〇頁)、モノの合理性とは異なる「感情の合理性」も十分ありうることになる。そして、この「感情の合理性」はモノとモノとの関係ではなく、ひととひととの関係の内に存在する。感情は他者との関係において生み出され、展開する社会性を有しており、そこで社会的な「合理性」を見出すことができる。

ホックシールドによると、これまでの理論において最初から見落とされていたものは「主観的経験としての感情概念と、社会的要因がどのように感情に侵入するかに関するより微妙かつ複雑な視点」(Hochschild, 1983, 訳二三六頁)である。

人間の感情は他者とのかかわりにおいて社会的にコンストラクトされる。感情は他者とのコミュニケーションを通じて存在する。したがって、感情を単に生理学的に理解するだけではなく、社会学的・社会心理学的に把握すべきことになる。

ここから、感情コミュニケーションについて具体的に考察する必要が生じる。人びとはコミュニケーションを通じて他者の反応を知り、それによって自分の感情を認識・評価し、修正・変更し、再構成するようになる。

そして、感情は「感情ルール」・「感情文化」に基づいてコンストラクトされ、それらとのかかわりにおいて「感情ワーク」・「感情操作」がなされる。また、人びとのコミュニケーション、とりわけ、内的コミュニケーション過程の展開を通じて感情の変容がなされるようになる。

感情コミュニケーションとして、これまでに問題とされてきたのが、感情の「感染」(contagion) 現象である。G・ル・ボンによると、群衆の単純で、衝動的で、興奮しやすく、推理力や判断力、また批判精神がなく、誇張的で極端な感情は「感染」によって伝播する (Le Bon, 1895)。

ル・ボンによれば、個人が群衆の中に入ると意識的個性が喪失し、無意識的個性が優勢となり、そこで催眠術に類する現象が引き起こされる。群衆においては被暗示性が高くなり、どんな感情も感染しやすく、移ろいやすくなる。すなわち、「一度暗示が与えられると、それは『感染』によって、ただちにあらゆる頭脳に刻み込まれて、即座に感情の転換を引き起こす」(Le Bon, 1895, 訳四六頁) ようになる。そして、理性の力に頼ることのできない人びとに特有な激しい感情に活気づけられるようになる。

このように、群衆は無意識に支配され、無意識的活動の奴隷となってしまう。そして、群衆は自己の反射作用を制御する能力を欠き、単なる「刺激—反応」行動を展開するようになる。したがって、群衆の現象は生理学的に定義できることになる (Le Bon, 1895, 訳四一頁)。

ル・ボンは群衆の感情のコミュニケーションを「感染」として規定し、生理学的な「刺激—反応」行動としてとらえている。けれども、この「感染」説においては、人間の感情が動物と同じように理解されてしまっている。そこでは感情の生理学的過程が問題とされるにとどまり、感情の社会性が解明されるものとはなっていない。

人間の感情は生理学的過程がベースであるとしても、それのみですべてが明らかにされるわけではない。つまり、感情の社会的過程、そして感情のコミュニケーション過程が究明される必要がある。「感染」は感情の「前コミュニケーション形態」にすぎないものである。

他方、人間の感情のコミュニケーションを他者の感情の「感情移入」(empathy)、また「共感」(sympathy) によってとらえる見解が存在している。「感情移入」とは対象や他者のうちに自己の感情を投射することであり、「共感」とは他者の感情を自己の感情とすることを表している。これらは自己の感情と他者の感情とを結びつけて問題としており、感情の社会性を問題とするものとなっている。しかし、感情のコミュニケーションについては、必ずしも十分な解明とはなっていない。

C・H・クーリーは自我を「自己感情」としてとらえ、「自己感情」が「鏡に映った自我」(looking-glass self)として、他者の認識や他者の評価を想像を通じて知ることによって形作られるとしている(Cooley, 1902)。そして、その他者の認識や他者の評価は他者への「共感」によって行われると主張する。

他者の感情を自分自身の感情の助けを借りて理解することが「イントロスペクション」(introspection)であるとするならば、それは「共感的イントロスペクション」(sympathetic introspection)と呼びうる。「共感的イントロスペクション」によって、他者を知り、それを通じて自己を知りうるようになる。「共感」に基づくコミュニケーションにおいて、自己と他者が結びつき、その過程において感情が具体的に形作られることになる。

しかし、このような「共感」による把握では、他者の感情を一方的に理解してしまうおそれが存している。G・H・ミードによると、クーリーにおいて他者が主観的世界の中に存在するとされている(Mead, 1930)。そこでは感情が人間の想像の内に位置を占めており、マインドの中にあるものとされている。したがって、その見解は主観主義的、観念論的、そして独我論的なものとなってしまっている。

ミードは、先行するのは自我ではなく、他者とのコミュニケーションであると強調する。ミードによると、人間は他者の期待を「意味のあるシンボル」(significant symbol)を用いたコミュニケーションを通じて「役割取得」(role taking)し、自我をコンストラクトする(Mead, 1934)。

「意味のあるシンボル」とは自己と他者に同一反応を引き起こすシンボルである。「意味のあるシンボル」を用いることによって、ひとは他者の期待を知り、それとのかかわりにおいて自分の自我をコンストラクトするようになる。

そして、「意味のあるシンボル」によって、他者との外的コミュニケーションのみならず、自己の内に内的コミュニケーションが展開されるようになる。内的コミュニケーションにおいて他者の期待が修正・変更・再構成され、そこから新しい自我がコンストラクトされるようになる。

ミードがいうように、自我はコミュニケーションのうちにあり、そこにおいてコンストラクトされ、変容される。そして、感情もコミュニケーションのうちにあり、そこにおいて展開するものとなる。したがって、感情の社会的理解のためには、感情のコミュニケーションについての適切な概念と理論のダイナミックな展開が必要とされる。

二　感情のコミュニケーション・メディア

C・ダーウィンによると、動物の「怒り」、「喜び」、「恐れ」などの情動はジェスチュアに表わされる（Darwin, 1892）。犬が耳を後ろに引いたり、歯をむき出したりするのは「怒り」という情動の表現であり、猫が背中を高く弓なりにするのは「恐れ」という情動の表現である。動物において、ジェスチュアは情動表現するためのものとなっている。

このことは人間の場合にも当てはまり、眉を八の字に傾斜させることは「悲しみ」の表現であり、腕を振り上げ、拳を握って相手を打とうとするジェスチュアは「怒り」を表現している。ダーウィンによれば、情動は表現と強く結びついている。したがって、身体的な変化がなければ、情動は生じていないことになる。しかし、動物において、ジェスチュアは情動表現の機能を持っているのであろうか。

ミードによると、動物において情動が外的に表現されることはないし、また他の動物に向かって自己の情動を表現することはありえない。動物のジェスチュアは「取り除かれるべき情動の開放弁」にすぎず、その情動は「行動の禁止によるフラストレーション」から生じるものである（Mead, 1934, 訳二一〇―二一一頁）。ミードによれば、情動は、本来、コミュニケーションを通じて生み出されてくるものである。

そしてまた、ミードによると、W・ヴントは他者のジェスチュアを模倣することによって、他者の内に自己と同じ感情が引き起こされるとしている（Mead, 1934, 訳五四―五六頁）。つまり、感情はジェスチュアの模倣によって伝わっていくものと考えられている。けれども、ジェスチュアが引き起こす他者の感情は、ジェスチュアを行う人間の感情と同じものではない。一方の「怒り」の感情は、他方に「恐れ」の感情を引き起こす。

ミードはジェスチュアを社会的行為の最初の外的側面、外的な社会的行為の初めの段階と規定している。つまり、ジェスチュアは個体が行為しようとする構え、行為しようとして未だ行為していない態度を表している。

ミードによれば、ジェスチュアは他の個体とのかかわりにおいてなされる社会的行為であり、それは他の個体の反応に対する刺激となっている（Mead, 1934, 訳四九頁）。そして、他者に反応を引き起こすときにジェスチュアは意味を持つ。ジェスチュアの意味は他者の反応として客観的に存在することになる。

このようなジェスチュア、とりわけ、音声ジェスチュアである言葉を媒介として、人間の他の人間とのコミュニケーションが行われる。言葉は他者との関係において用いられ、他者とのコミュニケーションの中に位置づけられ、そこで一定の機能を果たすことになる。

感情表現は、一般に、言葉によってなされる。自分の感情は「嬉しい」、「楽しい」、「悲しい」など、しゃべることや書くことによって表現される。言葉は感情表現の中心的なメディアであり、しかも、最も重要なコミュニケーション・メディアであるといえる。

言葉を使っての感情表現は、自分の感情は何であるのかを知る重要な手がかりとなる（Harvey, 2000, Johnstone and Scherer, 2000）。言葉の発達と感情の発達は強く結びついており、感情は言葉によって社会的にコンストラクトされ、言葉による感情のコンストラクションがなされることになる。

人間は言葉を通じて感情と出会い、感情との関係が生み出される。自分の感情との関係は自己内省として行われる。そして、自己内省は他者との関係において社会的に基礎づけられつつ、新たなものを創発するようになる。

人間の感情表現はまた、言葉だけではなく、身振り、手振り、目の動き、顔の表情などの「外見」によっても多くなされている。「喜び」は微笑となって顔に表わされ、「悲しみ」は涙となって外的に表現されるようになる。「涙は深い悲しみを伝える」といわれるように、それは言葉以上に強力に感情を伝達したり、言葉では表現されにくい感情を表現するものとなっている。

笑顔であるとか、怒り顔であるとか、また、能面やポーカーフェイスであるとか、顔の表情が人びとの「怒り」、「悲しみ」、「恐れ」、「驚き」、「喜び」、「嫌悪」などの表現メディアとして大きな役割を果たしている (Ekman, 2003, Ekman and Friesen, 1975)。そして、「目は口ほどにものを言い」といわれるように、顔の中でもとりわけ目は重要な役割を果たしており、「驚き」や「怒り」、また「好意」や「恥」などの感情を鮮明に表現する。

他方、感情は意図せずして顔に表れることもよくあり、「驚き」や「怒り」で顔色が変わり、「痛み」で顔がゆがみ、「喜び」で顔がぱっと明るくなり、「忍ぶれど色に出にけりわが恋」ということもある（船津、一九八三年、一三五頁）。

人間の感情表現はまた、眼鏡、帽子、また服装、あるいは携帯品、装飾品などを用いてもなされている。眼鏡は近視や遠視、また乱視や老眼のために使用するものから、「怒り」や「悲しみ」など、自分の現在の感情を表現するメディアとして用いられる。

服装は単に身を隠したり、覆ったり、あるいは寒さから身を守るだけではなく、「嬉しさ」や「悲しさ」などの自分の感情を表現するメディアとなっている。また、髪を染めたり、カットしたりすると、これまでとは違った自分が表現され、友達から心境の変化を聞かれたりするようになる。

装飾品や携帯品などもまた、感情のコミュニケーション・メディアとなり、「誇らしさ」や「失意」など、現在の自分の気持や感情を表わしたり、また、カモフラージュしたりする。これらの「外見」は感情のコミュニケーション・メディアとして、いまや、言葉に取って代わり、人びとにとって欠かすことのできないものとなっている。

三　感情表現のコミュニケーション

このような感情表現には他者の存在が不可欠である。感情表現は他者に向かってなされ、他者によって認識・評価され、理解されなければならない。感情表現は他者あってのものであり、他者がいなければ少しも意味のないものとなる。

クーリーが「鏡に映った自我」の概念でもって指摘したように、他者がどう見るのか、どう判断するのかが感情のあり方に大きくかかわってくる（Cooley, 1902）。感情表現における他者には、一方に、親、兄弟姉妹、友達、同僚、先輩などの親密な他者が存在し、他方に、初対面のひとやストレンジャーなどの疎遠な他者が存在している。また、自他の関係が対等な場合と上下の関係にある場合とがあり、その間に調和、対立、無関心の関係が存在している。そして、他者は一人ではなく、複数存在しており、また、目の前にいる存在だけではなく、遠くにいる存在やまた見えない他者も含まれている。

他者は感情表現に意味を付与し、それを解釈し、修正・変更・再構成する。笑い顔や流す涙が意味を持つのは、他者によって「喜び」として、また「悲しみ」として意味を付与される限りにおいてである。そのように解釈されない場合は、軽蔑や敵対を生み出してしまう。

他者の意味づけや解釈に左右される結果、感情表現の意味の多様性が生み出される。同一の表現が全く異なるものに、逆に、全く異なるものが同一のものに受け取られてしまうことが生じる。また、同一の感情表現であっても、他者によって、また状況によって異なるものとなることがある。

このような感情表現には表現のやり方、方法、マナー、作法、エチケットなど種々の表現法がある。また、実際の自己表現の際には多くの工夫がなされている。うまい表現の仕方、ユーモアを交えた話し方、変わった表現のやり方など、相手の判断の素材として、良いものを提供しようとする努力がなされる。ときには、演技がなされたり、うそをついたり、だましたりすることも行われる。

「痛み」や「怒り」は、ときに、オーバーな表現の仕方が必要とされる。それによって他者の同情や共感をうまく得ることができる。しかしまた、過剰な表現は誤解されたり、嫌われたりすることもある。他方に、「痛み」や「怒り」は抑えた表現にしたり、全く表現しないこともなされている。わが国では「抑えて表現する」ことが一般に期待され、「大きな子は泣かない」、「男は黙って耐えるのがよい」とされてきている。

感情表現は、時と所をわきまえ、場面に合ったやり方でなされる「状況適合性」が必要である。状況に適合しない感情表現は、他者によって正しく理解されないばかりか、むしろ、ゆがめて捉えられてしまう。「笑い」は厳粛な状況や悲しみの場面では顰蹙《ひんしゅく》を買うばかりである。また、「痛み」は状況にふさわしくない過剰な表現でなされた場合、不平家とか心配過剰というレッテルを貼られ、同情を得ることができないだけではなく、周りからの回避を招いてしまうことにもなる（船津、一九八三年、一六一頁）。

感情は、ただ表現されれば、それでよいというものではない。たしかに、赤ん坊は泣くことや笑うことで自分の欲求を満たすことができる。しかし、それは母親や父親、また養育者によって泣き声や笑い声の意味が理解されるからである。けれども、それは自我を持った人間の感情表現とはいいがたい。

感情表現はそのままでは他者の認識や評価を得ることに結びつかない。感情表現は感情の単なる随伴現象ではなく、社会的に表現するように社会化されなければならない。社会化されない感情表現は他者の理解を得られないのみならず、誤解や否定を生み出すことにもなる。

自我を持つ人間においては、感情表現はパターン化され、他者によって識別可能な形式を持つことが必要となる。感情表現には一定の形式があり、その形式に基づかないものは他者による認識や評価、また同情を手に入れることが不可能となる。子どもは感情の社会的表現形式を学習する必要があり、そのことによって自分の感情を内外に示すようにもなる。

感情表現の社会化は、母親、父親、養育者などとの関係において始められる。そこにおいて、子どもは欲求の充足が自分の泣き方や笑い方によって左右されることに気がつく。そこから、泣き方・笑い方のパターンを知り、自己表現法を学んでいくようになる。そこにおいて、泣き声・笑い声の社会化がなされることになる。

そして、家族や遊び仲間などの第一次集団において、「大きな子は泣かない」とか、「男の子は人前で泣かない」など、泣くことの社会化からはじまって、「恐れ」、「好き」、「嫌い」、「嫉妬」、「思いやり」、「悲しみ」などの社会化が行われる (Pollak and Thoits, 1989, Shields and Koster,1989, Scheff, 1990)。

そこにおいて、子どもの感情は親や他のひとの認識や評価に基づいてコントロールされ、また子どもは感情の意味づけや解釈、そして感情に関するルールを身につけ、さらに、年齢、性別、階層、職業などによる感情表現や感情それ自体の適合性を学んでいくようになる。

このような社会化過程によって、感情表現の方法の獲得がなされ、感情のコミュニケーションが可能となる。感情の社会化は大人になっても引き続き行われる。「痛み」や「怒り」、また「悲しみ」などの感情はストレートに表出されるだけでは他者の同情を引き、共感を得ることができない。それらは一定の表現法に基づいた自己表現がなされる必要がある。

とりわけ、大人の場合は、結婚、就職、昇進、転職、退職、離別・死別などに際して、地位・役割、また状況に適合的な感情のルールや技法を身につけていかなければならない。そこにおいて、夫・妻、父・母、教師、医師、看護師、警察官、結婚式や葬式を行う業者にふさわしい感情表現や感情自体の社会化を行う必要がある (Smith and Kleinman, 1989, Smith, 1992, Pogrebin and Poole, 1995, Cahill, 1999)。

このような感情の社会的コミュニケーションにおいては「感情ルール」(feeling rule) が存在している。「感情ルール」とは、一定の状況において特定の感情が期待される方向、程度、持続性を示すものであり、状況に適合的な感情を方向づける社会的ガイドラインとなっている (Hochschild, 1979, p. 563)。感情は「感情ルール」に従って社会的に表現される。

たとえば、葬式では「悲しみ」の感情が表現されるべきであり、結婚式では「幸せ」の感情が表現されるべきである。また、男性は「悲しみ」の感情を抑制すべきであり、女性は「喜び」の感情を慎み深く表現すべきである。そして、日本人は「喜び」や「悲しみ」の表現を控えめにしなければならない、というようにである。

そこにおいては、「感情ルール」が存在し、それに基づいて感情が具体的に表現される。自分の感情がそうではなくても、そう表現しなければならず、そうしないと非難や顰蹙《ひんしゅく》、攻撃また回避がなされるようになってしまう。

このような「感情ルール」には「表現ルール」と「(狭義の) 感情ルール」の二つがある。「表現ルール」とは感情が社会的に表されるルールであり、人びとの感情表現に関して「そうすべきである」とか、「そうしなければならない」という規則や基準を指している。

この「表現ルール」はエチケット、マナー、作法などとして具体的に表わされ、状況や場面においてふさわしい感情表現のあり方、男女の感情のあり方、階層による感情のあり方、また職業による感情のあり方を規定するものであり、人びとの感情はそれに従って表現されるようになる。

他方、「(狭義の) 感情ルール」とは感情に関して「そうすべきである」、「そうしなければならない」、「そうする権利がある」ということを示すものである。たとえば、「あなたはそのとき怒る権利・義務がある」とか、「君は罪の意識を感じるべきだ」とか、「かれはもっと喜ぶべきだ」とか、「彼女は恥じなければならない」とかのようにである。

このような「感情ルール」は、全体として、「感情文化」(emotion culture) を構成する。「感情文化」は感情の語彙、感情の規範、感情についての信念からなっている (Shott, 1979, Gordon, 1985)。この「感情文化」は人びとがそれに適合する形で感情をコンストラクトすることを促すとともに、感情の解釈を行わせる解釈枠組を提供するものである。人びとはこの「感情文化」に基づいて、他者の感情を解釈し、それに対する自己の感情をコンストラクトするようになる。

そしてまた、感情表現は文化によって異なる意味づけがなされる。「悲しみ」の感情は中東の国ではハッキリと外に出すのが普通であるが、日本人の場合は内に秘めるのが良いとされる。日本人においては、感情を抑えることが美徳とされ、顔に出さず、できるだけ控え目な表現をし、目立たない身のこなしをするのが良いとされている。日本では過剰に感情を表出することは無礼なことと見なされ、日本人は自分の感情表出をできるだけ弱めるように、より多くの労を費やしている。

しかし、ジャパニーズ・スマイルは日本社会では適合的でも、西洋社会では不適合とされる。また、顔に感情を生き生きと表出することは西洋社会では積極的に促されるが、ポーカーフェイスは愚鈍あるいは欺瞞的と見なされてしまう (Evans, 2001, 訳一三頁)。

このような感情表現は画一的で固定化しているものではなく、常に変化し、多様化してきている。こんにちの若者において、「怒り」を表出することがきわめて多くなり、「喜び」を表現することが大幅に減少してきている。また、男性が人前で泣くことは、これまで、避けるべきとされてきたが、いまや、そのことは「男らしい」こととして、賞賛すらされるようにもなっている。

四　「感情ワーク」・「感情操作」のコミュニケーション

一般に、「感情ルール」、また「感情文化」とのかかわりにおいて、人びとは「感情ワーク」(emotion work) を行っている。人びとにおいて感情の表現はストレートになされるというよりも、さまざまな「感情ワーク」がなされている。「感情ワーク」とは感情の程度あるいは質を変えようとする行為である (Hochschild, 1979, p. 562)。「感情ワーク」には、イメージなどを変える「認知ワーク」、身体症状を変える「身体ワーク」、ジェスチュアを変える「表現ワーク」が存在する。

人びとの「感情ワーク」は「状況適合性」に基づいてなされ、状況に適合しない感情は拒否ないし否定される。

不適合な感情表現を行う人間は他の人間の怒りを買い、「困惑」を生み出し、他者によって無視され、さらには排除されてしまうようになる。

「感情ワーク」は自分の感情が状況に適合しなくなったときに意識されるようになる。そして、どのように一定の感情をコンストラクトし、またリコンストラクトするのかが焦点に置かれるようになる。「感情ワーク」は望ましくない感情の抑圧だけではなく、望ましい感情のコンストラクションも行う。こんにち、このような「感情ワーク」は例外的事象ではなく、人びとの日常的行為を性格づけるものとなっている。

感情ワークには四つのタイプがある。一つは「悲しみ」や「怒り」のようなネガティヴな感情を抑制し、「喜び」や「幸せ」のようなポジティヴな感情を表現するものであり、二つはポジティヴな感情を抑制し、ネガティヴな感情を表現するものである。三つはネガティヴな感情を抑制し、ポジティヴな感情も抑制するものであり、四つはネガティヴな感情を表現し、ポジティヴな感情も表現するものである。

日常的な感情表現は、一般に、ポジティヴな感情の表現が望ましく、ネガティヴな感情の表現は望ましくなく、むしろ、そのような感情を抑えるべきであるとされている。これに対して、非日常的な感情表現は、ネガティヴな感情の表現が望ましく、ポジティヴな感情の表現は望ましくなく、抑制されるべきとされている。つまり、人びとの感情ワークのあり方を日常的と非日常的とでは同じものと見なすことができない。

感情表現のあり方に関して、日常時と非日常時とで大きな違いがあり、それが共感や相互理解の困難さを生み出している。そこに、体験の継承の難しさの理由の一端があるといえる (Gottschalk, 2003)。

また、アメリカのミドル・クラスの場合、ポジティヴな感情の表現は有益であるが、ネガティヴなそれは危険で、破壊的であり、避けるべきであるとされている。そして、アメリカの学生においては、ネガティヴな感情の表現はできるだけ隠され、ポジティヴな感情の表現もあまり強過ぎないように規制されている (Planalp, 1999, p. 37)。

このような「感情ワーク」は、感情をどのように変えようとするのかという点から、「感情の抑制」、「感情の隠蔽」、「感情の拡散」、「感情の変更」の四つのやり方に分けられる。

「感情の抑制」とは自分の感情を他人にはわからないように抑えることであり、「感情の隠蔽」とは自分の感情とは違う感情を他のひとに示すことである。この二つはいずれも、感情表現に関するものである。

これに対して、「感情の拡散」と「感情の変更」は感情自体にかかわるものである。「感情の拡散」とは自分の感情を別のもので紛らわすことであり、「感情の変更」とは自分の感情それ自体を変えるように努力することである。

そして、日常的な「感情ワーク」においては、ポジティヴな感情に関しての「抑制」、「隠蔽」、「拡散」、「変更」があまりなされていない。これに対して、ネガティヴな感情に関しては「抑制」や「隠蔽」が多くなされている。つまり、ポジティヴな感情については、その表現が促進され、ネガティヴな感情については規制がなされている。その点において、非日常的な感情操作とは極めて対照的なものとなっている。

そして、人びとにおいて、多くの場合、自分の感情が「感情ルール」、「感情文化」にうまく合わないときには、「感情操作」(emotion management) が行われる (Hochschild, 1983, Thoits, 1996)。「感情操作」とは感情を操作しようとする行為であり、自分の感情が「感情ルール」からずれた場合に、ずれをカバーするものとして行なわれる。

たとえば、「顔で笑って、心で泣いて」というように、顔の表情で「笑い」を演じたり、「悲しい」と思わないときでも、「悲しさ」を装うのが「感情操作」である。このような「感情操作」は、自然的な「感情ワーク」というよりも、戦略的な「感情ワーク」となっている。

そして、E・ゴッフマンのいう「印象操作」(impression management) が他者の印象を獲得するために自己を操作する (Goffman, 1959) のと同じように、「感情操作」は「感情ルール」に合うように自分の感情を操作することである。その意味では、「感情操作」は「印象操作」の感情編に当たるといえる。

そして、日本人においては、他者に良い印象を与えるためというよりも、他者に悪い印象を与えないために「感情操作」が行われることが多い。派手な表現を避け、控え目な表現を好み、ストレートな表現よりも、間接的、婉曲的で、あいまいな表現をよしとする。日本人の場合、「痛み」や「怒り」を我慢して、抑えた表現をしたり、全く表現しないことも行われている。

したがって、「感情操作」には積極的、攻撃的な「感情操作」と消極的、防衛的な「感情操作」が考えられる。日本人の場合は消極的、防衛的な「感情操作」が多いといえる。それは他者からの非難や否認を避け、自己に対するネガティヴな評価を回避しようとする「感情操作」である。

そして、「印象操作」が外的な印象の操作であるのに対して、「感情操作」は内的な感情を操作するものとなっている。「感情操作」は表面的な操作をするだけではなく、深いところでの操作もなされる。つまり、「感情操作」は感情表現に加えて、感情そのものを操作するものである。「印象操作」が表層操作であるのに対して、「感情操作」は深層操作であるということができる。

こんにち、産業労働のサービス化によって、「感情操作」が人びとの仕事に必要不可欠な「感情労働」(emotional labor) となっている。ホックシールドによれば、「感情労働」には女性の二分の一が従事しており、そこでは感情それ自体に商品価値がある「感情の商品化」(commodification of emotion) が進んでいる (Hochschild, 1983)。

このような「感情労働」はフライト・アテンダントや集金人、また、看護師や警察官、福祉関係やサービス産業の従事者などに当てはまる事柄である。そこでは、ポジティヴな感情が表現されるべきであるとされ、ネガティヴな感情は表現されるべきではないとされている。

フライト・アテンダントの場合は、笑顔の感情表現に加えて、「怒り」そのものを感じない深層操作がなされている。つまり、顔の表情を操作するだけではなくて、一定の感情そのものを感じないように「感情操作」が行われる (Wouter, 1989, 1992)。

また、ファストフードの店員の行動は効率性や計算可能性などに合理化した「マクドナルド化」され、そこでは「喜び」などの感情が、マニュアルに従って「感情操作」がなされる (Ritzer, 1993)。看護師においては罪悪感、恐れ、失敗、怒りなどについて「感情操作」がなされ、警察官においては、殺人、自殺、自動車事故、児童虐待などの悲惨な出来事に関して「感情操作」が行われる(Smith, 1992, Pogrebin and Poole, 1995)。

けれども、このような「感情操作」は「本当の感情」とは異なる感情を相手に示すことになる。それは「うその感情」を他のひとに見せることでもある。「本当の感情」をそのまま出すと受け入れられないので、他者の期待に合うように「うその感情」を表現するものである。

つまり、そこには他者の期待する感情と本当の自分の感情とのずれという「自他の不一致」がある。そこで、本当の自分の感情をそのまま出さずに、「うその感情」を作り出して、他者の期待に応えるようになる。

このような「感情操作」は、しかし、危険なことを行っていることでもある。それは「うそ」が「うそ」でなくなるからである。「うそ」の仮面が取れなくなり、それがそのまま素顔になってしまう。その結果、「本当の感情」が見失われることになる。「感情の商品化」によって、楽しくても心から笑えなくなり、悲しくても自然に涙することができなくなるなど、人びとの感情が疎外され、自己喪失が生じ、非人間化されるおそれがある。

そして、こんにち、多くの若者において、企業組織内のみならず、家族や友人などの親しい間柄においても、「楽しさ」や「嬉しさ」を演じたり、「喜び」の感情を抑えたりする「感情操作」がなされている。そこにおいて「うその感情」が多く表現されるようになり、そのことによって、感情の疎外現象が拡大されることにもなる。

このような危険を避けるためにも、ひとは自分の感情を意識的に作り上げる必要がある。人間の感情は自動的なものではなく、自己意識的にコンストラクトされるものである。そこにおいて、人びとによる自己意識的な感情の変容がなされることになる。

五　感情ナラティヴのコミュニケーション

感情は感情を語ることによって形づくられていく。感情は感情についてのナラティヴとして現れ、感情のナラティヴによって発見される。そしてまた、感情のナラティヴの変容によってリコンストラクトされる。

人間は自分の感情を何らかの枠組みに頼ることなしには語ることができない。人びとの感情は一般に「喜びの物語」や「悲しみの物語」、あるいは「傷ついた物語」(Frank, 1995)や「病いの物語」(Kleinman, 1988)などのドミナント・ナラティヴに従ってコンストラクトされる。ドミナント・ナラティヴとは人生の下敷きとなるような物語であり、人びとの人生を制約する物語である。

ナラティヴという言葉には「物語」と「語り」という二つの意味が含まれている。前者は語られる事柄の具体的内容を表し、後者は他者に対して「語る」という行為を指している。ナラティヴは「語る」行為として、他者とのコミュニケーションを行うものである。

このようなナラティヴは決して固定したものではなく、変化・変容がなされるダイナミックな性質を帯びている。人びとの感情がドミナント・ナラティヴに当てはまらなかったり、そこに収まらなかったり、それとずれたりすることがしばしば生じる。人びとの感情はドミナント・ナラティヴと矛盾し、ドミナント・ナラティヴの外側に取り残され、排除されてしまう場合もある。

そこで、人びとの感情がドミナント・ナラティヴのサブ・ナラティヴとして述べられるか、ナラティヴそれ自体が修正される必要が生じる。感情のナラティヴはリコンストラクトされ、そこにオールタナティヴ・ナラティヴが生み出されるようになる。オールタナティヴ・ナラティヴとは「もうひとつの物語」であるが、それはまさしく「いまだ語られていない物語」にほかならない。

「いまだ語られていない物語」とはドミナント・ナラティヴでは語りえない人びとの感情であり、オールタナティヴ・ナラティヴに変更することによって初めて明らかにされる感情である。オールタナティヴ・ナラティヴは自分の言葉で語る「新しい物語」であり、その「新しい物語」を語ることによって、人びとの感情が変わりうるようになる。

オールタナティヴ・ナラティヴではドミナント・ナラティヴからは出てこなかったユニークな経験が見出され、その方向に沿って新しい意味が模索されるようになる。それとともに、物語の「語り直された改訂版」が作り出される。

ナラティヴの変容は自分の経験がドミナント・ナラティヴに不適応となり、それとずれや対立、また矛盾が生じる「問題的状況」、または人生の転換点である「エピファニー」において行われる。そこにおいて、人びとにおいて自己内省がなされ、状況がイメージされ、問題点が明らかにされ、ナラティヴが修正・変更・再構成されるようになる。

女性の社会的進出によって、よき伴侶を求め、仕事を辞め、子どもを産み、幸せな家庭を築くという、これまでの「幸せの物語」では自己の感情がうまく表現できなくなり、そこに新たな形での「幸せの物語」が作り出されるようになる。また、「インセスト」が「本人の責任」という物語によって、強い「罪悪」感が生み出されていたのに対して、「インセスト」は権力関係を含んだ「社会的病い」であるとする新しい物語によって、これまでの感情のあり方が変容され、新たな感情がコンストラクトされるようになる (Evans and Maines, 1995)。

六　感情コミュニケーションの変容

人間の感情は自動的に表出されるものでも、一定の事象に対する単なる反応として生じるものでもない。それは自己意識的にコンストラクトされる。つまり、感情は人間の規定づけや解釈に介在され、それに基づいてコンストラクトされるものである。人間は自己内省 (self-reflexivity) が可能であり、意味に基づいて感情を取り扱うことができる。人間は感情のコンストラクションの積極的参与者なのである。

人間の合理的行為が自己内省に基づく「非—感情」であるならば、内省がなされない「感情」は自然発生的感情であり、内省がなされない「非—感情」がルーティーン行為であるならば、内省に基づく「感情」が、コンストラクトされる「感情」であることになる(Mills and Kleinman, 1988)。

コンストラクトされる「感情」は、いわば自己意識的感情である。そこにおいて、感情は単に外的なものではなく、内的な「自分自身との相互作用」(self interaction) がなされるものとなっている。人間の行為それ自体がエモーショナルなのではなく、人間が「自分自身との相互作用」にもち込み、意味づけ、解釈した場合にのみ、そうなるのである。

H・ブルーマーによると、人間の「シンボリックな相互作用のレベルでは、感情の意義は生理学的構成にはなく、行為者がいかに自分の感情を自分自身に表示し、それをどのように処理するのかということにある」(Morrione and Farberman,1981, p. 121)。したがって、それは単なる感情としてではなく、自己意識的な「感情」としてとらえられることになる。

N・K・デンジンによると、「自分自身との相互作用」と「生ける身体」(lived body) が相互に結び付くと、そこに「生ける感情」(lived feeling) が生み出される (Denzin, 1983)。「生ける身体」には物理的身体、人間によって内部から感じられる身体、他者に働きかけ、他者によって見られる身体、自我として表現される身体の四つがある。そして、「生ける感情」には感覚の感情、「生ける身体」の感覚、インテンショナルな価値感情、「自我の感情」がある。「自我の感情」は感情の感情であり、感情を伴う感覚である。それは内省的・自己意識的感情であり、「自分自身との相互作用」が行われるものとなっている。

「自分自身との相互作用」において、他者の期待が背景から解き放され、新しい意味を付与する「表示」がなされ、表示された期待を自己の置かれた位置や行為の方向に照らして選択し、チェックし、留保し、再分類し、変容させる「解釈」が行われる (Blumer, 1969)。

「解釈」において他者の期待が修正・変更・再構成され、そこから、自分の感情を主体的にコンストラクトしうるようになる。他者の観点を通じて自己を内省し、新たなものを創出する「創発的内省」によって、既存のナラティヴが再構成され、新たな感情を生み出すことが可能とされる。

感情について自己意識的に語るということは、他者の観点を通じて感情を再構成することにつながる。内省による感情の再構成は既存のナラティヴをリコンストラクトし、新たな感情を生み出すことを可能とする。そこに、感情の主体的コンストラクションがなされることになる。

感情は内省という過程とのかかわりにおいて、その変容がなされるようになる。人間において、知的要因と感情的要因とは全くの別物ではなく、相互に影響し合い、結びついて、新たなものを生み出していくことになる。

感情のコミュニケーション過程においては、「感情ルール」、「感情文化」が相対化され、新たな「感情ルール」、「感情文化」のコンストラクションがなされることになる。それは感情表現の変容のみならず、感情そのものの変容も含んでいる。

こんにち、社会的進出に伴って、女性における「怒り」、「嫉妬」、「罪」などの感情表現および感情それ自体に関する「感情ルール」に変化が生じてきている。そしてまた、男性の感情にも変化が生じ、「感情文化」全体の大幅な変容と新たなコンストラクションがなされるようになってきている。そこにおいて、「感情ルール」、「感情文化」の変容をめぐってのネゴシエーションが活発化してきている。

〈参考文献〉

Blumer, H., *Symbolic Interactionism*, Prentice-Hall, 1969. 後藤将之訳『シンボリック相互作用論』勁草書房、一九九一年。

Cahill, S. E., Emotional Capital and Professional Socialization, *Social Psychology Quarterly*, 1999, p. 62, pp. 101-116.

Cooley, C. H., *Human Nature and the Social Order*, Charles Scribner's Sons, 1902.

Darwin, C., *The Expression of the Emotion in Man and Animals*, Appleton,1892. 吉松広延訳『人間および動物の表情』講談社、一九八七年。

Denzin, N. K., A Note on Emotionality, Self and Interaction, *A. J. S.*, 1983, p. 89, pp. 42-49.

Ekman, P., *Emotion Revealed*, Henry Holt and Company, 2003.

Ekman, P. and W. V. Friesen, *Unmasking the Face*, Prentice-Hall, 1975. 工藤力編訳『表情分析入門』誠信書房、一九八七年。

Evans, D., *Emotion*, Oxford University Press, 2001. 遠藤利彦訳『感情』岩波書店、二〇〇五年。

Evans, W. J. and D. R. Maines, Narrative Structure and the Analysis of Incest, *Symbolic Interaction*, 1995, p. 18, pp. 303-322.

Frank, A. W., *The Wounded Storyteller*, The University of Chicago Press, 1995. 鈴木智之訳『傷ついた物語の語り手』ゆるみ出版、二〇〇二年。

船津衛『自我の社会理論』恒星社厚生閣、一九八三年。

——「感情社会学の展開」『アメリカ社会学の展開』恒星社厚生閣、一九九九年、二七三—二八二頁。

船津衛編『感情社会学の展開』北樹出版、二〇〇六年。

Goffman, E., *The Presentation of Self in Everyday Life*, Penguin, 1959. 石黒毅訳『行為と演技』誠信書房、一九七四年。

Gordon, S. L., Micro-Sociological Theories of Emotion, in Helle, H. J. and S. N. Eisenstadt(eds.), *Micro Sociological Theory*, Sage Publications, 1985, pp. 133 -147.

Gottschalk, S., Reli(e)ving the Past : Emotion Work in the Holocaust's Second Generation, *Symbolic Interaction*, 2003, p. 26, pp. 355-380.

Harvey, J. H., *Give Sorrow Words*, Brunner/Mazel, 2000. 安藤清志監訳『悲しみに言葉を』誠信書房、二〇〇二年。

Hochschild, A. R., Emotion Work, Feeling Rules and Social Structure, *A. J. S.*, 1979, p. 85, pp. 551-575.

—— *The Managed Heart*, University of California Press, 1983. 石川准・室伏亜希訳『管理される心』世界思想社、二〇〇〇年。

Johnstone, T. and K. R. Scherer, Vocal Communication of Emotion, in Lewis, M. and J. M. Haviland-Jones(eds), *Handbook of*

Emotions, Second Edition, The Guilford Press, 2000, pp. 220-235.

Kleinman, A., *The Illness Narratives*, Basic Books, Inc.,1988. 江口重幸ほか訳『病いの語り』誠信書房、一九九六年。

Le Bon , G., *Psychologie des foules,* 1895. 櫻井成夫訳『群衆心理』講談社、一九九八年。

Leary, M. R., The Self We Know and the Self We Show:Self-Esteem, Self-Presentation, and the Maintenance of Interpersonal Relationships, in Brewer, M. B. and M. Hewstone(eds.), *Emotion and Motivation*, Blackwell, 2004, pp. 204-224.

Mead, G. H., Cooley' s Contribution to American Social Thought, *A. J. S.*, 1930, p. 35, pp. 693-706.

——— *Mind, Self and Society*(ed. by Morris, C.W.), The University of Chicago Press, 1934. 稲葉三千男ほか訳『精神・自我・社会』青木書店、一九七三年。

Mills, T. and S. Kleinman, Emotion, Reflexivity and Action, *Social Forces*, 1988, p. 66, pp. 1009-1027.

Morrione, T. J. and H. A. Farberman, Conversation with Herbert Blumer, *Symbolic Interaction*, 1981, p. 4(2), pp. 113-128.

岡原正幸ほか編『感情の社会学』世界思想社、一九九七年。

Planalp, S., *Communicating Emotion*, Cambridge University Press, 1999.

Pogrebin, M. R. and E. D. Poole, Emotion Management, in Franks, D. D. (ed.), *Social Perspectives on Emotion*, 1995, p. 3, pp. 149-168.

Pollak, L. H. and P. A. Thoits, Process in Emotional Socialization, *Social Psychology Quarterly*, 1989, p. 52, pp. 22-34.

Ritzer, G., *The McDonaldization of Society*, Pine Forge Press, 1993. 正岡寛司監訳『マクドナルド化する社会』早稲田大学出版部、一九九九年。

Scheff, T. J., Socialization of Emotions, in Kemper, T. D. (ed.), *Research Agendas in the Sociology of Emotions*, State University of New York Press, 1990, pp. 281-304.

Shields, S. A. and B. A. Koster, Emotional Stereotyping of Parents in Child Rearing Manuals, 1915-1980, *Social Psychology*

Quarterly, 1989, p. 52, pp. 44-55.

Shott, S., Emotion and Social Life, *A. J. S.*, 1979, p. 84, pp. 1317-1334.

Simmel G., *Die Grosstadt und des Geistesleben*, 1903. 川村二郎訳「大都会と精神生活」『ジンメル・エッセイ集』平凡社、一九九九年、一七三―二〇〇頁。

Smith, A. and S. Kleinman, Managing Emotions in Medical School, *Social Psychology Quarterly*, 1989, p. 52, pp. 56-69.

Smith, P., *The Emotional Labour of Nursing*, Macmillan Press, 1992. 武井麻子ほか監訳『感情労働としての看護』ゆるみ出版、二〇〇〇年。

Thoits, P. A., Managing the Emotions of Others, *Symbolic Interaction*, 1996, p. 19, pp. 85-109.

Weber, M., *Bürokratie*, 1921-22. 阿閉吉男ほか訳『官僚制』恒星社厚生閣、一九八七年。

Wouter, C., The Sociology of Emotions and Flight Attendants, *Theory, Culture & Society*, 1989, p. 6, pp. 95-123.

—— On Status Competition and Emotion Managemnet, *Theory, Culture & Society*, 1992, p. 9, pp. 229-252.

III

障害者介助実習の実践学

――障害者自立生活のカテゴリーと介助シークエンス――

水川　喜文

プロだっていっても、その人にとっては初めてなんですよ。同じ障害者はいないんですから……（中略）そう。いくらなれてても、その人に対しては初めてなんです。信頼関係も初めてつくるんです。そうなると、どんなに素人でも、どんなにプロでもスタートはいっしょですよね（1）。

一　はじめに

障害を持つ人が街で暮らす。この当たり前となった文言は、まだ十分に実現されたとはいえない。街で暮らすための障害者介助のあり方についてはさまざまな試みがなされている。そのひとつに、自立生活をおくる障害者が、自己の介助経験をもとにして介助のやり方を教えるプログラムがある（小山内美智子（一九九七年）の「ケア塾」など）。

本稿では、学生を対象として実施した、障害当事者が講師となり日常生活介助を教える「介助実習」（2）がいかなる共同作業となっているか、障害者自立生活の発想を参照しながら、会話分析とエスノメソドロジーを用いて分析する。

近年の法制度の改変を見ても、二〇〇五年（平成一七）の介護保険法等の一部改正、二〇〇六年（平成一八）の障害者自立支援法の施行などによって、高齢者や障害者が施設に入らず街で暮らすことが社会福祉政策のうえでも焦点となっていることは理解できる。このような現在、福祉や介護の「自立」に関する専門的知識や技術についての議論は数多くなされてきている。しかし、障害者や高齢者に対する介護・介助に対して、それを受ける当事者の視点や経験から得た知識がどのように生かされるかということについてはなかなか議論されていない。

本稿で取り上げる、障害当事者が講師として、自分の経験をもとに介助のやり方を教える介助実習という試みは、障害当事者の自立生活の経験に基づいた介助の知識をどのように実践のなかで生かしていくか考察するための端緒となるだろう。

この介助実習という（自立生活を行う）障害当事者自身がモデルとなりながら生活介助を教える場面では、さまざまなカテゴリー、すなわち「講師」「介助利用者」「障害者」、「学生」「介助者」などが使用されている。これらのカテゴリーが介助実習のなかでどのように組み合わされて使用され、介助自習という社会秩序を生み出しているのであろうか。この介助実習において、「講師」は「講師」として介助のやり方の「教示」をするのと同時に、「講師」は「障害者」であり、介助者による介助を受ける（そのための「指示」をする）。このように複数カテゴリーが、刻一刻と時間が進行している介助実習という社会秩序のなかにある。介助実習がスムーズに進むということは、講師の教示内容だけではなく、相互行為の流れのなかで適切な時点で適切な指示／教示を行い、そのことによって介助の実践が遂行されているからこそである。介助実習のなかで、これらのカテゴリーがいかに使用され、「講師」の背景にある障害当事者の自立生活という「思想」といかに結びついているのだろうか。

本稿では、まず障害者自立生活における介助の発想について概観し、会話分析とエスノメソドロジーにおけるカテゴリー化とシークエンス（相互行為の連鎖）の議論を用いて分析の方針を立てる。次に、この方針に沿って、障害当事者が介助について教える介助実習の場面を具体的に分析していきたい。

二　障害者自立生活運動と介助の相互行為

1　障害者自立生活運動における介助と介護

日本において介助が問題（イシュー）となったのは、一九七〇年代に肢体不自由の重度障害者が施設に入らず地域社会のなかで生活を志したところから始まった（安積他、一九九〇年→一九九五年）。そのなかで、介助者という存在は、それまでの施設職員や家族などのお世話をする人とはまったく違った意味合いを持ってきた。自立生活センター介助者で詩人の究極Q太郎（一九九八年）によれば、「施設から飛び出した障害者たちにとって、最初の介護者はみな［施設から街での自立生活への］闘争の過程のなかで加わるようになってきた者たちだった。いわば運動の同志、帯同者」だった。この「最初の介護者」（すなわち次で言う「最初の介助者」）は、もともと福祉の技術や専門性を持った資格者でも、愛情と配慮という名のもとで障害当事者に介入する家族でもなかったわけである。

この障害者自立生活運動のなかで「介助」と「介護」の峻別は「発明」された。介助は、「自立障害者の自立に手を貸す人という意味」（究極Q太郎、一九九八年、一七八頁）がつけられた。すなわち、自立生活をする障害者をある形で支援・援助する人が介助者となった。一方で、介護は、弱き者を管理、保護、配慮という名のもとで護るという意味が付与された。例えば、小山内（一九九七年）の比喩を使えば、かさぶたができたときに掻かないように処置をしたり説得をしたりするのが介護である。これに対して、「掻いて」と言われたら、「もういいよ」と言われるまで、たとえ血が出ても掻きむしるのが介助といえよう（実際、自分にかさぶたが出来たことを想像すればよいだろう）(3)。

2　介助と介護の相互行為

上述の自立生活運動の思想を背景として、H・サックス（一九七二年など）によるカテゴリー化とシークエンスの議論をもとに、介助実習を分析する枠組みを提示しておきたい(4)。

サックスから続く会話分析が明らかにしたことのひとつは、ある行為者が一定の状況のもとでカテゴリー化されるということによって、そのカテゴリーに結びついた行為の権利と義務が付与される。例えば、①行為者はカテゴリー化されるだけでない。ある人が教師とカテゴリー化されると、「教える」権利と義務が与えられる。教師は教えることができるだけでなく、教えるべき存在である。②さらに、ある人がカテゴリー化されると、その場の別の人はそのカテゴリーの属する集合内のカテゴリーを与えられる。例えば、ある人が教師とカテゴリー化されると、その教室にいる別の人は生徒とカテゴリー化される可能性が生まれる。③そのうえで、カテゴリー化されたある人が行為をすると、別のカテゴリーの人がその行為に応じた行為をすることになる。例えば、教師が「質問」すると、次の行為は、生徒が「応答」する権利と義務を持つ(さらに次に、この「応答」を教師が「評価」することになる)。

介助と介護に関しても、この発想は適用することができる。ある相互行為を介護と見るか介助と見るかによって、「次の行為」が規定され、評価されることになる。これは「見る文法」というものであろう(水川喜文、二〇〇四年)。

①介護カテゴリーとシークエンス

ある場面が「介護」と見えるとき、そこにいる人は、介護者と被介護者にカテゴリー化される。介護者(福祉施設職員など)は、介護をすべき人であるだけでなく、障害者自立生活運動の文脈では、介護者は、「弱者」への介護をする人であり、「保健」「福祉」「健康」の知識を持っており、「相手の身になって考える」人である。この文脈で、介護者は制度的、定義的に被介護者を介護する権利と義務を持つ。一方で、被介護者は、介護される人であるだけでなく、介護されるべき人である。これをもとに、介護場面のシークエンスを考えてみる。

［1—1］〈介護—感謝〉シークエンス

介護者　：　介護(＝問題発見、問題解決)
被介護者：　感謝(＝問題解決の確認)

介護は介護をすべき介護者からの申し出によって開始される（介護者が「口をゆすぎます」と言って口を濯ぐ）。そして、なされた介護に対して被介護者は感謝をする（「ありがとう」）。ここでのポイントは、介護者が、自己の義務と責任において（つまり決定の責任を持って）「介護すべき」ときに介護をするというところである。これは介護者と被介護者の非対称性に関わってきている。

これに対して、同じような場面で被介護者が自分の判断で介護を要請したら、どうなるだろうか。

［1―2］〈介護要請―介護―感謝〉シークエンス

被介護者：　介護要請　（＝介護不在の表出／非難）
介護者　：　介護　（＝問題の解決／介護不在の解決）
被介護者：　感謝　（＝前記の確認）

これは、（介護を必要とする）障害者や高齢者が介護の要請をして（「口を濯いでください」）、介護者が介護を開始するシークエンスである。このとき、介護者は「介護すべき」ことを「見逃して」、被介護者から介護の不在を指摘され、介護を開始すると見ることができる。

この場合、被介護者の「介護要請」は、介護者が「すべきことをしなかった」という非難、つまり介護者の介護能力への非難と見える可能性があるのだ。これは介護者の保護の下にある被介護者にはやりにくいことである。そのため、介護の場面では、被介護者から介護の要請をするとき「申し訳ありませんが」「すみません」など留保をつけて話し始めることになる（非優先構造）。

②介助カテゴリーとシークエンス

ある場面が「介助」とされるときはどうだろうか。介助の場面では、障害者は介助の責任主体として立ち現れてくる。障害者は介助サービスの利用者であり、介助作業の管理者でもある（A・D・ラッカ）。一方で、介助者は、専門家でも保護する人でもなく、障害者を支援するためにその求めに応じて介助を行う人である。これをもとに、例えば障害者が「口を濯いでください」と言い（介助要請）、介助者が口をゆすぎ（介助）、障害者が「ありがとう」と言う（感謝）、介助のシークエンスを考えると、次のようになる（5）。

［2—1］〈介助要請—介助〉シークエンス

障害者：　介助要請　（＝問題発見）
介助者：　介助　　　（＝問題解決）
障害者：　確認／評価／感謝

このシークエンスは、障害者が介助事項を見つけて介助要請をしてから、介助者が介助をして、障害者が確認／評価／感謝をするというものである。このように、ある場面が介助という社会秩序を持っているときに、障害者は問題発見をして介助要請を「すべき」存在であるし、介助者はそれに応じて介助を「すべき」存在である。

このことは、［2—1］と［1—2］とを比較すれば差異が明確になる。この二つのシークエンスは、同じ言葉や行為でなされたとしても別の意味を持ってくることがわかるだろう。つまり、介護の場面とすると「口を濯いでください」は、介護者の能力不足を示すだろうが、介助の場面とすると障害者が自己決定で口を濯いでほしいと言っていると見ることができる。その場面をいかに見ていくかという理解可能性によって、その場面の意味が異なって現れてくる（ガーフィンケルの言うネイティブの直感）。

もちろん、この二つのやり取りについて、間の取り方や視線の動きなどを具体的に詳細に見ていくことによって、介助と介護の差異が明確になることもあるだろう。しかし、差異があること自体は、自立生活運動の思想という背景がないと見えてこないものである。

これから、以上のような障害者自立生活運動の思想を背景にした「介助」と「介護」のカテゴリー使用とシークエンスという視点をもとに、分析を進めていきたい。

三　介助実習の分析

これから見ていく介助実習は、自立生活センター「札幌いちご会」の副会長・澤口京子氏（社会福祉法人アンビシャス理事長）を講師として招いて、学生に対して行ったものである。対象となる学生は、障害者の生活介助を教養として学んでいる学生であり、福祉専門職になるための準備としての実習ではない。これは、自立障害者が初めて介助する人に対して介助のやり方を教えるときの状況に近いものであろう。この実習は、一回に四人から八人程度のグループに分かれて、一グループ半日の日程で実施する。

今回の分析で扱う場面は、介助実習のなかでも生活介助を行う部分である。介助実習の全体の流れとしては、自立障害者の生活を想定して、まず食事介助のための買い物を行い、自立生活訓練室へ移動して、生活介助のいくつかのメニューを実施して、食事介助を行いながら学生は共に食事をして、最後に反省会をして終わるという日程である。

生活介助の内容は、歯磨き、顔拭き、爪切りなどであり、同じ介助動作を全ての学生が行うため、五人のグループだと五回同じ介助をすることになる。そのため、介助の講師（障害当事者）が初回の学生に行う指示と次の学生に行う指示は異なってくる。このとき介助の講師は、それまでに行った指示を前提にした追加情報の提供と、その回独自の介助方法に関する指示を行うことになる。

本稿では、一人の介助実習の開始から終了まで（［トランスクリプト　1―1］から［1―5］）を中心として、いかに介助実習が遂行されるかを考察する。

1　介助実習の開始

この介助実習では、先に述べたとおり同じ介助（歯磨きなら歯磨き）を当日の参加者全員（四〜八人程度）が行う。そのため、二番目以降の学生は前の学生と同じ介助を行うことになる。もちろん、その際の講師との相互行為は、指定された介助をしながらその場に応じた会話が交わされ、後の学生にまわったときは、同じ会話を繰り返すのではなく、さまざまに追加した情報を提供することになる。

［トランスクリプト　1—1］（＊Sは澤口氏、Hは学生。）（＊トランスクリプト記号については、三七〇頁参照。）

1：　S：お願いしますっ =
2：　H：= 最初に (.) くち　[::]　　　　[はい
3：　S：　　　　　　　　　　[ん] ん::くちゆすぎ　[ます
　　　　　　　　　　　((＊コップをつかもうとしながら見る))
4：　(6.0) ((Hはコップを口に持っていって、Sが水を飲んで口を濯ぎ、たらいにはき出す))
5：　S：はい

まず、一行目のSの「お願いします」という発話は、Hの介助実習開始を示している。三行目から五行目の発話は、次のように〈介助要請—介助—確認／評価〉という順番で介助のシークエンスになっている。

3：　S：くちゆすぎます　……介助要請
4：　((Hはコップを口に持っていって、Sが水を飲んで口を濯ぎ、たらいにはき出す))　……介助の実施
5：　S：はい　……確認／評価

この前の発話、学生の「最初に (.) くち」（二行目。以下2と数字のみ表記）は何だろうか？　この発話は中断しているが、継続の可能性のあるシークエンスは限られているだろう。

例えば、次の二つが考えられる。

(1)

H：最初に、口、ゆすぎます　……介助の申し出
S：お願いします　……開始の承認
《介助》　……介助の実施
S：はい　……確認／感謝

(2)

H：最初に、口、ゆすぎます　……開始の宣言
《介助》　……介助の実施

前者の場合、介助者が介助の申し出をして、障害者が承認して介助が開始されるシークエンスとなる。後者は、前者の単純形である。これらのシークエンスはその後の場面で繰り返し可能である。介助者が「〜します」と言い、障害者が承認し（または承認が省略され）、介助者が介助を実施し、障害者が確認する。すなわち、

介助（介護）の申し出　――（開始の承認）――　介助（介護）の実施　――　確認／感謝

Sがこのシークエンスを認めてしまうと、このシークエンスが繰り返される可能性が出てくる。このシークエンスは、〈介助要請―介助〉シークエンスではなく、「介護（問題発見／解決）」から被介護者の「感謝」へという〈介護―感謝〉シークエンスとして理解される可能性がある。

しかし、この二行目の「最初に(.)くち」という〈介助／介護〉の申し出が、三行目のSの発話「ん、ん::くちゆすぎます」によって中断されている。ここでSは、口を濯ぐという介助を要請することになる。この中断によって、〈介護―感謝〉シークエンスの可能性は変容して〈介助要請―介助〉シークエンスとなる。

これは偶然とは考えにくい。

これと同様の実践は、他の回の介助実習でも現れている。

［トランスクリプト　2　(010624-1)］（＊Sは澤口氏、Mは学生。）

M：じゃ、顔から
S：はい　顔　どこ
M：おでこ、から［いき］ます。《顔を拭く》
S：　　　　　　［はい］

この例でも［1―1］と同様に、実習開始時にシークエンスの制御を行っている。「じゃ、顔から」という介助の申し出から、そのまま介助に進むことも可能な選択肢であったが、ここでは「はい　顔　どこ」と質問を発している。

これは、Mの「介助の申し出」に対して、Sは「開始の承認」ではなく「はい　顔　どこ」という「質問」で応答している（発話の隣接ペアの第一ペアに対して、Sは第二ペアではなく、第一ペアで応答している）。そのため、Sの「質問」に対して、Mは「おでこ、からいきます」と「応答」する必要が生じている（次に来るMの発話は第二ペアである必要が生じる）。そのため「おでこからいきます」は、介助の申し出の再開始であるとともに、応答となっている。

この「はい　顔　どこ」は同時に、「顔」というだけでは、介助を受ける障害者にとって十分な情報でないことを教える発話となっている。「顔　どこ」と言うことで、「顔の部分を示すべきである」という規範を提示しているともいえる。ここで二人のカテゴリーは、「講師」と「学生」としても現れることになる。

これまで見たように、介助実習を開始する際のやりとりは、そこにいる人に対して障害者と介助者などのカテゴリーを与えているだけでなく、ある形のシークエンスを生み出し、また逆にやりとりのシークエンスのなかからもカテゴリーを浮かび上がらせる実践をしていることがわかる。

2　歯磨き介助の実施

介助実習は、［1―1］で無事に口をゆすいだ後、歯磨きの介助に入る。

［トランスクリプト　1―2］

5：　S：はい
6：　H：はい (2.0) (じゃ) 磨いて：い［いんですか］
　　　《(＊たらいを持っていた手を離し、歯ブラシを手に取る)》
7：　S：　　　　　　　　　　　　　　［はい　はい］
　　　《(HはSのほうにかがみこむ)》
8：　S：ブラッシングだけで＝
9：　H：＝はい (.) 《(ブラシを口元に持って行く)》

Sは口をゆすいだ後に「はい」と言って、口をゆすぎ終わったことを示す。Hは六行目で「はい」と応答し、「間」があった後、「磨いていいんですか?」と質問する。

この間は、「はい」「はい」という確認のシークエンスの後に起こり、Sが話し出すか、Hが話し出すか定まっていない間である。可能な行為としては、Sが先に指示をするというものがある。例えば、「じゃあ、前歯から磨いてください」と。先に見た介助のシークエンスでは、〈介助要請―介助―確認／感謝〉となっており、指示をすることはなんら問題ないようにも見える。また、そのようなシークエンスを生み出すことはSにとって容易であろう。

しかし、第一に、介助のシークエンスは一つの型であり、この介助シークエンスをもとにさまざまなバリエーションが考えられることから、この一つの場面で、この型が発生しなければならない必然性はない。第二に、この場は介助実習であることを考えると、そのシークエンスのバリエーションが介助実習の場面に起こることとして変形していくことが考えられる。

この場面でSは、自分から先まわりして指示を出さなかった。その結果、歯ブラシを準備したHは、「じゃ、磨いていいんですか?」という質問/介助の申し出を行うことになる。このHによる「じゃ(あ)」は、歯磨きの準備をした後ですぐに介助に取り掛かるのではなく、次の行為(介助)が起こることを示唆するため、あえて介助の許可を取っているようにもみえる。これに対して、Sは七行目で「はい　はい」と応答している。これによって、ここでのシークエンスは、「介助の申し出」と「介助の許可/指示」という〈介助に先立つシークエンス〉を形成している。

その直後の八行目でSは「ブラッシングだけで」という追加指示を与えて、Hは九行目で「はい」と応答している。この八行目と九行目は挿入シークエンスになり、次の確認に続いている。「じゃ、磨いて:いいんですか」(6)は、一三行目の介助ではじめて実施されることになる。

[トランスクリプト　1―3]

10:　S:はい (2.0) 《口をあける》
11:　H:じゃ、奥から、みがきます 《歯ブラシを入れる》
12:　S:はい、はい 《歯ブラシが口にはいりながら》
13:　(40.0) 《左右の内側を磨く》

また、先の「ブラッシングだけで」(8)という発話は、先に見た〈「じゃ、顔から」「はい　顔　どこ」「おでこからいきます」〉というシークエンスと同様の追加情報となっている。これは同時に、単に〈障害者―介助者〉というカテゴリー対だけではなく、「ブラッシングする」という行為の追加情報を提供すること(教示)により〈講師―学生〉というカテゴリー対による介助実習という場面を浮き立たせているともいえる。

3　介助シークエンスの重層化

歯磨き介助が適切に開始され、介助者は歯をブラッシングしていくことになる。歯磨き介助の特徴としては、人間の歯の構造と歯磨きの慣習の関係で、いくつかの難易度の異なる部分に分けて介助をしていくことにある。人間の歯の構造上、上下の前歯、右の上下の側面、左の上下の側面、さらには前側と奥側などと磨く部分はいくつかに分かれる。その部位ごとに困難さが異なるため、それぞれ介助に工夫が必要となる。講師の澤口氏は脳性まひのために首に不随意運動があり、ときに首を固定することが困難になる(6)。ここでの介助者はこれらの特性を考えて介助をしなければならない。

歯磨き介助が始まってすぐ、澤口氏は歯ブラシが口の中に入ったまま指示を開始した。

［トランスクリプト　1―4］

14：H：[h（これ）hh　[hはい
15：S：[hh＊介助する時ね　[:　《笑いながら》
16：S：あのう:(.) もっと(.) あの:首を？:(い):
17：H：　＊《うなずく》
18：(1.0)《Sは顔をHの左手のほうに回す》
19：S：そ:っちの:ひ左の手で:=
20：H：　＊《うなずく》=はい《左手をあげる》
21：S：固定をし-する？(.)
22：H：あ:はい
23：S：そうすれば　あの　自然と力が入る？(.) 逃げないですよね=
24：H：　＊《うなずく》　＊《うなずく》　=あはい
25：S：右手のね(.) 力が逃げないから.h 固定してください
26：H：　＊《うなずく》　＊《うなずく》
27：H：はい《肩に右手をのせて近づく》

28：S：そうすればうまくいくはずです＝
29：H：＝はい《かがんで磨こうとする》
30：S：はい（12.0）《Hが右手を添えて、左外側を磨く》
31：S：少しは違うでしょ＝
32：H：＝ええ、違います＝
33：S：はいはい［.hそういう要領で＝
34：H：　　　　［（あ、ちょっと）＝はい
35：H：ちょっ、口閉じてもらえますか？
36：S：はい
37：H：（すいません）（10.0）《前歯を磨く》（写真1）
38：H：（失礼します）
39：S：はい
40：（15.0）《前、右側を磨く》

写真1　17：45：35（横から歯磨き）

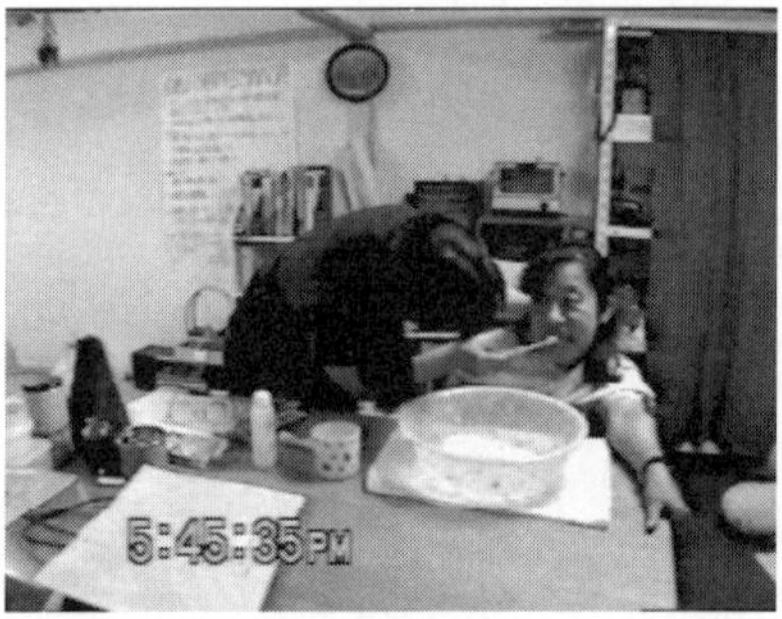

ここでの会話は、HとSが同時に笑い出す(14)、(15)ことによって「歯がうまく磨けない」というトラブル（介助の失敗）の発生を共有することから始まる。そして、このトラブルをいかに解決するかということがトピックとして焦点化される。

続くSの「介助するときね」(15)から「うまくいくはずです」(28)は、ひとつの教示となっていることがわかる。これに対して、Hは「はい」(29)と応答して介助を開始して、途中でSが「はい」(30)と継続するように示して、介助が終わったときにSは「少しは違うでしょ」(31)と確認／評価をしている。これは次のような行為のシークエンスになっていることがわかる。

(0) 困難状況の発現　(14)―(15)
(1) 指示／教示　(15)―(28)
(2) 応答と介助の実施［左手を添えて歯磨き］　(29)―(30)
(3) 確認／評価　(33)

このシークエンスは、障害者と介助者というカテゴリーのもとで起こった〈介助シークエンス〉とすれば、次のように見ることができる。

(1) 障害者：介助要請（＝問題発見）
(2) 介助者：介助　（＝問題解決）
(3) 障害者：確認／評価／感謝

さらに、この場面は介助シークエンスとしてだけではなく、教育のシークエンスでも理解可能である。すなわち、「うまくいくはずです」(28)までが教育における教示したり指示したりする「導入」(initiation)となり、「はい」(29)と言って介助をする(30)までが、教育場面で学生が行う「応答」となり、最後に講師が「はいはい、そういう要領で」(33)というのが教育場面の「評価」になる。（この間の、三一行目「少しは違うでしょ」と三二行目「ええ、違います」は、〈質問―応答〉の挿入連鎖になっており、三三行目の「はい、そういう要領で」で確認／評価をして次に継続させていることがわかる。）すなわちここは、次のように、介助実習という教育場面の〈教育のシークエンス〉としても理解可能なのである。

※教育のシークエンス（Mehan, 1979）
(1) 教師：導入（initiation）
(2) 生徒：応答（response）
(3) 教師：評価（evaluation）

この「教育のシークエンス」では、教師が「導入」して（問題を出したり、指示を出したりする）、それに生徒が「応答」して（解答したり、実行したりする）、それを教師が評価する。ある行為シークエンスがこのような教育シークエンスとして理解可能なのは、ひとつの発話や行為がひとつの行為シークエンス（例えば応答）に対応しているからではない。むしろ、ある行為をしたときに次の行為が規定されるという、前後の行為が規範と結びついているということが重要である。例えば、「うまくいくはずです」(28)は、「導入」という行為になっているだけではなく、次に「応答」としての介助がくるべきものという規範で結びついているのである。この「応答」（介助）に対して、教師は「はいはい、そういう要領で」(33)という、よくできているという「評価」をすべきなのである。

意味の重層性は、シークエンスの重層性でもある。行為の意味が設定する状況に応じて多元的であるのと同様に、行為シークエンスも重層的であると考えられる。ひとつの行為が二つ以上に解釈できるというより、ある行為は複数の行為シークエンスのなかで重層的に理解可能であるということである。

以上見てきたように、この介助実習の場面では少なくとも「介助」と「教育」という二つのシークエンスが重なっていることがわかる。

※介助実習のシークエンス

(1) 講師／障害者： 導入／介助要請
(2) 学生／介助者： 応答／介助
(3) 講師／障害者： 評価／感謝

「うまくいくはずです」は、障害者自立生活の思想からSは「障害者」というカテゴリー化により「介助要請」をしていると見え、同時に、Sが「教師」とカテゴリー化されることにより「導入」という行為をしていると見ることができる。さらにこのカテゴリーの重層性は、それに続くシークエンスを生み出している。このように一見、単純なシークエンスではあるが、〈教育〉と〈介助〉の重層的なシークエンスを利用しながら介助実習は遂行されていることがわかる。

4　介助シークエンスと介助者の身体化

さらに、介助実習は続く。引き続いた場面でも講師は、介助のやり方を先回りして指示するのではなく、問題状況の発現まで待ってから指示をするという流れを踏襲している。

その後の介助実習の様子を見てみよう。

［トランスクリプト　1―5］

41：　《左奥を磨こうとして手が泳ぐ》
42：H：(これは::)［難しいですね hhh::
43：S：　　　　　［hhhhhhhhhhhh:::
44：H：これど::し(たらいいんでしょう)
45：S：ん、どこを磨きたいの？
46：H：こちらの奥を磨きたいんですけど《指で指し示す》
47：S：奥［:それが難しいのね (.) で::後ろにまわって 指をひっかける？
48：H：　［(はい)　　*《うなずく》　　*《うなずく》
49：H：こ、こう::ですか？《腕をSの後ろに回す》(写真2)
50：S：あ::はい=
51：H：=はい=
52：S：=もっと後ろ 真後ろに行く
53：　(2.0)《HがSの真後ろに移動する》
54：H：はい、あ
55：S：ん

写真2　17：46：09（もっと後ろ、真後ろ）

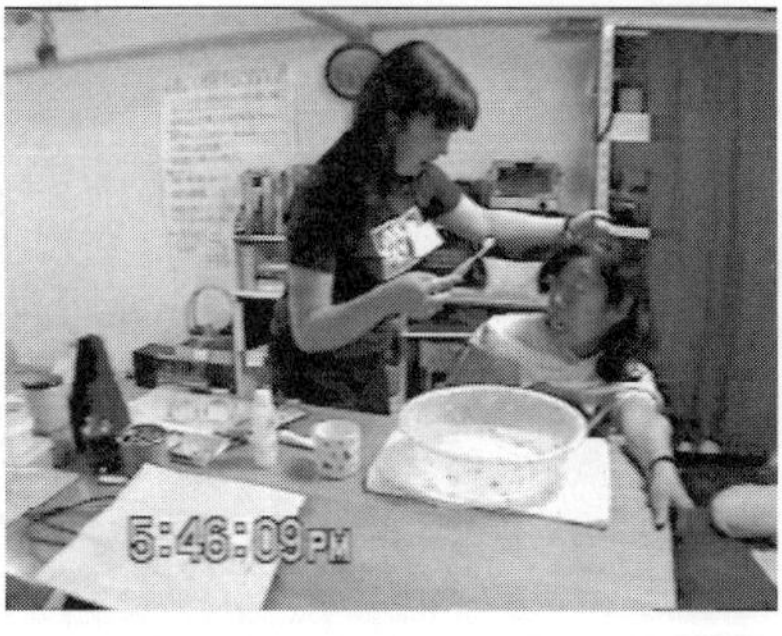

56：H：こう::です［か？
57：S：　　　　　［はいはいはい　（写真3）
58：(10.0)《Hは左奥歯を磨く》
59：S：ん、こういうやり方もあるね
60：H：はい
61：S：はい、それは、あの：ね やってるうちに だんだん要領が良くなる
と思うから
62：H：はい
63：S：はい　（写真4）
64：H：はい［(　)《コップを手に取る》
65：S：　　［ゆすぎま：す
66：H：はい《手に取ったコップをSの口元に持っていく》
67：(10.0)《SはHの差し出したコップから水を飲み、たらいに水をはき出す》
68：S：はい［もう一回　ん
69：H：　　［(もう一回)
70：(7.0)《SはHの差し出したコップから水を飲み、たらいに水をはき出す》
71：S：はい、次の人に［まわっ-［(.)代わってくだ-(.)］
72：H：　　　　　　　　　　　［あ《Sの口元をふく》］
73：S：はい、ありがとう::(2.0)
74：S：しょうちゃん？hhh

ここでは、最後に歯磨き介助で比較的困難な奥歯のブラッシングに入っている。そのことで、歯磨き介助のやり方の実習としての仕上げとなっている。

写真3　17：46：15（後ろから歯を磨き始める）

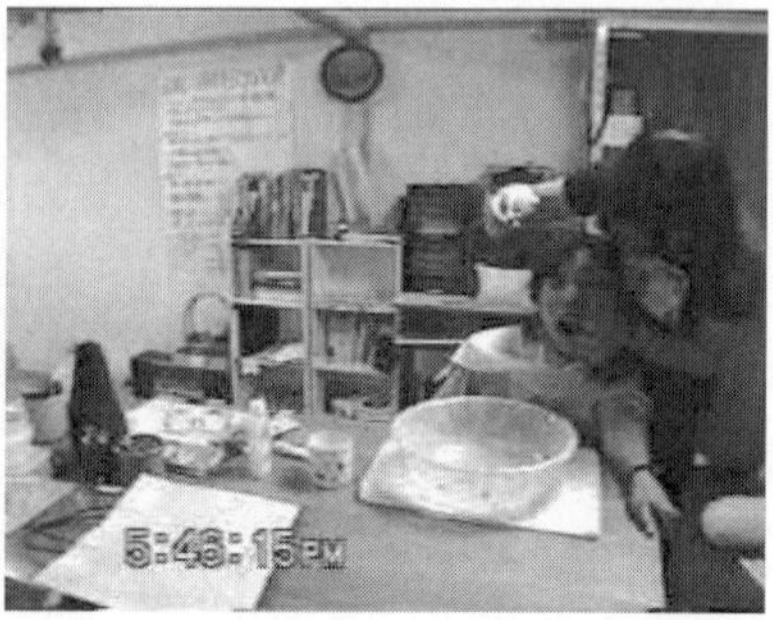

写真4　17：46：36（はい、ゆすぎます）

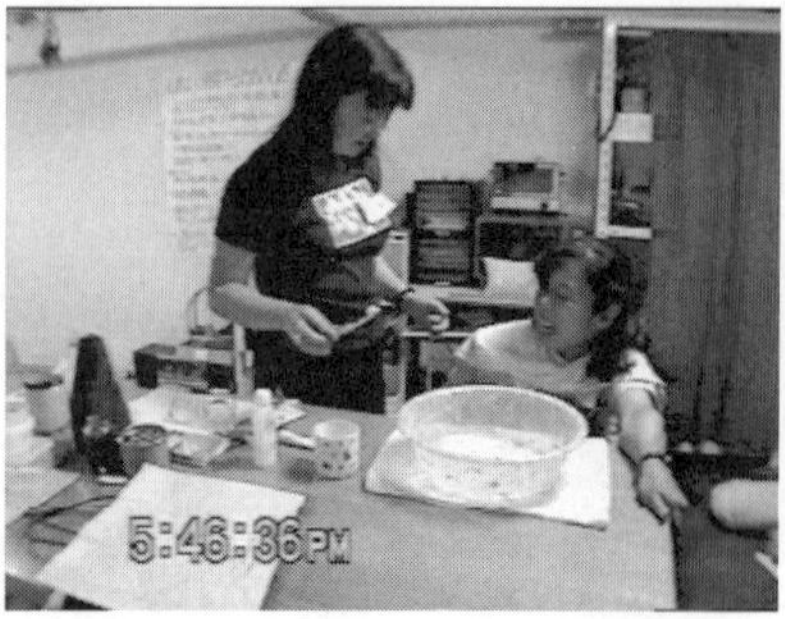

まずHは、「難しいですね」(42)、「これど:し(たらいいんでしょう)」(44)と、介助が困難なことを示している。もちろん、Sの経験からすると先回りしてHの困難を回避することはできただろう。しかし、ここでは、Hが自己解決の努力をした後で、困難な状況を提示して障害当事者にやり方を聞くという場面を作り出しているといえよう。

また、これは先に見たとおり、教育のシークエンスも生み出す。Sはそれに対して、「ん、どこを磨きたいの?」(45)とわかっているはずの質問(導入 initiation)を投げかける。もちろん、最後に残っているのは左奥であり、Hがどこを磨きたいか、Sは明確にわかっている。しかし、Hに質問させることにより、次にSの応答(response)が来ることを導いている。

これは、前に見た「顔　どこ」と顔の部位を示すように指示したことと同様に、ここでは困難の部分を明確に言語で示して、障害当事者に伝えるということを指示しているようにみえる。これによって、Sは〈障害者―介助者〉の権利義務関係を維持しつつ、教育的効果を高めるため介助者側の気づきをうながす方法を選択しているともいえよう。これに対して、Hは、「こちらの奥を磨きたいんですけど」(46)と困難状況を言語化する(7)。

Sは「奥::それが難しいのね」(47)と困難さに共感を示して、そこではじめて「で::後ろにまわって、指をひっかける?」(47)と指示をする。

ここにおいて介助における障害者と介助者の身体的一致ともいえる共同作業をしていることがわかる。Hは「こ、こう:ですか?」(49)と、腕をSの後ろに回すが、腕と手が後ろに回っているだけで奥歯が磨ける状態にない。Sは「あ:はい」(50)と同意しながら、「もっと後ろ、真後ろに行く」(52)とさらに指示を続ける。HはSの真後ろに身体ごと移動する。これによってHの身体はますますSと同調していくことになる。Hは身体を移動してすぐに介助を開始するのではなく「こう::ですか?」(56)と質問してSの確認を求める。Sは「はいはいはい」(57)と即座に応答する(これも〈介助要請―介助〉シークエンス前の確認シークエンスとみることができる)。

このようなやり取りの後で、Hは左奥歯を適切な身体配置で適切に磨くことができたのである(8)。

四　おわりに

本稿では障害当事者が講師として介助を教える介助実習の実践が、どのようなカテゴリーを使い、どのようなシークエンスで実践されているか実際の相互行為データをもとに考察してきた。そのなかで、障害者自立生活運動という思想に位置づけられたカテゴリーが、介助実習の相互行為シークエンスのなかで立ち現れ、障害者と介助者の共同作業である介助として身体化されていったことが示された。障害者介助の実践は、単に介助者の技術的な実行でもなく、介助者本人の心構えだけでもなく、介助を実践していくその時々で発現する共同作業である。

この障害者介助という共同作業を教えるのは、本稿で見たような障害者自立生活思想の経験に基づいたその場その場での実践的な教示が必要なのである。

*本稿は、科学研究費補助金（基盤研究Ⓒ）による研究「会話分析、論理文法分析、カテゴリー分析によるエスノメソドロジーの方法論的再検討」（研究代表者 水川喜文、研究課題番号 17530383）の成果の一部である。

*トランスクリプト記号について

:	音の延長
=	前発話終了と同時に後発話の開始
-	中断
?	上昇アクセント
[	上下の発話が同時に開始
(2.0)	沈黙の秒数。数字がない場合は〇・二秒以下の「間」
h	呼気（笑い）

〈注〉

(1) 札幌いちご会(札幌市)副会長、社会福祉法人アンビシャス理事長の澤口京子氏の言葉。札幌いちご会については、札幌いちご会編(一九九七年)などを参照のこと。

(2) 本稿のデータは、澤口氏の協力の下で北星学園女子短期大学生活教養学科介助実習(一九九八年度—二〇〇一年度)、北星学園大学短期大学部生活創造学科生活支援実習(二〇〇二年度、二〇〇三年度)で録画した実習の一つである。澤口氏の全面的な協力がなければこの研究は進めることができなかった。介助実習と研究実施に際してたいへん感謝している。

(3) 介助と介護についてはこの他、安積他(一九九〇年=一九九五年、二二二頁)などを参照のこと。自立生活運動をしている障害者のなかでも介助と介護という用語自体にこだわらない場合もある。介護という用語を、ここでいう介助を含めた意味で使う場合もある。もちろん、問題は、介護、介助という用語を使うかどうかではない。障害者を支援する方法の問題である。同様にケアという用語に施設的な介護という意味を持たせることもあるし(A・D・ラツカ、一九九七年)、そうでない場合もある(小山内美智子、一九九七年)。

(4) U・フリック(=二〇〇二年)は、会話分析や談話分析などを総称して、シークエンス分析と分類している。

(5) これらの介助・介護シークエンスについての発想は、Mehan(一九七九年)などのIREシークエンスに着想したものだが、方法論としてはJ. Coulter(一九七九年=一九九八年)らの論理文法分析に発想を得ている(水川、二〇〇四年)。

(6) ただし、澤口氏の手は動くため、ブラッシング自体は自分ですることができる。このことは逆に、自立生活の発想や経験があれば、ブラッシングできる人(つまり障害がない人)がブラッシング介助を教えることができることを示している。

(7) この歯磨き介助は、介助シークエンスに沿いながら、基本的には介助者に磨く順番をまかせることによって、ブラッシングが容易な歯の部分から難しい歯の部分へ次第に移行し、同時に、障害者と介助者の身体の一致もそれに沿って次第に一致していくということになる。このことは、歯磨き介助という題材選択の適切さとともに、障害者自立生活運動を続けてきた澤口氏の豊富な経験に基づいていることはいうまでもない。

（8）今回の分析は、一人の卓越した経験を持つ人の介助実習に基づく分析であったが、これは一人の卓越性にとどまらず、障害者自立生活運動という思想の背景があったからこそ生まれてきたものである。

〈参考文献〉

安積純子他『生の技法』藤原書店、一九九〇年→一九九五年。

Coulter, J., *The Social Construction of Mind*, Macmillan, 1979.（＝西阪仰訳『心の社会的構成』新曜社、一九九八年。）

Flick, U. ＝小田他訳『質的研究入門』春秋社、二〇〇二年。

Heath, C., *Body Movement and Speech in Medical Interaction*, Cambridge Univ. Pr., 1986.

究極Q太郎「介助者とは何か？」『現代思想』一九九八年二月号、一七六―一八三頁。

『現代思想』「身体障害者」年、一九九八年二月号。

Mehan, H., *Learning Lessons*, Harvard Univ. Pr., 1979.

水川喜文「身体障害者介助における相互行為のビデオ分析」『北海道ノーマライゼーション研究』12、二〇〇〇年、一―一九頁。

――――「論理文法分析」山崎敬一編『実践エスノメソドロジー入門』有斐閣、二〇〇四年。

小倉虫太郎（丸山哲史）「私は、如何にして〈介助者〉となったか」『現代思想』一九九八年二月号、一八四―一九一頁。

Pomerantz, A.M., “Agreeing and disagreeing with assessments: Some features of preferred / dispreferred turn shapes” In J.M. Atkinson and J.C. Heritage (Eds.), *Structures of Social Action*, Cambridge University Press. 1984, pp. 57-101.

Psathas, G., *Conversation Analysis*, Polity Pr., 1995.（＝『会話分析』北沢他訳、マルジュ社、一九九八年、一一頁。）

Ratzka, A. D., 河東田他訳『スウェーデンにおける自立生活とパーソナルアシスタンス』現代書館、一九九〇年→一九九七年。

Sacks, H., “On the analysability of stiries by children” in *Directions in Sociolinguistics*, Gumpertz, J. J. and D. Hymes(eds.) Holt, Reinhart and Winston Pr., 1972, pp. 329-345.

札幌いちご会編『生きる手ごたえ――札幌いちご会の二〇年――』札幌いちご会、一九九七年。

Suchman, L., *Plans and Situated Actions*, Cambridge Univ. Pr., 1984.（＝佐伯胖監訳、上野直樹・水川喜文・鈴木栄幸共訳『プランと状況的行為』産業図書、一九九九年。）

小山内美智子『あなたは私の手になれますか』中央法規出版、一九九七年。

親密な経験の非対称性、あるいは疲れと眠り

――「白河夜船」によせて――

矢田部　圭介

――人はみんな、誰かにただとなりに眠ってほしいものなんだなあって思うの。

（吉本、一九八九年→二〇〇二年、二七頁）（1）

一　はじめに

親密性とか親密圏とかというとき、私たちは、そこに相互的な対称性を見てはいないだろうか。私が相手を親密に感じ、そしてその相手もまた私のことを親密に感じている。この親密な経験の対称性が、親密性と呼ばれ、親密圏をかたちづくると、私たちは想定している。当然、この対称性は崩れたり、あるはずのところになかったりすることもある。私は相手を親密に感じているのに、相手は私をそうは感じない。それは、とても淋しいことだ。

吉本ばななの「白河夜船」は、淋しい人たちばかりが出てくる物語だ。登場人物たちはみな、疲れ果て、眠ってばかりいるのだが、その疲れと眠りは、おそらく、こうした親密な経験の非対称性から理解することができる。

本稿では、この「白河夜船」を、親密な経験の非対称性が生んだ疲労が生活をむしばむ様子を、眠りとのかかわりで描いた物語として読み解いてみたい。そしてそれによって、親密な経験の非対称性がもたらす症状の仕組みのいくつかを示すことを試みてみたい。

また、この解読のためには、アルフレッド・シュッツの示したいくつかのアイデアを用いることにしたい。というのも、他者経験の諸相を最も深く描き出したのがシュッツの社会理論であるし、そこからは、さらに、眠りという経験の意味についての示唆も得られるであろうからだ。

このため、本稿では、各所で必要に応じてシュッツの議論を参照しつつ、以下のような段取りで論を進める。第二節では、「白河夜船」のあらすじを概観し、登場人物の関係性の基本的な特徴を確認する。第三節では、この関係性を論じるための準拠点となる親密な間柄についての理念型的な規定をして、そこからのずれという観点から、この物語の人間関係の特徴を整理する。そして登場する人びとのかかえる疲労が、親密な経験の非対称性のもたらす待つという立場に由来することを明らかにする。第四節では、登場する人びととの疲労が日常生活へのコミットメントの喪失を生むことを示し、その諸相を眠りと添い寝という観点から明らかにする。最後に、第五節では、この疲労からの回復が「白河夜船」という物語のなかでどのように描かれているかを確認することにしたい。

二 「白河夜船」という物語

まず最初に、「白河夜船」という物語のあらすじと、そのなかに読みとれる基本的な構造とを、簡単に確認しておこう。

1 あらすじ

「白河夜船」は、語り手でもある寺子の「蘇生」の物語である(吉本、七九頁)。

寺子はよく眠る。眠っていても、恋人の岩永からの電話だけは逃さない。仕事も辞め、なにもせず、岩永からの電話を待ちながら、寺子は「不安に疲れた気持ち」(吉本、一一頁)で毎日を過ごしている。

岩永には妻がいる。彼女は、事故で意識をなくし長く眠ったままでいる。岩永は、彼女にかかわるさまざまなことで疲れ切っている。

寺子の友人のしおりは、添い寝の仕事をしていた。疲れ切った人たちと同じベッドに寝て、朝までそばにいる仕事だ。そしてしおりは、その仕事に憑《つ》かれて、自ら死を選んだ。寺子は、しおりのことを岩永に話すことができないでいる。

友人を亡くし、岩永との関係にも不安を感じる寺子は、眠りにとらえられていく。目をしっかり覚ましていることさえできないほど、眠りに憑かれ、もう岩永からの電話にも気づくことができない。

そんな夢とも現《うつつ》ともわからないなかで、寺子は不思議な女性に出会う。どうやら岩永の妻の若いときの姿をしたこの女性は、寺子に、とにかくいますぐ身体を動かす仕事をするようにと、強く言う。半信半疑の寺子は、しかし成り行きで、アルバイトをしながら数日、疲労困憊して過ごす。そのうちに、寺子の「狂暴な眠け」はひいていく(吉本、七一頁)。そして、岩永と花火を見に出かけ、そこで寺子は「健やかな気持ちがよみがえってきている」ことを再確認する(吉本、七九頁)。

あらすじだけ取り出してきてしまえば、「白河夜船」は、こんな物語だ。

2　基本構造

この物語は、三組のペアから構成されている。それは、岩永の妻と岩永、岩永と寺子、そして添い寝の仕事の客としおりの三組である。この三つのペアは、とても似通った関係性を持っている(図1参照)。その関係が直截に示されている、この物語のなかのモデルとでもいうべきものが、客としおりの関係だ。しおりがしているのは「ただ客と『添い寝』をする仕事だ」(吉本、一二五頁)。客は彼女のところに「自分が疲れちゃっていることすらわからないくらいに」「疲れ果てて」やってくる。しおりは、夜中に目覚めた客に微笑みかけ、氷水を手渡し、安心させて、そしてその「お客と共に朝まで眠る」(吉本、一二五―一二六頁)。疲れ果てて眠っている客と、セックスをするわけでもなくただ添い寝をしながら見守るしおり。この疲れ果てて眠る者と、その傍らに在って見守る者との関係が、この物語の基本形である。

岩永と妻の関係でいえば、まさに妻は眠りつづける者であり、これに対して、そうした妻にかかわるすべてのことに「手を抜かずに」(吉本、三五頁)かかわりつづける岩永は、その妻を傍らで見守る者だ。

また、岩永は、寺子とのかかわりにおいては、寺子に見守られる者でもある。岩永は、妻にかかわる「たくさんの現実のこと」で疲れ果てている(吉本、三五頁)。寺子は、そうした岩永を傍らに在って見守る者である。

この二組の関係は、岩永を介してつながっている。つまり、基本形が二つ、連結されているかたちだ。それゆえ、岩永だけが、この眠る者と傍らに在って見守る者との関係に二重に属していることになる。彼は、一方では傍らに在って見守る者であり、他方では見守られる者でもあるのだ。この岩永の立場を基点にしていえば、あとで論じるように、寺子は妻の代役であるともいえる。

さらに、岩永の妻としおりの客、そして岩永自身は、この物語のなかで、傍らに在って見守ってくれる誰かをもっている。けれども、しおりと寺子には、それがない。この意味で、しおりと寺子は、見守るだけの者として分身の関係にあるともいえる。

「白河夜船」を構成しているのは、このような人間関係である。次節以下では、この構造をふまえて、しおりと岩永とそしてとくに寺子に着目しながら、親密な経験の非対称性がもたらす疲れと眠りについて検討していこう。

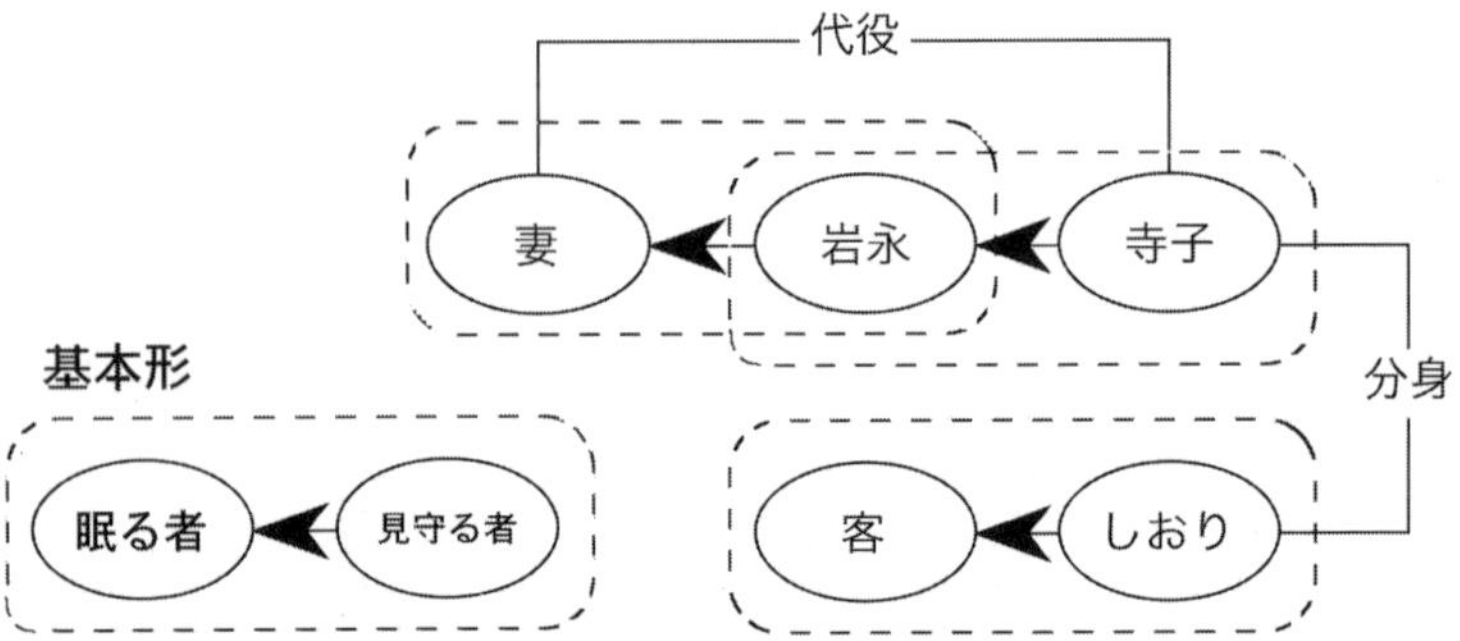

図１　「白河夜船」の登場人物の関係

三　疲れ

それにしても「白河夜船」の人びとは、みな疲れ果てている。そして、少なくとも、岩永と寺子としおりに関していえば、その疲れはそれぞれが結んでいる関係性の性質に由来するように思われる。本節では、この三人を中心に、その疲れの仕組みを明らかにすることを試みよう。このために、まず、三組のペアの関係性の特徴を理解するための準拠点として、親密な間柄の理念的な規定をしておく（1　親密な間柄）。続いて、これを参照しながら、三組のペアの関係性の特徴が、親密な経験の非対称性にあることを明らかにする（2　親密な経験の非対称性）。そして最後に、この非対称性が待つという立場をもたらし、「白河夜船」の人びとの疲れがこの待つということに由来していることを示すことにしたい（3　待つこと）。

1　親密な間柄

「白河夜船」を構成する三組のペアの関係性——夫婦、恋人同士、同じベッドで眠るもの同士——は、一般的には、親密な間柄と呼ばれやすいものだ。しかし、これら三組の関係に固有の特徴は、この親密な間柄からの距離にあるように思われる。ここでは、このずれをはかることで、三組のペアの関係性の特徴を浮き彫りにしてみたい。このためにまず、親密な間柄についての理念型的な規定を確認しておこう。

斉藤純一は、親密な間柄——親密圏と呼ばれている——を、「具体的な他者の生への配慮／関心をメディアとするある程度持続的な関係性」とゆるやかに定義している（斉藤、vi）。ここでいう具体的な他者とは「一般的な他者とは異なって人称性を帯びた」「代替不可能性」をもった他者のことであり、そうした他者は「身体性・物質性をもった存在者」として現れるという（斉藤、vii）。こうした親密な間柄についての規定を、シュッツの議論を使って、もう少しつめてみよう。斉藤がいうような、その生に配慮／関心が払われる他者とは、どのように現れ経験されるのだろうか。シュッツは、他者についての経験の仕方を、二つの水準に分けて考えている（表1参照）。

①相在の水準

一つめは、シュッツが「相在 so-sein」と呼ぶ水準である（Schutz, 1932a → 1982, p.225）。これは、相手が自分と対面状況にあろうがなかろうが、その相手を類型的に把握する水準である。この水準では、その他者がどのような「特有の特徴」をもっているか、つまりその他者が誰であるのかが問題にされる（Schutz, 1932b → 1964, p.27=1991, pp. 51-52）。シュッツは、対面状況で共在する相手をこうした水準で指向することを「内容の充実された汝指向」と呼び（Schutz, 1932a → 1982, p.226, 1932b → 1964, p.24=1991, pp.47-48）、非対面状況におけるこうした指向を「彼ら指向」と呼ぶ（Schutz, 1932b → 1964, p.42=1991, p.71）。

もちろん、これらの指向においては、さまざまな類型が用いられ、その内容は多様でありうる。それでは、親密な間柄で経験される他者に対して用いられている類型の特徴とは、どのようなものであるのだろうか。斉藤はこれを「具体的な」とか「一般的な他者とは異なって人称性を帯びた」「代替不可能性」という言葉で表現している。シュッツもまた、自分の愛犬を例に出しながら、「哺乳類」や「イヌ」や「アイリッシュセッター」という類型において把握するよりも、「私のフィドー」という類型による経験のほうが親密であるという（Schutz, 1970, p.57=1996, p.99）。つまり、親密な間柄で経験される他者とは、より個別的でより具体的な類型において経験されるといってよいだろう。

こうして、親密な間柄にある他者についての経験とは、その生に配慮／関心を払うに際して、相在の水準において、より個別的な類型を用いて内容の充実された汝指向をすること、もしくはより個別的な類型を用いて彼ら指向をすることだといえるだろう。

②現存在の水準

さて、斉藤によれば、親密な間柄で経験される他者は、「身体性・物質性をもった存在者」として現れるという。こうした他者の現れに対応するのが、シュッツのいうもう一つの水準――「現存在 dasein」と呼ばれる水準――である（Schutz, 1932a→1982, p.225）。

現存在の水準とは、「単に他者の存在と、その他者が自分の目の前にいま現にいるという事実」だけにかかわる水準のことである（Schutz, 1932b→1964, p.27=1991, pp.51-52）。つまり、それは、他者の身体の存在を知覚すること、相手がそこに在ることに気づくことにだけかかわる水準であり、それが誰でありどのような特徴をもつか——これは相在の水準のことだ——にはかかわらない。シュッツはこうした水準での他者への指向を、「純粋な汝指向」と呼んでいる（Schutz, 1932b→1964, p.24=1991, p.48）。それは、対面状況において、他者の身体を「具体的な徴候の領野として」刻々と更新されるその時間的な変化をリアルタイムで経験することではあるが、その経験は類型化以前の前言語的な状態にある（Schutz, 1953→1962, p.16=1983, p.65）。純粋な汝指向とは、こうした他者の「進行中の生」（Schutz, 1953→1962, p.16=1983, p.65）に対する指向性のことだといってよいだろう。

親密な間柄で他者を経験することが、他者の「身体性・物質性をもった存在者」としての現れを必要とするのであれば、それは、こうした純粋な汝指向を前提にしているといわなくてはならない。ただ、斉藤は、こうした「身体性・物質性をもった存在者」としての他者の現れが「持続的」であることを要求している。これを文字どおりとれば、親密な他者とは対面状況においてしか成立しないことになってしまう。ここでは、それが「ある程度」であることをふまえて、この要求を、こうした対面状況が比較的頻繁に回復可能であること、と理解しておくことにしたい。

③対称性

さて、重要なことは、これらの指向の対称性である。斉藤は明示していないが、それが親密「圏」であり親密な「間柄」であるかぎり、そこには相互の親密な経験の対称性が含意されているように思われる。その生への関心／配慮がある程度相互に対称的に払われているのはもちろん、個別的で身体的な他者への指向もまた相互に対称的であることによって、この親密な間柄という関係性は成立するはずだ。

シュッツは、相在の水準における非対面状況で彼ら指向が相互的に成立している場合、それを「彼ら関係」と呼ぶ（Schutz, 1932b → 1964, p. 45=1991, p. 73)。また相在の水準における対面状況で内容の充実された汝指向が相互的に成立している場合、それを「内容の充実されたわれわれ関係」と呼ぶ（Schutz,1932a → 1982, p.226)。現存在の水準での純粋な汝指向が相互的に成立している場合には、シュッツはそれを「純粋なわれわれ関係」と呼んでいる（Schutz, 1932a → 1982, p.226)。

現存在の水準における対称性とは、相互に相手の身体性を知覚しそれに配意していることをいう。このため、純粋なわれわれ関係が成立しているとすれば、そこにはすでに指向の対称性が含意されていることになる。

他方で、相在の水準における対称性とは、単に「彼ら関係」や「内容の充実されたわれわれ関係」が成立しているだけでなく、これらの関係を構成している相互の指向で用いられる類型が対称的であることまで含めるべきだろう。つまり、AがBを自分の愛する人と見なし、BがAをただの知り合いと見なしていても、内容の充実されたわれわれ関係や彼ら関係は成立しうるが、それは対称的であるとはいわない。ちなみに、AとBがそれぞれをただの知り合いと見なしあっている場合には、その関係は対称的ではあるが、それほど個別的な類型が用いられていないという意味で、必ずしも親密なものではない。

表1　シュッツの他者関係概念の整理

		対面関係	非対面関係
現存在の水準	一方的	純粋な汝指向	——
（前言語的把握）	相互的	純粋なわれわれ関係	
相在の水準	一方的	内容の充実された汝指向	彼ら指向
（類型的把握）	相互的	内容の充実されたわれわれ関係	彼ら関係

こうした相互的な対称性をも考慮に入れてあらためて整理するならば、親密な間柄について、理念的には次のような規定をすることができるであろう。親密な間柄とは、他者の生への配慮／関心が払われるに際して、次のような条件を満たしている関係性である。（A）相在の水準では以下の二つの場合に分

けられる。（A―1）非対面状況においては、個別性の高い類型を用いた彼ら指向が相互に対称的に向けられ、それよって彼ら関係が成立している。（A―2）対面状況においては、個別性の高い類型を用いた内容の充実された汝指向が相互に対称的に向けられ、それによって内容の充実されたわれわれ関係が成立している。（B）現存在の水準では、対面状況において純粋なわれわれ関係が成立し、かつその関係が比較的頻繁に回復可能である。

こうして他者を親密に経験するとは、その生へ配慮／関心を払うべき他者を、相在の水準においては個別的な相手として、現存在の水準においては身体的な存在として指向することにほかならない。そして、親密な間柄とは、このような親密な経験が対称的であることによって特徴づけられる関係のことだということができる。このため、以下、本論で用いられる親密な経験の対称性という語には、とくに断りのないかぎり、ここで確認した二つの水準での対称性が含まれている。また当然、以下で用いられる親密な経験の非対称性という語も、ここで確認した二つの水準での非対称性を含んでいる。

2　親密な経験の非対称性

ここでは、三組のペアに共通する関係の特徴を、前項で見た親密な間柄の規定からのずれというかたちで確認したい。

①しおりと客

まず、しおりと客との関係について見ていこう。しおりと客は、親密な間柄にある――二人の間に親密な経験の対称性がある――ということができるだろうか。たしかに、少なくともしおりは、添い寝の相手を代替不能で具体的で個別的な相手として経験しているようだ。もしかしたら、しおりは、隣で眠る客の名前は知らないのかもしれないが、同じベッドに横たわってその人の眠りを見守り、その人の「寝息に息を合わせて」いくにつれ、その「心の風景」をのぞき込んでしまう。そのしばしば「淋しくてつらい、荒れた眺め」（吉本、二八頁）は、誰のでもない、自分の隣で眠る人にもっとも固有のものだ。しおりは、その人だけがもっている、シュッツの言い方でいえば、相手の「きわめて親密な人格の核」に触れさえする（Schutz, 1970, p.8=1996, p.37）。このような意味で、対面状況における相在の水準において、しおりは代替不能で具体的で個別的な類型を用いて、内容の充実された汝指向をしているといえる。そして、こうした内容の充実された汝指向は、対面状況において、相手の「寝息に息を合わせて」リアルタイムでその身体を見守るという現存在の水準での純粋な汝指向に支えられている。

しかし、逆に、客のしおりについての経験は、必ずしも、これに対応したものだとはいえない。第一に、客はしおりを、必ずしも、代替不能で具体的で個別的な存在だとは見なしていない。客にとってしおりは、添い寝というサービスを提供してくれる――目を覚ましたときに微笑んでくれて、一杯の水をもってきてくれる――「プロ」なのだ（吉本、四〇頁）。ここでは、客はしおりの「人格の核」に触れることはない。このように、まず相在の水準において、客としおりの間には非対称がある。しおりが経験する客と、客が経験するしおりとは、個別性の程度において、けっして対称的ではない。

第二に、さらに重要なこととして、この非対称は、現存在の水準においても見ることができる。それは、眠る、ということの本質にかかわることだ。シュッツは「夢をみるということは……本質的に孤独なものである」と言う（Schutz, 1945→1962, p.244=1985, pp.56-57）。というのも、眠ることそれ自体が、共在する相手に対して注意を向ける作業を遮断するからだ。眠らないしおりは、隣に横たわる客に対して、つねに注意を払いつづける。しかし、客は、眠りに落ちれば、傍らのしおりに注意を払うことはできない。現存在の水準において、客のしおりに対する純粋な汝指向そのものが、客が眠っている間は失われているのだ。

しおりと客は、たしかに、共在している。身体を寄せ合い、もっとも親しい人同士に許されるような仕方で、ベッドの上にいる。しかし、そこでは親密な経験の対称性が成立していない。相在の水準において、しおりは客を個別的な相手として経験するが、客はしおりを個別的な相手としては経験しない。現存在の水準においては、しおりは客の身体的な存在に注意を払いつづけるが、客は眠っている間中、しおりの存在への指向を失っている。しかも、客は眠るために、つまり、しおりへの指向を失うために、しおりのところを訪れるのだ。しおりが置かれているのは、このように、自分はつねに相手に配意しつづけているのに、相手からそうした配意が得られない状態だといえるだろう(2)。この親密な経験の非対称性は、他の二組のペアについても同様である。

②岩永と妻

岩永と妻のペアについては、この構図はたいへんわかりやすい。眠りつづける妻は、相在の水準においていかなるかたちでも岩永を指向することはないし、いわんや現存在の水準において岩永の存在へのリアルタイムの指向ももちえない。岩永は、もうけっして、妻自身によって、私の夫として経験されることはない。それどころか、岩永の存在それ自体が、妻によって知覚されることがないのだ。

これに対して、岩永は眠りつづける妻にかかわりつづけようとする。岩永は突然の不幸に付随して起こったすべてのことに「ものすごくきちんとかかわりたいと思っている」(吉本、三六頁)。彼は「病院にもずいぶん行って」(吉本、四四頁)、明示されてはいないけれど、もしかしたら妻の寝ている病院のベッドのわきに座ってその手を握りしめているかもしれない。こうした対面状況においてだけではなく、非対面状況においても、岩永は、例えば「病院や付き添いや費用や離婚や戸籍や死の決定」など「突然の不幸に巻き込まれて派生した、たくさんの現実のこと」を介して、妻を指向しつづけている(吉本、三五頁)。

こうして、現存在の水準においても相在の水準においても、岩永は妻を親密な他者として経験しつづけるが、岩永自身は妻から親密な他者として経験されることはない。岩永も、こうした親密な経験の非対称性のうちに置かれているのだ。

③寺子と岩永

同様のことが、寺子と岩永の関係についてもいえる。寺子は、岩永に逢うために生活している。寺子は仕事が忙しすぎて「ちっとも彼と逢う時間がとれなくなったので」仕事を「すぐきっぱり辞めてしまった」し(吉本、一六頁)、「たとえ眠っていても、それでも恋人の電話だけはわかる」(吉本、一〇頁)。寺子にとって、岩永は生活のすべてであるような相手であって、対面状況になくても、寺子の生活は、岩永への彼ら指向を中心にして組み立てられているのだ。対面状況にあるときには——例えば、岩永と身体をかさねるとき——寺子は「彼本人よりももっと深いところにある本当の彼をまるごと抱いているような気分になる」(吉本、一五頁)。寺子は、もっとも固有の唯一無二の存在として内容の充実された汝指向において岩永を経験し、それは身体を介した純粋なわれわれ関係に支えられているのだ。

もちろん、岩永にとっても寺子は大事な存在なのはまちがいない。岩永は寺子に十分に気を使うし、「自分のために勤めを辞めたんだからといって……毎月、びっくりするほどの額を振り込んでくれる」(吉本、一七頁)。にもかかわらず、岩永は、寺子を親密な他者として経験することを、どこかで拒んでいる。寺子は、しおりが岩永のことをこんなふうに話していたことを思い出す。

あのねえ、そういう人は決まった約束ごと以外はとりあえず全部無だと思っているのよ。……寺子を自分のものだと思うと、自分の立場とかがものすごく不利でしょう? だから、今のところは、あなたはとりあえず無なの、保留なの、ポーズのボタンを押しているの、買い置きなの、人生のおまけなの。……真っ暗闇の中よ。(吉本、四〇—四一頁)

岩永は、寺子の存在を積極的に位置づけることを「保留」している。岩永にとって、寺子は、まだ恋人ではない。恋人ではなく、まだ出番の来ない「買い置き」でしかない。岩永は、寺子を、自分にとって何者であるか確定しないままにしておきたいのだ。それは、寺子を「無」に限りなく近いものにしておくことなのだ。

このことから、まず、相在の水準における岩永の寺子への指向には、必ずしも個別性の高い類型が用いられているわけではないということがいえるだろう。そしてさらに、岩永にとって寺子が「とりあえず無」であり、「真っ暗闇の中」であるとしたら、現存在の水準においても、岩永は寺子を身体的存在として十分に指向しえているかどうか危ういというべきかもしれない。ベッドで寺子がのぞき込んだ岩永の眼は「横たわった姿勢のままで外が見えないはずなのに、彼は窓の外の音や景色が映っているように明るく澄んだまなざしをしている」(吉本、一五一―一六頁)。同じベッドの上で、寺子は岩永の眼をのぞき込むのに、そこには寺子自身の姿は映っていないのだ(3)。

このように岩永と寺子の間にも、親密な経験の非対称性が見てとれる。「なんだか淋しくて気が変になりそうになる。なぜ、この人といるとこんなに淋しいのか」(吉本、一六頁)。それはまさに、彼女が、この非対称性のなかにあるからなのだ。

3　待つこと

前項で見たように、「白河夜船」の三組のペアに共通するのは、親密な経験にかかわる非対称性であった。ペアのうちの一方は、相在の水準において相手を個別的な類型において指向し、それは、対面状況においては現存在の水準での純粋な汝指向を含んでいる。しかし、もう一方は、相在の水準において相手を個別的な類型において指向しておらず、さらに現存在の水準での純粋な汝指向それ自体も必ずしも十分に成立していない。しおりも、岩永も、寺子も、いずれも、前者の位置にあるのだ。

①待つ

こうした関係性のなかで、三人は待つ立場に置かれている。しおりは客が目を覚ますのを待っている。「必ずと言っていいほど、夜中に目を覚ますのよ。そういう時に、淡い明かりの中で私がにっこり微笑んであげることが大切なの」(吉本、二七頁)。岩永は、妻が亡くなるのを待っている。「彼女が意識を取りもどす可能性はもう全くないらしかった」(吉本、三五頁)。

しおりは、せめて自分の存在に、相手が気づくのを待っている。対面状況における現存在の水準での対称性が回復されるのを待っている。岩永は、いかなる意味でも対称性の回復を期待することはできない。そのかわり、岩永は、この非対称的な関係性自体が解消されそこから解放されるのを——それは厳密には妻との対面状況が回復不能になるというかたちで経験されるわけだが——待っている。

寺子もまた、岩永からの電話を待ち、そして岩永が自分に向き合ってくれるのを待っている。「これは、あの人からの電話だ」(吉本、一二三頁)。「もしけりがついてもすぐに私と一緒になろうとはとても思えないから……そう、今、私にできることは何も言わないことだけだ」(吉本、五一頁)。寺子は、岩永との間にすこしでも親密な経験の対称性が回復されるのを待ち、そして岩永との非対称的な関係そのものが根本から変わるのを待っている。

いずれにしろ、三人が待っているのは、自分ではどうにもならないことである。客の目覚めも、妻の死も、岩永からの電話も、岩永の状況に「けり」がつくことも、ただ待つしかない。自分からは、なにをすることもできない。だから、待つことしかできない。三人とも、待つことに憑かれている。

②待ち疲れる

三人の疲れは、こうした待つことに対するものなのだ。寺子は「待ちくたびれただけ、と」言ってしまいそうになって、あわててその言葉を飲み込む(吉本、四四頁)。三人は待ちつづけ、そしてそれに倦んでいるのだ。

このように自分にどうしようもないことをただ待ちつづけることは、その人から未来への展望を奪っていく。岩永は、待ち疲れて先のことが考えられないと言う。「疲れてて自分でもなにがなんだかよくわかんないんだけどね、時間の問題なんだ、もう。こういう言い方は誰に対しても失礼だけれどね、先のことも今はなにも考えられないけどな」(吉本、三八頁)。そして寺子も次のように言う。

なにか、背すじのようなもの、いつでも次のことをはじめられるということ、希望や期待みたいなこと……うまく、言えない。でも、いつの間にか私が投げてしまっていたこと、自分でも気づかずに、しおりも投げて

しまっていたことが、きっとそれだった。（吉本、七〇―七一頁）

岩永も寺子もしおりも、待つことに憑かれそれに疲れることで、未来へ目を向けることができなくなっている。寺子は言う。「二人のことに関して好きという気持ち以外のなにも、どうしたいというはっきりした気持ちをもっていない」（吉本、一六頁）。自分ではどうしようもないことを待ちつづけなければならないことによってもたらされてしまうのは、こうした未来を自分で切り開く能動性に欠けた状態なのだ。未来を切り開くといっても、それは大袈裟なことではない。それは、目的を定め、それを実現するために必要なことをこなすという、ごく普通のことだ。待つことに憑かれそれに疲れてしまうと、未来に向けて自身を投企（project）することができなくなってしまうのだ。

こうして、しおりも岩永も寺子も、親密な経験にかかわる非対称性ゆえに、待つことに憑かれて待ち疲れ、そしてそのために、未来への投企を失っているということができる。おそらく、しおりのところにやってくる客も――「ものすごくデリケートな形で傷ついて、疲れ果てている人ばかりなの。自分が疲れちゃっていることすらわからないくらいに」（吉本、二七頁）――、同じような疲労を抱えているのだろう。そして、もしかしたら、眠りつづける岩永の妻こそが――「深い夜の底」（吉本、六〇頁）にあって、未来への投企を欠いているという意味では――この疲労の極限にあるとさえいえるかもしれない。「白河夜船」の人びとは、こうしてみな待ちくたびれているのだ。

四　眠りと添い寝

前節では、「白河夜船」の人びとの疲労が、親密な経験の非対称性ゆえに置かれた待つという立場に由来することを確認した。こうした疲労は、多かれ少なかれ、日常生活へのコミットメントの喪失という仕方で現れる。本節では、こうしたコミットメントの喪失を擬似的な眠りと呼び換えたうえで（1　擬似的な眠り）、これと実際の眠り（2　眠り）、添い寝（3　添い寝(1)、4　添い寝(2)）などとのかかわりを、寺子、しおり、岩永らの置かれた状況を手がかりに検討していこう。

まず、未来への投企の喪失が、日常生活へのコミットメントの喪失につながるということを、確認していこう。

1　擬似的な眠り――十分に目覚めていないということ

①十分に目覚めていないということ

シュッツによれば、前節で見たような未来への投企こそが、私たちの日常生活の世界を特徴づけている。私たちは、毎日、さまざまなこまごまとした目的を設定し、それをこなしながら生きている――今日の夕食にカレーを作るためにスーパーで買い物をして帰ろう、明日の会議で報告するために今晩はこの書類をつくってしまおう――。日常生活において、私たちは「自らの企図（project）を実行し自らのプランを達成することにもっぱら注意を向けている」のだ（Schutz, 1945 → 1962, p.213=1985, p.16）。だからシュッツは、日常生活の世界を「プラクティカルな関心」が向けられる世界であり、「プラグマティックな動機」によって支配される世界だという。日常生活の世界は、「目的を実現」するために、それに「働きかけ」「支配し」「変化させなければならない」ものなのだ（Schutz, 1945 → 1962, pp.208-209=1985, pp.11-12）。

日常生活の世界で暮らすということは、このように「能動的な」（Schutz, 1945 → 1962, p.213=1985, p.16）仕方でそこにかかわるということである。シュッツは、日常生活の世界にもっぱらプラグマティックな関心を寄せるこのような能動的な生の在り方を、「十分に目覚めた自己」と呼んでいる（Schutz, 1945 → 1962, p.213=1985, p.16）。未来へ自己を投企し、日常生活にコミットすることで、私たちは十分に目覚めていられるのだ。

この観点からいえば、寺子もしおりも岩永も、自分が親密な他者として経験している相手との関係では、多かれ少なかれ、十分に目覚めているとはいえないだろう。三人とも、待つだけの立場に置かれ、相手との関係の将来の展望を能動的にひらくことを放棄しているからだ。このように、日常生活へのコミットメントを失った、十分に目覚めていない状態のことを、ここでは擬似的な眠りと呼んでおこう。寺子もしおりも岩永も、擬似的に眠る者なのだ。

けれども、この擬似的な眠りの深さ、つまりその目覚めていない程度は、寺子やしおりと、岩永とではずいぶんと異なっているように思われる。というのも、岩永の擬似的な眠りは、妻や寺子との関係にかかわることに限定されているようだが、他方、寺子としおりの擬似的な眠りは、生活全般を覆ってしまっているからだ。それでは、このしおりと寺子の擬似的な眠りとは、どのような状態であるのだろうか。

②しおりの擬似的な眠り

しおりの日常生活へのコミットメントの喪失を特徴づけるのは、次のような彼女の姿だ。「最近はTVつけたりとか、音楽とか聴かないの？」という寺子の問いに、しおりは「空ろな瞳で」こたえる。「最近、音もみんなうるさくって」（吉本、四三―四四頁）。TVも音楽も、彼女にとってはノイズになってしまっている。それは自分がかかわる世界についての有意味な情報では、もはやない。彼女は、それを有意味な情報として受け取るほど、十分には目覚めていないのだ。

十分に目覚めておらず、擬似的に眠る者であるしおりは、しかし、皮肉にも、それゆえに実際は眠ることができないでいる。部屋に吊ってあるハンモックを訝《いぶか》しんだ寺子に、しおりはこういう。「なんだかベッドにはいるともう、目が冴えちゃって、こういう落ちつかない状態なら眠れるかしらと思ってね……」（吉本、四二頁）。比喩的な言い方をすれば、彼女にとっては、プラグマティックで能動的であるはずの日常が擬似的な眠りと化していて――「本当に、その夜のしおりの部屋は無音だった……まるで降り積もる雪の夜の、かまくらの中にいるようだった」（吉本、四三頁）――眠りと区別することすらできない。しおりはすでに、ずっと眠っているようなものなのだ。だから、眠れないというよりも、しおりはむしろ、実際に眠る必要がないというべきかもしれない。

③寺子の擬似的な眠り

実際には眠れないしおりに対して、寺子の擬似的な眠りを特徴づけるのは、まさにその実際の眠りだ。

いつから眠りに身をまかせるようになってしまったのだろう。いつから抵抗を止めたのだろう……私が潑剌としていつもはっきりと目覚めていたのはいつ頃なのだろう。それはあまりにはるかすぎて、太古のことのように思えた。(吉本、九頁)

寺子は眠ってばかりいる。しかし岩永の電話の音だけは逃さない。「私はたとえ眠っていても、それでも恋人の電話だけはわかる」(吉本、一〇頁)。けれども、同時に寺子は、この岩永との関係についても「私たちの恋は現実ではない」ことを知っている(吉本、三六頁)。

もしも今、私たちのやっていることを本物の恋だと誰かが保証してくれたら、私は安堵のあまりその人の足元にひざまずくだろう。そしてもしそうでなければ、これが過ぎていってしまうことならば私はずっと今のまま眠りたいので、彼のベルをわからなくしてほしい。私を今すぐひとりにしてほしい。(吉本、一一頁)

寺子は、親密な経験の非対称性ゆえに、岩永との間に「本物の恋」が、つまりプラクティカルな関心に基づきプラグマティックな動機に裏打ちされた日常生活の世界における関係であるような恋が、成立していないことを知っている。岩永にとって彼女はまだ「買い置き」なのだから。そうして、彼女は眠るのだ。物語の終盤で、彼女の眠りはエスカレートする。

眠りは真綿のように私をゆっくりしめつけ、私の生気を吸いとっていった。ブラックアウト。
眠りの中で何度か、彼からの電話のベルを聞いた。(吉本、六三頁)

私はいったいどうしてしまったんだろう、と思った。なにか自分の意志ではもうどうすることもできないところに来てしまったように思えた。そうしていても眠くて眠くて、なにも考えられなかった。（吉本、六五頁）

望みどおり、寺子は、岩永からの電話にも出ることができないほどに眠りのなかに沈み込む。寺子は、岩永との関係が「現実ではない」ことの「不安に疲れ」て（吉本、一一頁）、眠りのなかに入り込み、目を覚ますことができなくなる。寺子の日常は、実際の眠りに浸食されてしまうのだ。

このように、しおりも寺子も、擬似的な眠りが、自分が親密に経験する相手とのかかわりに限らず、生活全般に及んでいる。これは、しおりと寺子が、別の関係の可能性をもっていないということにかかわっている。しおりは添い寝の仕事に「とりつかれていたし、夢中だった」（吉本、二五頁）。彼女は「仕事に深入りして……仕事場のあるマンションに住み込」んでさえいた（吉本、二六頁）。しおりの生活は、この仕事——つまり客との関係——に凝縮されている。同様に、寺子の生活もまた、岩永との関係に凝縮されている。先にも述べたように、寺子は、岩永と逢いやすくするために仕事を辞め、彼からの電話を待って暮らしているのだ（吉本、一六頁）。彼女たちにとって、自分が親密に経験する相手との関係が、生活のすべてなのであり、その関係にかかわる擬似的な眠りは、そのまま生活全般に及ぶのだ。

2　眠り——休息と病

さて、シュッツによれば、「睡眠とは、完全な弛緩、すなわち生からの離脱である」（Schutz, 1945 → 1962, p.244 =1985, p.51）。夢を見ているかぎりでは、プラクティカルな関心からもプラグマティックな動機からも、自由でいられる。そしてなによりも、眠りのなかでは、親密な経験の非対称性からも免れていられる。なぜなら「われわれは、一緒に夢をみることはでき」ないからだ（Schutz, 1945 → 1962, p.244=1985, pp.56-57）。眠りのなかにはそもそも他者が存在しないのだ。

①休息としての眠り

だから、実際に眠ることで、私たちは、日常生活を一時回避することができる。それは、しばしば日常生活の厳しさからの逃避でもありうる。実際、寺子にとっても、最初のうちは眠りも上手な逃避だったのだ。最初に岩永と寝たデートの帰りの車のなかで、寺子は「部屋に戻ってひとりになる瞬間」を思って「恐怖で身がけずられそう」になる（吉本、四九頁）。その「凍りつきそうな」恐れの時間は「いつの間にか『ことん』と眠ってしま」うことで「ぽっかり消えてしまう」（吉本、四九―五〇頁）。おかげで寺子は「来てしまえばなんということのなかった別れ際に笑顔で手を振」ることができたのだ（吉本、五〇頁）。

このように、実際の眠りは、それが上手に眠れるのならば、未来への恐れと不安を一時保留し、やりすごしてくれる休息でありうる。なぜなら眠りとは、その恐れと不安にかかわる実際の他者が不在の世界であり、そこで時間を過ごすことで、その間中、恐れと不安にかかわらなくてすむからだ。だから、少なくとも健やかな眠りとは、自分を休ませるものであるはずなのだ。しかし、すべての眠りが健やかなものであるわけではない。それでは、眠りが健やかであるために必要なのは、どのようなことなのだろうか。

シュッツは、私たちは、多様なリアリティの領域を渡り歩いて生活していると言い、日常生活の世界も、夢の世界も、こうしたリアリティの領域の一つであると見なしている（Schutz, 1945 → 1962, pp. 230-232=1985, pp.38-41）。そして、シュッツは、日常生活の世界を、こうした多様なリアリティの原型であると言う。「日々の生活における ワーキングの世界は、我々の現実経験の原型である。それ以外の意味領域はすべてその変様とみなすことができよう」（Schutz, 1945 → 1962, p.233=1985, p.42）。私たちは、この日常生活の世界を基点にして、さまざまなリアリティの領域を渡り歩くのだ。

もし、そうだとするなら、夢の世界もまた、日常生活の世界を原型とした変様として成立している。私たちは、夢の世界へ、日常生活の世界を基点にして出かけ、そしてまたそこから日常生活の世界へと戻ってくるのだ。

だから、おそらく健やかな眠りというものには、少なくとも、夢の世界に行きそこから戻ってくるという契機が含まれている必要があるだろう。つまり、眠りに落ち、目覚めるという、日常生活の世界と夢の領域との境界線をこえる往復の「飛躍」(Schutz, 1945→1962, p.232=1985, p.41)が必要なのだ。そのかぎりで、眠りは、休息でありうる。眠りが生からの「離脱」であるのは、離脱される生の領域である日常生活の世界を基点にしてのことであり、それが「弛緩」であるのは、再度日常生活における緊張へと帰還することが前提でのことなのだ。

②病であるような眠り

しおりと寺子に共通するのは、こうした休息としての実際の眠りを上手に眠れていないということだ。しおりは日常生活の全体が擬似的な眠りと化してしまうことで、実際に眠りに落ちることができない。彼女は上手に眠りに落ちることができないので、一時の休息の機会をすらも失っている。寺子は、現実の不安から逃れようと実際の眠りに深入りすることで、実際の眠りに日常生活を浸食されてしまう。彼女は上手に目を覚ますことができないでいるので、一時のはずの休息が、生活に蔓延して、生活からプラグマティックな関心を脱落させてしまう。

二人とも、眠るという経験を、日常生活の世界から上手に切り出すことができない。日常生活と実際の眠りとの境界が薄れ、十分に目覚めていることができないのっぺりとした空間が、いつのまにか生活の全体を覆ってしまっているのだ。もはやそこには、離脱すべき日常生活の世界も、離脱先であるような夢の世界も存在しない。健やかな眠りを眠れないままでいるということは、同時に、十分に目覚めていない状態から抜け出せないまま、擬似的な眠りのなかにありつづけるということでもあるのだ。

こうした状態への、二人の対応は、対照的だ。しおりは、こののっぺりとした世界のなかで、自ら死を選ぶことになる。その死は、擬似的な眠りが生活の全体を覆ってしまったその延長線上にあるともいえるかもしれないし、またなんとか実際に眠ろうとしてより完全な眠りを求めた結果だともいえるかもしれない。これに対して、寺子は、最終的には、なんとか目を覚まそうと――そして同時に、きちんと眠ろうと――する。この寺子の試みについては次節で検討するとして、次の二つの項では、健やかな眠りと添い寝との関係を検討しておきたい。

3　添い寝(1)――実際の眠りを見守ること

しおりが眠れず、寺子が眠りすぎ、いずれも日常生活へのコミットメントをひどく放棄してしまうのに対して、岩永は、疲れ果てながらも、仕事もし、妻の親戚との話し合いにも対応して（吉本、五〇―五一頁）、なんとか毎日を過ごしている。岩永は、妻との間の親密な経験にかかわる非対称性ゆえに疲れ切り、たしかに未来への投企を失っているといえるのかもしれないが、それが彼の生活全体を満遍なくむしばんでいるわけではないようだ。彼は、十分に目覚めているわけでないのかもしれないが、かろうじて、日常生活の世界へのコミットメントを失いきってはいない。しおりや寺子とちがって、岩永は、おそらくなんとか上手に眠れているのだし、それゆえに、彼の擬似的な眠りもまた比較的穏やかなものであるのだろう。

岩永が、しおりや寺子と異なるのは、もちろん、岩永が、妻との関係では眠る者の傍らに在って見守るものであると同時に、寺子との関係では見守られる者でもあるという点だ。とするなら、岩永の実際の眠りと擬似的な眠りの穏やかさは、寺子が見守っていてくれてこそ、ということになりそうだ。岩永にとって寺子に見守られるとは、どのような効果をもつことなのだろうか。この問いに応えるために、この項では、見守るということの典型としての添い寝のはたらきついて検討しておきたい。

①眠りと目覚めの狭間

「白河夜船」のなかで、この見守るという作業の典型的なかたちとして描かれているのが、しおりの客への添い寝である。しおりのところに来る疲れ果てた客は、おそらくいくぶんかはしおりや寺子のように日常生活の世界と眠りとの間の境界線が危うくなっている人だろう。そして、客が望んでいるのは、健やかに眠ることだ。客たちは、休息としての眠り、日常生活の世界からの一時離脱を望んでやってくる。

では、そのために、添い寝が必要なのはなぜだろうか。しおりは、添い寝の大事なポイントをこう話す。

私はね、ひと晩中、眠るわけにはいかないの。だって、もし夜中にとなりの人が目を覚ました時、私がぐうぐう眠っていたら、私の仕事にはあんまり価値がないっていうか、プロじゃないのよ、わかる？　けっして淋しくさせてはいけないの。私の所へやってくる人は……それで、必ずと言っていいほど、夜中に目を覚ますのよ。そういう時に、淡い明かりの中で私がにっこり微笑んであげることが大切なの。そして氷水をいっぱい、手渡してあげるのね。……そうするとたいてい安心して、またぐっすり眠るものなのね、人は。（吉本、二七頁）

大事なのは、客が目を覚ましたときに微笑むこと、目を覚ました客の世話をやくこと、そして再び客が眠るまで見守ること。それが、客が「安心して、ぐっすり眠る」ために必要なことだ。どうやら、添い寝がもっとも重要なはたらきをするのは、相手が、眠りと目覚めの狭間にあるときのようだ。この狭間で、添い寝が果たしている役割とはなんだろうか。

前項で確認したように、休息としての健やかな眠りには、少なくとも、眠りに落ち／目覚めるという往復の契機が必要だった。つまり、健やかな眠りを眠るためには、眠りと日常生活とが区分されており、その双方を往き来できる必要がある。だから、日常生活の世界と眠りとの間の境界線が危うくなっている人にとって添い寝が必要なのは、おそらくそれが、眠りと目覚めの間の境界線をはっきりとさせ、その境界線を安全に越える——安らかに眠りに送り出し、無事に目覚めに迎え入れる——手伝いをしているからなのだ。

②傍らに在ることと親密に経験すること

しおりは、この役割を、相手の傍らに在って相手を親密に経験することで果たしている。

相手の傍らに在るということは、相手が目覚めたときその目の前にいるということであり、相手が眠りに落ちるときその目の前から消えていくことである。シュッツがいうように、眠りのもっとも基本的な特徴は、それが「本質的に孤独」なことだ(Schutz, 1945→1962, p.240=1985, p.51)。眠りは他者と共有することができない。だから、他者の存在を知覚することこそが、眠りと目覚めとを分かつ分水嶺になる。もちろんその他者とは、想像上の他者ではなく、身体としてそこに在る他者のことだ。日常生活の世界と眠りとの間の境界線が危うくなっている人にとって、ひとりで目覚め、ひとりで眠りに落ちるくりかえしは、その境界線をますます薄めていくだろう。こうした人にとって、身体として在る他者を経験することが、目覚めの確信を得ることになるだろうし、そして、身体として在る他者が自分の知覚から消えていくことで、眠りに落ちるという経験を実感することになるだろう。このような意味で、しおりは、客の傍らに在ることで、いわば、すでに現存在の水準で、眠りの領域から目覚めの領域を分かつ役割を果たしているのだ。

しかし、しおりは、ただ客の傍らに在るだけではない。しおりは、客を親密な他者として経験する。しおりは、添い寝をしながら相手の「心の風景」に触れ、目覚めかけた客に微笑み、その世話をやく(吉本、二七一—二八頁)。他者の生へ配慮/関心を払うに際しての、相在の水準での、しおりの客に対する個別性の高い類型を用いた内容の充実された汝指向は、明確化された境界線をいわば安全に越えることにかかわっている。目を覚ましたときに、誰かが自分を唯一無二の個別的な者だと見なして気遣ってくれることは、戻ってきた世界が、自分にとって敵対的なものではないことを経験することだ。それによって、客は、いきなり日常生活の緊張にさらされるのではなく、まず気遣われ見守られる存在として自身を経験することができる。それで客は、日常生活の世界への軟着陸を果たすのだ。

また、そうした相手に見守ってもらいながら眠りにつくことで、客はあらためて、安心して、眠りに落ちていくこともできるだろう。というのも、客は、自分が目覚めたとき、自分は目覚めた世界から親密に迎え入れてもらえるだろうという確信をもって、眠りの領域へと出向いていけるからだ。しおりは、客にとって、目覚めたときのためにかけてある保険なのだ。保険がかけてあるからこそ、客は、安心して眠りに落ちることができるのだ。

4　添い寝(2)——擬似的な眠りを見守ること

前項での添い寝のはたらきについての検討をふまえて、この項では、岩永の眠りにとって寺子が果たしている役割を見ていこう。

まず確認しておかなければならないのは、岩永の二つの眠りに、寺子がかかわっているということだ。一つは、実際の眠り。岩永は、寺子と一緒のベッドで、しばしば眠る。もう一つは、擬似的な眠り。寺子やしおりに比べれば日常生活の世界へのコミットメントは失われてはいないけれども、妻との関係の非対称性に疲れ果て、岩永もまた、けっして日常生活において十分には目覚めているとはいえない。寺子は、岩永のこの二つの眠りに対して、添い寝している。

寺子は、岩永の実際の眠りに、しばしば添い寝をする。二人は並んで横たわり、寺子が岩永を「見ているうちに彼はひとり安らかな呼吸で眠りにつき、閉じたまぶたを眺めながら寝息を聞いていたら、本当に夢の中が見えてしまいそうだった」(吉本、五三頁)。岩永も、寺子に添い寝をされることで、しおりの客と同じように、安心して眠りに送り出されていく。ただ、この場面では、寺子は、翌朝岩永が起きて出かけるのも気づかずに眠ったままでいる。岩永の日常生活へのコミットメントの喪失が比較的軽いものであるので、寺子の添い寝も、この程度ですんでいるようだ。

むしろ、こうした岩永の症状の軽さに寄与しているのが、彼の擬似的な眠りに対する寺子の添い寝だ。岩永は、自分が親密な他者として経験している、その当の妻によっては親密な他者として経験されることがない。しかし、いわばその補填を、彼は寺子から親密な相手として指向されることによって受けている。寺子は、妻の代役なのだ。この補填を受けるために、彼は、少なくとも寺子の前では、擬似的にでも眠っていなければならない。なぜなら、眠っていれば、彼は、寺子を親密な他者として経験しなくてよいからだ。寺子との間に、親密な者同士の対称的な指向が成立してしまえば、寺子は代役ではなくなり、それは補填でなくなってしまうからだ。

だから寺子は、岩永が実際に眠ってはいなくても、眠っているかのように接しなくてはならない。

彼といると、私は無口な女になった。

……私は彼といるとただ話を聞いてうなずいてばかりいた。「話す」リズムと「うなずき」のリズムがほとんど芸術の域に達して絶妙のバランスをとりはじめた頃、私はそれがしおりの添い寝によく似ているような気がして……。（吉本、四〇頁）

寺子は、岩永にリズムを合わせ、彼を見守り、理解することだけに徹する。それは、しおりが客の寝息に息を合わせ、傍らで見守りつつ起きていて、その夢のなかをのぞき込むのと同じことだ。

寺子の、岩永の擬似的な眠りに対する添い寝は、岩永に安心感を与えている。しおりの添い寝が客にとっての保険でもあったことを思い出せば、このことは理解しやすい。寺子は、岩永が、この擬似的な眠りから覚めたときの保険なのだ。擬似的な眠りから覚める、つまり、妻が亡くなり、妻との間の非対称的な関係が解消されたあと、しかし、岩永の目の前には、今度は寺子がいる。岩永の擬似的な眠りは、目覚めたあとの生活に、寺子によって受け入れてもらえる保障つきなのだ。その保障のおかげで、岩永はこの擬似的な眠りを、なんとかうまくこなしている。寺子が、岩永にとっての「買い置き」（吉本、四一頁）だといわれるのは、こうした意味でなのである(4)。

このように、実際の眠りも擬似的な眠りも、添い寝されることによって、いくぶんかは健やかな眠りとなりうる。逆に、しおりや寺子が、実際の眠りと擬似的な眠りとが地続きになって、そこから抜け出せなくなってしまったのは、こうした添い寝を欠くがゆえだということもできるだろう。だから、むしろ寺子やしおりこそ、添い寝を必要としていたはずなのだ。「添い寝は、今の私こそがしてもらうべきことだった」（吉本、五八頁）。

五　蘇生

ここまで、親密な経験の非対称性が待つことに憑かれることで疲労を生み出し、そしてこの疲労が日常生活へのコミットメントを失わせる諸相を、しおりと寺子と岩永の置かれた状況を検討することで、明らかにしてきた。本節では、今度は、この疲労からの回復の諸相を、寺子の状況に注目しながら見ていこう。

1　寺子の置かれた立場の再確認

まず、そもそも寺子が置かれている状況を、あらためて確認しておく。第四節で見たように、寺子は十分に目覚めて日常生活を送ってはいない。彼女の生活は眠りに浸食されつつあり、実際の眠りと擬似的な眠りがすでに溶けあいはじめている。

こうした寺子の日常生活へのコミットメントの喪失は、第三節で見てきたように、岩永との間の親密な経験の非対称性に由来するものであった。相在の水準でいえば、二人は、彼ら関係（非対面状況）や内容の充実されたわれわれ関係（対面状況）において、お互いを十分に個別的な相手として指向しあうことがない。それは、寺子は岩永を代替不能で具体的で個別的な相手として経験するが、岩永は寺子を「買い置き」と見なす、そうした非対称的な関係である。

こうした非対称性が見られるのは相在の水準だけではない。第三節第二項で示唆したように、現存在の水準においても、寺子の配意が岩永の身体的存在へと集約されるのに対して、寺子の身体性は岩永にとってかなり希薄なものである。ただし、こうした寺子の身体性については、第四節（おもに第四項）での検討をふまえたうえで、もう少し詳しく論じておく必要があるだろう。

第四節第四項では、寺子が、岩永の擬似的な眠りに添い寝をしているということを確認した。とするなら、添い寝をしているかぎりにおいて、寺子は、岩永の眠りの外側にいる、ということになる。しかし「私は彼といるとただ話を聞いてうなずいてばかりいた」という引用が示すとおり（吉本、四〇頁）、寺子は、岩永に話しかけられる存在でもある。岩永が話しているのが、彼の擬似的な眠りのなかのことであるならば、そこに登場している寺子は、岩永の眠りの内側にいることになる。つまり、添い寝する役割だけではなく、寺子には同時に、岩永の夢のなかの登場人物という役もふられているのだ。

くりかえしになるが、眠りや夢は他者と共有することはできない。シュッツがいうように、夢のなかの他者は「私と共通の生ける現在において現れているのではなく、虚構的で空虚な疑似―われわれ関係において現れている」(Schutz, 1945 → 1962, p.244=1985, pp.1656-7)。夢のなかの登場人物は、いま―ここに身体として在る他者ではなく、眠る者の「想起」のなかに現れる（Schutz, 1945 → 1962, p.242=1985, p.53）他者なのだ。

寺子は、間違いなく、いま―ここに身体として在る。だからこそ、添い寝をすることができる。にもかかわらず、寺子には同時に、岩永の夢のなかの登場人物という役割もふられ、想起のなかの想像上の存在であることも要求されているのだ。そして、この想像上の存在が、身体性を欠くものであるかぎりにおいて、寺子は、自身の身体性を希釈することもまた求められている。岩永は「私をなるべく働かせず、いつも部屋にいてひっそりと暮らすことを好み、逢う時は街の中で夢の影のように逢う。美しい服を着せて、泣くことも笑うことも淡いものを求める」(吉本、三七頁)。寺子が岩永にとって「無」（吉本、四一頁）であるとは、このような意味でもあるのだ。

岩永は寺子のおかげで添い寝してくれる相手と夢のなかの登場人物との両方を得ている。下世話な言い方になるが、岩永にとって寺子はとても〝都合のいい女〟なのだ。逆に、寺子は、添い寝する身体として在りつつ、夢のなかの登場人物としてその身体性をかぎりなく希釈せよという、アンビバレントな要求にさらされている。相在の水準と現存在の水準における指向性の落差に加えて、現存在の水準でのこうした要求が、寺子の置かれた状況をかたちづくっているのである。

この過酷な状況をなかったことにする、寺子にとっての方法が、狂暴な眠けに身をまかせることだった。それは、寺子自身の岩永に対する指向性を放棄し、岩永との関係を遮断することである。寺子は、物語の終盤、そこに、足を踏み入れかけている。

しかし、寺子は、最終的には、もういちど十分に目覚めた自己を取りもどすことを試みる。そのきっかけは、夢とも現《うつつ》ともわからないなかで、若い頃の岩永の妻に出会うことだったのだが、このきっかけについては、ここでは問わない。それよりも、以下では、彼女の「蘇生」(吉本、七九頁)がなにによって可能になったのか、そしてこの蘇生が岩永との関係の変化にどのようにかかわるのかを確認しておこう。

2　身体を動かす仕事

寺子の蘇生を可能にしたのは、むりやり働くことだった。ちょうど友人からかかってきた、コンパニオンのアルバイトの誘いを成り行きで引き受けて、彼女は一週間、とにかく働く。そのおかげで、寺子の生活を覆う眠りは消えていく。「そうしているうちにあの、おかしなまでの、狂暴な眠気が少しずつ、本当に少しずつ体から引いてゆくのがわかった」(吉本、七一頁)。寺子がこの仕事で得たものはなんだったのだろうか。

コンパニオンの仕事は「とにかく立って、手や足を使う仕事」だ（吉本、六七頁）。それは「ずっと家でただ電話を待っていた」寺子にとって、とても苦しい仕事だ。「いっぺんにいろんなことを覚えることも、説明文の暗記も、立ち仕事も、悪夢のようにヘビーだった。……引き受けたことをどれほど後悔したことか」(吉本、七〇頁)。彼女はこの仕事のおかげでひどく疲れてしまう。けれども、その疲労は、彼女をむしばんでいた、未来への投企の欠如とセットになった疲労とは別のものだ。それは、待つことに倦んだ生煮えの疲れではなく、「もっと生々しい」(吉本、七一頁)運動による身体の疲労だ。この仕事のおかげで寺子が手に入れたのは、まず第一に、健康な眠りだ。アルバイトがひと段落した日、彼女は「今夜は思い切り眠ろうと思った。頭は冴えて、体はくたくただった。もし一昼夜眠り込んでも、今度はこわくない」(吉本、七七頁)。この仕事の疲労のおかげで、寺子は、実際の眠りを自分の日常生活からくくり出し、そして休息としての眠りを眠ることを思い出すことができたのだ。

そして、第二に、この仕事のきつさは、寺子に自分の身体性を再確認させることにもなる。人前に立ち、歩きまわり、商品の説明をし、人に話しかけ、人の質問に応えること、そうした運動の感覚を通して、寺子には、自分の身体がそこに在ることがひしひしと感じられたはずだ。ここには二つの意味がある。一つは、寺子はこうした身体の運動を通して、岩永の夢のなかの登場人物として薄められてしまった自分の身体の存在感を回復することができるということだ。自分が身体として存在するという実感を、身体をむりやりに動かすことで手に入れているわけだ。もう一つは、岩永に添い寝をするということ以外に、自分の身体の使い道があることを再確認することだ。自分の身体は、岩永との関係以外の場所でも存在し、仕事をする役に立つという実感を、寺子はこの仕事から得ることができたはずだ。

第三に、寺子は、この仕事を通して、自分のプラクティカルな関心とプラグマティックな動機とがまだはたらくということを再発見している。当然、コンパニオンはただ立っているだけではなく、客に好印象をもってもらえるように、商品を紹介しなければならず、それにはたくさんの手練手管を駆使する必要がある。つまり、そこでは、むりやりプラクティカルな関心とプラグマティックな動機を発動させることを求められる。それをこなすことは、寺子にとって、「十分に目覚めた」生活をおくる予行演習をしているようなものなのだ。

健康な眠りを手に入れ、身体性を回復し、目覚めた生活への予行演習をつむこと、こうしたことは、寺子に、岩永が自分の生活のすべてではないということを思い出させることにつながっている。それは、誰かの眠りを見守ることではなく自分のために眠ることを思い出すことであるし、自分が岩永の夢のなかの登場人物ではなく、自分の身体は岩永への添い寝以外にも使えることを再発見することであるし、自分のプラクティカルな関心とプラグマティックな動機を発揮できる場所があるということに気づくことでもある。結局のところ、寺子は、岩永にかかわることとは別に自分の生活の場があるのだということを思い出すことができたのだ。寺子は、この仕事によって、はじめて「彼のことさえ、まったく考えない時間」(吉本、七一頁)をもつことができた。そして「疲労し、口もきけなくなって彼からの電話も三回に一回くらいしかまともに出られなかったが、それも気にならない」（吉本、七一頁）ような経験をすることで、岩永が中心ではない自分の生活の可能性に触れたのだ。

3　対称性の回復

アルバイトをひと段落させて、寺子は、自分のうちに「健やかな気持ちがよみがえってきて」いること（吉本、七九頁）、そして自分が未来にさえ目を向けられるようになったことを実感する。「とりあえず今は、いちばんいやなところを通り過ぎたと思う。……だから、今ならば他の人を好きになることさえできるかもしれない。――でも多分しないだろう」（吉本、八〇頁）。これが、「白河夜船」の描く寺子の「蘇生」（吉本、七九頁）のかたちである。重要なのは、この蘇生が、岩永と一緒に花火を見上げるという場面と重ね合わせて描かれていることだ。

私たちはそこに立ち止まったまま、夜空を見上げていた。ビルの陰に時々のぞくその小さな花火を妙に気に入って、互いの腕をしっかりと組んだままでいつまでも、わくわくして次の花火を待ち続けた。（吉本、八一頁）

大切なのは花火ではなく、この夜、この場所に一緒にいる二人が同時に空を見上げることだった。（吉本、七九頁）

寺子の蘇生と重ね合わせて描かれているこの二人で花火を見上げるという場面には、寺子の蘇生に対応して現れた二人の関係性の変化の兆しが示唆されているように思われる。

まず第一に、この場面は、相在の水準におけるある種の対称性の成立／回復を示唆しているといえそうだ。この場面での経験の対象は、もちろん、花火であって、お互いに隣に在る人ではない。そのかわり隣に在る人は〝花火を見る〟という経験を一緒にしている「私たち」として主題化されないままで経験される。そして直接経験される対象に心奪われていればいるほど、隣に在る人は主題化されないままで「私たち」以上の誰かとして配意されはしない。

　こうした経験においては、一方では、寺子は岩永から少なくとも「買い置き」と見なされることから免れている。他方で、寺子が岩永を直截に個別的な相手として経験することも、この場面では保留されている。ここでは、お互いがお互いを主題化しないままで「私たち」として経験する事態――非主題的な「私たち」として内容の充実されたわれわれ関係――が成立しているのだ。

　もちろんこれは、相在の水準において、お互いを代替不能で具体的で個別的な相手として経験しあうこととは別のことである。しかし、この主題化されない「私たち」という経験は、つねに岩永との非対称的な関係のうちにあった寺子にとって――そしておそらく岩永にとっても――希有の経験であるはずだ。二人は、ここでやっと、親密であるかどうかは別にしても、相在の水準での対称性――この言葉の使い方には十分な注意が必要ではあるのだが、むしろ共同性というべきだろうか――を回復できたのである。だからたしかにこの場面で「大切なのは花火ではなく」まさにこの対称性なのである。

　さて、第二に、この場面が示唆しているのは、こうした主題化されない「私たち」という経験が、純粋なわれわれ関係を内包し、それによって支えられているということだ。相在の水準における「私たち」という経験は、「互いの腕をしっかりと組んだまま」「この夜、この場所に一緒にいる二人が同時に空を見上げること」によって可能になっている。このように描かれているのは、ある限定された時間と場所に共在し、ある出来事を「共に」指向するという仕方で、身体的に相互を認知しあう関係である。そしてこれは「われわれは共に時を経ている」という仕方でシュッツが描く、純粋なわれわれ関係そのもののことだ（Schutz, 1945 → 1962, p.220=1985, p.25）。この純粋なわれわれ関係においては、もちろん指向の内容――花火をどう見ているか、どう感じているか――は問題ではない。それは相在の水準の問題である。そうした「意識の位相の様相」がいかようなものであろうと、ある指向が

「共に」なされている、という事態そのものは成立している（Schutz, 1932a→1982, p.226）。シュッツのいう純粋なわれわれ関係とは、現存在の水準におけるこうした「共に」という事態をとらえたものである。このような「共に」という対称的な――あるいは共同的な――関係性もまた、とくにその身体的存在の希釈化を求められていた寺子にとって、希有の経験であるはずだ。

このように「白河夜船」の末尾の花火の場面で示唆されているのは、相在の水準および現存在の水準における、寺子と岩永の間のある種の対称性であるのだ。もう一つ付け加えておくべきは、この二層の対称性が、おそらく、寺子が岩永以外に目を向けることを学んだのをひとつのきっかけとして成立しえたということだ。以前の寺子であれば、きっと、花火ではなく、花火を見ている岩永を見ていただろう。そうだとしたら、また自分が個別的で具体的で代替不能な相手としてはもちろん、身体として存在する者としても岩永から直接に指向されていないこと――当たり前だ、岩永は花火を見ているのだから――があからさまとなり、親密な経験の非対称性がより強く感じられてしまったことだろう。けれども、もう寺子には、岩永以外の世界が見えている。「ああ、なんだかついさっき目が覚めたばかりみたいで、なにもかもがおそろしいくらい澄んで美しく見える」（吉本、八〇頁）。奇妙なことだが、寺子が岩永から目をそらし花火に目をやることができたからこそ、岩永との間に「共に在る」関係が成立し、主題化されないままの「私たち」という経験が可能になったのだ。

六　おわりに

本稿ではここまで、「白河夜船」の記述を通して、親密な経験の非対称性がもたらす疲労の諸相を描きだしてきた。疲労が日常生活へのコミットメントの喪失につながること、その喪失のきびしさが見守る者の有無によって大きく変わってくることなどを確認し、そしてその疲労からの蘇生の可能性にも触れることになった。

最後に、ここでは、この疲労からの蘇生を論じた際に得られたアイデアを、もういちど親密性という概念に関係づけて、本稿を閉じることにしよう。

「白河夜船」の末尾では、必ずしも寺子と岩永の間の親密な経験の対称性の回復が示されているわけではない。たしかに「共に在る」という仕方で純粋なわれわれ関係は回復されているかもしれないが、しかし主題化されない「私たち」という経験の対称性は、〝お互いがお互いを親密な他者として経験しあう〟という意味での親密な間柄であるには不十分である。

けれども、注目しておきたいのは、この「共に在る」という関係性に基づいた「私たち」という経験が、寺子が未来の自分と岩永との関係に目を向けることと連動していることだ。

私は、今、横に立つ背の高いこの人と、生き生きとした恋を取り戻したかった。……これからやってくるはずの雑多でおそろしいたくさんのことをなにもかも、私の不確かな全身でなんとか受けとめてみたかった。（吉本、八〇頁）

このような「生き生きした恋」という親密な間柄にかかわる寺子の未来への展望が、この「共に在る」という関係性に基づいた「私たち」という経験と連動しているとするならば、この関係性と経験は、親密な経験の対称性が実現されるために必要な条件である可能性があるとはいえないだろうか。

そしてさらに重要なのは、この「共に在る」という関係性に基づいた「私たち」という経験は、お互いがお互いを指向しあった結果として可能になったものではなく、逆に、お互いから指向性をはずし、別なにかを一緒に指向することで可能になったものだということだ。

もし、この「共に在る」という関係性に基づいた「私たち」という経験が、親密な経験の対称性の回復／成立の必要条件であるならば、この関係性と経験とをもたらした別なにかを一緒に指向するということもまた、親密な経験の対称性のための基本的な条件であるともいえるだろう。

もしかしたら、親密性というものは、相互的に対称的な指向ということから考えられすぎているとはいえないだろうか。もしそうだとしたら、私たちは、親密な関係性について論じるとき、「愛するということは、お互いに顔を見あうことではなくて、いっしょに同じ方向を見ることだ」(Saint-Exupéry, 1939=1955, p.190) というサン＝テグジュペリの言葉を、本気で考えに入れておく必要があるのかもしれない。

この件に深入りする力は今の私にはないし、紙幅ももう残っていない。だから、この先は別稿を期することにして、この稿は、もうここで閉じることにしよう。あなたの健やかな眠りを祈りつつ。

——この世にあるすべての眠りが、等しく安らかでありますように。

(吉本、八一頁)

〈注〉

(1) 以下、「白河夜船」からの引用表記については、煩雑になるので、出版年の表記を省略する。

(2) こうした非対称性に、もう一点、おそらく、客はしおりとの関係を回復させる可能性をもつが、しおりはその可能性をもたないということもつけくわえることができるかもしれない。

(3) この寺子の身体性の希釈については、第五節第一項で再び言及する。

(4) 筆者の力量を越えることなので、詳しく論じることはできないが、こうした見守るという役割が、この物語のなかでは、明らかにジェンダーと関連づけて描かれているということは指摘しておくべきだろう。男性として描かれる岩永ももちろん妻とのかかわりでは見守る者であるが、しかし彼は、自分を見守ってくれる寺子という存在を得ている。他方で、寺子もしおりも、一方的に見守る立場に置かれており、自分を見守ってくれる存在を持たない。親密な経験の非対称性でわりをくっているのは女性として描かれているしおりや寺子である。さらに、この見守ることを添い寝というかたちで「天職」（吉本、二五頁）にしているしおりは、「色白でふっくらしていて、とても目が細く、胸が大き」く「おっとり」していて、「セックスアピールというものはまるでない」けれど「女らしく」て、周囲に「柔らかい面影」を漂わせている「おっかさん」だと描写されている（吉本、二二頁）。これは文字どおり〝母〟というタイプの女性の描写である。見守るという作業は、この物語りのなかでは、典型的には、この母という役割に帰属されている。

〈参考文献〉

斉藤純一編『親密性のポリティクス』ナカニシヤ出版、二〇〇三年。

Saint-Exupéry, Antoine de, *Terre des Hommes*, Editions Gallimard, 1939. = 堀口大學訳『人間の土地』新潮文庫、一九五五年。

Schutz, Alfred, *Der sinnhafte Aufbau der sozialen welt*, Springer-Veil, 1932a. → Suhrkamp, 1974. =佐藤嘉一訳『社会的世界の意味構成』木鐸社、一九八二年。

――"Strukturanalyse der Sozialwelt. Soziale Umvelt, Mitwelt, Vorwelt" *Der sinnhafte Aufbau der sozialen welt*, Springer-Veil, 1932b. = Luckman, Thomas (trans.) "The Dimensions of the Social World" Brodersen, Arvid(ed.) *Collected Papers 2: Studies in Social Theory*, Martinus Nijihoff, 1964. = 渡部光・那須壽・西原和久訳「社会的世界の諸次元」『アルフレッド・シュッツ著作集 第三巻 社会理論の研究』マルジュ社、一九九一年。

――"On Multiple Realities", *Philosophy and Phenomenological Research*, 5, 1945. → 1962 Natanson, Maurice (ed.) *Collected Papers 1: The Problem of Social Reality*, Martinus Nijihoff, 1962. =渡部光・那須壽・西原和久訳「多元的現実について」『アルフレッド・シュッツ著作集 第二巻 社会的現実の問題［Ⅱ］』マルジュ社、一九八五年。

――"Common-Sense and Scientific Interpretation of Human Action", *Philosophy and Phenomenological Resarch*, 14,1953. → Natanson, Maurice(ed.) *Collected Papers 1: The Problem of Social Rearlity*, Martinus Nijihoff ,1962. =渡部光・那須壽・

西原和久訳「人間行為の常識的解釈と科学的解釈」『アルフレッド・シュッツ著作集　第一巻　社会的現実の問題［I］』マルジュ社、一九八三年。

――(Zaner, Richard M. (ed.)), *Reflections on the Problem of Relevance*, Yale University Press, 1970. ＝那須壽他訳『生活世界の構成　レリヴァンスの現象学』マルジュ社、一九九六年。

矢田部圭介「親密性と汝指向　シュッツの〈形式的な概念〉が示唆すること」『ソシオロジスト』第七号、武蔵社会学会、二〇〇五年。

――「日常生活の世界とワーキングの世界　シュッツの〈至高の現実〉論の見取り図」『年報　社会科学基礎論研究』第五号、社会科学基礎論研究会、二〇〇六年。

吉本ばなな「白河夜船」『白河夜船』福武書店、一九八九年→新潮文庫、二〇〇二年。

G・H・ミード科学方法論における個人の位置

山尾　貴則

一　はじめに

G・H・ミードの理論を、彼の「主著」である『精神・自我・社会』の読解にとどまらず、彼の自筆論文、新聞への寄稿、あるいは家族や友人たちに宛てた手紙など各種の資料を用いてより包括的に把握しようとするようになってすでに二〇年近くが経過している（Joas, 1980［1997］, Cook, 1993, Deegan, 1988, 伊藤、一九九七年、徳川、一九九三年／二〇〇四年、安川、一九八五年等）。

そうした研究が明らかにしてきたことの一つは、ミード理論のいわば対話の哲学としての性格である。上記のような諸研究が登場する以前においては、ブルーマーのシンボリック相互作用論におけるミード理解が大きな影響力を持っていた。我が国においてもブルーマーによるミード理解を参照しながら、管理社会化の進行する現代社会における人間の主体性の回復という問題意識に応えるものとしてミード理論を読解してきた。その結果、人間の自我の社会性と同時にその主体性を強調したミード解釈が示されてきた。そうした解釈がもたらした成果の大きさはいくら強調してもしすぎることはないが、その解釈においては人間の自我の主体性が発揮され、社会が変化していくことが半ば自明視されていたように思われる。その点、一九八〇年代以降のミード研究は、彼の理論における社会変化に関する議論を自覚的に研究対象にしてきた。そうした研究のなかで、彼の科学方法論を民主社会の雛形ないし理性的ディスコースのモデルとして読み込む見解が示されることになった（小谷、一九八九年、伊藤、一九九七年、徳川、一九九三年）。すなわち、ミードは科学者の行う理性的なコミュニケーションを通した科学理論の変化のプロセスを検討し、それを民主社会の雛形として提示したのだという主張である。この見解は、それまで自我の主体性の解明という観点から主として身振り会話や有意味シンボル、Iとme、役割取得といった社会心理学的諸概念の検討に注力してきたミード研究に彼の科学方法論という新たな検討対象を登場させることで、ミード研究の進展に大きく寄与してきた。

だがこの見解は〝ではミードは、民主社会を実現させるために人々に対して理性的な科学者のようにふるまうべしという要請をしたのか〟という疑義を生みだしかねないということもあって、ミードにおける科学方法論の性格をめぐってはなお活発に研究が続けられている。

このような研究は、単にミード研究における解釈上の問題にとどまるものではなく、ミード自身が彼の知的営為を重ねるなかで直面したはずの問題において、彼がいかなる思考を展開したのかということにも迫る重要なものであるといえる。というのも、一九八〇年代以降のミード研究が明らかにしたように、ミードは積極的に社会実践活動に参与していたのだが（1）、この実践のなかでミードはまさに科学の意味を絶えず問い直さざるを得なかったであろうからである。

ミードによれば、こうした実践は「科学の方法」で行われなければならない。しかし当時、「科学の方法」を有していたのは高度な知的訓練を受けた研究者やテクノクラートであった。そうした人々による実践とはつまりはテクノクラシーなのではないか。それが民主社会とどう整合するのか。そもそも、人々による理性的なコミュニケーションの必要を説いても、ややもすると共通の言葉すら持ち得ないような人々がひしめくシカゴにおいて、誰がそうした理性的なコミュニケーションの担い手たり得るのか。「科学の方法」は社会へ適用できるというミードの主張は、こうしたさまざまな困難に直面することになる。このときミードの知的営為は、当代のテクノクラティックな思想に反対しつつ、「科学の方法」を民主社会における実践を支える思考へと組み直すという課題を背負ったといえる。その結晶が彼のいわゆる科学方法論である。ではミードはどのような論理でこの課題を克服したのだろうか。この観点からミードの科学方法論を見るとき、彼が個人の経験する例外的事例に注目していること、そのこととのかかわりで、「観察」という営みの持つ意味に注目していること、そして「パースペクティブの組織化」という事態の解明に取り組んでいることが重要な論点として浮かび上がるように思われる。そこで本稿では彼の科学方法論がまとまった形で展開されている論考「科学の方法と個人思想家（以下「方法」論文と略記）」と、その後ミードが「ホワイトヘッド教授が示した相対主義哲学」（Mead, 1927, p. 307=2003, p. 94）を摂取しながら科学方法論を再展開した論考「諸パースペクティブの客観的実在（以下「パースペクティブ」論文と略記）」を、上記の諸論点をミードがどのように論じているかに注意しながら読解し、彼の科学方法論の論理構成とその特質を明らかにすることにしたい。

二　ミードの科学方法論

1　「観察」概念の変遷

ミードは「方法」論文で、古代から近代へと連綿と続く知の営みが、〝我々が何らかの問題をとらえ、それを解決していくこと〟をどのように考えてきたのかを明らかにしている。その作業のなかで、「科学の方法」が持つ意義を探っている。その際ミードが注目するのが、さまざまな知の営みにおいて「例外的事例」がどのように位置づけられているか、そしてそれがどのように「観察」されているのか、ということである。

ミードは古代ギリシア哲学における観察のあり方から議論を説き起こしている。ミードによれば、プラトンは「魂に刻印され、魂によって眺められた思考内容と、揺れ動く感覚的内容との一致」（Mead, ［1917］ 1964, p.

171）が確認されたとき対象のリアリティが検証されると考えた。また、アリストテレスは「個体の本性ないし本質に関する理論」の適切さを「個物の収集」によって明らかにすることが重要であるとした（Mead,［1917］1964, p. 172）。これらのことから、古代ギリシア哲学においては「対象の本性を認識する洞察」（Mead,［1917］1964, p. 184）を行うことが観察であったことが分かる。プラトンのいう「思考内容」やアリストテレスのいう「個体の本性ないし本質」とは、つまりはイデアである。そしてそれが対象のうちに内在しているかどうかを見極めることが観察なのであった。観察がこのような営みである限り、古代科学においては観察者は観察対象から影響を受けることはない。

また、古代の科学者の思考は「コミュニティの考え方」に拘束されている。それゆえ、古代科学には「コミュニティの経験を慎重に問題とすることができるような手続き」や、「コミュニティにおいて受けいれられている世界を再構成するような手続き」というものが全く見られない（Mead,［1917］1964, p. 184）。つまり古代の科学理論には当の理論に対して異論を唱え、理論それ自体を検討の素材として取り上げる手続きが用意されていなかった。それゆえ、古代の科学者の思考は自らが従う科学理論を共有するコミュニティにおいて採用されている思考法に拘束されてしまった。そうした古代科学において科学者がなし得るのは、自らの従う科学理論によって世界を説明することだけであり、それを疑うということは許されていなかった。古代の科学者には自らの理論を自己検証するという自由が存在していなかった。

こうした立場からすれば、ある対象に意味があるかどうかはそのなかにイデアが正しく内包されているか否かによってのみ決定される。ミードによれば、「アリストテレスは自分と反対の立場に立つ学者の観察を、それ自体として存在し得る価値を有しており、当面はどんな仮説からも独立しているような素材として、彼らの理論と切り離して提示することはない」（Mead,［1917］1964, p. 172）。つまりアリストテレスにとって、観察とはあくまで自らの理論に合致する個物を収集することでしかあり得ないのであり、そのようにしてとらえられた個物だけが意味のあるものである。そうした立場からすれば、対立する理論の観察によって得られた個物とは自らの理論ではそもそも観察の対象とはならない、意味のないものである。そのため、完全な世界としてイデアの世界を想定しその現れとしてすべての対象をとらえようとする古代科学においては、個人に生じた例外的な経験の重要性は全く認められなかった。既存の科学理論に合わないような個人の経験は、世界の認識にとっては何ら役立たないものとされてしまう。それどころか、既存の科学理論には合致しない「非類型的な個人、改革者、非同調者」は「利己主義の策士」や「アナキスト」とされ排除されてしまうこととなった（Mead,［1917］1964, p. 182）。世界の体系は完全なものとして決定済みである。その現れを対象に見出し、見出された対象のみを収集する。これが観察であった。ここでは、そもそも観察にかなうものとかなわないものがあるということになる。既存の理論に適合しないような個人の経験ははじめから排除されてしまうのであった。端的にいえば、個人が個人として経験する事柄それ自体には何らの意味もなかったということである。

ミードによれば、個人の経験に対する評価が変化するのは、カント哲学やロマン主義的観念論(2)においてである。ミードの見るところ、カントは、個人が経験する自然において見られる諸法則は個人の「心のなかにある諸形式」（Mead, 1936, p. 37=1994（上）, p. 111）によって生み出されるものであると考えている。この「形式は、私たちが対象を経験するさい、その内容をいかに経験するかを規定する」（Mead, 1936, p. 42=1994（上）, p. 119）。つまり、カントのこの考え方における個人の経験とその対象の関係は、古代科学におけるそれとは大きく異なっている。つまり、古代科学においては個人の経験を超越したものとしてイデアの世界が存在し、それが現実世界の対象のあり方を規定していたのに対して、カントにおいては個人の経験が現実世界における諸対象を規定するとされている。ミードは、カントにおいてこのように個人の経験が重視されている点を評価する。

また、ロマン主義的観念論における「アンチノミー」（Mead,［1917］1964, p. 187）理解に、個人の経験を重視する契機が見出される。カント哲学においては、それは「我々が認識可能な領域を逸脱しつつあることをしめす」

(Mead, 1936, p. 120=1994（上）, p. 230) ものとしてとらえられたが、ロマン主義的観念論においては、「より高次元の地平にある綜合」(Mead,［1917］1964, p. 187) へと至る契機としてとらえられたのである。こうしたロマン主義的観念論の立場からすれば、個人の経験は「以前の経験を制約したものを超越する形式」、すなわち新たな認識の形式を生み出すきっかけとなるものととらえられることになる (Mead,［1917］1964, p. 187)。ロマン主義的観念論においては、個人の経験は世界の「再構成の出発点」であると見なされる。このように、ミードはロマン主義的観念論によってはじめて、個人の経験が重要なものとして適切に取り扱われるようになったと考えている(3)。

2 リサーチ科学の特質

こうして個人の経験は世界の再構成の出発点としての位置を与えられることになったが、この考え方が十全に展開されたのは「リサーチ科学」(Mead, 1936, p. 264=1994（下）, p. 41) においてである。ミードは伝染病に関する理論を引き合いに出しながら(4)、リサーチ科学の特質について大略次のように述べる。リサーチ科学は個人が経験する「例外的事例」を、それが既存の理論においては合理的な形で説明されずとも、ひとまずは事実であることを認める。それは、「ある特定の場と時間で」確かに生じている事実、すなわち「頑固な事実」なのである (Mead,［1917］1964, p. 190)。リサーチ科学はこの「頑固な事実」を手がかりにして、既存の理論における事例と新しく発生した例外的事例のどちらをも適切に説明し得る「仮説」を形成し、それを検証することを通して、不断に科学理論を変更していく。そうした理論の変更に伴い、我々の経験するリアリティもまた変化する。このようにリサーチ科学において、例外的事例は既存の理論の限界を露呈し、同時に新たな理論の形成を促す契機として最大限重視するべきものとなった。その意味で、例外的事例は「古い学説と新しい学説の間に横たわる領域」(Mead,［1917］1964, p. 173) に存在するものであって、両者をつなぐ架け橋となっている。科学者はそうした例外的事例から仮説を形成することを通して、常に理論を変更し続ける。ミードはこのような一連の営みを「実験的方法」(Mead,［1917］1964, p. 189) と呼んだ。

リサーチ科学が例外的事例を扱うこうした態度に対し、今や力を増しつつある「実証主義」と「合理主義」の立場では個人の経験を適切に扱えない。ミードはこのように述べ、実証主義と合理主義を批判する。

ミードによれば、実証主義とは生じている事実を「斉一性」ないし「法則」の観点から説明しようとする思考法である（Mead,［1917］1964, p. 189）。実証主義は、さまざまに生じる出来事がすべてある一定の法則に基づいているという前提を置く。それゆえ「科学的認識の領域は斉一的な一連の事例である出来事からなっており、不十分な条件下では出来事のうちのいくつかが斉一性に関する叙述に対する例外となって現れるが、実際にはそうした叙述は斉一性を全く欠いていない」（Mead,［1917］1964, p. 191）。つまり実証主義的立場からすれば、一見すると法則の例外であるかのような事柄は、実際には例外ではない。それはこれまでの法則に新たな一面を見出すことによって説明することができるものであって、既存の理論を否定することにはならない。つまり実証主義においては例外はそもそも存在しないということになる。そうした実証主義的な考え方にのっとれば、科学者がなすべきことは例外を一事例として説明し得るような法則の新たな一面を発見すべく常に思考の営みを続けることである。

このようにミードは、実証主義がその理論の本質を変えることなく、究極の法則体系を発見しようとすると指摘している。また、「合理主義者」の行う観察はリアリティをより小さな要素に分解して分析し、経験の「究極要素」を発見しようとしている。

ミードは、これらの立場を厳しく批判しているが、それはこれらの立場が普遍的なあるいは究極の説明図式ないし法則の体系を発見しようとしているからである。実証主義においては、世界の全てを説明し尽くし、そして世界の進化の行方を見通すような究極の法則体系の解読が至上命題となっている。他方合理主義は、経験を形作る究極の要素を発見しようとしている。しかしどちらも、生じた例外的事例それ自体のなかに、そうした法則体系や究極要素を覆す契機が含まれていることを等閑視している。直截にいえば、実証主義や合理主義は世界の変化をとらえる議論ではない。それに対し、リサーチ科学は「我々が生きる世界の形態を、その一瞬一瞬の変化ごとに決定していく」(Mead,［1917］1964, p. 210) 営みである。こうしたリサーチ科学からすれば、個人において生じた例外的経験は単なる「フィクション」(Mead,［1917］1964, p. 189) ではない。そうではなく、まさにそれは「リアリティの成長点」(Mead,［1917］1964, p. 189) をなしている。このように、リサーチ科学が〝世界は例外的事例の発生を通して不断に成長する〟という前提をおいていること、そして世界の変化をとらえるべく理論それ自体を不断に変更させていくという実験的方法を自らの手法として採用していること、ここに古代科学や実証主義、合理主義とは異なるリサーチ科学すなわち近代科学の特質が存在するとミードは考えている。つまりミードにとって科学とは、絶対不変の知の体系によって我々の社会のありさまを説明し尽くすことを目指すようなものなのではなく、絶えず生成変化する出来事をその都度とらえ、そこからその都度暫定的に我々の真理を獲得する営みである。そしてそのような思考の歩みの出発点に、「頑固な事実」としての例外的事例がおかれているのである。

三　パースペクティブの客観的実在

以上のように、ミードは個人が経験する例外的事例の重要性を繰り返し強調し、それが科学理論の変化の出発点、そして「リアリティの成長点」となっていることを指摘した。ミードのこの考え方は、彼が最晩年にホワイトヘッドを批判的に摂取して執筆された「パースペクティブ」論文においてより緻密に展開されている。

1　ホワイトヘッド哲学のミード的把握

ミードはまず「パースペクティブ」論文の冒頭で、「絶対的観念論」がおかしてきた誤りを指摘する。ミードによれば、絶対的観念論は「リアリティのすべてを経験の中に持ち込もうとする」壮大な試みを企ててきた。だが、ミードの見るところ、この試みは失敗している。というのもこの立場においては、「有限な自我のパースペクティブ」は主観性に汚染されているものとして排除されたからである(Mead,［1927］1964, p. 307=2003, p. 93)。また、「創造的個人」や「創造的科学」は、「絶対的自我の経験の歪曲物」であると断じられた (Mead,［1927］1964, p.

307= 2003, p. 93)。絶対的観念論においては、端的に言って個人経験の意義は存在しない。個人の経験は、絶対的自我の経験が何からの形で歪曲されたものでしかない(5)。

ミードの見るところ、絶対的観念論が排除した「個人の理論的実践的生活」は、「行動主義心理学」と「ホワイトヘッド教授が提示した相対性哲学」(Mead,［1927］1964, p. 307=2003, p. 94) が正当に取り扱っている。ミードはこの二つの動向をまとめて「パースペクティブの客観性と呼ばれる動向」と呼び、このうちホワイトヘッドの相対性理論について概略を示しながらその意義を検討している(6)。

ミードは、ホワイトヘッドの相対性理論から「自然とは自然の中にある諸パースペクティブの組織化である、という概念」(Mead,［1927］1964, p. 308=2003, p. 96) を取り出したいと述べている。ミードはその概念こそが、「ある意味で哲学にとってもっとも難解な物理科学による思いもよらない寄与である」(Mead,［1927］1964, p. 308=2003, p. 96) とみて、ホワイトヘッドの議論をもとにしてミードに独自の「パースペクティブ」概念を提案し、その概念が社会科学に持つ意義を見定めようとしている。以下、ミードがホワイトヘッド哲学をどのように摂取したのかを概観してみよう。

ミードによれば、「知覚しつつある出来事ないし有機体」(Mead,［1927］1964, p. 307=2003, p. 95) は、「それ自身存続的な一つのパターン」(Mead,［1927］1964, p. 307=2003, p. 95) である。つまり、出来事や有機体は瞬間時点に存在しているのではなく、たとえば鉄原子が鉄原子として存在し得るに足るだけの「電子の回転時間」(Mead,［1927］1964, p. 307=2003, p. 95) や、有機体が有機体として存在し得るための「見かけ上の現在」(Mead,［1927］1964, p. 307=2003, p. 95) などの、ある程度の時間的広がりを持った存在である。

このような「知覚しつつある出来事ないし有機体」は、それと同時に生じ、存在しているその他の出来事ないし有機体とさまざまに関係を取り結んでいる。「知覚しつつある出来事ないし有機体」はそれとは異なる出来事ないし有機体と恒常的な関係を持つかもしれない。その場合、「知覚しつつある出来事ないし有機体は、「ここあそこ」や「今とあの時」というように、お互いの時間的空間的位置が変わらない状態、すなわち静止した状態にあるといえる。あるいはまた別の出来事ないし有機体との間では、恒常的性質を持たないかもしれない。その場合、「知覚しつつある出来事ないし有機体」とそれとの関係は、運動の状態にある。つまりは、「知覚しつつある出来事ないし有機体」がその他の出来事ないし有機体と取り結ぶ関係によって、その他の出来事ないし有機体の位置づけが変化する。いわば「知覚しつつある出来事ないし有機体」が原点となって、当の知覚しつつある出来事ないし有機体に固有の世界が構成される。ミードはこのことを「知覚しつつある出来事ないし有機体」が「一致集合」を形作ると表現する（Mead,［1927］1964, p. 307=2003, p. 95）。言い換えれば、我々は「共通の生活」をそれぞれに異なったやり方で「成層化」する（Mead, 1924-25, p. 276）。そのように成層化された自然は、自然のなかに存在する「自然の厚板」（Mead,［1927］1964, p. 308=2003, p. 95）であり、それらの総和として自然が構成されている（Mead, 1924-25, p. 276）。ミードはこのことを「自然とは自然の中に存在する諸パースペクティブの組織化である」と言い換え、この考え方こそ物理科学から受け取った「思いがけない寄与」だとしている（Mead,［1927］1964, p. 308=2003, p. 96）。

ミードによるホワイトヘッド哲学のこうした再構成は、必ずしもホワイトヘッドの議論を正確には反映していない(7)。だが当然のことながら、この事実をもってミードの議論の無効を宣言する必要は全くない。ミードがホワイトヘッドの相対性理論からどのようなアイディアを得て、それをどのように社会科学へと持ち込んだのか、その点をとらえることが重要である。その観点からミードの再構成のポイントを端的に述べるなら、第一に、パースペクティブが自然において存在するということ、第二に、このパースペクティブが複数あり得るということの二点になるだろう。この二つの点に注目するとき、ミードが絶対的観念論とは全く異なる個体観を提示していることが理解されよう。ミードにとって、知覚しつつある出来事は、世界を形作る出発点である。ミードの個体観において、絶対的観念論では「絶対的自我の経験の歪曲物」として排除されてきた「個人の理論的実践的生活」（Mead,［1927］

1964, p. 306=2003, p. 93）はもっとも重要な位置を与えられている。

同時に彼の自然観は、ニュートン力学に典型的に現れている機械論的な世界観とも全く異なるものである。ニュートン力学は絶対時間と絶対空間を前提としているが、ミードの述べる「諸パースペクティブの組織化」としての世界は、知覚しつつある出来事から出発して構成される一致集合すなわちパースペクティブが複数の時空系を構成し、それが複数の自然の厚板を構成することによって成層化されたものである。それぞれの個体の世界は「他の個体にではなく、当の個体にとって存在する」（Mead,［1924-5］1964, p. 273=1991, p. 39）ものとして、個体の意識のなかにではなく「自然に存在する」（Mead,［1927］1964, p. 307=2003, p. 96）。

2　個別パースペクティブと共通パースペクティブの「一致」

以上のように、ミードはホワイトヘッドの相対性理論を独自に再構成することによって、絶対的観念論とは異なる個体観、機械論的世界観とは異なる自然観を導出した。そして、「自然とは、自然の中に存在する諸パースペクティブの組織化である、という概念」（Mead,［1927］1964, p. 308=2003, p. 96）を得るに至った。

続いてミードは、「社会科学の領域の見地と行動主義心理学の見地から、諸出来事の様々な諸パースペクティブの組織化としての諸出来事の全体という考え方を考察したい」（Mead,［1927］1964, p. 309=2003, pp. 98-9）と述べた後で、「個別パースペクティブ」と「共通パースペクティブ」（Mead,［1927］1964, p. 311=2003, p. 100）という二つの概念を用いながら、パースペクティブの組織化の過程について論じている。

ミードはまず、社会科学が何よりもまず諸個人の経験に関心を持つことについてふれる。ミードによれば、社会科学が取り扱うさまざまな「諸事件、環境的諸条件、諸価値、およびそれらの一様性や法則性は、あくまで個人の経験の中に入る限りでのみ、社会科学が考慮する主題となる」（Mead,［1927］1964, p. 310=2003, p. 99）。ついでミードは、「社会が生じ、社会的事象が科学的探求の対象となるのは、個人が、自分自身のパースペクティブにおいて行為するだけでなく、まさに他者たちのパースペクティブ、特に集団の共通パースペクティブにおいても行為する場合に限ってである」（Mead,［1927］1964, p. 310=2003, pp. 99-100）と述べる。さらに続けて、ミードは我々が「実験的方法」を獲得したことによって、「個人のパースペクティブを、もっとも普遍的なコミュニティのパースペクティブにする」こと、言い換えれば「個別パースペクティブを、思考する人々からなるコミュニティのパースペクティブにする」ことが可能になったと述べる（Mead,［1927］1964, p. 311=2003, p. 101）。

このようにミードは、「方法」論文で主張した二つの論点、すなわち社会科学が個人の経験に関心を持つこと、そして近代科学が実験的方法を獲得したということを、「パースペクティブ」論文でも主張したうえで、個人の経験する例外的事例が科学理論を変化させていく過程を、「個別パースペクティブ」と「共通パースペクティブ」の「一致」の過程として、さらに一般化して論じようとしている。

前述の通り、個別パースペクティブは当の個人の知覚しつつある出来事がどのようなものであるかによって、さまざまにあり得る。ミードによると、ただしそのなかには客観的であることをやめたパースペクティブが存在する。たとえばそれは、プトレマイオスの秩序すなわちプトレマイオスによって提示された天体理論である。というのも、それは「適切な力学的座標軸を持った一致集合」（Mead,［1927］1964, p. 315=2003, p. 107）を選んでいないからである。プトレマイオスの天体理論では、地球を中心とした同心天球的な宇宙体系が構想されている。このような宇宙体系は、地球、太陽、そして我々人間の間に、自然において成立している一致集合――理論としてはいわゆる地動説――とは異なる。また、「酒に酔った脳のパースペクティブ」（Mead,［1927］1964, p. 315=2003, p. 108）――この例の方が我々にはなじみ深いだろう――を考えてみよう。酒に酔った人は、世界が自分を中心に回転していると感じたり、空間がゆがんでいるようにも経験するかもしれない。このような酔った人と世界との一致集合が形成する自然の厚板は、まさに当の個体にとって自然に存在するものである。だが、それは、酔っていない人が構成するそれ――世界は自分を中心として回ってはおらず、空間にはゆがみもない――とは異なるものである。ここにおいて、プトレマイオスの理論が描き出す天体運行の軌跡や、酒に酔った脳の経験する空間は、我々が共通して経験する世界とは一致していない。言い換えれば「個人が精神のコミュニティの一員として占めており、またその個人の自我の構成要素となっている共通パースペクティブに合致していない」(Mead,〔1927〕1964, p. 315=2003, p. 108)ということになる。逆にいえば、現代の天文学における天体運行の理論を知っている我々、酒を飲んでいない時の我々にとって、プトレマイオスのパースペクティブや酒に酔った人のパースペクティブは存在しない。その意味で、それらのパースペクティブは当座はその個人にのみ存在する。ミードは共通パースペクティブに一致しないこのような個別パースペクティブを「主観的」パースペクティブ(Mead,〔1927〕1964, p. 315=2003, p. 108)と表現する。

もし我々がこの叙述から性急に議論を展開させようとすれば、〝ミードは共通パースペクティブを変化しないものとみなし、それに一致し損なった個別パースペクティブは否定され、廃棄されると考えていた〟などのような理解をしてしまうかもしれない。だが、ミード自身、すぐさまこのような理解を否定している。ミードによれば、主観的なパースペクティブが共通パースペクティブに一致することは「多数決に降参することではない」(Mead,〔1927〕1964, p. 316=2003, p. 108)。そうではなく、主観的なパースペクティブが共通パースペクティブと一致することは「他者達との交流を通し、また自分自身との交流を通して新しい自我を発展させる」(Mead,〔1927〕1964, p. 316=2003, p.108)ことを意味している。さらにそれに伴って「共通の新しい諸精神と新しい共通パースペクティブが生起する」(Mead,〔1927〕1964, p. 316=2003, p. 108)ことを意味している。

ここで登場する主観的パースペクティブは、当座は他の個人には経験不可能なものであるが、しかしそれでも、特定の知覚された出来事ないし有機体の存在を起点として生じている限りにおいて確かに自然のなかに存在するものである。それと共通パースペクティブが一致するとすれば、それは個別パースペクティブと共通パースペクティブの両方とも、言い換えれば互いに異なる二つの一致集合すなわち自然の厚板をもその一部として同時に含むような、新たなパースペクティブにおいてである。ミードはこう考えている。この事態を、ミードは「パースペクティブの交差」（Mead,［1927］1964, p. 308=2003, p. 96）と呼んでいる。互いに異なるパースペクティブが交差し、そこに、主観的なパースペクティブと呼ばれたものをも含み込むような、新たな共通パースペクティブが生じる。その新たな共通パースペクティブにおいて、共通パースペクティブに一致しないが故に主観的なパースペクティブと呼ばれていた個別パースペクティブは、新しい位置づけを得ることになる。つまり、新しい共通パースペクティブと一致するパースペクティブとなる。また、以前の共通パースペクティブは新しいパースペクティブの一部として、それまでとは異なる位置を得ることになる。個別パースペクティブと最初の共通パースペクティブは、こうして新しい共通パースペクティブに同時に位置づけ直される。かくして、主観的なパースペクティブが共通パースペクティブへと一致するということは、その両者の同時的な位置づけの変化を意味し、共通パースペクティブそれ自体の変容を意味する(8)。

このように見れば、個別パースペクティブが共通パースペクティブに一致するということは、個別パースペクティブが共通パースペクティブへと一方的に組み入れられるというわけではないことが理解されよう。個別パースペクティブが共通パースペクティブへと一致するとはこのような一連の過程を意味している。そして、世界は以前とは異なる世界になるのである。ミードはこの一連の過程を「諸パースペクティブの組織化」すなわち「自然の創造的前進」の実例であると考えたのであった（Mead,［1927］1964, p. 316=2003, p. 108）。

四　結びにかえて

前節までの検討から分かるように、彼の科学方法論はミードの眼前でも日々展開されていたであろう種々の社会問題に対していかにアプローチするかという具体的な方法論ではない。そうではなく、彼の科学方法論は古代より続く科学の営みを〝観察とはいかなることか〟に注目しながら整理し、生じていることをリアルにつかみ取ろうとする当代のリサーチ科学に正当な評価を与える試みであったといえる。

そして、ミードはそうした思索のなかで「例外的事例」や「個別パースペクティブ」という形で、個人の経験が持つ意味を最大限重視している。古代科学から近代のリサーチ科学に至る「観察」の変遷をめぐる議論のなかで、ミードは個人が経験する例外的事例が科学理論の変化にとって決定的な重要性を持つことを指摘している。そしてホワイトヘッドを摂取したパースペクティブ論においては、ホワイトヘッドの概念を拡張して個別パースペクティブという概念を提起したうえで、そうした個別パースペクティブが不完全な歪曲物として退けられるべきものではなく、自然において客観的に存在していると主張する。さらに世界はそうした個別パースペクティブのいわば折り重なりとして存在すると主張している。こうした主張からは、ミードが我々の生きる世界の構成の基底をなすものとして、個人の経験を位置づけようとしていたことがうかがえる。

もちろん、個人が経験することの全てが無条件に社会に変化をもたらす例外的事例だというわけではない。ミードも述べているように、個人の経験が社会変化の出発点となり得るのは、個人の経験が他者においてまさに例外的事例として受け止められた場合である。では我々一人一人が、科学者のごとく自分自身に生じた経験を例外的事例として他者に認めさせるべく奮闘しなければならないのだろうか。結局のところ、ミードの議論は〝誰もが例外的事例から適切に仮説を形成することのできる個人思想家たれ〟という要請の表明にすぎないのだろうか。

本稿での検討からする限り、ミードは人々全てが理性的であれとの要請を表明してはいないように思われる。人々が理性的な態度を取り得るのかどうかを検討しているのでもない。そうではなく、ミードのねらいは、例外的事例の特質を明らかにすることにこそあったと考えられる(9)。ミードは、理性的に語られるかどうかに関わらず、例外的事例が特定の時間と空間において生じている時点ですでに、その例外的事例が科学の検討対象として取り上げられる資格を有していると主張した。ミードの見るところ、個人の経験する例外的事例は「そのときその場において」、客観的に存在している。それは既存の理論によっては説明できないが、だからといって「絶対的自我の歪曲物」として排除してはならない。というのも、例外的事例において、これまで知られているのとは別の形で世界と我々の関係が示されているのであり、それは「新しい共通パースペクティブ」を生み出す起点になり得るかもしれないからである。我々は、ミードのこうした論点にこそ注目しなければならない。

もっとも、例外的事例の性格についての検討がミードの主要課題だったからといって、彼において理性的とはいかなることかということが考えられていないというわけではない。すなわち、例外的事例の性格を検討するミードの議論が実質的に、理性のあり方を捉え直す試みとなっていることにも、我々は注意を向ける必要がある。実証主義と合理主義は、紛れもなく当時の理性的な思考の枠組みであっただろうが、もし理性的であるということがあらかじめ決められた世界に関する壮大な理論体系から事象を説明する態度を意味していたり（実証主義）、あるいは世界の究極要因を発見するためにリアリティを際限なく分解することを意味するのであれば（合理主義）、そうした理性の担い手には世界の体系に関する膨大な知識や高度な分析法が要求されることになる。そうだとすれば、その担い手としてテクノクラートや専門家が登場するのも当然だろう。

当然、ミードは彼らによる支配すなわちテクノクラシーに鋭く反発している。では、テクノクラートや専門家ではなくたとえば労働者たちが理性の担い手として社会の表舞台に立てばそれでいいのだろうか。ミードはそのようにも考えていない。というのも、ミードからすれば実証主義や合理主義において展開される思考の営みが理性的なものだと考えている限り、誰が理性的な態度をとろうとも、例外的事例が持つポテンシャルを引き出すことにはならないからである。

つまりミードは、例外的事例のポテンシャルを適切に捉えられない実証主義や合理主義という思考の様式それ自体を批判しているのである。それに対して、ミードにおいては、理性的な態度とは不断に生じる例外的事例を適切に取り扱い、そこから仮説を形成し続けることによって、不断に変化し続ける世界の姿を捉えようとする態度であると考えられている。このように、ミードは科学方法論において我々の理性それ自体を組み直すことを試み、そして共通パースペクティブの変化の原点として、例外的事例を生み出す個人を正当に位置づけたのである。

〈注〉

（1）教育面での活動を見ると、ミードはデューイが始めたシカゴ大学実験学校に開校時からかかわっている。また彼はシカゴの市民団体であるシカゴ・シティクラブに所属し、シカゴ市の児童の大半が初等教育を満足に終了しないままに働きに出てしまう現状について調査を実施した。さらに公教育への職業教育の導入を主張し、そのための予算措置や立法化を提案した。また彼は社会調査の分野でも積極的に活動している。シカゴ大学セツルメントが主催したストックヤード地区の調査では中心的な役割を果たした。さらに当時のシカゴで頻発していたストライキについては、その調停委員として活躍した。そして、ハルハウスを主宰するJ・アダムズら実践活動を行う知識人たちと密接に交流し、彼女らのセツルメント活動に対して最大限の協力を惜しまなかった。

（2）ミードは「ロマン主義の哲学」としてフィヒテやシェリング、ヘーゲルをあげる。そのなかでも特にフィヒテに関して、ミードは高い評価を与えているように見える。『一九世紀の思想の動き』（Mead, 1936）の第五章において展開されているフィヒテの思想は、後のミードの自我論にきわめて近しい内容となっている。

（3）ミードによれば、こうしたロマン主義的観念論は「進化の哲学」である。「ロマン主義的観念論者たちは、ダーウィンやラマルクが同時代に生命現象の領域で取り組んでいたことに、思弁哲学の領域で取り組んだ」（Mead, 1936, p. 154=1994（上）, p. 277）。

（4）ミードによれば、伝染病は接触感染説によって説明されていたが、伝染病の散発的発生（Mead, 1936, p. 264=1994（下）, p. 42）という例外的事例が発生し、「医者や保健所の実際の経験」と「通常の理論」との間に矛盾が生じたことによって、理論の変更を余儀なくされた（Mead, 1936, p. 132=1994（上）, p. 248）。そこで科学者はこの例外的事例をも適切に説明するような仮説を提示し、それが検証に付され、「伝染病に関する細菌理論」（Mead［1917］1964, p. 173）が確立された。

（5）絶対的観念論においては「諸個人は、このより大きな自我の有限のあらわれにすぎない」（Mead, 1936, p. 86=1994（上）,

p. 180)。

（6）なおミードは、行動主義心理学について、生理心理学が動物一般と人間の知性を自然のなかにおいたのと同じく、行動主義心理学が人間のコミュニケーションや思考、意味を自然のなかにおいたことを評価している（[1927] 1964, p. 307=2003, p. 94）。この点については、ミードが一九二二年に発表した「有意味シンボルの行動主義的説明」と題する論文や *MSS* において、意味とはあらかじめ人間の内面に存在しているものではなく、「ある有機体による身振り、その身振りが初期の局面に存在するような社会的行為の所産、そしてその身振りへの他の有機体の反応」（Mead, ASP2, p. 45=1934, p. 76=1973, p. 84）の三つからなる関係を母体として生じるという説明を想起されたい。

（7）ミードの理解では①知覚しつつある出来事が、②一致集合を生み出し、③その一致集合が自然の厚板を構成する、という順序でホワイトヘッドの相対性理論における「知覚しつつある出来事」、「持続」、「一致集合」について整理し、諸パースペクティブの組織化として自然を説明する。しかしホワイトヘッド自身の議論では、①知覚しつつある出来事が、②今―現在、こことという時間的空間的制限を持った自然の時間的厚板としての持続を構成し、③その持続と、知覚しつつある出来事との間の固有の関係性としての共軛が、一致集合を生むという順序になっている。このように、ミードは必ずしもホワイトヘッドの議論の運びを忠実に再現しているわけではない。

（8）このような、いわば個別と普遍の同時変化のプロセスは、すでに見た「方法」論文における科学理論の変化の説明においてもあったことに注意されたい。近代科学における科学理論は不変のものではなく、常に変化し続ける。近代の科学理論においては個人が経験する「例外的事例」（Mead,［1917］1964, p. 173）がきっかけとなって仮説が形成され、科学理論が変化している。同時に、既存の理論の〝例外〟であった当の例外的事例は、新理論のなかで、一例として位置づけ直され、新たな位置を占めている。さらに、既存の理論における事例であったものも、新理論のなかに新たに位置づけ直されることになる。

（9）冒頭で述べたように、ミードは各種の実践活動に積極的に参与していた。シカゴ大学が行ったストックヤード調査によって、ミードは精肉業に携わる労働者の生活状況を把握した。あるいはガーメントストライキの際には、ミードはハルハウスのレジデントであるS・ブレッキンリッジらとともに小委員会の委員に選出され、縫製労働者の労働条件を調査し、労働者の不平を聞き取った。また、ミードはハルハウスに継続的に関わり、「その場に住む」（Mead, 1907-08, p. 108）レジデントを通して街の生の姿にふれた。このように、ミードが行ったのは個人の経験へと自ら接近し、それらの経験のいわば「頑固な事実」性を明らかにするということであった。我々はこうしたミードの姿からも、彼が例外的事例を経験する個々人に〝自らの経験について理性的に語るべし〟というような特別の負荷を強いてはいないことを読み取ることができるように思われる。

〈参考文献〉

Cook, G., *George Herbert Mead: The Making of a Social Pragmatist*, University of Illinois Press, 1993.

Deegan, M. J., *Jane Addams and the Men of the Chicago School, 1892-1918*, Transaction, 1988.

伊藤勇「G・H・ミード自我論の相互作用論的意義」『社会学研究』四二号、東北社会学研究会、四〇三―四一五頁。

――「ミードの『社会行動主義』」船津衛編『G・H・ミードの世界――ミード研究の最前線――』恒星社厚生閣、一九九七年、六四―八一頁。

Joas, H., *Praktische Intersubjektivität: Die Entwicklung des Werkes von George Herbert Mead*, Suhrkamp-Verlag, 1980.（= Meyer, M., *G. H Mead : a contemporary reexamination of his thought*, Polity Press,［1985］1997.）

Mead, G. H., "The Social Settlement: Its basis and function", *University of Chicago Record 12*, 1907-08, pp.108-110.

――"Scientific Method and Individual Thinker", *George Herbert Mead: Selected Writings*, University of Chicago（以下 *SW* と略記）,［1917］1964, pp. 171-211.（= 清水幾太郎訳「科学的方法と個人としての思想家」清水編訳『創造的知性』河出書房、一九四一年、一五九―二一二頁）

――"The Objective Reality of Perspectives", *SW*,［1927］1964, pp. 306-319.（=加藤一己・宝月誠訳「諸パースペクティ

ブの客観的リアリティ」『G・H・ミード　プラグマティズムの展開』ミネルヴァ書房、二〇〇三年、九三―一一二頁)。

――*Mind, Self, and Society ; from the Standpoint of a Social Behaviorist*, Morris, C. W. ed., University of Chicago, 1934.（＝稲葉三千男・滝沢正樹・中野収訳『現代社会学体系　第一〇巻　精神・自我・社会』青木書店、一九七三年）（＝河村望訳『「デューイ＝ミード著作集」精神・自我・社会』人間の科学社、一九九五年）。

――*Movements of Thought in the Nineteenth Century*, Moore, M. H. ed., University of Chicago, 1936.（＝魚津郁夫・小柳正弘訳『西洋近代思想史――一九世紀の思想のうごき――』（上・下）、講談社学術文庫、一九九四年）（＝河村望訳『十九世紀の思想運動』人間の科学新社、二〇〇二年）。

徳川直人「行為・時間・自己――G・H・ミードの『リフレクション』への『行為の観点』からの再接近――」『社会学評論』44(1)、日本社会学会、一九九三年、一六―二九頁。

――「G・H・ミードにおける科学と実践」宝月誠・吉原直樹編『初期シカゴ学派の世界――思想・モノグラフ・社会的背景――』恒星社厚生閣、二〇〇四年、八〇―一〇四頁。

Whitehead A. N., *An Enquiry Concerning the Principles of Natural Knowledge*, Cambridge University Press, 1919.（＝藤川吉美訳『自然認識の諸原理』松籟社、一九八一年）。

安川一「G・H・ミードの社会理論におけるホワイトヘッド自然哲学――パースペクティヴの客観性をめぐって――」『一橋論叢』93(5)、一橋大学一橋学会、一九八五年a、六八九―七〇八頁。

――「G・H・ミード『社会心理学』の性格と課題――社会的実践と社会心理学――」『社会学評論』36(2)、日本社会学会、一九八五年b、二一七―二三一頁。

山尾貴則「G・H・ミード科学方法論の検討」『作新学院大学人間文化学部紀要』1、作新学院大学人間文化学部、二〇〇三年、五三―七〇頁。

旅と人間
——トポスと道と風景——

山岸　健

汝自身を知れ。
人間とは何か。
セネカ

小説家のほんとうのわざはおそらく、時と年齢とを再び描くことであろう。小説のなかではすべてがめざめであり、発見でなければならない。しかも同じ対象において、対象が変わったら、波乱万丈《ロマネスク》は死ぬ。そして旅行することは小説の対象では全くないのだ。そうではなく、ただ、同じ対象のうえに戻ってくること。そこから幼い頃への追憶が果てしなく広がっていく。同じ町で、同じ庭で、同じ家での追憶。プルーストが彼の宝物を開陳するのはコンブレーの町である。また、バルザックの『谷間の百合』のあの谷間を考えたまえ。いつも同じ谷間なのだが、それを見る眼差しは老いている。こうして、ほんとうの小説というのはいわば旅に出かけているようなものだ。それは時のなかの旅である。

アラン

わたしにとって、港を見渡す位置にあるテラスやバルコニーからの見晴らし以上に価値ある眺めはありません。

わたしは海にいる夢を見ていた……。「パリ」がそんなわたしの目を覚ます。豊かなざわめきが、パリにもどったわたしを迎えてくれる。(中略)

無数の車輪のまわる音から永遠に生まれつづける大河のようなうなり声を背景にして、一種の騒音による遠近法が、その描く音の絵画は一瞬一瞬現れては消えるのだが、何か巨大な筋書きを連想させ、それを数限りない出来事が、それぞれは別個だけれど次々と絶えることなく起こって維持しているのだ。

ヴァレリー

空の下の街路にこんなコンポジションを見た。女が小さな手押し車を押し、その車の前には手まわしオルガンが縦向きにのせられている。そのうしろに籠《かご》が横向きに置かれ、その籠のなかに嬰児《えいじ》が帽子をかぶせられ、両足を踏んばってうれしそうに立ち、すわっていることを肯《がえ》んじない。女は手まわしオルガンのハンドルをときどきまわす。すると嬰児は足を踏みしめながら籠のなかに立ってしまうのである。緑色の晴着を着た小さな娘が踊って、窓を見上げながらタンバリンを打ち鳴らす。(中略)

サン・ミシェルの遊歩道はひっそりとして広く見えた。かすかに坂になっていて、軽々と歩けた。頭上でガラス窓が明るいひびきで開き、その反射が白い鳥のように街路を翔《と》んだ。うす赤い車輪の馬車が通りすぎた。(中略)風はいきいきとして新鮮でなごやかであって、さまざまなものが昇《のぼ》る、香《かお》りと呼び声と鐘の音とが。

リルケ

人間の存在とは、存在的《オンティック》にかつ精神的《スピリチュアル》にそこに与えられている存在であるだけではなく、人間に課せられている存在でもある。

人間は、それに対して、リスポンシブルつまり応答する責任がある。

生命力とは、自己自身を失うことなしに自己を越えて創造するところの力なのである。(中略)

人間とは、意味の「なかに」生きている存在である。

ティリッヒ

心に感じられる形象の布置、これこそ地中海精神をつくりあげているものである。空間とは? ある肩の曲線、ある顔の楕円形である。時間とは？　一人の青年が浜辺の端から端をめぐることである。太陽の光りが線を切り、数を生みだす。すべてが人間の光栄に協力する。人間の光栄とその滅亡とに、人間がなにがしかの価値をもつとすれば、人間が行動の舞台装置として、風景よりももっと遠くに死をもつことである。一方は他方なしには理解されないだろう。

グルニエ

ここ。この場所の風景は、もろもろの場所を寄せ集める。一つの地点は、近隣に取り囲まれた特異な点として描かれる。（中略）住処、あるいは隠れ家、ベッドの場所や食卓の場所、その場所のまわりに、足跡が刻まれ、日常生活の無数の局所的な花綱模様や唐草模様や花輪模様が形づくられてゆく。ここで誰かが生き、食べ、眠り、自分の習慣にいそしみ、愛し、働き、苦しみ、死んでゆく。（中略）

　君はどこへ走ってゆくのか。あそこへ、乳と蜜が流れると言われる場所へ。君はどこから来たのか。私はすでに出発点の楽園を失ってしまった。（中略）

ここに風景の場所があり、墓石がそれを標示している。

ここに庭園の用地があり、彫像がそれを示している。

ここ、曲がりくねった道の上に、ケルンあるいは石塚がある。

ここ、まっすぐな道の上に、境界神、里程標、ヘルメス像がある。

それはもろもろの近傍や里程標をそなえ、いずれにせよ充分に根拠のある「ここ」に対する目印の石をそなえた集積点である。


　風景はもろもろの場所の寄せ集めであり、もろもろのページでできたページである。（中略）方法〔論〕は砂漠をまっすぐに横切ってゆくのだが、風景は方法論の邪魔をし、すべての場所は方法論にとって障害となる。風景のなかを通ってゆく道は遊歩道《ランドネ》と名づけられる。（中略）

　一つの方法〔論〕は一つの通路、道、道路を描き出す。われわれはどこへゆくのか、われわれはどこから出発したのか、われわれはどこを通ってゆくのか。これは、知るために、そして生きるために、理論について、実践について、苦悩について、愛について問われるべき問題である。

セール

日が暮れて農家に泊めてもらって、あんどんの明りの下に寝て野原の夢をみたり、朝げには焼いた草もちか粟もちを食う人達に

は「たびびと」の幻影がはっきり出てくる。（中略）
「たびびと」という言葉には日本と同じように、「クセノス」というギリシア語にも、ホスペスというラテン語にも、外国人という意味と同時に賓客という意味が含まれている。（中略）
シェイクスピアが言ったように「旅人はかえらない」。永遠の旅人も人生の旅人も永遠に去ってしまった。

六月から七月にかけてイタリアは最も美しい季節であることは旅人の経験するところだ。私は幸いにこのすばらしい季節にめぐりあったのだ。イタリアの野も山も麦畑が実って、黄金の海に波うっていた。そのところどころに葡萄畑とオリーヴ畑と「ニレ」の樹や「モメンヅル」の樹の濃いみどりが美しい模様を描いている。路傍には真紅な「野ゲシ」が咲きみだれている。この国の明るさは太陽が金箔《きんぱく》をまき散らし影は紫にそまる感じがする。

西脇順三郎

嘗つて私は、（自分の）音楽を説明するために、「音の河」と謂うことを言いましたが、それは観念であるよりは寧ろ実際的なことであって、無心に聴くことで、世界には音の河が奔流のように走っているのが分ります。ひとつひとつの音はそれぞれに別の際立った存在でありながら、それらはこの地上の生命と同じように扶《たす》けあうことで共存しているように思えるのです。
『ノヴェンバー・ステップス』を作曲した頃、ちょうど現在《いま》と同じように樹々の葉や叢がひと色の濃い緑を目指す初夏を、私は信州で過ごしました。作曲をしていると、様々なもの音が風に乗って聞えてくる。農家の有線放送が山に反響して微妙な音の濃淡法《グラデーション》を示し、その移り変りの間隙を鋭い鳥の声が刺繍する。はじめはそういうもの音に気が散って、仕事は手につきませんでしたが、煩わしく感じられた（自然の）もの音を、（ただ受けとめることを止めて）逆に積極的に聴きだそうとすると、眼に見えない音でありながらそれまで気付かずにいた自然の造化の工《たく》まざる美や驚きと出会うのです。（中略）

まず、聴くという素朴な行為に徹すること。やがて、音楽がのぞむところを理解することができるだろう。

武満　徹

〈エピグラフの出典〉
セネカ――『セネカ哲学全集／倫理論集I』岩波書店、二五七頁、マルキアに寄せる慰めの書、大西英文訳。
アラン――アラン、神谷幹夫編訳『四季をめぐる51のプロポ』岩波文庫、三〇―三一頁、移動しない旅、一九二四年三月二二日。

ヴァレリー——ポール・ヴァレリー、東　宏治・松田浩則編訳『ヴァレリー・セレクション』下、平凡社ライブラリー、一〇〇頁、地中海のもたらすもの、東　宏治訳、一八七頁、パリの存在、東　宏治訳。
リルケ——リルケ、望月市恵訳『マルテの手記』岩波文庫、二二頁、六七—六八頁。
ティリッヒ——パウル・ティリッヒ、大木英夫訳『生きる勇気』平凡社ライブラリー、八四頁、一二六頁。
グルニエ——J・グルニエ、井上究一郎訳『孤島』竹内書店新社、一六八頁。
セール——ミッシェル・セール、米山親能訳『五感　混合体の哲学』叢書・ウニベルシタス、三二三頁、三八五頁、三八六—三八七頁、四一六—四一七頁。
西脇順三郎——西脇順三郎『野原をゆく』講談社文芸文庫、現代日本のエッセイ、二二九—二三一頁、旅人、二三七頁、私のローマの休日。
武満　徹——『武満徹著作集』4、新潮社、六六—六七頁、音・ことば・人間、一九八〇年一月、岩波書店、一九九二年一一月〈同時代ライブラリー〉収録。

これまで人類と人間にたいして投げかけられてきた名高い銘文がある。古代ギリシア、デルポイのアポロンの神殿に掲げられていたつぎのような言葉だ。

汝自身を知れ

これまでどんなに数多くの人びとが、この銘文に注目して、それぞれに言葉を残してきたことだろう。あまねく知られたこのアポロンの神殿の銘文は、人類と人間にたいして残されてきた貴重な知的財産だったといえるだろう。人間であるならば、誰もが、この言葉を回避することは、できないはずだ。自己自身と向き合う、自己自身に語りかけるということは、まことに人間らしい人間の営みなのである。また、人間の生活と生存の舞台と領域である〈世界〉をイメージし、人間と世界の双方に注目しながら、人生と呼ばれる大きな旅と日々の生活、日常生活について思いを深めていくこと、生と死について、おりおりに思いを進めていくこと、こうしたことも、まことに人間的な営みではないかと思う。人間とは、まさに人間と人間なのであり、人間関係は、人間のアイデンティティ（自己同一性・存在証明）の理解にあたって決定的に重要だが、人間的体験、社会的体験とならんで風景体験にもなみなみならぬものがあることをおそらく誰もが認めないわけにはいかないだろう。ヘルマン・ヘッセは、人間的体験、精神的体験、風景体験を区分しているが、ヘッセが、風景体験や風景の意義に注目していることを心に留めておきたいと思う。

人間は、人びとによって、特定の他者によって、家族によって、最愛の人によって、友人によって支えられており、助けられているが、さまざまな風景によって、大地によって、世界の片隅、片隅によって、トポスと道によって、さまざまな作品などによっても、支えられてきたのである。自己自身ではないところのものによって、人びとそれぞれの身体や五感に触れるものによって、目に触れるもの、耳に触れるもの、手に触れるものなどによって、私たちの身心は、支えられてきたのである。守られてきたのである。

人間は、〈世界〉に生まれる。人間は、〈世界〉で人生の日々を旅する。一日、一日を生きる。人生行路、それは、一筋の道、こうした道は、〈世界〉において、たえまなしにかたちづくられていくのである。人生の日々が、人生行路がどのように方向づけられていくのか、どのようなスタイルでどのように意味づけられていくのか、ということは、誰の場合でも、きわめて大切なことではないかと思う。フランス語、サンス（西田幾多郎は、サンという）sens が、ここにクローズアップされてくる。この言葉にはふたつの意味群がある。第一群の意味——感覚／意味、そして第二群の意味——方向。サン＝テグジュペリは、私たちに「人生に意味を」という言葉を残しているが、こうしたフランス語 sens が姿を見せているシーンだ。意味づけるということは、方向づけるということなのである。向き、方向は、世界体験、風景体験において重要だ。列車での旅があるが、車窓風景には微妙な変化が見られる。進行方向に向かって右手、右方向の車窓と左手、左方向の車窓それぞれに、時にはまったく異なる風景が浮かび上がる場合がある。

マルセル・プルーストの『失われた時を求めて』においては、列車の右手、左手のそれぞれの車窓風景を追い求めるシーンがある。カーヴしているところでは、右手の車窓に見えていた風景が、こんどは左手の車窓に姿を現すことがある。

展望台においても、向きを変えると、まったく異なった景色、風景が、目に触れることがある。目の風景があり、耳の風景がある。耳にさまざまな音が触れる。音が漂い流れてくる方向がある。風の向き、風向がある。向きや方向は、日々の暮らしにおいて重要な意味を持っているのである。

日の出、日の入り、それぞれの方角、方向がある。人びとがそこで生きてきた、私たちがそこで生きている世界、まさに人間の生活と生存の舞台と領域、私たちの生活と生存のさまざまな野と地平は、なによりも東西南北によって、人間の身体によって、トポスと道によって、さまざまな対象、目標、ゴール、道しるべ、風景によって、地図によって方向づけられているのである。こうした世界も野も、五感、感覚によって、さまざまな光によって、いうまでもなく人びとそれぞれの世界体験によって意味づけられているのである。

人間は、自己自身の身体によって世界に巻きこまれてしまっている。身体によって、身体をとおして、身体とともに、人間は、世界に住みついているのであり、さまざまな野に属しているのである。視覚の野、視野があるばかりではない。視覚の野、嗅覚の野、口腔感覚の野、手で触れることができる野、触覚の野などがある。見るとは、目で対象に触れること、対象に住みつくことだ。音が耳に触れるのだ。さまざまな聴き方がある。耳を澄ました時に立ち現れる音の風景がある。すべてが触れることに集約されるように思われる。自己自身の手によって世界と結ばれていた人物がいる。ヘレン・ケラーだ。井戸端での水ｗ-ａ-ｔ-ｅ-ｒのエピソードが広く知られている。物には名前があるのだということを知ってヘレン・ケラーは、暗闇の世界から明るい光の世界に出ることができたのである。

どこから、どのような状態で、どのような光が、家のなかに、部屋のなかに、大地のそこ、ここに射しこんでくるか、ということは誰の場合でも気がかりなことだろう。家の出入口の向き、窓の向き、照明器具の位置と状態によって、人びとは、さまざまに気分づけられてきたのである。雰囲気、雰囲気的世界は、まさに人間にとって人間的な環境であり、人間的なソフトなトポスなのである。

人びとがそこで生きている世界は、光や明暗によって、色や色彩によって、形や形象によって、匂いや香りによって、対象によって、物質によって、いうまでもなく、人間、人びとによって、さまざまなトポスと道によって、人びとそれぞれの世界体験によって、意味づけられている（方向づけられている）のである。メルロ＝ポンティは、身体を世界への投錨、意味的な核と呼んだが、まことに妥当な表現だと思う。

大空を旅する太陽、オルテガ・イ・ガセーは、旅びと太陽という。目と太陽というモチーフとともに姿を見せる人びとがいる。まずプロティノス、そしてゲーテ、また、ユクスキュル。目で見て確かめること、それがゲーテの方法だった。ゲーテのイタリアの旅がある。彼は、南国、イタリアを旅しながら、自己自身は、アルプスの北の霧の国の人であることを自覚したのである。ヴェネツィアを訪れて、そこで旅びととして過ごしていた時、ゲーテは、しみじみと孤独を体験したのだった。このイタリアの旅、ゴールは、ローマだった。

イタリアの旅の一シーン、ある時、ナポリから船旅を体験してシチリア島のパレルモの港に到着したゲーテは、まるでクロード・ロランの絵かと思われるような風景をパレルモで体験したのである。

つぎにニーチェの場合。北イタリアのトリノで生活していた時のことだったが、ある時ニーチェは、このトリノでクロード・ロランの絵から抜け出たのではないかと思われるような風景を体験して、涙ぐむほど激しく感激したのである。

風景体験も絵画体験も、なみなみならぬ世界体験なのである。ロダンは、クロード・ロランを太陽の画家と呼んだことがあったが、クロード・ロランとともにクローズアップされてくるのは、イタリアであり、海港、船、舟、建物、建築、水際、人びと、さまざまな光、太陽などなのである。旅がイメージされるような絵がある。クロード・ロラン、ゲーテ、ニーチェ、ロダンだ。ロダンは、パレットを手にして作品を制作中のクロード・ロランを彫刻作品として残している。この作品は、パリのセーヌ左岸にあるロダン美術館（ビロン館）の庭園の片隅に姿を見せている。このミュゼの前庭には「考える人」が置かれており、ミュゼの右手方向の片隅には、ロダンの「バルザック」が飾られている。「バルザック」は、セーヌ左岸のラスパイユ通りがモンパルナス通りと交差するところ（トポス）に近いラスパイユ通りにその姿を現している。パリは、こうしたバルザックによっても意味づけられているのである。

バルザックは、パリを大海原と呼んだことがある。パリ発祥の地、シテ島、ごくわずか上流にあたるところにサン＝ルイ島があるが、バルザックは、このサン＝ルイ島をヴェネツィアと呼んでいる。サン＝ルイ島の左右の河岸は、ラ・セーヌ、セーヌ河の水の流れによって洗われている。サン＝ルイ島やシテ島にかかるさまざまな橋がある。このふたつの島においては、それぞれの姿と形、水の流れなどから船がイメージされる。ノートル＝ダム寺院の双塔が目に触れる。鐘の音が漂い流れる時がある。パリのさまざまな音風景、サウンドスケープがある。パリで体験される冬の光がある。ロダンは、冬の光を浴びたノートル＝ダム寺院の風景をたたえている。

旅びとは、旅先でさまざまな光や風を体験する。さまざまな風景を、人びとのさまざまな生活を体験する。旅びとは、さまざまなトポスや道を体験する。いろいろな言葉や風俗を、いろいろなスタイルの衣食住を体験する。旅びとは、自己自身を異邦人、外国人などとして体験する。モンテスキューは、大都会を旅びとにとっての故郷と呼んだことがある。マックス・ウェーバーは、都市を故郷を異にする人びとが集住しているところとして理解している。故郷と異郷――旅とは、明らかに故郷と異郷であり、旅は、故郷によって、異郷によって意味づけられているのである。旅とは、出発であり、帰還、ゴールだが、旅は、目的地、ゴールによって、途上によって、旅の日々によって意味づけられているのである。

旅は、日常性と非日常性であり、それらのあいだなのである。日常性は、非日常性によって意味づけられているといえるだろう。旅は、人間の生活と生存の活性化であり、人生をより深く生きるための一方法、それが旅ではないかと思う。生存の自覚の深まり、人間の世界体験の活性化、生成と存在の深化、展開、人生を生きる喜び、おおいなる希望、人間のよみがえり、五感の活性化、センス・オブ・ワンダー（レイチェル・カーソン）——旅をこのように理解したいと思う。

歴史家・フェルナン・ブローデルは、人間をよみがえらせてくれるような都市として、ヴェネツィアとパリを挙げている。感性と想像力に激しく働きかけてくるような旅がある。そうした風景やトポスや道がある。ガスケとセザンヌのシーンだが、ローマ人が造った道には豊かな風景感覚が見られる、とセザンヌはいう。エクス＝アン＝プロヴァンスのセザンヌ、サント＝ヴィクトワール山が、姿を見せている。セザンヌは、激しく風景を生きた人だ。明らかに旅とは、生存の自覚であり、世界の発見なのである。

＊

ところで西田幾多郎は、フランス哲学について考察したおりに、体系的とはいえないモンテーニュのエセーに注目して、モンテーニュの感性とアプローチ、方法を評価し、フランス語 sens に見られる独特な意味をふまえて、日常的世界を哲学のα、ωと呼んだことがある。このフランス語 sens は、ドイツ語や英語の同様な言葉とは、その趣を異にしているのである。

日常生活、西田はそれを人びとが生きている世界と呼ぶ。西田哲学には、どことなく人間学的な様相が浮かび漂っているが、時間的空間的世界は、根源的に歴史的空間であり、人間にとっては究極のトポスとして理解されたのである。彼は、人間にとって真の環境を世界、個物相互限定的な世界と呼ぶ。西田においては、こうした世界は、歴史的社会的世界、人格的世界、表現的世界、創造的世界なのであり、人間、西田の表現を用いるならば、作られて、作るものの頂点に姿を見せる人間は、身体的自己、意識的自己、行為的自己、ポイエシス的自己、創造的自己などとして理解されているのである。プラクシス(行為・実践)、ポイエシス(制作・創造)は、彼の哲学と人間学においては、キー・ワードに数えられる言葉だが、西田は、社会をポイエシスの様式と呼んでいる。

西田に学んだ三木清は、若き日、ドイツに留学して、ハイデルベルクで生活し、そのあとでマールブルクに移って、その地でハイデッガーに師事して学んでいる。留学生、旅びと三木は、やがてマールブルクからパリに向かい、凱旋門の近くに居を定めて、パリで生活する。その時、三木は、フランスのモラリストたちに接したが、モンテーニュに触れながら、特にパスカルを研究したのである。異国で生活することの魅力を生成と存在の綜合として理解した人物がいる。ジンメルだ。

ジンメルの生の哲学、生の概念は、ヘラクレイトスの生成の哲学とパルメニデスの存在の哲学によって裏づけられているが、ここでヘラクレイトス、パルメニデス、そしてジンメルをふまえてイメージするならば、トポス、故郷、故郷にふみとどまることなどにおいてクローズアップされてくるのは、〈存在〉であり、旅、旅すること、漂泊などにおいてクローズアップされてくるのは、〈生成〉なのだ。ヘラクレイトス――「同じ川には二度入れない」。「太陽は日ごとに新しい」。「のぼり道もくだり道も同じ道」。流れゆく水、水の流れ、河川、それらは、ヘラクレイトスの風景だ。流れに姿を現している岩石、石は、パルメニデスの風景。たえまなしの先への流れ、過去と未来、溢流《いつりゅう》――ジンメルは生をこのように呼ぶ。岩石や石をかむように流れていく水、流れ、ジンメルの風景なのである。フッサールにおいては、意識としての生のヘラクレイトス的な流れである。

人間、個人、個人が、私たちの誰もが、日々の生活と生存の舞台で中心的な位置、トポスを占めており、すべては、ここからそこへ、かなたへなのである。人間においては、中心性を認めないわけにはいかないし、自己自身の身体は、まさに座標原点、ゼロ・ポイントだが、行為者、活動者である人間は、一点、特定のトポスに拘束されているわけではない。単独の状態で独立しているわけでもない。人間は、他者によって、人びととの人間関係、さまざまなリレーションシップやメンバーシップによって、道具によって、作品によって、風景によって、対象や客体によって、世界につなぎとめられており、トポスや道によって世界に位置づけられているのである。対象や客体なしの状態をイメージすることは、まったく困難だと思う。ハンナ・アレントの表現を用いるならば、人間は条件づけられた状態にあるのであり、こうしたことが、人間の条件なのである。人間を中間的存在、漂流者と見たパスカルは、不安と苦悩と定めなさを人間の条件と呼んでいる。

人間は自己自身と向き合うことができる自覚的主体だが、対象や客体あっての依存的で関係づけられた主体なのである。人間は、決して悠々とした状態で主体であるわけではない。人間存在という言葉が用いられてきたが、実際的には人間は生成そのものではないかと思われる。人間を生成的存在、生成／存在と呼びたいと思う。人生の旅びと、人間は、まさに変わりゆく、動きつつある、変転してやまない、生成／存在なのである。西田幾多郎も和辻哲郎も、個人は社会であるといったが、こうした表現は、人間の本質と真相をはっきりと言い当てているといえるだろう。

人間は、世界において、世界との対応と関係において理解されるのである。人間を世界―内―存在と呼んだハイデッガーの人間理解に注目したい。彼は、また、人間を死への存在、死に臨む存在、共同相互存在と呼ぶ。命に限りがある状態で大地に住む存在、ハイデッガーの人間理解である。サン＝テグジュペリは、人間を住まう者と呼んでいる。いずれの場合もトポスが浮かび上がってくる。

ギリシア語、トポス τόπος この言葉には、場所、位置、ところ、居場所、家、住居、部屋、坐席、村や町などの集落、職業、墓や墓地、書物の特定のページなどという意味がある。トポスと道によって大地と空間は、意味づけられている（方向づけられている、秩序づけられている）のである。

さきに見たように西田幾多郎は、日常的世界を哲学のα、ωと呼んだが、日常的世界は、社会学の、また、社会学的人間学のα、ωなのである。世界にヴェールをかけてしまうわけにはいかないのだ。世界と人間の双方向にアプローチしながら、日常生活と人生を、旅を、多元的現実などを、人間と社会を、自然と文化を、歴史と時代を理解したいのである。

定住生活、遊牧生活、移動しながらの生活、異国での生活、旅する人びとにとっての一夜の宿――いずれにしてもふみ留まること、落ち着くこと、よりどころを見出すこと、居を定めること、住まうこと、トポスを築くことは、人間の生活と生存にとってまことに深い意味を持っているのである。エリアーデの文脈で理解するならば、居を定めること、トポスを造ることは、まさに世界の創建にあたるのであり、こうした場合には、世界軸、世界柱 axis mundi がおのずからイメージされるのである。エリアーデの場面だが、家から離れて一日の仕事を終えて、ふたたび家にもどることは、オデュッセウスのイタケー島への帰還にも相当するのである。日常の生活拠点、トポスから離れて世に出るということは、なかば冒険にも等しいのであり、安全なトポスにもどってくるということは、よろこぶべきことなのである。ほとんど日常というべき日々の旅があるといえるだろう。

ホメロスの『オデュッセイア』の一シーン、数々の苦難と危険を体験しながら、なつかしのイタケー島にようやく帰り着いたオデュッセウス、彼はおのれが誰であるのかということを証明しなければならない。そこに姿を見せていたオリーヴの樹をベッドのひとつの支柱にしてベッドを造り、大切なトポス、部屋や家を築いたことをもって、オデュッセウスは、自己自身のアイデンティティをまわりの人びとに理解してもらうことができたのである。オリーヴの樹によって支えられていたベッド、オリーヴのトポス――オデュッセウスのこうしたオリーヴの樹にかかわるエピソードは、トポスのエピソードとして注目に値するエピソードだと思う。樹木は、トポスの原型ともいえるのである。

さまざまな旅があるが、オデュッセウスのイタケー島への帰還の旅は、まことに波乱に富んだ記憶さるべき旅なのである。あらゆる旅には多かれ少なかれ冒険と呼びたくなるところがある。旅とは、さまざまなパースペクティヴでの時間と空間の、また、トポスと道の濃密な体験であり、世界体験のダイナミックな拡大と深化なのである。旅とは、不安と驚きと感激をともなった五感の活性化であり、人間の新たなよみがえりではないかと思う。三木清は、旅びとを見る人と呼んだが、旅びとは見る人ではあるものの、自己の五感にソフトに自己自身をゆだねる人を旅びとと呼びたいと思う。

ここで道について触れておきたいと思う。トポスと道、このふたつの言葉は、別々の言葉だが、たがいに緊密に結びついた状態にあるといえるだろう。ふみ留まること、滞留すること、動かないこと、沈潜すること、こうしたことは、トポスにおいて体験されることだが、道端や道に沿ったところにさまざまなトポスが見出されることは、明らかだ。それぞれのトポスには、さまざまな道や通路、パスが見られるのである。トポスにおいては、動きが封じこめられているわけではない。人間は、生命力であり、行動力なのであり、行為者であることに人間のアイデンティティが見出されるのである。

プラクシス（行為・実践）、ポイエシス（制作・創造）、いずれも人間のアイデンティティそのものであり、プラクシスとポイエシスによって、人間と世界、また、環境と人間は、いずれもしっかりと結ばれているのである。ゲーテは、行為と行為の生産性に大きな信頼を寄せている。

家を造ること、道を造ること、橋を架けることにおいて人間の独自性とアイデンティティを理解した人物がいる。ジンメルだ。感覚の社会学や風景の哲学などについても考察したジンメルには、イタリアの三都市についての珠玉のエセーがある。全体的には風景美学の趣が漂っている作品だが、この三都市とは、ヴェネツィア、フィレンツェ、ローマである。さまざまなトポスや道について旅びとが抱いた生活感情、旅情、風景感情、異邦人としての体験、郷愁、思い、記憶などには、まことに深いもの、切々たるものがある。旅体験は、人間の底深い体験、身心を打ちふるわせてしまうような体験、アイデンティティのひとつの支柱やかなめとなることもあるような体験なのである。旅とは、誰の場合でも、いくらかの、時にはおおいなる変身であり、旅とは、日常生活と、また、自己自身と、距離をとることなのである。視点とパースペクティヴ（遠近・眺望・視野）に見られるさまざまな変化、それが旅だということもできるだろう。旅においては、トポスと道、存在と生成というそれぞれのモチーフが、はっきりと自覚されるのではないかと思われるが、生成の加速が体験されることがあるように思う。トポスは存在そのもの、道は生成そのものなのである。さまざまな道によってトポスとトポスが結ばれている。トポスのなかをめぐる道もある。村道、山道、林道、峠道、畦道、野中の道、山の辺の道、尾根道、里の道、舟曳き道、道なき道と呼びたくなるような道、なんとさまざまな道があることだろう。

トポスである村や町や都市、人間の集落には、つぎつぎに多種多様な道、パス、さまざまなトポスが見出されるのである。たとえば街路、路地、小路、横町、脇道、裏道、パリのブールヴァール、大通り、ベンヤミンのパリに姿を見せるパサージュ、パリの河岸の道、さまざまな広場……一筋の道、集落のなかをめぐっている道、街道、迷路状の道、水の道、いわば水の流れ、また、階段となっている道、建物の内部の道、庭の道、公園の道……道の形状と表情、風景、パースペクティヴは、まことに変化に富んでいる。どのような人びとが、どのような姿で道に姿を現しているのか。トポスや道の音風景や匂いや香りの風景がある。フランス語 rue この言葉には、道、通り、街、そのあたりに住んでいる人びとなどという意味がある。トポスにしても道にしても、どことはなしに人びとの生活や人間が姿を覗かせているのである。

都市の焦点、中心、集落の中核となっている広場は、ノード、結び目だが、広場とは道が広くなっているところ（トポス）であり、さまざまな道は、広場によって束ねられているのである。道にも広場にも人間の姿が、浮かび漂っているといえるだろう。

さまざまなスタイルとスケールの旅があるが、散歩すること、ぶらつくこと、さまよい歩くこと、徒歩の旅は、まことに人間的な営みではないかと思う。バルザックにつぎのような言葉がある（『バルザック全集』2、創元社、三四頁、結婚の生理学、安士正夫・古田幸男訳）。

散歩すること、それは草木のように世をおくることであり、ぶらつくことは生きることである。

バルザックのこうした言葉は、旅すること、世界体験の核心に触れていると思う。散歩すること、ぶらつくことは、もっともナイーヴな旅ではないかと思う。

パリを訪れた人びと、パリに遊学した人びと、パリを旅した旅行客、そうした人びとは、枚挙にいとまがないが、パリをわが心の故郷、きわめて大切な母なるトポスと呼んでいる人びとがいるにちがいない。ヘミングウェイは、パリを移動祝祭日と呼ぶ。幸運にも青年時代にパリに住んだことがあるならば、残りの人生をどこで過ごそうとも、パリは、その人についてまわる、とヘミングウェイは、書いている。ある友へ、と記されたヘミングウェイの言葉だ（ヘミングウェイ、福田陸太郎訳『移動祝祭日』同時代ライブラリー28、岩波書店）。

移動祝祭日と呼びたくなるような旅があることは、確かだろう。旅をハレの日と呼ぶこともできると思う。もちろんさまざまな旅がある。帰省、故郷への旅は、おそらく誰の場合でも旅びとを特別に深い思いにさそいこむ旅ではないかと思う。

さまざまな道においてイメージされるのは、行動と行為、進路、方向、方向性、目標の地点、方位、道しるべ、地図、道づれ、出会い、別れなどではないかと思う。マルセル・プルーストの『失われた時を求めて』には、コンブレーのふたつの散歩道が姿を見せるシーンがある。オルテガ・イ・ガセーやサルトル、ボルノウ、フーコーらが、このふたつの散歩道に言及している。何人かの人びとの思索を動機づけたり、方向づけたりしている道だ。プルーストのシーン――コンブレーのふたつの散歩道のうちのひとつは、メゼグリーズの方向をめざす道であり、スワンと呼ばれる人物のトポスを通っていくのでスワン家の方へと呼ばれている道だった。野原をゆくような道で風を受ける道であり、いくつかの塔が視界に浮かぶ道だったが、さほどの距離ではない道だったのである。もうひとつの道は、ヴィボーヌ川の水の流れに沿って進んでいくような道であり、途中で睡蓮の花畑と呼ぶことができるような色彩的な風景が、目を楽しませてくれもするような道だった。プルーストは、かなりの距離があるこの道をゲルマントの方へと呼んでいる。時には雨具の用意が必要となる道だった。コンブレーの家（トポス）から散歩に出る時には、ふたつのコース、散歩道に応じて、別々の出口から道に出て、道をたどることになっていたのである。みごとなまでに異なるふたつの散歩道が、プルーストのこの小説の一シーンを飾っている。

人びとがそこに生まれて、そこで人生の日々を旅している、生きている日常的世界、社会的世界には、なんとさまざまな道やトポス、家、部屋、集落、特定の場所が姿を現していることだろう。社会的世界は、社会的文化的歴史的世界なのである。もちろん、人びとがそこで生きている世界の理解にあたって初めに注目しなければならないのは、自然であり、大地と宇宙的自然だ。ジャン＝ジャック・ルソーは、大地を人類の島と呼び、家族を社会の始まりと見ている。ルソーの目が注がれていたのは、庭園ではなく、野生の、原初の自然であり、手つかずの森、けわしい山道、そこに姿を見せている樹木、山地の風景、湖水、無人島などによってルソーの心は、とらえられていたのである。庭園でもなかば自然にもどりつつあるようなトポスは、ルソーにとって好ましいところだった。野生の自然をたっぷりと体験しながら、気が向くままに散策することは、ルソーにとって心安らぐことだった。ジュネーヴ共和国に生まれたルソーは、トリノやパリなどを旅しているが、『エミール』の出版によって、追われるようにしてパリからのがれた彼は、各地を転々とする。ルソーの旅は、ほとんど逃避行というべき旅だった。そうした旅の一シーンだが、ビエンヌ湖にあるサン＝ピエール島で珍しく心おだやかな日々を過ごしていたとき、近くの無人島を訪れることがあったが、この無人島に兎を放すことが、ルソーにとっては祭だった。最晩年、ルソーは、パリで生活している。その時、サン＝ジェルマンの野を訪れて、緑を目にすることは、彼にとって大きな楽しみだった。今日、パリのセーヌ右岸、ルーヴルから遠くないところに、ジャン゠ジャック・ルソー街（ルソー通り）がある。右岸には、モンテーニュ街、左岸には、オーギュスト・コント通り（コント街）がある。コントの名がついているrue は、セーヌ左岸のリュクサンブール公園に沿ったところ（トポス）に姿を見せている。また、この公園の近くには、パンテオンがあるが、ジャン゠ジャック・ルソーは、このパンテオンの片隅で深い眠りについている（ルソーの墓所である）。

セーヌ左岸にサン゠ミッシェル通りがある。セーヌ河からリュクサンブール公園方向、方面に向かう通りだ。公園をめざして進んでいく。とあるところで、左手にほどほどの広場、ソルボンヌ広場が姿を現す。オーギュスト・コントの胸像が、高い台座に飾られている。ソルボンヌ広場は、オーギュスト・コントの記念像によって意味づけられた状態で唯一のトポス（場所）となっている。

ボルノウは、場所、トポスを槍の先端部分、とがった穂先、一点として理解しているが、ドイツ語 Ort は、こうした場所を意味する言葉なのである。集落 Ortschaft は、高いところから眺めると、大地の一点、まさに大地の飾りとして目に映る。

空の旅では、空路、空の道は、あくまでも直線的だ。航続距離と高度の旅だ。風景と地図がまことに微妙な状態で体験される旅、それが空の旅だ。サン゠テグジュペリは、宇宙的空間と空や雲などをさまざまな状態で体験した人物だが、彼のまなざしが、きめこまやかに大地と人間に、人びとの生活と人間関係に注がれていたことに注目したいと思う。サン゠テグジュペリ――「愛するとは、たがいに見つめ合うことではなく、一緒に同じ方向を見ることだ」。方向、フランス語 sens のシーンだ。

すでに触れたことだが、西田幾多郎は、フランス哲学について考察した時に、ドイツ語 Sinn、英語 sense と比較した場合、フランス語、「サン」（西田の表現）sens は、他の国語に訳しがたい意味を持っている、という。西田は、フランス哲学に独特な内感的哲学の基礎をパスカルに見出している。

フランス人だが、異国、オランダのアムステルダムで生活したことがあるデカルト。ドイツに滞在していたこともある。デカルトの名を耳にすると、炉部屋がイメージされる。cogito, ergo sum　周知の「われ思う、ゆえにわれあり」。『方法序説』においてのシーンだが、デカルトは、世界、場所、身体という言葉をいったんは用いたものの、これらの言葉をほとんどカッコに入れてしまう。彼は、結局、終始、精神に信頼を託したのである。デカルトにおいては道は、深い意味を持っている。道に従うこと、それが方法として理解されているからだ。森のデカルト――森のなかで迷った時には、どうすればよいのか。進むべき方向を決めて、方向を変えずにひたすら進むこと。これがデカルトの提言だった。デカルトの場合、道は直線的な姿でイメージされる。尺度は、定められており、伸び縮みしない尺度だ。イタリアのナポリに生まれた歴史家、ヴィーコにおいては、凹凸やカーヴなど変化が見られる道が、イメージされる。尺度は、融通がきく、伸び縮みするような尺度なのである。デカルトの方法にたいしてヴィーコの方法がある。ヴィーコを地中海型の人間の典型と呼んだオルテガ・イ・ガセーは、セルバンテスの『ドン・キホーテ』に触れたところで、風車（クリプターナの風車だ）は、意味として巨大なのだ、という。決定的な言葉が、オルテガにある。

私は私と私の環境である。

オルテガは、環境を風景として理解している。彼は、デカルト以降、西洋の人びとは、世界なしに取り残されてしまった、という。オルテガは、環境とともに、世界において、人間と人間的現実へのアプローチを試みる。フッサールの生活世界論も、ユクスキュルの環境世界論も、このスペインの哲学者、思想家、社会学者、オルテガ・イ・ガセーの視野に入っている。世界へのアプローチが試みられた時、オルテガは、プルーストのコンブレーのふたつの散歩道において、プラクシス（行為・実践）の舞台と実用の場をイメージしている。

おそらく誰の場合でもトポスによって、道によって、人間関係によって、人間によって、宇宙的自然によって、さまざまな形象や作品によって、自己自身の生活と生存の舞台と領域、まさに〈世界〉が、意味づけられているのではないだろうか。世界をカオスの状態のまま放置しておくわけにはいかない。カオスとは、覗きこんでも何がどうなっているのか分からない暗闇の状態、まさに黒い穴をさす。

人びとは、さまざまな旅に出る。人生を生きる意欲を燃やすために、また、人生をさらに深く生きるために、希望を見出すために、自己自身を見出すために、一人の人間としてよみがえるために。それにしても、なんとさまざまな旅があることだろう。失意や傷心の旅もある。一人旅、家族旅行、団体やグループでの旅行。モンテーニュの旅、ゲーテの旅、いずれも画家だが、カンディンスキーやクレーの旅……芭蕉の旅、奥の細道、柳田國男の旅、古寺巡礼——和辻哲郎、土門拳、人生の旅びとは、さまざまな旅を体験しながら、それぞれのスタイルで生活史にいろいろな道しるべを残しつづけてきたのである。人生と呼ばれるまことにスケールが大きな旅は、人びとそれぞれの旅によって意味づけられているのである。

ここでドイツ語 Sinn の意味領域、意味群について見ておきたいと思う。ふつうは複数で、感覚／感官、五感は die fünf Sinne（意味群1）、つぎに単数でのみ、センス、感覚（意味群2）、さらに心／考え／思い、気質／気性（意味群3）、そして単数でのみ、意味、意義（意味群4）、この意味群4においては、行為の目的あるいは価値がイメージされるような場合がある。以上のような四つの意味群においては、ストレートに方向は浮かび上がってきてはいないが、この Sinn というドイツ語には、どことなく方向がイメージされもするように思われる。フランス語 sens　そしてドイツ語 Sinn　いずれにおいても感覚に注目しないわけにはいかない。そのうえで意味であり方向なのである。道においても、トポスにおいても、方向と方向性、向きが、クローズアップされてくる。顔の向き、身体の向き、意識の志向性、関心領域、行動や行為の方向性、進路——人間そのものにおいてもさまざまな向きと方向、方向性は、つねに問題となるのである。マックス・ウェーバーは、個人を意味のある行為の唯一の担い手と呼んでいる。過去、現在、未来――人間そのものがまさに時間だということもできるだろうが、記憶とは、目覚めた状態にある過去なのである。西田幾多郎は、過去がなければ、この私はない、という。西田には歴史的現在という言葉がある。旅とは、深まりゆく時間なのである。旅にピリオドが打たれても、旅はなかなか終わらない。回想、追想、郷愁は、旅においては、いつものことだといえるだろう。旅の持続性には時には驚くべきものがあると思う。ジャンケレヴィッチは、郷愁を時の香りと呼んでいる。旅愁、旅情、郷愁、旅をこのように呼ぶこともできるだろう。人間の生活感情のなかでも、人びとが旅において体験する感情には特別なものがあるように思われる。旅とは、まさに懐旧の情そのものではないかと思う。バシュラールにはトポフィリ（場所への愛）という言葉が見られるが、このトポフィリという言葉で旅を理解することができるようにも思われる。旅は、あらゆる意味で時間と空間へのチャレンジであり、また、自己自身へのチャレンジなのである。

バシュラールにおいては、トポフィリとともに家、生家などが姿を見せる。家とは世界の片隅、それは、繭であり、巣であり、貝殻、また、城なのである。限りなくソフト、だが、ハード、私たちは、家においても、部屋においても、さまざまなトポスにおいて、そうした両面性を認めないわけにはいかないだろう。バシュラールは、鉛直性、内密性、宇宙性などにおいて家をイメージしている。

トポスのさまざまな屋根、壁、窓、床、天井、庭などがある。屋根や壁や窓の姿、スタイル、様相、間取り、庭のスタイル、風景、雰囲気、トポスとしての集落、村や町や都市の風景、景観、様相、音風景、大地、宇宙的自然、水や土や石や緑などに注目しないわけにはいかない。ゲーテは、その地方を理解したいと思ったら、屋根の上にのぼって、あたりを見まわすように、という。

それぞれの地方、地方（トポスの複数形には地方という意味がある）は、風景や音風景において理解されるし、人びとの生活、暮らし方、文化、習俗、風習、風俗、行事、祝祭、言語、言葉、衣食住などにおいて、きめこまやかに考察されるが、土や石、水や緑、光、風などとともに地方や土地やトポスが、はっきりと理解されるということともできるだろう。ゲーテは、流れゆく水、河川を目にして、そうした流れのその先に姿を見せる地方、まさに流域の様相がイメージされるといった人だ。水の流れには、人びとの夢想をかきたてたり、旅ごころをくすぐるものがあるように感じられる。

地中海に臨む南フランスの地方都市、セートに生まれたポール・ヴァレリーにとって地中海は、原風景だったが、眼下に見おろすことができた海港の風景は、彼のまぶたの風景となっていたのである。ヴァレリーは、クロード・ロランに親近感を抱いている。それぞれの地方というとき、ヴァレリーは、その土地の眺めよりも、むしろ水とか石とかなどに心を奪われた人である。

光と風、水と緑、土と石……こうしたものに、物質的なものにも、注目しないわけにはいかない。光と風は絶対的だ。旅の空があるが、地方や土地や国が変わると、光の状態や風の吹き方や空の色や表情などが変わるのである。旅とは、明らかに光や風の、風土のさまざまなバリエーションが体験されるということだ。風土、風景、風光、風情、風習、風貌、また、風物詩、こうしたそれぞれの言葉に注目しながら、人びとの生活と生活の歴史、ローカル・カラー、郷土生活などを深く理解していきたいと思う。風景や風物は、人びとの生活や人びとがそこで生きている世界、日常的世界、人間的世界を理解するための有力な手がかり、糸口となるのである。トポスとしての集落も家も、また、さまざまな道も、人びとの生活と生存、人びとの日常的世界、社会的世界を深く見ていくためには、見落とすことができない人間の風景なのである。

故郷の集落の石置き屋根の屋根石の風景と風物、風情に注目しながら、そうしたさまざまな石にローカル・カラーを見出した人物がいる。有賀喜左衛門である。若き日にドイツに留学した奥井復太郎は、ドイツの中世都市の風景を体験して、ここにはコミュニティがあるということを実感して、やがて都市研究の道を歩む。世界各地のさまざまな塔の旅を体験した佐原六郎は、日本列島各地の塔を含めて、比較文化論的な視点から造塔思想の研究をおこなった研究者である。あるとき、有賀は、オランダを訪れて、アムステルダムでレンブラントの「夜警」を鑑賞することができたが、レンブラントの絵画作品を体験した喜びを語る生き生きとした表情が思い出される。旅びとがそれぞれに語る言葉には、たとえようもない魅力が漂っている。

いま、アネモネが美しく咲き誇っている。アネモネの色、色彩、柄、模様、姿と形、いうにいわれぬ雰囲気、人間の瞳かと思われるようなアネモネの瞳、アネモネほど瞳とまなざしがはっきりと体験される花がほかにあるだろうか。アネモネの原産地は、地中海の国々、アネモネとともにギリシアの伝説がクローズアップされてくる。これまでアネモネは、風の花とも呼ばれてきたのである。

風という言葉には、自然とともに人間が、姿を現している。風においては、宇宙的自然と大地と人間、人間の生活などが、イメージされる。さまざまな旅は、風土への旅、人びとの生活への旅、風景への旅なのである。

旅の日々や旅ほど記念という言葉にふさわしい人間の営みが、ほかにあるのだろうか。写真、絵はがき、スケッチ、旅日記、メモ、それらのことごとくが記念そのもの、ごくごくささいなものでも、旅先で手に入れたもの、求めたもの、たまたま拾ったものなどは、思い出の品々、大切な記念品、かけがえがないものとして、人びとの身辺に、かたわらに、置かれているのではないかと思う。フランスのバルビゾンを家族三人で訪れた時、テオドール・ルソーやミレーゆかりのトポスを訪れたのち、昼食をとって、それから広大なフォンテーヌブローの森の入口附近を三人で散策したが、ソフトな森の道が体験されたことを思い出す。春の陽光が、明るい森に降り注いでいた。森のなかで拾った小枝の切れ端しは、大切な思い出の品、旅の思い出として、私たちのトポスの片隅に飾られている。机上を飾るさまざまな石がある。そうした石に旅は生きている。思い出と記念――いずれも旅そのものではないかと思う。

森を目に見えない自然、可能な行為の総和と呼んだ人物がいる。オルテガ・イ・ガセーだ。森とはなかば闇のトポス、光がとどきにくいところだ。森のなかで道を見失ったとき、不安にかりたてられない人は、いないだろう。野原は、光を浴びることができるところだ。

私たちがパリから日帰りで訪れた春のフォンテーヌブローの森は、あくまでも明るかった。やさしい光のなかで、さまざまな樹々が体験されたのである。森のなかのいたるところが道という感じはしたものの、コースとなっているような道があったと思う。この森の入口にはテオドール・ルソーとジャン・フランソワ・ミレーをたたえる記念碑、記念の大きな石があった。季節が変わると、この森は、おそらくはなかば暗がりに近い森となってしまうだろう。

パリのノートル＝ダム寺院を石の森と呼んだロダン、この石の森では、レンブラントの絵画に見られるような明暗と光が体験される、とロダンはいう。パリでは、セーヌ河、水の流れである。さまざまな石である。石造建築物、石畳などである。マルセル・プルーストは、パリを石の都と呼ぶ。パリも、セーヌ河も、印象派の画家たちによって発見されたのである。パリ、セーヌ左岸のオルセー美術館には、ミレーの「落穂拾い」や「晩鐘」、また、モネの連作、「ルーアン大聖堂」など広く知られた数々の絵画作品が飾られている。このミュゼは、以前は、オルセー駅である。旅びとは、この駅、ミュゼから、さまざまな地方と土地とトポスに、さまざまな道に、また、人間にとってやさしいトポスである一点、一点の絵画世界に旅立つことができる。一点の絵も、ひとつの小説も、一曲の音楽作品、楽曲も、いずれもまことに人間的なトポスなのである。

つぎに、ここでは、ユングの言葉を紹介したいと思う（ヤッフェ編、河合隼雄ほか訳『ユング自伝――思い出・夢・思想――』I、みすず書房、一〇六頁、学童時代）。

植物は善かれ悪しかれその場所にしばられていた。植物は自らの意志をもたず、また逸脱することもなしに神の世界の美しさや思想を表現していた。樹木はとくに神秘的で、私には生命の不可思議さを直接的に体現しているもののように思われた。そのために、森は私がその最奥の意義と畏敬の念を起こさせる働きとを、最も身にしみて強く感じた場所であった。

この印象は、私がゴチック様式の寺院を知るようになった時に強化された。しかし石の中には宇宙の限りのなさ、有意味なものと無意味なものとの混乱、および非人格的な目的と機械的な規則との混乱などが隠されていた。石は存在の底知れぬ神秘さ、つまり霊の具現を含んでおり、同時にそれそのものであった。私が石と自分との類似だとかすかに感じていたものは、死んだもの、生命のあるもの双方における神性だったのである。

聖母マリアのノートル＝ダム寺院、この石の森で体験されるステンドグラス、大きな薔薇窓は、色彩的な太陽だ。オルガンは、まるで森の声、みごとな樹木の根元と呼びたくなるような石柱がある。こうした石柱や樹木の石の根元にこれまで何度となく手で触れたことがある。石の感触がある。ノートル＝ダム寺院の外に出て、セーヌ河を渡ると、すぐそこに小公園がある。その少し奥の方にサン＝ジュリアン＝ル＝ポーヴルと呼ばれる教会がある。ジュリアン・グリーンにとっては特別なトポスだが、私たちは、三人で何度も何度も、この教会を訪れている。ノートル＝ダムとは石の感じ、感触がまったく違う。ジュリアン・グリーンの言葉を見ることにしよう（ジュリアン・グリーン、田辺保訳『パリ』KT INTERNATIONAL、三一―三二頁、三六―三八頁、サン＝ジュリアン＝ル＝ポーヴル）。

ずんぐりと太い柱は、白色のあいだに青色ガラスをはめこんだ狭い窓からふり落ちてくる午後の光のもとで、すっかりバラ色に染まっている。この柱に支えられたロマネスクのアーケードの下を森の中で枝から枝へととびまわる小鳥のように、思念がとびまわる。柱はどれも、頑丈で、どっしり落ち着いているので、この世から身を離し黙想にふけりつつ、最後の審判を待ち受けているのかとも思われる。(中略)サン＝ジュリアンは、陽の光をむかえ入れ、その光を壁のあいだに、日暮どきまで、持ちつづけている。四角四面で、堅実で、平静なのは、聖トマスの理論にも似ている。(中略)遠くの方では、嵐に洗われて白くなったノートル＝ダムの鐘楼が、七月の空に黒く浮き上がって見え、ときおり、セーヌ河の曳き船が、もの悲しい長い汽笛をひびかせてきて、その暗鬱な調べがたゆたいながら、青空のかなたへ消えて行くのだった。しかし、パリの喧騒も小さなこの隠遁地の境域内では死にたえてしまうように思われ、わたしはここで、もろもろの思いにふけることを好んだ。わたしのまわりにある沈黙は、逃げてきた過去が身を寄せた住居のようだった。ロマネスク時代のフランスのすべてが、この内的平和の中に宿っているようにも思われ、サン＝ジュリアンの古い石は、この内的平和をうつし出す象徴的存在だった。

サン＝ジュリアンでは、どことなくぬくもりのある洞窟にいるような気分が体験されたのである。ジュリアン・グリーンにならってこのロマネスクのトポスで静寂が体験された私たちのパリの日々が、なつかしく思い出される。ノートル＝ダムは、ゴシック、ゴシックへの旅があり、ロマネスクへの旅がある。このサン＝ジュリアンから中世のアートで著名なミュゼ・クリュニーまでは、近い。クリュニーには、五感がモチーフとなった名高いタピスリー、「貴婦人と一角獣」がある。そのぬくもりのある色彩、美しい図柄、モチーフ、漂う雰囲気、名だたる作品だ。五感のよみがえり、感性の目覚めと躍動が、このタピスリーにおいて体験されるのである。人間は、感性によって、五感によって世界につなぎとめられており、そのような状態において多元的現実が、立ち現れてくるのである。

中世やロマネスクへの郷愁がある。郷愁は時の香り、人間は、人間的時間、たとえば記憶、思い出、追憶、郷愁、まことに重層的な意味のなかで身心を支えつづけてきたのである。過去を記念碑として取り戻すことにおいて歴史や人間社会を理解した人がいる。ジャン＝ポール・サルトルだ。セーヌ左岸にはパリでもっとも古いサン＝ジェルマン＝デ＝プレ教会がある。この教会は交差点にあたるところに姿を見せているが、この交差点にあたるトポスには、サルトル／ボーヴォワール広場という標識板、プレートが見られる。近くのカフェ、ドゥー＝マゴやフロールには、芸術家、知識人、文化人らが集い、文化と芸術のまことに人間的なトポスが、生まれていたのである。ドゥー＝マゴには、ベンヤミンが姿を現したこともある。サン＝ジェルマン＝デ＝プレ界隈は、数々の記憶のトポスであり、時の香りが、そのあたりには漂い流れている。

歴史の旅びとでない人はいない。道具をも含めたモニュメントによって人間の社会の独自性を理解したコントの思想に共感していたアラン、ここにアランの言葉、まさにコントの思想を紹介したい（『アラン著作集4　人間論』原亨吉訳、白水社、一〇六頁、二一八）。

　人間の社会――これこそ真に社会である――を作るものは、別種の遺産である。それは家であり、神殿であり、墓であり、シャベルであり、車輪であり、鋸と弓であり、境界標であり、碑銘と書物であり、伝説であり、礼拝と像であり、要するに、生者にたいする死者の支配であって、これによって、パスカルの有名な言葉によれば、人類は不断に学ぶただ一つの存在のごときものとなるのである。

　彼ら（さまざまな動物をさす、筆者注）に欠けているのは、徴を生みだすものである墓のまえに立ちどまり、そこに石を一個つけ加えることなのだ。彼らに欠けているのは、行動から身をひかせる尊敬なのだ。礼儀と言ってもよい。

ここで目に触れた言葉は、コントをふまえた、コントを核心とした、コントに共鳴したアランその人の思想ということもできるだろう。パリ、セーヌ右岸にあるペール＝ラシェーズ墓地でコントも、バルザックも深い眠りについている。セーヌ左岸、モンパルナス界隈だが、メトロ、ラスパイユの近くにあるモンパルナス墓地でサンサーンスやサルトル、ボーヴォワールは、静かに休息している。こうしたまことに深いトポスへの旅もある。このモンパルナス墓地のほんとうの片隅には、彫刻家、ブランクーシの「接吻」がモニュメントとなっているようなトポスがある。この彫刻作品が、墓、トポスとなっている。

パリの地下鉄、メトロ、ラスパイユ、この駅のすぐ近くにカンパーニュ＝プルミエールという通り、街 rue がある。ほとんど目立たない通りだが、歴史的文化的には注目しないわけにはいかない通りだ。メトロの駅からまもなくのところにはホテル、イストリア Istoria がある。このイストリアゆかりの人びとにマン・レイ、モンパルナスのキキ、マルセル・デュシャン、マヤコフスキー、アラゴン、リルケなど名だたる人びとがいる。星ふたつの小さなホテルだが、イストリアは、私たちにとってはパリの定宿だ。このホテルからモンパルナス通りに向かって進んでいくと、通りの右側の角に写真家、アジェのトポスがある。かつて高村光太郎は、このカンパーニュ＝プルミエールの一画でパリ生活を営んでいたことがある。カンパーニュ＝プルミエールは、日本人にとって記憶さるべき rue といえるだろう。

イストリアには別棟と呼ぶことができる小さな建物がある。二階建だが、この二階のゲストルームふたつが、私たち家族三人のパリでのトポスだった。通りに面した建物の地下には、まるで洞窟そのものと呼びたくなるような小さな食堂がある。私たちのパリの朝は、そこから始まったのである。旅の思い出と記憶という時に、旅の宿、大小さまざまなホテルは、まことに重要な意味を持っている。旅の思い出と記憶のなかばは、宿にあるようにさえ感じられる。

一九九一年一〇月なかば過ぎのことだったが、私たち三人は、成田空港からアエロフロート機でヨーロッパに向かった。モスクワで乗りついで、夜間、オランダ、アムステルダムのスキポール空港着。ライトアップされたおとぎの国かと思われるアムステルダムの風景を目にしながら、運河に面したホテルに着いた。その時の記憶は、いまだに消えない。翌朝、客室の窓を開けた時、目に触れた空を忘れることは、ないだろう。一七世紀のオランダの風景画そのままの空が、私たちの視界を飾っていたのである。
オランダの国立絵画館では、レンブラントやフェルメールをたっぷりと鑑賞して、美術史のまことに輝かしいページ、ページを心躍らせながら、実際に体験することができた。私たちは、レンブラントの家を訪れて、彼の画業を生き生きと体験したのである。また、遊覧船に乗って運河をまわり、運河から町なみや水や橋などを眺めながら、デカルトやレンブラントのアムステルダムをイメージすることができた。
イタリアのヴェネツィアは、私たちにとってはなじみのトポスだが、運河都市といっても、ヴェネツィアとアムステルダムとでは、風景も、風物も、風情も、雰囲気も、旅情も、体験される気分も、まったく異なる。アミエルの言葉がある。——「景色（風景）は気分（精神状態）」。二〇〇〇年一月一日、私たちは、前夜、パリでカウントダウンを体験したのだったが、この日、三人でパリからベルギーのブリュージュを訪れて、カリヨンと運河のブリュージュを旅して、その日、パリに戻り、イストリアに帰ったのである。カリヨンの音風景がある。さまざまなトポスや道は、音によっても意味づけられているのである。プルーストは、場所、トポスの唯一性、人格性に注目した人物だが、土地や場所は、音風景を含めたさまざまな風景や風光、風土、人びとの暮らし、歴史などによって、かけがえがないトポスとなっているのである。プルーストは、あるところでレンブラントの光と闇の魅力、フォンテーヌブローの森の魅力、それらのかけがえがない唯一性と独自性について書いている。旅びとは、さまざまな夢を描きながら、特定の意味や価値が附与されたその土地、その場所、トポスをめざすのである。めざさないではいられないのだ。プルースト——「土地のさまざまな場所は、また人間でもある」。（『ジャン＝サントゥイユ』）
高村光太郎は、カンパーニュ＝プルミエール街で異邦人として暮らしながら、パリ生活を営む。「雨にうたるるカテドラル」という詩がある。光太郎の手は、ノートル＝ダムの石に触れる。三木清は、凱旋門の近くでパリでの日々を生きたが、二ヵ年半をドイツで過ごした彼は、三、四ヵ月パリでと思いながら、パリでの生活は、一ヵ年にも及んだのである。「読書遍歴」には、三木のつぎのような言葉が見られる。（三木清『読書と人生』新潮文庫、六〇頁)。――「大都会というものは孤独なものである。孤独を求めるなら大都会のまんなかである」。パリで三木は、フランスのモラリストの作品を手にしている。ラ＝ブリュイエールも彼の目に触れたと思われる。三木には、モラリストたちの影が落ちているが、パリでの日々が、ここでの三木の言葉には姿を見せているといえるだろう。

どのような旅においても、時刻表、タイムスケジュール、出発時間などにおいて、旅びとは客観的時間、制度としての時間をたえまなしに体験する。だが、旅の真骨頂は、人間的時間、生きられた時間、意味づけられた時間、記憶、思い出、追憶、郷愁などにあるのではないかと思う。旅びとは、いずこにおいても生活する。だが、旅とは、本質的にきわめて深い人間的時間、生存そのものではないだろうか。旅とは、まさに生存の自覚なのだ。

三木清は、ハイデルベルクとマールブルクで留学生活を営んだが、異国で彼はあらためて言葉と存在との密接な関係、言葉の世界の深さについて学ぶところがあった。言葉には生命があることに気づいたのである。

「消息一通」一九二四年一月一日　マールブルク、と題された三木のエセーの最後にあたるところに、マールブルクの三木が姿を現している(同書、一五六―一五七頁、消息一通、大正一三年三月、「思想」)。

マールブルクの冬はなかなかよく冷えます。しかし私は好んで散歩に出ます。ラーン河の向うには兎の喜びそうな、日あたりのいい小高い丘があります。数日前もオットー教授に連れられてこの丘を歩きながら、私は日本の話をしました。白樺の森など人なつかしいものです。またラーン河に沿うてゆくのも面白いことです。

三木は加茂川の堤を思い出す。そしてこの「消息一通」の最後に自作の詩を揚げている。その二節目。――「あかつき光薄うして／寂しけれども　魂の／さともとむれば川に沿ひ／道行きゆきて還るまで」。

数年前のことだが、私たちは、フランクフルトからマールブルクを訪れて、中心部の広場の片隅の宿、太陽という名のホテルに一泊して、それからアイゼナッハ、ワイマール、ライプツィヒとゲーテ街道を旅したことがある。

このホテルは、入ったばかりのところはレストラン、ビアホール、その片隅にフロントがあった。私たちは上の方の階、屋根裏部屋の客室で一夜を明かしたが、客室の壁には木組が姿を見せていた。つぎの日は雪、幸い雪は止んだが、マールブルクのそこ、ここで銀世界が体験された。市の中心の広場は、ホテルを出たばかりのところだったが、広場には市《いち》が出ており、クリスマス気分も手伝って、このマルクトプラッツは、にぎやかに華やいでいた。私たちは、高低差があるマールブルクのさまざまな通りをめぐり歩き、ラーン河のほとりに出て、水の流れを目にしながら、冬の大学都市の風景と音風景をゆっくりと体験したのである。私たちは、若き日の三木を思い浮かべながら、さまざまな木組のドイツ風の建築物を見ることができた。ドイツの壁と窓、ドイツの屋根があった。大学都市の風情があった。三木は、「私の書斎には今マールブルクの町を描いた小さいエッチングが懸かっている」と書いている（同書、五二頁、読書遍歴、昭和一六年六・七・九・一一・一二、昭和一七年一月、「文芸」）。

三木清の『人生論ノート』、孤独について、と題されたエセーのなかで、彼は、「孤独は山になく、街にある。一人の人間にあるのでなく、大勢の人間の「間」にあるのである。孤独は「間」にあるものとして空間の如きものである」と書いている（三木清『人生論ノート』新潮文庫、六五頁）。三木のつぎのような言葉がある（同頁）。――「孤独を感じるとき、試みに、自分の手を伸して、じっと見詰めよ。孤独の感じは急に迫ってくるであろう」。モラリスト、三木と呼びたくなる。三木には、哲学的人間学へのアプローチも見られるが、三木の人間学には社会学的人間学の胎動を見ることができると思う。

旅を旅にするのは、遥けさだ、と三木は、いう。旅においては、旅びとは、多かれ少なかれ浪漫的になるのであり、浪漫的心情は、遠さの感情なのである。こうした見方が三木に見られるが、三木は、絶えず過程である旅を漂泊と呼ぶ。旅は未知のものに引かれてゆくことであり、旅には漂泊の感情が伴っているのである。「旅について」という彼のエセーに、注目したい（同書、一三四頁、一三六―一三七頁、旅について）。

日常の生活において我々はつねに主として到達点を、結果をのみ問題にしている。これが行動とか実践とかいうものの本性である。しかるに旅は本質的に観想的である。旅において我々はつねに見る人である。(中略)我々は我々の想像に従って人生を生きている。人は誰でも多かれ少なかれユートピアンである。旅は人生の姿である。

旅とは、深まりゆく生成であり、まさに人間の生存の感情ではないかと思う。汝自身を知れ——デルポイの神殿の銘を心に刻みながら、人生の旅びとは、旅に出て、自己自身と向き合い、世界と向き合うのである。シェイクスピアの『ハムレット』には、旅びとは帰らない、というシーンがあるが、このシーンを深く心に留めていた詩人、英文学者がいる。西脇順三郎である。詩集、『旅人かへらず』の一、スタートの言葉を見ることにしよう。みずからを幻影の人、永劫の旅人と呼んだ西脇は、野原の人なのである(『西脇順三郎詩集』那珂太郎編、岩波文庫、一〇六頁、旅人かへらず)。

旅人は待てよ
このかすかの泉に
舌を濡らす前に
考へよ人生の旅人
汝もまた岩間からしみ出た
水霊にすぎない
この考へる水も永劫には流れない
永劫の或時にひからびる

ああかけすが鳴いてやかましい
時々この水の中から
花をかざした幻影の人が出る

「意識の流れは追憶のせせらぎだ」、これは、詩集、『えてるにたす』のIに見られる言葉だ（同書、三三三頁）。昭和三七年のことだったが、六月二〇日から七月の初めまで初夏の太陽を享楽しながら、この『旅人かへらず』の詩人は、縁あって、イタリアを旅する。その時、西脇は、ラチョーの平原、トスカーナの平原、ロムバルディアの平原を旅してまわっている。そうしたイタリアの旅の一シーン（西脇順三郎『野原をゆく』現代日本のエッセイ、講談社文芸文庫、六〇―六一頁、六三頁）。

水のかわりにイタリアの名産白葡萄酒をのみながらウルトラマリーンの空の下で私は白髪をかきあげていた。（中略）
そうした平野は無限につづく小山の連続や、なだらかな坂に回転している。ルネサンス・イタリアの宗教画の背景によくみられるような風景がそのまま残っている。丘陵の頂きは必ず寺院の尖塔がつき出ている。それをかこんで村や町の四角な民家が岩のように重なっている。その山の傾斜は葡萄畑やオリーヴ畑になっている。私の見たところでは麦畑の中に葡萄の木やオリーヴが植えられている。（中略）
桃も小さいものが多く、その色も実に原始的でうるわしいものだ。私はその色彩からみても、香りからみてもイタリア的なものを好む。まだ野の味を多分に保有している点がすばらしいものだと思う。（中略）
イタリアの夕暮もいずこも同じく美しい。貧しい家の窓から夫婦らしい男女が淋しそうに窓わくにあごをかけて夕焼けをみていた。

多くは美しいとび色の瓦が目に映る農民の家の壁は、桃色やエメラルド色であり、子どものクレヨン画の効果そのままだったのである。絵ごころがゆたかだった西脇の目にイタリアの野のはでやかな色彩が映ったのだ。男女ふたりの姿を表現しているところは、いかにも幻影の人らしい。

旅とは、まさに五感に触れるローカル・カラーなのである。イタリアでは丘の上の町、トポスが体験される。ここでの西脇の文章には糸杉が姿を見せていないが、トスカーナを旅した時、私たちは、糸杉のさまざまな風景を体験したのである。丘、また、丘の波打つようなトスカーナ地方が、目に浮かぶ。イタリア各地の音風景があった。

数年前、私たちは、フィレンツェ、アレッツオ、シエナ、ヴェネツィア、トリノを旅してまわった。アレッツオから日帰りでピエロ＝デルラ＝フランチェスカの生まれ故郷、サン＝セポルクロを路線バスで訪れた記憶は、いま、なお、あざやかだ。

*

なんとさまざまな旅があることだろう。故郷への旅、異郷、異国への旅、国内旅行、一人旅、家族での旅……。ピエロ＝デルラ＝フランチェスカへの旅（サン＝セポルクロ、アレッツオ……）、シエナ派への旅、レオナルド・ダ・ヴィンチへの旅（フィレンツェ、ヴィンチ村、ミラノ……）、ヴェネツィア派への旅……。ジャン＝ジャック・ルソーへの旅（ジュネーヴ、パリ、ヴィエンヌ湖のサン＝ピエール島、シャンベリ郊外のレ・シャルメット、パリ郊外のモンモランシー……）、ゲーテへの旅（フランクフルト、ライプツィヒ、ワイマール、そしてイタリア……）、プルーストへの旅（パリ、イリエ＝コンブレー……）、一七世紀オランダ絵画への旅（レンブラント、フェルメール、ピーター・デ・ホーホ……）、ミレーへの旅（バルビゾン、パリ……）、モネへの旅（ジヴェルニー、パリ、東京……）、ゴッホへの旅（オランダ、パリ、南フランス、アルル、サン＝レミ、オーヴェル＝シュル＝オワーズ……）……各地のミュージアムで私たちは、さまざまな画家の作品を鑑賞することができる。思わず音の絵画、絵画の音風景と呼びたくなるような絵画作品がある。一点の絵画作品は、ふたつとない世界、あくまでもソフトな人間的世界、まさに人間のトポス、絵画作品に描かれたトポスや道は、人間の風景そのものなのである。絵画世界を旅する旅びとは、画面の手前にいるわけではない。光と明暗と色と形、音や香り、さまざまな物質と物体、トポスや道、風景、大地、自然などをさまざまな視点とパースペクティヴで体験しながら、まさに人間の道を悠々と散策するのである。音と色は、決して無縁ではない。五感は、たがいに密接につながり合っているのである。人間は、身体によって、五感をつうじて、ほとんど休みなしに世界において、自己自身を委ねることができるトポスと道を探しつづけているのである。

モーツアルトやベートーヴェンへの旅がある。あるとき、私たちは、ザルツブルクを旅して、モーツアルトの生まれ故郷を体験したのである。また、ボンでは、ベートーヴェン、アイゼナッハでは、バッハ、ハレではハイドンだった。パリでは、ショパンでもあった。そしてウィーン。名高い国立オペラ劇場では、オペラ「さまよえるオランダ人」を特別なトポス、坐席で鑑賞して、忘れ得ぬウィーンの一夜を体験することができた。ウィーンでは、特別な機会に郊外にあるベートーヴェンゆかりのトポス、土地を訪れることができたが、映画では、ウィーンといえば、「第三の男」だ。ある時、私たち三人は、ウィーンのプラター公園を訪れて、「第三の男」の一シーンに姿を見せる大観覧車に乗って、さまざまに変化する高さとパースペクティヴのウィーンと「第三の男」を旅びととして体験したのである。この時の私たちのウィーンでは、フンデルトヴァッサーの作品、フンデルトヴァッサー・ハウスが、強く印象に残っている。いつもウィーンでは、ウィーンゆかりの絵画とフランドルのピーター・ブリューゲルの絵画、シュテファン寺院、モーツァルトなどの音楽家などだった。

*

イタリア、シチリア島、モーディカに生まれた詩人、サルヴァトーレ・クァジーモド（Salvatore Quasimodo, 1901.8.20 — 1968.6.14　ナポリで急逝、一九五九年、ノーベル文学賞）の作品、ふたつの詩を紹介したいと思う（サルヴァトーレ・クァジーモド、川島英昭訳『そしてすぐに日が暮れる　詩のコレクション』平凡社ライブラリー、五五—五七頁、帰郷、一八二—一八三頁、アグリジェントの道）。

ナヴォーナ広場に日は暮れて、静けさを求めて、
ぼくは仰向けにベンチに寝ていた、
目は星から星に線を引き
渦巻く螺旋を結んでいた、
そして少年の日にはあの星空に
プラータニの河原に寝そべりながら
暗闇のなかで祈りを上げていた。

枕がわりに両手を組んで
帰郷の日々を思い出していた。
籠のなかには乾いた果実の匂い、
ラヴェンダー、生姜、匂いあらせいとう。

ぼくは、小声で、あなたに読んであげようと思っていた、
（ママ、暗がりの片隅で、あなたとぼくと）
放蕩息子のお話を、
それが静けさのなかを絶えず追いかけてくる
振り切っても振り切っても
ひと足ごとにリズムにのって。

けれども死者に帰る道はない、
そしてたとえ道が呼んでも
母には帰る時がない。
そしてぼくは、夜明けを恐れる人のように
闇にかこまれて、またも旅立っていった。

そのとき道がぼくに歌をくれた。
穂のなかにふくれてゆく麦の薫りの歌を、
青い亜麻と黄水仙の畑のあいだで
白みゆくオリーヴ林の花の歌を、
渦巻く砂塵のなかに遠ざかる谺《こだま》と
歌声と荷車の軋りとを、
そして燈火《ともしび》は揺れて窶《やつ》れて

いまはもう螢火ほどになった。

これが、「帰郷」I ritorni と題された作品、ここに姿を見せているプラータニは、シチリア島のマドニーエ山地に発して、その河口は、アグリジェントの西方に見られる川である（同書、二二七頁、訳註、参照）。

つぎに「アグリジェントの道」Strada di Agrigentum を旅することにしよう。

いまもそこに吹く風をぼくは思い出す
草原を駆け抜ける斜めの
馬のたてがみに燃えたち
風は砂岩を濡らして砂岩を噛み
草の上に仰向けに放り出された
陰鬱な人像柱《テラモン》の心を噛む。灰色の
恨みに沁みた古代の魂よ、この風にかえれ、
空から突き落とされた巨人像を覆い尽す
このしなやかな苔の匂いを嗅げ。
何と独りきりでこの空地にあなたは身を休めていることか！
そしてあなたが悲しむたびに聞えてくる
遠くの沖へ広がりゆくあの音
明けの明星はすでに東の空にかかって、
悲しくもマッランザーノは

御者の喉《のど》に震えて、月の
光を浴びつつ車は丘を登ってゆく、ゆるやかに
サラセンオリーヴのさやぐなかを。

この詩に見られるマッランザーノは、シチリア古来の楽器。小型のハープに似ていて、口もとで鳴らす（同書、二二九頁、訳註、参照）。

人間的時間が流れるなかに、道が姿を現わしている。記憶に身心を委ねながら、時は過ぎる。故郷、帰郷、旅……人間の絆。五感がしなやかに波打つ。生と死のドラマ。音の風景、サウンドスケープが体験される。

ナヴォーナ広場は、まるで競技場かと思われるようなたたずまいが体験されるローマの名高い広場だ。ベルリーニの彫刻作品が噴水とともに広場の中央に姿を見せているバロックの広場であり、バロックの起点ともいえるようなトポスなのである。さまざまな道が、この広場に通じている。道の結節点というべき広場だが、ナヴォーナ広場は、ローマの名だたるトポスだ。いずこの広場についてもいえることだが、この広場は、トポス、場所、特定の地点であり、また、道そのものなのである。広場ではトポスと道が、重層的に体験される。ナヴォーナ広場は、バロックのベルリーニの作品によってみごとなまでに意味づけられており、ふたつとない状態で価値づけられている。そして噴水、四大河の彫刻作品は、水音と水けむりによって包まれている。水、また、水、水のさまざまな姿と表情によって、この広場は、躍動の広場、激しく五感に働きかけてくる生成と存在、流転のトポスとなっている。広場の片隅にはメリーゴーラウンドがあり、子どもの姿、親子の仲むつまじい姿がなごやかな人間の風景として、目に触れたのである。

数年前、シチリア島をめざしてヨーロッパを訪れた際には、ローマで二泊したが、私たちは、ナヴォーナ広場にほとんど隣接している由緒あるホテルに投宿して、何度目かのローマでフォロ・ロマーノなど名所をまわったが、

ローマ滞在中、ナヴォーナ広場は、私たちにとって特に大切なトポスだったのである。早朝、朝のさまざまな時間帯、昼間、夕方、夜間、何度も何度もこの広場を訪れて、広場のさまざまな光景、風景、風情、雰囲気、人びとの動き、人間的空間、人間の風景、音風景などを体験したのである。ナヴォーナ広場は、人間の鏡であり、世界の鏡だった。ナヴォーナ広場は、強烈なまでにローマであり、イタリアだった。クリスマスのシーズンだったので、色とりどりのクリスマスの屋台や店が広場に姿を見せており、キリスト生誕のシーンが、模型として小さな舞台に演出されていた。ベルリーニの四大河の彫刻噴水、大がかりな噴水と堂々としたバロックの作品、耳に触れる水音などによって、ナヴォーナ広場は、劇的なトポス、迫力がある野外ミュージアム、変転する水のスペクタクルの舞台なのである。だが、広場をしてみごとなトポス、トポスにとけこんだ道たらしめているのは、人びとであり、さまざまな動きをともなった人間模様なのである。広場は、音風景の有力な一焦点にほかならない。

旅とは、さまざまな光、吹く風であり、大地の色、空の色である。耳に触れるさまざまな音であり、漂い流れてくる匂いや香り、味覚、さまざまな手ざわりである。五感に働きかけてくるいろいろな野であり、風景、音風景だ。人間と人間との出会い、触れ合い、人間模様だ。旅とは、トポスと道の多様な世界体験であり、五感で体験される文化と文明、歴史的風土、生活世界、環境世界、人びとの日常生活、自己自身における生活と生存なのである。

私たちは、ローマのレオナルド・ダ・ヴィンチ空港から地中海を眼下にして、イタリアのシチリア島に飛び、パレルモに着陸した。パレルモを旅してから、列車で車窓に浮かぶ地中海を目にして、列車は、おだやかな山地に入り、さまざまなスロープと大地が体験されるなかで、古代の遺跡群で名高いアグリジェントに到着したのだった。神殿の谷と呼ばれるところに、まさにギリシアがイメージされるようなさまざまな神殿の遺跡や列柱、廃墟となったトポスなどが、つぎつぎに姿を現していた。アグリジェントの市街地から眺めるならば、確かに神殿の谷だが、視点とパースペクティヴによっては、谷というよりは、むしろ神殿の丘と呼びたくもなるような風景と光景が、私たちによって体験されたのである。適度の距離にコンコルディアの神殿などが見える赤土の大地の片隅に私たちのアグリジェントのホテルがあった。

空はよく晴れていた。私たちは、ホテルから赤土の道をたどり、ゆるやかな登り気味の道々でオリーヴの茂みなどを目にしながら、神殿と遺跡の丘の上の道に近づいていった。目にしみるような赤土の大地とオリーヴ、遺跡のさまざまな石、列柱、かなり保存状態がよい神殿などが、アグリジェントの光と風とともに体験されたのである。かなたには丘の上の町、アグリジェントが見えたが、向きをかえて見ると、神殿の谷（丘）の下の方には平地、緑の野が、その先、それほど遠くないところには地中海の海原が見えた。幸いなことに私たち家族は、三人でアグリジェントの道 Strada di Agrigentum を散策することができたのである。詩人、クァジーモドは、「明けの明星はすでに東の空にかかって、／悲しくもマッランザーノは／御者の喉《のど》に震えて、」とうたっている。小型のハープに似たシチリア古来の楽器、マッランザーノ、口もとで鳴らすらしいが、実際にはどのような音色が耳に触れるのだろう。いま、ここでクァジーモドの「アグリジェントの道」をたどっていると、私たちのアグリジェントが、古代の遺跡と谷と丘が、大地と赤土が、オリーヴが、地中海が、あざやかにクローズアップされてくる。私たちのシチリアの旅とアグリジェントのトポスと道は、いまだに終わりを告げていないのである。

ジンメルは、廃墟を生がはなれてしまった生の場所と呼んでいる。ジンメルに同感するものの、廃墟には、いまだに生が住みついて滞留しているように思われる。アグリジェントのホテルの客室からの眺め、夜間、小さな窓から前方に、小高いところにライトアップされたコンコルディアの神殿が、浮かび上がって見えた。夢幻と呼びたくなるような景色だった。この窓からの風景を生涯、忘れることはないだろう。終わらない旅があると思う。人間的時間においては、いつまでも終わらない旅があるのである。確かに旅とは、人間的時間の持続なのである。

シチリア島のアグリジェントの風景、トポスと道は、客観的精神（ディルタイ）のおおいなる道しるべなのである。風景、音風景、さまざまな感覚の野の風景は、人間のアイデンティティのひとつのよりどころとなっているのであり、旅も、風景も、人間の条件に数えられるのである。

私たちは、アグリジェントの神殿のトポスと道で、クロード・ロランの光と空を体験したが、クロード・ロランのトポスと道は、パリのルーヴル美術館においても体験されるのである。風景、大地の眺め、風の眺めは、いうまでもなく光景でもあり、音の風景でもあるといえるだろう。

ここでの旅では、最後にレンブラントのエッチングを五感で体験しながら、幕を引くことにしたいと思う。レンブラントは、自画像の画家とも呼ばれてきたが、ここで私たちが体験するレンブラントは、大地の、トポスと道の風景画家、大地と人びとの生活の肖像画家、レンブラントだ。ジンメルは、みごとなまでに生を描き出したレンブラントに注目している。人間においては、いつも生活が問題だが、人びとのなかでの、世界においての自己自身の生存こそが問題ではないかと思われる。旅とは、生存の感覚なのである。

一九九七年三月二〇日、この日、私たちは、アテネから路線バスで古代ギリシアの神託のトポス、デルポイ（デルフィ）を訪れて、岩肌の山、岩壁と糸杉と小さな黄色い花などで飾られた傾斜地、山地で、アポロンの神殿の遺跡や円形劇場などを春の陽光のもとで旅びととして体験することができた。アポロンの神殿の列柱を飾る青空を白い雲が、流れていった。パリも、ヴェネツィアも、アグリジェントも、デルポイも、私たちの原風景となっているのである。

〈附記〉

この拙稿の背景と根底には、私たち家族三人（健・秀子・美穂）のさまざまな旅と私たちの旅体験がある。私たち三人での日本列島各地への旅、諸外国への旅は、これからもつづくことだろう。いま、私は、心底から家族の絆と意義を痛切に感じながら、日々を旅している。

三田山上、慶應義塾大学においての三人の恩師、佐原六郎先生、奥井復太郎先生、有賀喜左衛門先生、また、私の出身地、新潟県生まれの英文学者、詩人、西脇順三郎先生、こうした先生方との日々を思い浮かべている。三田での日々は、私にとってこのうえなく大切な思い出となっている。私自身と私の家族にとってなによりも大切なトポスは、信州、長野県である。信濃の国と私の家族こそ、私自身のアイデンティティの中核、原風景となっている。梓川、犀川、千曲川、信濃川、それぞれの流れを忘れることは、ないだろう。

日本の風景の理解にあたって、その鍵を水の流れ、河川に見出した人がいる。柳田國男である。柳田は、自己自身を「一生を旅人として送つたやうな人間」と呼んでいる。

〈参考文献〉

山岸　健『風景的世界の探究　都市・文化・人間・日常生活・社会学』慶應義塾大学出版会、一九九三年七月。
山岸　健『絵画を見るということ　私の美術手帖から』NHKブックス786、日本放送出版協会、一九九七年七月。
山岸　健・山岸美穂『日常的世界の探究　風景／音風景／音楽／絵画／旅／人間／社会学』慶應義塾大学出版会、一九九八年五月。
山岸　健『人間的世界と空間の諸様相　人間／人間関係／生活／文化／東京／風景／絵画／旅／社会学』文教書院、一九九九年四月。
山岸美穂・山岸　健『音の風景とは何か　サウンドスケープの社会誌』NHKブックス853、日本放送出版協会、一九九九年六月。
山岸　健『人間的世界の探究　トポス／道／旅／風景／絵画／自己／生活／社会学／人間学』慶應義塾大学出版会、二〇〇一年一〇月。
山岸　健『日常生活と人間の風景　社会学的人間学的アプローチ』三和書籍、二〇〇二年一〇月。
山岸　健『社会学的人間学　絵画／風景／旅／トポス／道／人間／生活／生存／人生／世界』慶應義塾大学出版会、二〇〇五年一〇月。

山岸美穂『音　音楽　音風景と日常生活　社会学／感性行動学／サウンドスケープ研究』慶應義塾大学出版会、二〇〇六年四月。

『蔵内数太著作集』第四巻、蔵内数太著作集刊行会刊、一九七九年一〇月。

J・グルニエ、井上究一郎訳『孤島』竹内書店新社、AL選書、一九六八年三月。

レンブラント「道沿いの三軒の切妻の農家」
エッチング、ドライポイント
署名と年記：Rembrandt f. 1650
161 × 202 mm
ボイマンス＝ファン・ベーニンゲン美術館蔵

筆者略歴（五十音順）

有末　賢（ありすえ・けん）　一九五三年、東京都生
慶應義塾大学大学院社会学研究科博士課程修了、博士（社会学）、現在　慶應義塾大学法学部教授
主要著書『現代大都市の重層的構造』ミネルヴァ書房、一九九九年、『都市民俗生活誌』一―三巻（共編）明石書店、二〇〇二―五年、『ライフヒストリーの社会学』（共著）弘文堂、一九九五年、『社会学入門』（共編著）弘文堂、一九九六年他

伊藤美登里（いとう・みどり）　一九六五年、山口県生
早稲田大学大学院文学研究科（社会学専攻）博士課程単位取得後退学、文学博士、現在　大妻女子大学専任講師
主要著書『共同の時間と自分の時間――生活史に見る時間意識の日独比較』文化書房博文社、二〇〇三年他
訳書　U・ベック『危険社会』（共訳）法政大学出版局、一九九八年他

大出　春江（おおで・はるえ）　一九五二年、山梨県生
上智大学大学院文学研究科社会学専攻博士後期課程単位取得満期退学、現在　大妻女子大学人間関係学部
主要論文「出産の戦後史」『都市の暮らしの民俗学　3　都市の生活リズム』吉川弘文館、二〇〇六年、「出産の正常と異常をめぐるポリティックスと胎児の生命観」『年報社会科学基礎論研究』第四号、ハーベスト社、二〇〇五年
訳書　B・G・グレイザー、A・L・ストラウス『データ対話型理論の発見』（後藤・大出・水野共訳）新曜社、一九九六年

岡原　正幸（おかはら・まさゆき）　一九五七年、東京都生
慶應義塾大学社会学研究科博士課程修了、現在　慶應義塾大学文学部助教授
主要著書『ホモ・アフェクトス』世界思想社、一九九八年、『生の技法』藤原書店、一九九〇年、『感情の社会学』世界思想社、一九九七年、『地位と羞恥』法政大学出版局、一九九九年

片桐　雅隆（かたぎり・まさたか）　一九四八年、東京都生

東京都立大学大学院社会科学研究科社会学専攻博士課程修了、現在　千葉大学文学部教授
主要著書　『自己と「語り」の社会学』世界思想社、二〇〇〇年、『過去と記憶の社会学』世界思想社、二〇〇三年、『認知社会学の構想』世界思想社、二〇〇六年
訳書　A・ストラウス『鏡と仮面』世界思想社、二〇〇一年

北澤　裕（きたざわ・ゆたか）　一九五〇年、長野県生
早稲田大学大学院文学研究科社会学専攻博士課程修了、現在　早稲田大学教育・総合科学学術院教授、博士（文学）
主要著書　『視覚とヴァーチャルな世界――コロンブスからポストヒューマンへ――』世界思想社、二〇〇五年、『市民社会と批判的公共性』（共著）文眞堂、二〇〇三年他
訳書　G・サーサス『会話分析の手法』（共訳）マルジュ社、一九九八年他

草柳　千早（くさやなぎ・ちはや）　一九五九年、愛知県生
慶應義塾大学大学院社会学研究科修士課程修了、現在　大妻女子大学社会情報学部
主要論文　『「曖昧な生きづらさ」と社会』世界思想社、二〇〇四年、「社会問題研究と日常生活の自明性」『三田社会学』第一一号、二〇〇六年

櫻井　龍彦（さくらい・たつひこ）　一九七一年、長野県生
慶應義塾大学大学院社会学研究科後期博士課程単位取得退学、現在　浜松学院大学専任講師
主要論文　「公共空間の誕生――市民的無関心の社会的起源――」『現代社会理論研究』第一一号、二〇〇二年他

澤井　敦（さわい・あつし）　一九六二年、愛知県生
慶應義塾大学大学院社会学研究科博士課程修了、現在　慶應義塾大学法学部政治学科教授
主要著書　『死と死別の社会学――社会理論からの接近』青弓社、二〇〇五年、『カール・マンハイム――時代を診断する亡命者』東信堂、二〇〇四年他

訳書　カール・マンハイム『文化社会学草稿―思考の構造』学文社、一九九五年他

鈴木　秀一（すずき・しゅういち）　一九五五年、千葉県生
慶應義塾大学大学院社会学研究科博士課程単位取得、経営学博士（立教大学）、現在　立教大学経営学部教授
主要著書　『経営文明と組織理論・増訂版』学文社、一九九七年、『入門経営組織』新世社、二〇〇二年、『情報社会の秩序と信頼』（共編著）税務経理協会、二〇〇六年、『企業組織とグローバル化』（編著）世界思想社、二〇〇六年

高橋　勇悦（たかはし・ゆうえつ）　一九三五年、宮城県生
東北大学大学院博士課程中退、現在　東京都立大学名誉教授
主要論文　「日本社会における『個人』の問題」『東京人の横顔―大都市の日本人―』恒星社厚生閣、二〇〇五年

西脇　裕之（にしわき・ひろゆき）　一九六二年、新潟県生
慶應義塾大学大学院社会学研究科後期博士課程単位取得退学、現在　札幌国際大学現代社会学部ビジネス実務学科
主要論文　「自我―自分の居場所はどこにあるのか」、鈴木・澤井編著『ソシオロジカル・イマジネーション』八千代出版、一九九七年

平林　豊樹（ひらばやし・とよき）　一九七〇年生
慶應義塾大学大学院社会学研究科博士課程単位取得満期退学、現在　日本女子大学人間社会学部非常勤講師
主要論文　「現状を批判する理論としてのプラティック理論」『情況』二〇〇二年六月号、情況出版、「社会学的国家論の一方向」『年報社会学論集』第一四号、関東社会学会、二〇〇一年

船津　衛（ふなつ・まもる）　一九四〇年、東京都生
東北大学大学院文学研究科博士課程単位取得修了、博士（社会学）、現在　放送大学教養学部教授
主要著書　『シンボリック相互作用論』恒星社厚生閣、一九七六年、『自我の社会理論』恒星社厚生閣、一九八三年、『アメリカ社会学の展開』恒星社厚生閣、一九九九年、『ジョージ・H・ミード』東信堂、二〇〇〇年、『自我の社会学』放送大学教育振興会、二〇〇五年、『コミュニケーションと社会心理』北樹出版、二〇〇六年

水川　喜文（みずかわ・よしふみ）一九六四年、広島県生

慶應義塾大学大学院後期博士課程単位取得退学、現在　北星学園大学社会福祉学部教授

主要論文「高次脳機能障害における記録実践――記録への志向と共同的推論」『北星論集』北星学園大学社会福祉学部、四一号、二〇〇四年、一三―一五頁

訳書　ルーシー・A・サッチマン『プランと状況的行為』（佐伯胖監訳、上野・水川・鈴木共訳）産業図書、一九九九年

矢田部圭介（やたべ・けいすけ）一九七〇年、静岡県生

慶應義塾大学社会学研究科後期博士課程所定単位取得退学、現在　武蔵大学社会学部助教授

主要論文「親密性と汝指向　シュッツの〈形式的な概念〉が示唆すること」『ソシオロジスト』7、武蔵社会学会、二〇〇五年

訳書　スティーヴン・ヴァイトクス『「間主観性」の社会学　ミード・グルヴィッチ・シュッツの現象学』（共訳）新泉社、一九九六年

山尾　貴則（やまお・たかのり）一九七一年、宮城県生

東北大学大学院文学研究科社会学専攻博士課程後期修了、博士（文学）、現在　作新学院大学人間文化学部助教授

主要論文「G・H・ミード科学方法論の検討」『作新学院大学人間文化学部紀要』1、作新学院大学人間文化学部、二〇〇三年

訳書　N・K・デンジン、Y・S・リンカン編、平山満義監訳、大谷尚・伊藤勇編訳『質的研究ハンドブック　3巻　質的研究資料の収集と解釈』（共訳）二〇〇六年

山岸　健（やまぎし・たけし）一九三四年、新潟県生

慶應義塾大学大学院社会学研究科博士課程修了、社会学博士、現在　大妻女子大学人間関係学部教授、慶應義塾大学名誉教授

主要著書『社会的世界の探究　社会学の視野』慶應義塾大学出版会、一九七七年、『日常生活の社会学』NHKブックス309、日本放送出版協会、一九七八年、『社会学的人間学　絵画／風景／旅／トポス／道／人間／生活／生存／人生／世界』慶應義塾大学出版会、二〇〇五年、『感性と人間　感覚／意味／方向　生活／行動／行為』（山岸美穂と共著）三和書籍、二〇〇六年他

【責任編集】

山岸　　健

【編集】

草柳　千早
澤井　　敦
鄭　　暎惠

社会学の饗宴　I　風景の意味

——理性と感性——

2007年　2　月　15　日　　第1版第1刷発行

編著者　山　岸　　健

発行者　高　橋　　考
発行所　三　和　書　籍
〒112-0013　東京都文京区音羽2-2-2
TEL 03-5395-4630　FAX 03-5395-4632
sanwa@sanwa-co.com
http://www.sanwa-co.com/
印刷所／製本　モリモト印刷株式会社

ISBN978-4-86251-010-5 C1036

社会学の饗宴　Ⅱ　逍遙する記憶
――旅と里程標――

[責任編集] 山岸　健　[編集] 草柳千早・澤井　敦・鄭　暎惠　A5判 定価:4,800円＋税

●共同体の記憶は世界理解のてがかりとなるのか？　トポス、都市、庭園、ヒロシマ、漂流する家族……　多彩な知性と感性がくりひろげる百花繚乱の宴！

【目次】

三和書籍の好評図書

Sanwa co.,Ltd.

人間福祉とケアの世界

人間関係 / 人間の生活と生存

小池妙子・山岸健 編著 A5 判 276 頁 定価 :3,500 円＋税

●現代は、人びとそれぞれの人生の一日、一日と日常生活において、＜福祉＞が、重要な課題としてクローズ・アップされてきているような時代である。＜福祉＞は、あくまでも実践的で現実的だが、人間福祉、介護福祉、社会福祉、いずれの舞台と領域においても、人びとの生活と人生、人間、人間がそこで生きている＜世界＞、人間的世界、日常的世界、人間の幸福、ケアとサポート、ノーマライゼーションなどについての深い理解が求められているのである。福祉の現場と舞台ほど人間と人間との触れ合いと交わり、人間関係、ケアとサポート、人びとそれぞれの生活史と生活感情、誰もがそこで生きている社会的世界などについてのきめこまやかな理解が必要とされる場面は、ないだろう。(本書「はじめに」より抜粋)

【目次】